Wilhelm Adolf Schmidt

Preußens deutsche Politik in den Jahren 1785, 1806, 1849 und 1866

Wilhelm Adolf Schmidt

Preußens deutsche Politik in den Jahren 1785, 1806, 1849 und 1866

ISBN/EAN: 9783743640283

Hergestellt in Europa, USA, Kanada, Australien, Japan

Cover: Foto ©Suzi / pixelio.de

Weitere Bücher finden Sie auf **www.hansebooks.com**

Preußens

Deutsche Politik.

1785. 1806. 1849. 1866.

Von

Adolf Schmidt,

ordentlichem Professor der Geschichte an der Universität zu Jena.

Umgearbeitete und bis auf die Gegenwart fortgeführte
dritte Auflage.

Leipzig,
Veit & Comp.
1867.

Vorwort zur dritten Auflage.

~~~~~ ~~~

Lange schon ging ich mit dem Plane einer neuen Ausgabe dieses Buches um, ohne bei dem Andrange anderer Arbeiten der Erfüllung näher zu treten. Erst die Anregungen des abgelaufenen Jahres brachten ihn zur Reife.

Bei den Abschnitten I und II, über den Fürstenbund von 1785 und über den norddeutschen Reichsbund von 1806, kam es vornehmlich auf eine Verarbeitung der Resultate an, die sich aus meinem inzwischen herausgegebenen Urkundenwerke „Geschichte der preußisch-deutschen Unionsbestrebungen (Berlin 1851)" ergaben. Der Kürze halber citire ich dasselbe durchgehends unter dem Titel „Unionsbestrebungen".

Den Abschnitt III, über die deutsche Union von 1849, ließ ich unverändert, weil es mir zweckmäßig erschien, diese knappen „Umrisse aus dem Frühjahr 1850" als eine Stimme der Zeit in ihrer ganzen Unmittelbarkeit zu erhalten. An sie reiht sich als völlig neu der Abschnitt IV, über den norddeutschen Bund der Gegenwart; er ist umfänglicher geworden, als ursprünglich beabsichtigt war.

Das Vorwort der ersten Auflage, glaubte ich, unter Weglassung der technischen Angaben, wörtlich wiedergeben zu müssen; das der zweiten, vom 16. April 1850, als rein technischen Inhalts, ist weggeblieben. Nicht in der Lage, den Druck zu überwachen, mache ich ausdrücklich auf die nachstehende Berichtigung einiger sinnentstellenden Fehler aufmerksam.

Ich habe im vorigen Jahre, wie billig, und wie es meiner Natur entspricht, die Aufrechthaltung des Friedens gewünscht, so lange ich sie für möglich hielt. Aber schon seit dem April erschien mir der Entscheidungskampf als schwer vermeidbar, seit dem Mai als grundsätzlich nothwendig und seit dem Anfang Juni als thatsächlich geboten. Die Möglichkeit so rascher und großartiger Erfolge, wie sie eingetreten, vermochte ich nicht zu beurtheilen, da ich die preußischen Mittel und Kräfte weder kannte noch als Laie zu würdigen verstanden hätte. Aber nicht einen Augenblick habe ich an dem schließlichen Siege Preußens gezweifelt, weil er mir als ein Postulat der Geschichte erschien, oder mit anderen Worten, weil ich den Weg der nationalen Einigung Deutschlands durch Preußen von jeher für den einzig möglichen und für den von der Geschichte gewollten erachtete. Dieser Zuversicht entsprechend habe ich auch keinen Augenblick an einer inneren Verständigung in Preußen gezweifelt, als welche gleichermaßen ein Postulat der deutschen Geschichte war.

Der gegenwärtige welthistorische Moment bietet ein höchst eigenthümliches Interesse dar. Als im Jahre 1850 dieses Buch zuerst erschien, stand unmittelbar zu Erfurt die Eröffnung des Reichstags der preußisch-deutschen Union bevor, für die Herr von Radowitz die Ehre Preußens verpfändet hatte, und die dennoch damals Herr von Bismarck grundsätzlich auf Tod und Leben bekämpfte. Heut stehen wir wieder unmittelbar vor der Eröffnung des Reichstags einer neuen preußisch-deutschen Union — und ihr eifrigster Werkführer, Vorkämpfer und Lebensspender, ist nunmehr derselbe Mann, welcher der eifrigste Todtengräber der früheren war.

So ändern sich mit den Zeiten die Dinge und die Menschen. Möge der Himmel geben, und wir zweifeln nicht daran, daß diesmal das Werk mit einem Erfolge gekrönt werde, der auf alle Zeiten hinaus der gesammten deutschen Nation zum Heil gereicht.

Jena, den 28. Januar 1867.

Adolf Schmidt.

———

Vorwort zur ersten Auflage.

··

Von jeher habe ich die Geschichtsforschung als den Erinnerungsprozeß des Menschengeschlechts aufgefaßt und dargestellt. Ihre eigentliche Aufgabe ist darnach, zwar nichts zu vergessen, vorzüglich aber an das zu erinnern, was der lebenden Generation von Nutzen sein kann.

Denn was lebt, will handeln; will selber Thaten schaffen, kann nicht um jegliches Atom vergangener Dinge sich kümmern. Darum muß die Wissenschaft den Zeugungsacten des Lebens, statt sich scheu oder selbstisch von ihnen abzuwenden, vielmehr rathend und fördernd als waches Bewußtsein, als mahnendes Gedächtniß zur Seite stehen. Eben hierin beruht die wahre Vermittelung der Wissenschaft mit dem Leben.

Die Thatsachen nun, die ich hiemit der Gegenwart ins Gedächtniß zurückrufen will, werden ihrem wesentlichen Bestandtheile nach — so glaube ich voraussetzen zu dürfen — allen Lesern von Interesse, den meisten unbekannt sein, und wenn nicht Vielen doch Manchem zu praktischer Anregung gereichen.

Unter dem wesentlichen Bestandtheil verstehe ich aber namentlich die Combinationen des Jahres 1806. Und gerade sie sind dem Andenken der Mitwelt beinahe völlig entschwunden.

Dieser Umstand hat die beschleunigte Herausgabe der vorliegenden Arbeit veranlaßt, noch ehe sie in allen ihren Theilen zum Abschluß gediehen. Was ich dem Leser darbiete, ist daher nicht ein abgerundetes Ganze, sondern eine Reihe von Skizzen. Die drei Momente der deutschen Politik Preußens, welche ich hervorgehoben, die drei Dreifürstenbünde der Jahre 1785, 1806 und 1849, stellen indessen den Kern der Dinge, die Knotenpunkte der Entwicklung dar.

Ich hoffe, man wird in der Schrift nicht suchen, was man ihrer Natur nach darin nicht finden kann. Wer es mit der Politik der Kabinette zu thun hat, kann nicht von Bestrebungen der Völker reden. Die Geschichte der ersteren ist dann am lehrreichsten, wenn sie in die Zwecke des Nationallebens hinüberspielt. Die Momente der Vergangenheit, welche wir betrachten, sind von nah oder fern der Idee deutscher Einheit zugewandt; aber in der jeder diplomatischen Weise eigenen Begrenzung, weil die Künstlichkeit der Mittel die Zwecke verstümmelt; und mit dem schließlichen Erfolge der Erfolglosigkeit, weil es der Diplomatie am wenigsten eigen ist, in Selbstgefühl, Entschlossenheit und Kraft auszudauern.

Für eine Wiederherstellung der deutschen Kaiserwürde habe ich nie geschwärmt; aber als es in Frankfurt galt, zum Ziel zu gelangen, trug ich kein Bedenken, die persönliche Meinung dem allgemeinen Einklang unterzuordnen; und nachdem wir feierlich gelobt, an der Reichsverfassung unwandelbar festzuhalten, hielt ich mich nicht für berechtigt, zu Gunsten eines anderen ihr entgegengestellten Werkes mit der Gothaer Partei zu agitiren, sondern vielmehr für verpflichtet, auf jede Mitwirkung an der Bestattung der ersteren zu verzichten.

Etwas Anderes freilich ist das Geltenlassen der Thatsachen. Der versteht das Wesen der Geschichte nicht, der um des Todten willen dem Lebenden das Dasein abspricht. Die Geschichte ist nun einmal — vom persönlichen Standpunkt mag man sagen: leider! —

kein Register von Wünschen, Ansprüchen und Rechten; sie ist der Inbegriff dessen was ist, nicht dessen was sein könnte oder sollte.

Aber wo sind die Thatsachen, die man gelten lassen, wo sind die neuen Zustände deutschen Lebens, die man, weil sie geschichtlich wären, als solche anerkennen müßte? Noch ist kein Kabinetsplan, der dem Verfassungswerk der Nationalversammlung entgegengetreten, in die thatsächliche Wirklichkeit, in das lebendige Dasein übergegangen. Entwürfe sind keine Verfassungen. Der Plan der Kabinette von Baiern, Würtemberg und Sachsen hat augenfällig nur den Zweck, ein Mittel der Verhinderung zu sein. Ob andererseits das Erfurter Parlament das Zustandekommen eines einheitlichen deutschen Bundesstaates sichern, ob Preußen die durch das Organ des Herrn von Radowitz dafür verpfändete Ehre einlösen wird: dies muß die nächste Zukunft lehren. Deutschland in allen seinen Parteien kann nur dem sich zuwenden, der nicht in Plänen, sondern in Thaten dem Ziele deutscher Einheit und Freiheit mit Kraft und Entschlossenheit zuschreitet.

Berlin, den 12. März 1850.

Adolf Schmidt,
eh. Mitglied der deutschen Nationalversammlung.

Berichtigungen.

S. 120 Z. 18 von oben lies: Silbenstechereien

S. 196 Z. 1 von oben lies: die vertragsmäßigen Bundesgenossen

S. 213 Z. 8 von unten lies: aus der langen Geschichte der Menschheit

S. 238 Z. 9 von oben lies: sehr begreifliche Erscheinung

S. 249 Z. 4 von unten lies: Denn einmal steht es fest

S. 251 Z. 8 von unten lies: nichts als ein Zustand

S. 276 Z. 1 von unten lies: der von Preußen erstrebten
(nur in einem Theil der Auflage.)

Inhalt.

		Seite
Vorwort zur dritten Auflage	. . . .	III
Vorwort zur ersten Auflage	. . . .	IV

I. Der erste Dreifürstenbund oder der deutsche Fürstenbund Friedrichs des Großen. 1785.

1. Preußens Anrecht	3
2. Friedrich der Große und Oesterreich	4
3. Wiederauftauchen und politischer Kern der Lehninschen Weissagung .	11
4. Der Kampf um Reichsgewalt und Kaiserkrone	16
5. Die Krisis des preußischen Staates; die deutsche Einheitsidee . . .	20
6. Ringen um das Uebergewicht des Einflusses auf Deutschland . . .	22
7. Nähere Antriebe zur Bildung eines preußisch-deutschen Bundes im Gegensatz zu Oesterreich	28
8. Genesis der deutschen Bundesidee	31
9. Particularistische Strömungen; Triasidee	34
10. Aufrichtung des deutschen Fürstenbundes	35
11. Der Grundvertrag des deutschen Fürstenbundes	41
12. Folgen und Folgerungen	47
13. Die Uebergangszeiten der Schaukelpolitik	64

II. Der zweite Dreifürstenbund oder der norddeutsche Reichsbund Friedrich Wilhelms III. 1806.

1. Vorspiele: Stiftung des Rheinbundes; Auflösung des deutschen Reichs	77
2. Preußens Pläne	79
3. Die Keime des norddeutschen Bundes- und Kaiserprojectes	82
4. Die öffentliche Meinung in Norddeutschland	90
5. Die Napoleonischen Anträge	95
6. Preußens Unterhandlungen mit Hessen und Sachsen über den norddeutschen Reichsbund und das norddeutsche Kaiserthum, von Mitte Juli bis Mitte August	100
7. Der definitive Vertragsentwurf über die Bildung und Verfassung des norddeutschen Reichsbundes	113

Seite

8. Fortsetzung der Verhandlungen mit Sachsen und Hessen bis gegen Ende
   September 120
9. Kläglicher Ausgang 130
10. Seltsame Nebenspiele 133
11. Französische Gegenwirkungen 140
12. Die Hannoversche Angelegenheit 143
13. Der Bruch mit Frankreich 146
14. Verhältniß Preußens zu England 153
15. Verhältniß Preußens zu Oesterreich 155
16. Wendung der deutschen Politik Preußens. Theilungsidee. Baiern. 157
17. Noch einmal Oesterreich 165
18. Die Krisis 168
19. Sammlung und Erhebung 171

III. Der dritte Dreifürstenbund oder die deutsche Union Friedrich Wilhelms VI. 1849.

1. Sachsen und Hessen 177
2. Anläufe gegen den Bundestag 178
3. Revolution und Kaiserkrone 181
4. Der Dreikönigsbund 182
5. Bundesstaat und Interim 183
6. Die Frage von der Einheit 184
7. Die Frage der Freiheit 186
8. Die Frage vom Gleichgewicht 190
9. Die Frage der nächsten Zukunft 191

IV. Die selbständige Action Preußens oder der norddeutsche Bund Wilhelms I. 1866.

1. Die deutsche Reaction 195
2. Die Stimmung in Preußen 204
3. Die neue Aera 208
4. Graf Bismarck; Urtheilsorientirung; Antecedentien 214
5. Das Ministerium Bismarck 229
6. Bismarcks deutsches Programm vom Jahre 1862 236
7. Der österreichische Fürstentag im Jahre 1863 247
8. Die schleswig-holsteinsche Episode 263
9. Die Vorwehen der deutschen Katastrophe (1865.) 269
10. Die Katastrophe von 1866 275
11. Was noth thut 281
Anhang 291

I.

Der erste Dreifürstenbund

oder

der deutsche Fürstenbund Friedrichs des Großen.

1785.

1. Preußens Anrecht.

Seit mehr denn einem Jahrhundert gewährt die Geschichte der deutschen Politik nur das Schauspiel des Ringens zwischen Preußen und Oesterreich, um das Uebergewicht des Einflusses auf die deutschen Angelegenheiten.

Oesterreich verfocht die Legitimität, das hergebrachte Recht der Gewohnheit, die Autorität der Reichsgewalt. Preußen vertrat die Opposition; es suchte sein Anrecht in dem Wandel der Geschichte, die, als eine stets sich verjüngende Macht, nur im Kampf mit der Autorität zum Durchbruch, d. h. zu ihrem Recht gelangen kann.

Nicht Willkür oder Eigenwille Einzelner hat Preußen mit seinem ganzen Streben und Ringen zu dem gemacht, was es ist. Die moralische Gewalt der Thatsachen, eine Fügung über die sich nicht rechten noch vernünfteln läßt, hat ihm die Rolle angewiesen, die es in der deutschen Geschichte spielt.

Das Territorialfürstenthum hatte sich nun einmal in der Opposition gegen die höchste Reichsgewalt entwickelt; es war eine innere Nothwendigkeit, wenn der preußische Staat auf demselben Grunde beruhte. Glück und Geschick haben ihn dann mehr wie andere emporgebracht, bis er — und nur er allein unter den deutschen Staaten — zum Nebenbuhler Oesterreichs und der Reichsgewalt erstarkt war. Und das Ringen beider um das Uebergewicht in Deutschland beruhte nunmehr auf einer gleichen Nothwendigkeit.

Es ist als habe das alte Haus Oesterreich in dem jugendlich aufstrebenden Preußen schon vorlängst den künftigen Nebenbuhler geahnt. Aber vergeblich waren seine Versuche, das natürlich heranwachsende Gegengewicht auf künstlichem Wege in die eigene Wagschale herüberzuleiten. Was ihm bei Georg Wilhelm mit Schwarzenbergs Hülfe noch ohne viele Mühe gelang, die frische aber ungeübte

1 *

Kraft an das Geleise und die Zucht einer eingewohnten Politik zu fesseln: das gelang zur Zeit Friedrichs III. kaum mehr um den Preis einer Königskrone, die das Selbstgefühl erhöhte ohne die Abhängigkeit von Kaiser und Reich zu vermindern, und deren Erwerb daher mehr ein Sporn als eine Beschwichtigung der Zukunft war.

Denn schon hatte inzwischen der große Churfürst seine Nachfolger die Bahn der Selbstständigkeit wandeln, seine Völker die eigene Kraft fühlen gelehrt. Friedrich Wilhelm I. lehrte diese Kraft sich sammeln; in alle Fugen und Gelenke des Staates sich einnistend, schwoll sie rasch zu einem Marke an, das in dem gegebenen Dasein keinen genügenden Spielraum mehr fand und einer Entäußerung in männlichen Thaten, einer freien Verwendung seiner selbst bedürftig war. Da kam Friedrich der Große: und das Selbstgefühl der gesammelten Kraft ward zur schaffenden That.

2. Friedrich der Große und Oesterreich.

Gewöhnliche Charaktere können der Achtung theilhaftig werden; nur großen wendet sich die Bewunderung zu; in ihr liegt daher das Anerkenntniß einer höheren Berechtigung.

Und wodurch nun hat Friedrich II. den Beinamen des Großen sich erworben? Woher stammt die Bewunderung die man ihm nirgend vorenthält? Ist es die Größe seiner Siege? Auch Dschingischan hat Schlachten gewonnen und Länder erobert. Ist es die Größe seines Geistes? Auch Mark Aurel hat philosophirt. Ist es die Gewissenhaftigkeit seiner Pflichterfüllung gegen Kaiser und Reich? Darin hat die Mehrzahl der Vasallen ihn übertroffen. Und so ist es denn wohl die Größe seiner Politik. Man bewundert ihn, weil er wußte was er wollte, und weil er wollte was er that; weil er nach allen Seiten hin eine unabhängige und entschiedene Haltung nicht bloß versuchte, sondern zu behaupten verstand; weil er es nicht unternahm, die entmannende Unentschiedenheit zweideutiger Rechtsfragen durch penelopeische Gespinnste der Diplomatie zu verewigen, sondern sie durch entschlossenes Handeln zu entscheidender Lösung brachte. Nicht das stagnirende, das statistische Recht, sondern das flüssige, das Recht der werdenden Geschichte war seine Richtschnur. Nur in dieser höheren Berechtigung des geschichtlichen Wollens finden die Hauptergebnisse seiner Politik, die Erwerbung Schlesiens und die Stiftung des Fürstenbundes, ihre eigentliche und ihre volle Recht= fertigung.

Das heilige römische Reich war im achtzehnten Jahrhundert in einer trostlosen Erschlaffung begriffen; von kleinlichen Interessen und fremdländischen Gelüsten wurde Deutschland wurmhaft durchwühlt und zersetzt. Durch den weiten Gesichtskreis seiner Politik, durch die Selbstständigkeit und Energie, mit der er ihn durchmaß, hat Friedrich der Große — und er allein — die Ehre des deutschen Namens und das Selbstgefühl der deutschen Nation im achtzehnten Jahrhundert gerettet.

Das Ziel Friedrichs des Großen war ein doppeltes: er wollte Preußen 1) zu einer Macht überhaupt innerhalb des europäischen Staatensystems, und 2) zu einer deutschen Macht erheben. Es ist nicht richtig, wie man wohl gemeint, daß diese Bestrebungen der Zeit nach scharf gesondert und etwa durch den Hubertsburger Frieden gegen einander abgegrenzt wären. Sie liefen vielmehr einander parallel; ja man möchte fast sagen, sie waren eine der andern inhärent Denn jeder Zuwachs an europäischem Einfluß mußte auch das Ge= wicht in Deutschland verstärken, und umgekehrt. Nur die nächste Aufmerksamkeit Friedrichs war nicht immer beiden Bestrebungen gleichmäßig zugewandt. Bei dem ersten schlesischen Kriege hatte er mehr die europäische Stellung im Auge; aber schon bei dem zweiten trat die deutsche Politik in den Vordergrund, und der baiersche Erb= folgekrieg so wie die Stiftung des Fürstenbundes waren nur neue Phasen ihrer Entwickelung; während der siebenjährige Krieg der Aufrechterhaltung seiner europäischen Stellung und damit zugleich der deutschen gewidmet war.

Das Bedeutsamste für die deutschen Geschicke war aber dies: daß der Erfolg der einen wie der anderen Bestrebung, gleichviel welche von ihnen zu dieser oder jener Zeit überwog, nur auf Kosten und daher nur im Kampfe mit Oesterreich möglich war.

Denn dem Gegensatz der Interessen Oesterreichs und Preußens, ihrer gegenseitigen Eifersucht, hätte nur auf Eine Weise vorgebeugt oder ein rasches Ende bereitet werden können; nur dann nämlich,

wenn beide friedlich und frühzeitig zu Einem Staatsganzen ver=
schmolzen wären. Und das war auch — woran man sich heut nur
selten erinnert — Friedrichs ursprüngliches Augenmerk, ehe er den
Thron bestieg. Deshalb war der einzige Heirathsplan, mit dem sich
der preußische Kronprinz, seit seinem achtzehnten Jahre, zu befreunden
vermochte, und der einzige, der aus ihm selber kam — das Project
seiner Vermählung mit der künftigen Erbin der österreichischen Mo=
narchie, mit Maria Theresia. Vor und nach seinem Fluchtversuche,
vor allem aber in der Einsamkeit der väterlichen Haft, kehrte er mit
seinen Gedanken immer und immer wieder auf diese großartige Com=
bination zurück, und stellte sie anderen ihm widerwärtigen Heiraths=
projecten entgegen. Alle Einwände wußte er schlagfertig zu wider=
legen. Die Verschiedenheit der Confession flößte ihm keine Bedenken
ein; denn er war entschlossen, die Religion darum nicht zu ändern.
In der Eifersucht der Mächte sah er keinerlei Hinderniß. „Wenn
England, meinte er, durch Vermählung des Prinzen von Wales
mit einer preußischen Prinzessin gewonnen würde: so erscheine durch
den Bund Oesterreichs, Preußens und Englands, die pragmatische
Sanction, die der Maria Theresia die Nachfolge in allen österreichi=
schen Ländern zuspreche, so vollkommen sichergestellt, daß man sich
um den etwaigen Widerspruch Frankreichs und der übrigen Mächte
nicht zu kümmern brauche.“ Allein vergebens! Seinem Projecte,
das damals sogar durch einen Zeitungsartikel, in der Form von Ge=
rüchten und Vermuthungen, eine Aufsehn erregende Publicität er=
langte, stand nicht nur die Neigung der Erzherzogin zu dem jungen
Franz von Lothringen, sondern vor allem der Stolz des Wiener Hofes,
und der despotische Wille seines eigenen Vaters entgegen. Das Wiener
Kabinet, das im Stillen dem preußischen Thronfolger die unbedeutende
Prinzessin von Bevern zugedacht hatte, war bei der Kunde von dessen
Vorschlage, als einem Symptome vermessenen Ehrgeizes, wahrhaft be=
troffen. Oesterreichs damaliger Staatslenker, Prinz Eugen, erklärte so=
fort unumwunden: „Es erhelle daraus, was für weitaussehende
Ideen dieser junge Herr hege; es müsse ihm doch an Lebhaftigkeit
und Vernunft gar nicht fehlen; um so gefährlicher dürfte er mit der
Zeit seinen Nachbarn werden; es sei zu befürchten, daß er alles, was
jetzt der Vater thue, später völlig umändere; ihn von seinen bedenk=
lichen Grundsätzen abzubringen, sei ohne das Zustandekommen der

Heirath mit der Prinzessin von Bevern nicht zu hoffen." Und mit solchem Eifer wurde diese nunmehr von Oesterreich betrieben, daß Friedrich, trotz seines entschiedenen Widerwillens gegen diese Ehe, sich 1733 dem Willensgebote seines Vaters fügen mußte. [1]

Unter solchen Umständen konnte das Mißlingen des kronprinzlichen Heiraths- und Bundesplanes nur dazu beitragen, den Gegensatz zwischen Oesterreich und Preußen zu schärfen und sofort mit der Thronbesteigung Friedrichs, statt des Friedens, den Kampf zu gebären.

Und so sollte denn nun auf deutschem Boden der erste gewaltige Zusammenstoß zwischen dem neuen in der Entwickelung begriffenen Dasein und dem fertigen abgeschlossenen Alter, von dem es sich losgelöst, erfolgen. Es war der Kampf des Werdenden mit dem Gewordenen, eines geschichtlich wogenden Principes mit einem statistisch erstarrenden. Es trat der unverwüstlichen Ruhe der brausende Ungestüm entgegen.

Dieser entgegengesetzte Charakter spiegelt sich auf dem Grunde der beiderseitigen Politik wieder.

Oesterreich erblickte von jeher im stolzen schweigsamen Zuwarten und im heimlichen Weben den Inbegriff politischer Weisheit. Als den Gipfel der politischen Kunst betrachtete es die Aufgabe: schwebende Interessen so lange in ihrer Schwebe zu erhalten, bis sie durch irgend eine günstige Wendung des Windes in den Bereich des ihm Zugänglichen getrieben würden, um sie dann auf den eigenen Heerd herniederzuziehen. Mit Recht sagt Lefebvre: „Es liegt einmal in den Gewohnheiten dieses Hofes, zu temporisiren, selbst im Unglücke; was andere von der Energie erwarten, hofft er von der Zeit; die Zeit ist die treue Bundesgenossin seiner Politik." [2]

Das war auch Friedrichs Auffassung. Deßhalb hat er sich niemals von Unterhandlungen mit Oesterreich Erfolg versprochen. „Er kenne, pflegte er zu sagen, den Hochmuth und den Stolz des Wiener Hofes;" Oesterreichs „Absicht" gehe doch nur immer „dahin, jeder

---

[1] Ranke, Neun Bücher Preuß. Gesch. Bd. I. S. 333 f. kannte natürlich noch nicht die Mittheilungen von Arneth, Prinz Eugen von Savoyen, Bd. III. S. 534 ff.

[2] Lefebvre, hist. des cabinets de l'Europe. Paris 1845. 1, 229 (Uebers. v. Diezmann 1, 220).

bestimmten Auslassung auszuweichen," bis es irgend einen ihm vor=
theilhaften Stützpunkt gewonnen habe.[1] Und der Erfolg hat auch
namentlich bei den Anlässen des siebenjährigen Krieges seine Mei=
nung bestätigt. Darum betrachtete er diesen vor allem aus dem Ge=
sichtspunkte der Ehre. Seine Politik hatte das Licht nicht gescheut;
sie war gerade und offen gewesen, weil sie eine kühne und entschlossene
war. Jeder Gedanke an Eroberung lag ihm damals fern; er er=
klärte dem englischen Gesandten ausdrücklich, daß er „keineswegs die
Absicht hege, neue Erwerbungen zu machen." Aber er wollte die
einmal errungene Stellung durch Energie behaupten, sie nicht sich
wieder nehmen, durch heimliche Intriguen untergraben lassen; das
gebiete seine und Preußens Ehre. „Schauen Sie mir ins Gesicht!"
— rief er aus — „Glauben Sie, daß meine Nase gemacht sei um —
Nasenstüber zu empfangen? Bei Gott! ich werde sie mir nicht ge=
fallen lassen." Von einem nachgiebigen Entgegenkommen wollte er
nichts wissen. „Nein! — sagte er — das kann nichts helfen; Sie
kennen diese Leute nicht, es wird sie nur stolzer machen, und ich werde
diesen Leuten da nicht nachgeben! Bei Gott, ich werde ihnen nicht
weichen!"[2]

Die Frage war nun aber die: welche dieser beiden Mächte als
Siegerin aus dem Kampfe hervorgehen würde? ob der alten die
Wucht der Jahrhunderte, oder der neuen die Rührigkeit frischer
Jugendkraft in entscheidender Weise zu Statten kommen werde?

Aller Erfolg ist aber nach den Absichten zu bemessen; und wir
müssen daher die Entwürfe Friedrichs, wie sie durch die oben bezeich=
neten beiden Bestrebungen bedingt wurden, näher zergliedern.

Alle Absichten des Königs hatten zugleich eine positive und eine
negative Seite. Es lag dies in der Natur seiner Unternehmungen, in
ihrer einmüthigen Richtung gegen Oesterreich. Jeder Vortheil den
er für Preußen errang, mußte nothwendig zu einem Nachtheil für
Oesterreich ausschlagen; und jedwede Benachtheiligung Oesterreichs,
auch wenn sie nicht unmittelbar zu Gunsten Preußens versucht ward,
mußte doch mittelbar der Stellung des letztern zum Vortheil ge=
reichen.

---

[1] Bericht des englischen Gesandten Mitchell in meiner Zeitschrift f. Geschichts=
wissensch. Br. I. S. 160. 152

[2] Ebendas. S. 159. 160 f.

Die erste seiner Absichten war nun die: Oesterreichs materielle Macht zu schwächen und die eigene zu stärken. Deshalb unternahm er den ersten schlesischen Krieg. Die Rechtstitel waren nicht über allen Zweifel erhaben; sie griffen in das frühere Jahrhundert und zum Theil sehr weit, bis in die Anfänge desselben, zurück; seine Vorgänger, selbst der große Churfürst, hatten sie nie mit Nachdruck geltend gemacht; auch erstreckten sie sich nicht auf alles was er erstrebte. Das Unternehmen erschien als ein Analogon des Verfahrens der Reunionskammern, wodurch Frankreich den Elsaß erwarb, nur daß Ludwig XIV. auf dem Wege hinterlistigen und gemeinen Raubes, Friedrich auf dem Wege offener und männlicher Heldenthat vorschritt. Der Zweck wurde vollständig erreicht, Schlesien auf die Dauer dem preußischen Staate einverleibt und dergestalt die Hausmacht Oesterreichs um eine ihrer werthvollsten Provinzen verkleinert.

Dagegen gelang die weitere Schwächung, welche Baiern durch den österreichischen Erbfolgekrieg erzielte, nicht; weil Ungarn sich Oesterreichs annahm, Baiern trotz Frankreichs Hülfe niedergerannt ward und, als Friedrichs Diversion ihm wieder aufgeholfen hatte, der Prätendent plötzlich starb. Es leuchtet übrigens ein, daß Friedrich kein Interesse hatte, den baierschen Anspruch auf die gesammte österreichische Erbschaft ernstlich durchgeführt, die Macht Oesterreichs und Baierns in Einer Hand vereinigt zu sehen; nur daran konnte ihm liegen, daß Baiern größer und Oesterreich kleiner werde.

Die zweite Absicht Friedrichs ging dahin: dem Hause Oesterreich die Reichsgewalt und das Kaiserthum ein für allemal zu entwinden, und diese zu Gunsten Preußens zu verwenden. Ihr war vornehmlich der zweite schlesische Krieg gewidmet.

Die männliche Linie der Habsburger war mit Kaiser Karl VI. am 20. October 1740 erloschen. Ein beinahe anderthalbjähriges Interregnum war die Folge. Dem Ausgange desselben sah man unter den Wirren des ersten schlesischen und des österreichischen Erbfolgekrieges mit höchster Spannung entgegen. Die Wählbarkeit der deutschen Kaiser ließ jeden Bewerber zu. Preußen war die größte der deutschen Territorialmächte. Sollte Friedrich die Reichsgewalt auch ferner noch in den Händen Oesterreichs lassen, in die Erhebung des Gemals der Maria Theresia einwilligen? Oder sollte er jetzt den Versuch machen, die Kaiserkrone unmittelbar an sein Haus zu bringen? Oder war es gerathener, einen Umweg einzuschlagen und sie zunächst einem schwächeren Hause zuzuwenden, mit dem später eine Concurrenz leichter und minder bedenklich sein mußte als mit Oester= reich? Oder endlich, waren die wesenlosen Befugnisse der Reichs= gewalt der Mühen und der Verdrießlichkeiten nicht werth, die ihr Besitz mit sich führte, und konnte es genügen, wenn Preußen sie unter seiner Obhut in schwächeren Händen auf die Dauer beließ, oder so lange bis etwa neue Eventualitäten ihr eine größere Bedeu= tung, eine kräftigere Geltung versprächen? Durfte Preußen, als eine protestantische Macht, je auf bereitwillige Zustimmung zur eige= nen Erhebung von Seiten des Churfürstencollegiums rechnen, so lange das deutsche Reich auf der Grundlage des geistlichen, nicht des weltlichen Fürstenthums beruhte? War der Kaisername nicht ein leerer Schall, so lange Macht und Einfluß dieser Würde nicht ent= sprachen, so lange das Princip der Wählbarkeit nicht dem der Erb= lichkeit wich, so lange die Prärogativen der Kaiserkrone durch die Wahlcapitulationen fort und fort in Frage gestellt oder verkürzt wer= den konnten?! War endlich die Politik nicht die richtige, welche das Wesen über die Form stellt und ihren Thaten das Gepräge des erste= ren einimpft, welche es verschmäht alles auf einmal vollbringen zu wollen und, was in dem einen Zeitpunkt nicht wohl gelingen kann, den Nachfolgern zur Fortführung und Vollendung anheimgiebt?

Das waren die Fragen, die sich unabweislich aufdrängen, die zur Entscheidung kommen mußten.

Es fehlte nun nicht an alten und an frischen Aufstachelungen, welche, selbst mit Berufung auf Schicksalsverkündungen, den König anzutreiben schienen, die Kaiserwahl auf sich selbst zu leiten. Wir können nicht umhin, der merkwürdigsten Erscheinung dieser Art, weil ihr die Bedeutung eines Impulses zugeschrieben ward und weil sie eine beispiellose Aufmerksamkeit auf literarischem Gebiete erweckte, hier näher zu gedenken.

3. Wiederauftauchen und politischer Kern der Lehninschen Weissagung.

Mit den Anfängen Friedrichs des Großen tauchte nämlich von Neuem die Lehninsche Weissagung auf, und wurde mit bis dahin unerhörtem Eifer zum Gegenstand der Betrachtung gemacht.

Daß dieselbe nicht aus grauer Vorzeit von einem Lehniner Mönche Hermann herrührte, sondern um das Jahr 1695, wahrscheinlich in Berlin, verfertigt worden sei, ist nach den Untersuchungen in meiner Zeitschrift wohl als ausgemacht zu betrachten.[1] Ob dem Kammergerichtsrath und Konsistorial-Assessor Seidel, der 1693 starb, die Autorschaft zuzuschreiben sei, oder dem Propst Andreas Fromm zu Köln an der Spree, der 1668 in Prag zum Katholicismus übertrat, oder dem Rittmeister a. D. und Mitglied der Akademie der Wissenschaften Ch. H. Delven, der erst 1716 starb, ist für unsern Zweck gleichgültig. Wichtig ist nur, daß dieses Machwerk eine ungewöhnliche Bedeutung erhielt, weil es in allen Kreisen der Gesellschaft, hohen wie niederen, gelehrten und ungelehrten, bei den Vertretern der Diplomatie wie bei den Laien der Politik Beachtung fand.

Denn Weissagungen üben einen geheimen Zauber selbst auf kalte und aufgeklärte Geister aus. Unbewußt geben sie sich dem Reize der Deutung hin und bemühen sich, sei es zum Zeitvertreib oder aus Neugier, in dem, was die Vernunft von vornherein für Unsinn erklärt, dennoch durch die Schärfe des Verstandes einen Sinn zu erspüren. Für abergläubische Gemüther aber werden Weissagungen sogar Antriebe des Handelns; denn das eben ist, wie ich schon an einem andern Orte bemerkt, „das Dämonische des Aberglaubens, daß er im Drange der Rechtfertigung seiner selbst das herbeizuführen strebt, was ihm in seiner Befangenheit als Wille des Schicksals erscheint."[2]

Bis zum Jahre 1721 blieb die Lehninsche Weissagung ungedruckt; aber schon um 1708 ward ihrer zum erstenmal öffentlich

---

[1] Fr. Wilken: „Ueber das s. g. Vatic. Lehninense" und Giesebrecht: „Die Weissagung von Lehnin und Chr. H. Delven." Allg. Zeitschrift f. Geschichte 1846. Bd. VI. S. 176 ff. S. 433 ff.

[2] Geschichte der Denk- und Glaubensfreiheit im ersten Jahrhundert der Kaiserherrschaft und des Christenthums. S. 181.

erwähnt. Die Handschriften waren bis dahin sehr spärlich und coursirten ausschließlich in vornehmeren Kreisen: 1697 sah der Bibliothekar La Croze ein Exemplar bei dem Herrn von Schönhausen in Berlin; 1711 erhielt der Chronologe Des Vignoles eine Abschrift von dem Obersten von Stapf, dem Rector der Berliner Ritterakademie; noch früher hatte der Professor Schulz während seines Aufenthaltes in Berlin, von 1709—1711, eine solche von einem „vornehmen" Gönner oder, wie es im Preußischen Wahrsager heißt, von „hoher Hand" empfangen; dem ersten fragmentarischen Herausgeber, Rector Tschorn zu Lübben war eine Handschrift durch „ausgezeichnete Männer" zugekommen; der königlichen Bibliothek in Berlin wurden nach und nach vier Handschriften zugewendet, die eine vor, die anderen nach 1709.

Eine besonders große Aufmerksamkeit erregte die Weissagung zum erstenmal im Jahre 1714, zur Zeit des nordischen Krieges; damals wurde sie nach dem Zeugniß des Rectors Küster „häufig gelesen und abgeschrieben." Seitdem bahnte sie sich den Weg in die Literatur; 1721 erschienen zuerst Bruchstücke in dem Lübbener Programm von Tschorn und in Leysers Historia poetarum; 1723 der erste vollständige Abdruck, jedoch mit Weglassung von vier Versen, in dem Gelahrten Preußen von dem obengenannten Schulz; wie dieser selbst erzählt, wurde ihm dies sehr übel vermerkt. Seitdem erschienen nun, in oft sehr rascher Folge, eine Menge von Ausgaben und Abdrücken.

So nahete die Zeit Friedrichs II. Das kühne Auftreten desselben gegen Oesterreich, gleich mit den Anfängen seiner Regierung, die Eroberung von Schlesien, die Selbstständigkeit seiner Politik, die Großartigkeit seiner Entwürfe, sein steigendes Ansehn in Deutschland und Europa, begründeten auch für die Literatur und das Ansehn der Lehninschen Weissagung, eine neue, die zweite Epoche. Gleich im Jahre 1741 erschien sie im Europäischen Staats-Wahrsager, und gleichzeitig widmete ihr Küster in der Marchia litterata eine eingehende Untersuchung; 1745 erschien das Buch von Henkel: Frater Hermannus redivivus, und im Jahre darauf die kritisch bedeutsame Ausgabe des Predigers Weise, die in der Handschrift ebenfalls schon seit 1741 zugänglich war. Wie groß das Interesse war, das sich, ungeachtet des kaum mehr bezweifelten jüngeren Ursprungs, der

Weissagung damals zuwandte, wie eifrig sie gedeutet und besprochen wurde, erhellt zur Genüge aus dem um dieselbe Zeit erschienenen Preußischen Wahrsager, der, obwohl mit seinem deutschen Gewande auf das ungelehrte größere Publicum berechnet, grade die Erklärung einer der dunkelsten Stellen durch die Bemerkung abweist: „Wie diese Worte vor einiger Zeit ausgeleget und applicirt worden, ist noch in frischem Andenken und also unnöthig allhier wieder aufzuwärmen."[1]

Was aber ist denn nun der Grund dieses besonderen Interesses, wodurch thatsächlich alle anderen ähnlichen Weissagungen bis zu gänzlicher Verschollenheit in den Hintergrund gedrängt wurden?

Die charakteristischen Merkmale der Dichtung sind: 1) Haß gegen alles Fremdländische, namentlich gegen das Französenthum. 2) Erbitterung über die Perioden der Abhängigkeit der branden=burgischen Politik von Oesterreich; daher der Minister Schwarzen=berg unter Georg Wilhelm als ein „verworfener Sklav" bezeichnet (V. 71), und das ganze Land zur Wehklage aufgerufen wird, weil der Nachfolger des großen Churfürsten „nicht in des Vaters Fuß=stapfen trete" (V. 76). 3) endlich das Verlangen sowohl nach kirch=licher wie nach nationaler Einheit Deutschlands, welche mit der größten Zuversicht der Zukunft verheißen wird; „der Hirt wird die Heerde, Deutschland den König zurückempfangen" (V. 95). Und diese große Umwandlung sollte sich an die Schicksale des „letzten" Regenten von Brandenburg knüpfen!

Wie wunderbar mußte diese Prophezeiung in Friedrichs des Großen ersten Regierungsjahren erscheinen! Schien sie nicht einen Untergang des deutschen Kaiserthums vorauszusetzen, indem sie dessen Wiederherstellung verkündete? Stammte sie nicht angeblich aus einer Zeit, da es in allseitig anerkannter Wirksamkeit stand, oder wie die Gelehrten meinten aus einer Zeit, wo es nach wie vor unangefochten das Haus Oesterreich inne hatte? Aber eben diesem Hause war der Urheber der Weissagung entschieden abhold; und grade jetzt war die männliche Linie der Habsburger erloschen, ein Interregnum einge=treten; die Politik Preußens hatte entschiedener denn je mit Oester=reich gebrochen; Maria Theresia vermochte kaum ihrer Feinde im Erbfolgekriege sich zu erwehren; ihr Gemal Franz hatte keine Aus=

---

[1] Preuß. Wahrsager S. 8.

sicht auf die Kaiserkrone; Friedrich hatte die Entscheidung der Wahl in Händen, und wenn er diesmal sich begnügte, einen schwächeren Bewerber, den Churfürsten von Baiern auf den Kaiserthron zu erheben, so durfte es scheinen, als geschehe dies nur, um bei einem späteren Wechsel als der stärkere Theil ihn desto leichter und sicherer zu erringen. Wie konnte daher jene Weissagung anders gedeutet werden, als daß sie den einstigen Uebergang der deutschen Kaiserwürde an das Haus Hohenzollern verkünde, und daß der Fürst der dies vollbringe nur deshalb als der letzte der brandenburgischen Regentenlinie bezeichnet werde, weil er der erste einer neuen, mächtigeren, einer deutschen sein würde! Trotz des gehässigen Anstrichs also, den die Dichtung unverkennbar an sich trägt, trotz des vielen Unheils, womit sie in ihrem Mißmuthe sowohl die Regenten des Landes als die Bevölkerung desselben bedrohte, schien sie dennoch den Hohenzollern eine große und glänzende Zukunft zu verheißen. Und an diesem Glauben, an jener Deutung, hielt man fest; in ihr suchte man den Kern des Ganzen zu erfassen.

Dieser Kern — und um so rascher machte man mit ihm sich vertraut — war nicht einmal seinem ganzen Inhalte nach neu. Die Prophezeiung von der Erwerbung der deutschen Kaiserwürde durch das Haus Brandenburg reichte auch außerhalb jener Weissagung in der allgemeinen Literatur weit über die Zeiten Friedrichs des Großen zurück. Hatte doch jener Rittmeister Oelven schon im Jahre 1708 in seiner zu Berlin erscheinenden deutschen Monatsschrift, der ersten und einzigen jener Zeit, nicht nur die gleichen Grundgedanken entwickelt, die wir als die charakteristischen Merkmale des Lehninschen Vaticiniums angaben (und die eben deshalb in neuester Zeit zu der Vermuthung führten, daß er selbst der Urheber des letzteren sei), sondern auch dicht an die Schlußtendenz desselben gestreift, als er im Märzheft mittelst eines Anagrammes dem kurz zuvor gebornen Sohne des Kronprinzen, dem Prinzen von Oranien, die deutsche Kaiserkrone prognosticirte! Freilich wurde diese Prophezeiung durch den Tod des Prinzen Lügen gestraft; aber die Art, wie sie vorgetragen und motivirt worden war, bildet den eigentlichen Kern derselben und mußte vorzugsweise in den Kreisen haften bleiben, in denen damals die Abschriften des Lehninschen Vaticiniums umliefen. „Eris Caesar" redete Oelven den Prinzen Friedrich Ludwig an;

„und zwar", setze er hinzu, „ein Teutscher Kayser." „Wer weiß
wie lang es noch dauert, so kommt dieser Zankapfel aufs Tapet;
denn aus dem Hause Oesterreich wird die Welt schwerlich einen mehr
bekommen? Warum? Joseph, der Schaltkönig in Aegypten, starb
ohne einen Prinzen zu hinterlassen. Und wenn es auch geschähe, so
dürfte doch bei einer Wahl wenig darauf reflectirt werden." Dem
Ungläubigen ruft er zu: „Halt das Maul zu, Spötter, und erwarte
die Zeit, wenn dir Gott so lange das Leben gönnt." An einer
andern Stelle befürchtet er Intriguen von Seiten Frankreichs, um
bei Josephs I. Tode die deutsche Kaiserkrone auf ein französisches
Haupt zu bringen; aber mit Zuversicht ruft er aus: vergeblich sei
solches Trachten; diese höchste Würde und Macht müsse bei der deut=
schen Nation bis an das Ende bleiben. Endlich fordert er die deutsche
Nation unverholen zur That auf, damit das zweihundertjährige
Vaticinium in Erfüllung gehe, und bestätigt die Behauptung, daß
die Absicht der Weissagungen die ist, durch ihr Dasein die That ihrer
Erfüllung hervorzurufen.

Waren nun alle diese Visionen und Ideen am Berliner Hofe
spurlos vergessen, als 1711 Joseph I., dann sein Bruder Karl VI.
ohne männliche Nachkommen 1740, in demselben Jahre starb, da
Friedrich II. zur Regierung kam? Wer möchte diese Frage bejahen!
Waren sie doch in der Literatur grade damals nichts weniger als
vergessen.

Allein Macht und Einfluß zu erweitern und auf die deutschen
Angelegenheiten zu concentriren, wird seit länger denn einem Jahr=
hundert als die historische Aufgabe Preußens angesehen. Insoweit
es ihr treu blieb, war daher auch die Richtung seiner Politik nicht
eine zufällige, sondern eine innerlich gegebene, eine nothwendige und
darum unabhängig von den Tendenzen oder den Deutungen einer
Weissagung, die, wenn sie mit der historischen Nothwendigkeit über=
einstimmt, wohl den richtigen Blick ihres Urhebers bethätigen, nie=
mals aber dasjenige in seinem Dasein berechtigen kann, was die
höchste Berechtigung, die geschichtliche, schon in sich trägt.

Friedrichs Freigeisterei war am wenigsten geeignet, dem Aber=
glauben einen Zutritt zu seiner thatkräftigen Politik zu gestatten.
Sehen wir denn, was er that!

Ich bin nicht der Ansicht, daß die höchste Objectivität in der

Auffassung geschichtlicher Verhältnisse und Personen nur darin be=
stehe, daß lieber zu wenig als zu viel behauptet werde. Aber es
liegt mir daran, daß dem nächsten Abschnitt auch nicht der leiseste
Vorwurf einer zu starken Färbung gemacht werden könne. Darum
wähle ich, mein eigenes Thun auf die Zusammenstellung, Kürzung
und Verbindung beschränkend, einen Führer, dessen Objectivität den
Charakter der äußersten Zurückhaltung trägt.

***

4. Der Kampf um Reichsgewalt und Kaiserkrone.

„Die Lage von Deutschland", sagt Ranke in seinen Neun
Büchern Preußischer Geschichte, „würde im 18. Jahrhundert eine
„sehr armselige" gewesen sein, hätte es nicht „wenigstens Einen
Staat" gegeben, „der wenngleich einseitig doch eine eigene Sache
verfocht, über unvergleichliche Streitkräfte gebot, und nur von sich
selber Rath nahm."

Dem König von Preußen war es im ersten schlesischen Krieg
„gelungen, sich auf das gewaltigste, unabhängig nach allen Seiten,
zu erheben."

„Nun aber entstand die Frage, und es ist seitdem die wichtigste
für die deutsche Geschichte geblieben, wie sich die beiden großen deut=
schen Staaten gegen einander verhalten, ob sie sich jemals unter
einander verstehen würden. Nicht allein das schlesische Ereigniß ent=
zweite sie, sondern zunächst noch mehr die Beziehung zu dem Reiche."

„Oesterreich der kaiserlichen Ehren gewohnt, konnte nicht er=
tragen, daß ein anderes Haus die höchste Würde im Reich bekleiden
sollte."

„Preußen konnte nicht gemeint sein, das Kaiserthum an sich zu
bringen; noch weniger wäre ihm der Gedanke gekommen, sich vom
Reiche zu trennen; demselben anzugehören war nicht so sehr eine
Pflicht als ein Recht. Dahin aber ging sein natürliches Bestreben,
die höchste Gewalt nicht in Hände gerathen zu lassen, von denen es
Feindseligkeiten hätte erwarten müssen, sondern ihr vielmehr selber
eine den neuen Zuständen entsprechende Haltung zu geben."

„Zur Vollziehung dieser Absicht war bereits während des

Krieges das Nothwendigste geschehen: der Churfürst von Baiern war zum Kaiser erhoben worden."

„Die Ergebnisse zeigen, daß es ohne die Theilnahme von Preußen nie dahin gekommen wäre."

Friedrich war bereit gewesen, „seine Stimme dem Großherzog von Toscana zu geben, freilich unter der Bedingung, daß man seine Rechte auf Schlesien anerkenne; hätte man sich hierüber verstanden, so wäre die Erhebung des Großherzogs ohne Frage durchgeführt worden." Selbst wenn „im Mai 1741 Maria Theresia mit Preußen sich verständigt hätte, würde der Großherzog wahrscheinlich auch dann noch gewählt worden sein. Der Churfürst von Mainz sagte einem Jeden, der es hören wollte, der Ausgang des Wahlgeschäftes hänge von den Ereignissen in Schlesien ab. Wie hätte auch nicht eine Uebereinkunft zwischen Preußen und Oesterreich zu Gunsten des Großherzogs jeden andern Kronbewerber ausschließen sollen?"

Da es nun „zu einer solchen Abkunft nicht kam, so wagte auch der Churerzkanzler dem Großherzog keine Gunst zu beweisen." Aber auch „dem Andringen des französischen Hofes zu Gunsten von Baiern gab der Churfürst in Mainz noch nicht nach, auch als die Franzosen den Rhein überschritten;" jedoch erklärte er, wenn der König von Preußen beitrete, so daß Carl Albert mit Sicherheit auf vier Stimmen zählen könne, so wolle er ihm die seine als die fünfte geben." d. h. als die entscheidende, da es damals neun Churstimmen gab.

So geschah es; die Unentschlossenen entschieden sich nun ebenfalls; und somit war es in der That der König von Preußen, „der diesen ganzen Act in Bewegung setzte." Es war „der Eifer des preußischen Kabinets," der „die Berathungen der Wahlkapitulation beschleunigte," damit nicht „die günstige Stimmung der Churfürsten durch irgend einen Zwischenfall ungewiß werde" und etwa zu Gunsten Oesterreichs wieder umschlage. Es war „in Folge einer Denkschrift von Podewils, die der König bewundernswürdig findet," daß „der Wahltag auf die zweite Hälfte des Januar festgesetzt ward, so daß die Verhandlung nach diesem Termin, nicht etwa der Termin nach dem Lauf der Verhandlung sich bestimmen sollte."

Am 24. Januar 1742 wurde der Churfürst von Baiern zum Kaiser erwählt, am 12. Februar als Karl VII. gekrönt. „Seine

Erhebung hätte ein bedeutendes Ereigniß für Deutschland werden können."

„Es war schon eine unendlich wichtige Veränderung, daß das Haus Oesterreich nicht mehr das Kaiserthum inne haben, und der Sitz der wichtigsten Reichsgeschäfte nicht mehr in Wien sein sollte."

Ferner konnte der neue Kaiser doch jenen „indirecten Einfluß nicht ausüben, der auf einer überlegenen Hausmacht beruhte wie sie Oesterreich besaß; ein wittelsbachischer Kaiser war viel mehr auf ein freies und gleiches Verhältniß zu den Ständen angewiesen als ein österreichischer;" konnte namentlich dem preußischen Einfluß nicht leicht sich entziehen. [1])

An die Erhebung Karls VII. also, „an seinen Namen, sein Leben, so schwach er an eigenen Streitkräften sein mochte, knüpft sich die Idee des von Oesterreich losgerissenen Kaiserthums, das Friedrich begründet und aufrecht zu erhalten entschlossen war." Zu ihren „Gunsten", und zu Gunsten der „Pläne", die sich darauf be= zogen, war vornehmlich der zweite schlesische „Krieg unternommen worden."[2]) Denn „nicht zunächst Schlesiens halber" war er „aus= gebrochen, sondern wegen der Hülfe, die Friedrich der in Baiern regierenden Dynastie, insbesondere dem Kaiser Karl VII. leistete; sein Ursprung lag in der Frage, ob Preußen vereint mit Baiern, oder abermals Oesterreich die vorwaltende Autorität in Deutschland besitzen solle."[3]) Friedrich II. „hatte einen Anlauf genommen, ohne daß er darum selbst nach der Krone gestrebt hätte, auf die allgemeinen Angelegenheiten einen überwiegenden und leitenden Einfluß zu ge= winnen, auf der Grundlage des weltlichen Fürstenthums das Reich für immer umzugestalten."[4])

Unter diesen Umständen war der plötzliche Tod Karls VII. im Jahre 1745 „ein empfindliches und tief eingreifendes Mißgeschick. Der Gedanke, den Sohn des Verstorbenen an dessen Stelle zu setzen, konnte einen Augenblick die Köpfe beschäftigen, ließ sich aber doch nicht ausführen. Dieser junge Fürst war viel zu unbedeutend, zu unselbstständig, um ernstlich in Betracht zu kommen. Auch hatten die Franzosen keine Neigung ihn zu befördern."[5]) Maria Theresia

---

[1] 3, 3—15. [2]) S. 216. [3]) S. 353 f. [4]) S. 356. [5]) S. 217.

bot nun alles auf, um die Erhebung ihres Gemals auf den Kaiser=
thron durchzuſetzen; Friedrich konnte den Erfolg nicht hindern.

„Wenn man weiß, weshalb vornehmlich Friedrich den Krieg
unternommen hatte, ſo fühlt man, wie ſchmerzlich ihn dieſe Wendung
der Dinge berühren, wie gefährlich ſie ihm erſcheinen mußte. Eben
um die Reichsgewalt kämpfte er mit Oeſterreich; dieſe ſollte nun in
die Hand des Gegners übergehen. Einen Verſuch machte er noch,
den Churfürſten von Sachſen dahin zu bringen, ſich dem Großherzog
entgegenzuſetzen.“ Allein „in Dresden wollte man wenigſtens mit
Preußen in den Reichsangelegenheiten nicht mehr Hand in Hand
gehen. Der König empfing eine Antwort, die er anzüglich und ver=
letzend fand, gleich als halte ihn der ſächſiſche Hof der Berückſichti=
gung nicht mehr für würdig.“ Da hielt er es „für eine falſche Po=
litik“, in „der bisherigen Mäßigung, die ihn nur immer mehr in
Nachtheil brachte“, fortzufahren und „die ganze Combination ſeiner
Feinde ſich erfüllen zu laſſen.“ Und er antwortete im Auguſt ſeiner=
ſeits mit einem „Kriegsmanifeſt gegen Sachſen, das ſehr bitter und
drohend lautete.“[1]

Inzwiſchen hatten die erneuten Einflüſſe Oeſterreichs mit Er=
folg gewirkt; im September wurde in Frankfurt die Wahl Franz I.
durchgeſetzt, auf den Widerſpruch von Brandenburg und Pfalz keine
Rückſicht genommen; die ſieben übrigen Stimmen hielten zuſammen;
die diſſentirenden Geſandten begaben ſich nach Hanau. Maria The=
reſia, die ſich nie hatte bewegen laſſen Karl VII. anzuerkennen, ſah
ihren Gedanken endlich in Erfüllung gegangen; „ſie hatte jetzt das
Kaiſerthum von Deutſchland erobert“ und „es kümmerte ſie wenig,
daß zwei churfürſtliche Geſandte gegen das Wahlverfahren als über=
eilt, tumultuariſch und unförmlich proteſtirten.“[2]

Die „Erfolge“ des zweiten ſchleſiſchen Krieges waren dergeſtalt
in ſeiner Hauptbeziehung „keineswegs zu Gunſten von Preußen“
ausgefallen. „Die Krone, welche Friedrich dem Großherzog von
Toscana ſo lange und lebhaft ſtreitig machte, war nun doch in den
Beſitz deſſelben übergegangen, und man ſah die Regierung des Rei=
ches unter dem löthringiſchen Kaiſer ſofort wieder in die alten Bah=
nen einlenken.“[3]

---

[1] S. 290 f. [2] S. 293 ff. [3] S. 354.

Friedrich hatte das deutsche Reich für immer umgestalten wollen. „Es leuchtet ein, daß er mit dieser Absicht vollständig gescheitert war." Er war „zurückgedrängt in jeder weiteren Bewegung nach Deutschland." Der preußische Staat „behielt den Charakter des Gegensatzes gegen die auf anderen Grundsätzen beruhende Reichs-gewalt." Friedrich „war viel zu mächtig, um sich in eine Unter-ordnung zu fügen."[1] — — So weit Ranke.

___

5. Die Krisis des preußischen Staates; die deutsche Einheitsidee.

Von den beiden Absichten die wir Friedrich bisher verfolgen sahen: die Stärkung der materiellen Macht Preußens auf Kosten Oesterreichs, und die Entwindung der Reichsgewalt aus den Händen des letztern — war die eine erfüllt, die andere mehr an der Schickung eines Todesfalls, als an eigner Unzulänglichkeit zerschellt.

Und an diese Niederlage knüpfte sich nun die Krisis des preußi-schen Staates.

Freilich war es nur die augenblickliche Niederlage einer Idee gewesen, nicht der Kraft, von der diese emporgetrieben ward. Aber Oesterreich hatte darin erkannt, wessen es sich von Preußen unter ähnlichen Combinationen zu versehen habe; und es richtete fortan sein Augenmerk darauf, den gefährlichen Nebenbuhler ein für alle-mal zu vernichten.

Schon in der letzten Zeit des zweiten schlesischen Krieges, un-mittelbar seit der glücklichen Eroberung der Kaiserkrone, hatte Maria Theresia mit erhöhter Kriegslust und verdoppelter Zuversicht den Kampf fortgeführt. Mit der Wiedererlangung der verlorenen Pro-vinz wäre wohl kaum das Maß ihrer Hoffnungen erfüllt gewesen. Es kam anders: Kaiser Franz wurde anerkannt, aber Schlesien blieb verloren.

Damit war indessen die Krisis nur vertagt. Es bedurfte einer langen Rast, ehe die beiderseitigen Kräfte zum Entscheidungskampfe, der unausbleiblich war, hinlänglich gerüstet erschienen.

___

[1] S. 356.

Der siebenjährige Krieg hatte die Bedeutung, daß er zeigte, wessen sich Preußen seinerseits von Oesterreich zu versehen habe. Die Absicht des Wiener Kabinets war keine andere, als Friedrich und Preußen zu zermalmen. Mit Entschlossenheit trat der König der drohenden Gefahr entgegen, kam mit kühner Ungeduld ihr zuvor. Es war dies für das Wiener Kabinet ein nicht unwillkommenes Ereigniß: ein Reichsfriedensbruch, eine Auflehnung wider Kaiser und Reich, das nun in seiner Gesammtheit gegen Friedrich aufgeboten wurde. Kann es zweifelhaft sein, was geschehen wäre, wenn Preußen überwältigt ward? Der Evacuationsvertrag, welcher Baierns Vernichtung im Jahre 1743 hatte anbahnen sollen, war noch in frischem Gedächtniß. Preußen durfte vollends keiner glimpflichen Behandlung, nur der Zerstückelung und Verstümmelung gewärtig sein. Und hätte Friedrich der Große ein anderes Loos zu erwarten gehabt, als etwa Heinrich der Löwe oder der Führer des Schmalkaldischen Krieges, der Churfürst von Sachsen? Der Erfolg entscheidet über die Auffassung der That. Friedrich war schließlich in der Vorstellung des Wiener Kabinets nur deshalb kein Rebell, weil er nicht unterlag. Auch hatte Oesterreich selbst zur Zeit Karls VII. und diesem gegenüber keine andere Rolle gespielt.

Oesterreichs Absichten gegen Preußen waren nicht nur gänzlich gescheitert, sondern hatten das Gegentheil bewirkt: Erhebung statt Vernichtung. Im äußeren Ergebniß war freilich der siebenjährige Krieg nur ein Analogon des zweiten schlesischen: dem Erzherzog Joseph wurde Preußens Stimme bei der nächsten Kaiserwahl zugesagt; aber der materielle Bestand des preußischen Staates wurde nicht um eine Handbreit verkürzt.

Von ungemeiner Bedeutung war dagegen der moralische Erfolg: Im Kampf mit Oesterreich, Frankreich, Rußland und dem gesammten heiligen römischen Reich, d. h. mit mehr als einem halben Welttheil, hatte Friedrich die europäische und mit ihr die deutsche Stellung Preußens behauptet und befestigt.

Preußen hatte die ungeheuerste Lebenskrisis glücklich überstanden; es schien gegen alle ähnliche Gefahren für die Dauer gewappnet und gestählt zu sein. Und so wurde der siebenjährige Krieg in seinem Ausgang eben das Gegentheil dessen, was Oesterreich in seinen Anfängen erstrebt und erhofft hatte, das Prognostikon, nicht eines verscheibenden Daseins, sondern einer noch mächtiger aufstrebenden, inhaltsreicheren Zukunft.

Ja mitten in dem Wogen des Krieges, und auf dem Höhepunkt preußischer Waffenerfolge, waren unter den einflußreichsten Rathgebern des Königs die kühnsten Entwürfe angeregt worden. Der General von Winterfeld, der Liebling und Vertraute des Königs, gab nicht nur den Rath, in Ungarn einzubringen und dort „die Mißvergnügten zu den Waffen zu rufen"; sondern er hegte und empfahl auch mit Begeisterung den Plan, „ganz Deutschland zu erobern und durch Vereinigung zu Einem Staate dem Auslande gegenüber widerstandsfähig zu machen." Seine Zuversicht war (im Mai 1757) so stark, daß er hoffte, „in weniger als zwei Jahren die deutsche Reichsverfassung völlig umgestürzt und Friedrich auf dem Kaiserthron zu sehen."[1] Aber während des mühsamen und langwierigen Ringens mit der Uebermacht Europas hatten diese kühnen Entwürfe bescheideneren Zielen Platz gemacht.

—

6. Ringen um das Uebergewicht des Einflusses auf Deutschland.

Von nun an stellte Friedrichs deutsche Politik eine Kette von Siegen über die österreichischen Bestrebungen dar.

Zugleich trat aber auch in der Handhabung derselben eine wesentliche Umwandlung ein: der frühere Ungestüm der Absichten machte einer größeren Mäßigung Platz; und da das Voranstellen ihrer positiven Seite, der Selbstförderung Preußens, sich wenigstens bei der Concurrenz um die Reichsgewalt nicht bewährt hatte, so wurde fortan im Ringen die negative Seite, die der bloßen Abwehr Oesterreichs, hervorgekehrt.

Es sind wieder zwei Absichten, die, ihrem Wesen nach den früheren entsprechend, in dieser modificirten Form seit dem Hubertsburger Frieden sich geltend machten.

Die eine ging dahin, jede Stärkung der österreichischen Hausmacht auf deutschem Boden zu verhindern.

---

[1] Heinrich v. Bülow, Blicke auf zukünftige Begebenheiten, s. unten II. Kap. 4.; Varnhagen von Ense, Leben des Generals Hans Karl v. Winterfeld, S. 171 f.

Daher erhob sich Friedrich mit solchem Nachdruck zu Gunsten Baierns, als im Jahre 1777 der Mannsstamm der Wittelsbacher, den Habsburgern folgend, erlosch und Joseph II. unter dem Vorwand uralter Ansprüche sich des Churfürstenthums bemächtigen wollte. Der Minister Hertzberg leitete die diplomatischen Operationen, und als diese nicht zum Ziele führten, da erschien ohne Verzug das Kriegsmanifest, wodurch Preußen nach Hertzbergs Ausdruck „sich die andauernde Erkenntlichkeit der pfälzischen Familie und des baierschen Volkes erworben hat," und wodurch es, nach dem Ausspruche von St. Priest (Études diplomatiques), „das wahre Haupt der germanischen Völker geworden ist." Mittelst des Teschener Friedens 1779 wurde Baierns Fortdauer gesichert, der frühere Besitzstand größtentheils, aber wider Willen der preußischen Diplomatie nicht in seinem gesammten Umfang erhalten, da das Innviertel, obwohl gegen gewisse Entschädigungen, an Oesterreich abgetreten wurde. [1] Wichtig ist, daß nunmehr durch die Vereinigung der baierschen und der pfälzischen Churwürde die Stimmenzahl im Churfürstencollegium auf acht herabsank.

Die andere Absicht war darauf gerichtet, jeden, auch den geringsten Uebergriff des Kaisers, wodurch der Einfluß Oesterreichs auf das deutsche Reich verstärkt werden könnte, entschieden zurückzuweisen. Hierin fand das frühere Bestreben, dem Hause Oesterreich die Reichsgewalt selbst dem Namen nach zu entwinden, seinen Ersatz.

Es braucht kaum bemerkt zu werden, daß die negative Form des Kampfes die positiven Zwecke umschloß und gleichmäßig zu fördern bestimmt war. Indem Preußen dem österreichischen Einfluß auf das deutsche Reich nur das Gegengewicht zu halten schien, suchte es eben unter dieser Form dem preußischen Einfluß das Uebergewicht zu verschaffen. Aber diese negative Form gewährte den Vortheil, daß sie überall die bereitwilligste Unterstützung fand, während dem positiven Wollen bei jederzeit fertigem Mißtrauen die Sympathien sich so leicht verschließen.

Wie die deutsche Politik Oesterreichs eine österreichische, so ist auch die deutsche Politik Preußens — darüber darf man sich nicht

---

[1] Précis de la carrière diplom. du comte de Hertzborg; in meiner Zeitschrift f. Geschichtswiss. Bd. I. S. 22. Hertzberg, recueil 2, 276 f.

täuschen — stets zunächst eine preußische gewesen, und sie kann auch nur in dem Falle zu einer wahrhaft deutschen, d. h. zu völlig nationalen werden, wenn Deutschland und Preußen in einander aufgehen. Diese Lage der Dinge ist durch den staatlichen Gegensatz der beiden Großmächte und man darf sagen, durch ihren europäischen Antagonismus bedingt. Es war ein preußisches Interesse, Oesterreich nicht übermächtig werden zu lassen und daher vor allem das in mehr als dreihundert Territorien zersplitterte Deutschland um keinen Preis seinem Einfluß hinzugeben. Hieraus eben erklärt es sich, warum Friedrich dem Großen der Gedanke, sich vom Reiche zu trennen, gar nicht beikommen konnte, und warum Preußen die Theilnahme an dem Reich nicht sowohl als eine Pflicht, denn vielmehr als ein Recht betrachten mußte. War ihm doch nur durch diese Theilnahme die Möglichkeit gegeben, dem österreichischen Einfluß in Deutschland die Wage zu halten und ihn bei günstigen Conjuncturen zu überbieten.

Daß Friedrich ein Heraustreten Preußens aus dem Reichsverbande unschwer hätte bewerkstelligen können, ist wohl nicht zu bezweifeln; Oesterreich hätte eher Grund gehabt, eine solche Ablösung zu befördern, als zu verhindern. Denn was würde bei natürlicher, ebenmäßiger Entwickelung alsdann die Folge gewesen sein? Preußen hätte zwar dadurch die volle Souveränetät, die es dem Wesen nach schon besaß, auch im staatsrechtlichen Sinne erworben, während es als Glied des Reiches der Form nach unter der Oberhoheit des Kaisers, also thatsächlich des österreichischen Herrschers stand; zugleich aber hätte es damit jeden verfassungsmäßigen Anlaß zu einer Einwirkung auf die übrigen Reichsstände eingebüßt. Diese, ohnmächtig und sich selbst überlassen, würden trotz der Reichsverfassung vielleicht allmählig und einzeln eine Beute Oesterreichs geworden sein. Denn Oesterreich, des mächtigsten Rivalen entledigt, konnte die Zügel der Reichsregierung straffer anziehen, die Machtvollkommenheiten der schwächeren Mitstände allgemach beschränken, ihren Widerstand erdrücken und endlich die Fortdauer ihres Daseins in Frage stellen. Ein Gang der Dinge wie in Frankreich, Erwerbung der größeren wie der kleineren Territorien durch Heimfall der Lehen, durch aufgedrungene Erb- oder Tauschverträge, durch Absetzungen und Eroberungen, wäre durchaus nicht unmöglich gewesen. Und

Preußen hätte wenigstens kein formales, kein verfassungsmäßiges Recht gehabt, dem entgegenzutreten. Der österreichische Staaten=complex und der Ueberrest von Deutschland wären auf dem Wege gewesen, zu Einem Staate, zu einem untheilbaren Ganzen zu ver=schmelzen; dann aber würde, in nächster Folge, auch Preußen in seinem Sonderbestand mit völligem Untergang bedroht gewesen sein.

Einen solchen Proceß in alle Wege zu verhindern, war also Preußen schon um des eignen Daseins willen entschlossen, und es wandte sich dieser Aufgabe in dem Maße nachdrücklicher zu, je deut=licher es zu begreifen anfing, daß es mit dem übrigen Deutschland gleiche Interessen habe, weil nur beide gemeinsam ein staatliches Leben auf die Dauer zu behaupten vermögen würden, daß es daher selbst der Kraft des übrigen Deutschlands bedürfe, und dieses mit=hin das Gebiet seiner eigenen Zukunft sein müsse. Diese Erkenntniß aber, anfangs nur ein dunkles Vorgefühl, wuchs eben mit Friedrich dem Großen in Preußen heran.[1] Deshalb mußte es in Deutsch=land, als Glied des Reiches, nun erst recht verharren. Deshalb mußte es sich an die Spitze der kleineren Staaten stellen, und als Haupt der reichsständischen Opposition Oesterreich gegenüber in die Schranken treten. Das allein war das Mittel, um zunächst und in gleichem Maße den jenseitigen Einfluß abzuwehren oder zu entkräften und den eigenen einzuführen oder zu stärken. Mit einer Zähigkeit und Energie sonder Gleichen nahm Friedrich sich, den Ein= und Um=griffen des Kaiserthums gegenüber, der Aufrechterhaltung der mor=schen Reichsverfassung, der Rechte seiner Mitstände, der Hülflosigkeit der schwächeren Staaten an; aber doch nicht so sehr aus Schwärmerei für die Integrität des Reichssystems, als vielmehr nur um ein Auf=gehen seiner Bestandtheile in Oesterreich zu verhüten.

In großen und kleinen Angelegenheiten warf er sich dem An=brange Oesterreichs entgegen.

Kaum waren die letzten Nachklänge des baierschen Erbfolgekrieges verhallt und Baiern von der Einverleibung in die österreichischen Erbstaaten gerettet, als Kaiser Joseph im Jahre 1780 mit allem Nachdruck darauf hinarbeitete, die Wahl des Erzherzogs Maximilian zum Coadjutor bei den Hochstiftern Köln und Münster durchzusetzen,

---

[1] Hertzberg, recueil 2, 336 ff.

und dergestalt im nordwestlichen Theile von Deutschland, so wie im
Churfürstencollegium, seinen Einfluß sicher zu stellen. Friedrich der
Große legte dieser Sache die „äußerste Wichtigkeit" bei. Er wandte
sich sofort an den Churfürsten von Köln und an die Kapitel in Köln
und Münster, um der Absicht entgegen zu arbeiten. „Es sei, erklärte
er schon am 26. Juni 1780, der ganzen Staats= und Kirchenver=
fassung zuwider, daß ein Candidat von einer weltlichen oder anderen
Macht vorgeschrieben, namentlich empfohlen und dadurch auf=
gedrungen" werde, indem damit von vornherein „die Wahl einer
jeden andern Person ausgeschlossen" sei. Eine „Vereinigung zweier
Churwürden in dem Erzhause sei von bedenklichen Folgen für das
Wohl des deutschen Reichs, für dessen Freiheit und für die Leitung
seiner Angelegenheiten." Die Hochstifter würden nur „eine Neben=
provinz des Erzhauses" sein und als solche „beherrscht und behandelt
werden." Er sei seinerseits „weit entfernt, den Kapiteln einen Can=
didaten vorzuschlagen oder aufzubringen, die Wahlfreiheit im ge=
ringsten einzuschränken;" ihm „solle Jeder, den sie aus ihrem
eigenen und wahren Mittel wählen, angenehm sein." Aber er werde
„sie gegen alle Zudringlichkeiten schützen," wozu er durch seine
„Pflichten eines Chur= und Reichsfürsten, sowie als Mitvorsteher
des Nieder=Rheinisch=Westphälischen Kreises ein vollkommenes Recht
und einen zulänglichen Beruf zu haben glaube." Er wiederholt:
„daß ihm die Wahl eines Prinzen aus einem so mächtigen Hause
nicht gleichgültig sein könne," und erwartet, daß man ihm dies
„nicht verdenken" werde; denn „zwischen den Häusern Oesterreich
und Brandenburg" sei doch ein „großer Unterschied an Macht und
anderen Umständen."

Noch am 7. August hielt er, dem Churfürsten und den beiden
Kapiteln gegenüber, energisch an seinem Einspruch fest. Er wolle
nur, versichert er, „die Wahlfreiheit gegen fremde Einflüsse und An=
fechtungen wahren;" und er ruft den Wählern zu, sie sollten „sich
nicht einen fremden und mächtigen Prinzen aufbringen lassen." [1]
Diese Gegenbestrebungen blieben indessen vergeblich.

Als im Jahre 1783 der Kaiser eigenmächtig eine Menge von
Panis= oder Brodbriefen ertheilte, wodurch den damit Begnadigten

---

[1] Hertzberg 2, 377 — 393.

ihr Unterhalt ohne Weiteres auf die geistlichen Stifter angewiesen wurde, so widersetzte sich Friedrich auf das Entschiedenste der Geltung dieser kaiserlichen Anweisungen. Er verfügte sofort, daß alle preußischen Stifter die angesonnenen Zahlungen verweigern, und die kaiserlichen Briefe mit der Erklärung zurücksenden sollten, „ihr Landesherr habe die Anerkennung derselben ausdrücklich untersagt." Hannover und viele andere, sowohl katholische als protestantische Reichsstände folgten seinem Beispiel. Und der Kaiser sah sich genöthigt, das Ansinnen aufzugeben.[1]

Im März desselben Jahres ordnete der Kaiser die Zerstückelung des Bisthums Passau an, dergestalt, daß der ganze innerhalb Oesterreichs belegene Theil des Sprengels abgelöst und theils dem Erzbisthum Wien, theils dem neu errichteten Bisthum Linz einverleibt wurde. Das Domcapitel bewarb sich in seiner Bedrängniß um die Verwendung des Königs von Preußen, und bat ihn sogar, zum Unterpfande „die Besitzungen und Einkünfte österreichischer Unterthanen in Schlesien in Beschlag zu nehmen, und dem Wiener Hof kundzugeben, daß dieselben nicht eher würden herausgegeben werden, bis dem Passauer Domcapitel Gerechtigkeit widerfahren sei." Die letztere Zumuthung lehnte Friedrich ab, da er „zu solchen Repressalien nicht befugt sei;" dagegen versprach er „seine kräftigste Mitwirkung am Reichstage, wohin die Sache gehöre." Die Angelegenheit zog sich aber bis zum Juli 1784 hin, wo ein Vergleich erzwungen ward, vermöge dessen der ganze Theil des Passauer Sprengels im Oesterreichischen abgetreten werden mußte.[2]

Friedrich hielt es nicht für gerathen, sich wegen dieses Verfahrens unmittelbar mit dem Kaiser zu entzweien, da das Domcapitel, durch Drohungen des Wiener Kabinets eingeschüchtert, es nicht gewagt hatte, die Sache zur Entscheidung des Reichstages zu bringen. Aber in ganz Deutschland machte es den tiefsten Eindruck und erweckte die mannigfaltigsten Besorgnisse vor ähnlichen Uebergriffen, die denn auch in der That nicht ausblieben. Friedrich seinerseits fühlte immer mehr und mehr, daß es schlechterdings einer Veranstaltung bedürfe, um allen derartigen Gelüsten Oesterreichs

---

[1] Dohm, Denkwürdigkeiten 3, 22 f.
[2] Dohm 3, 25 ff.

auf Deutschland ein für allemal einen Riegel vorzuschieben; und schon lange bevor die Passauer Angelegenheit jene Wendung genommen hatte, schon im Verlauf des Jahres 1783, gewann er die Ueberzeugung, daß dies allein geschehen könne durch eine Verschmelzung aller gemeinsamen Interessen und Kräfte, durch eine enge und dauernde Verbindung Preußens und Deutschlands.

Es kam nur darauf an, die Anlässe zu ergreifen, die sich dazu in ununterbrochener Folge von selber darboten. Und Friedrich ergriff sie mit bewunderungswürdigem Geschick, indem er die beiden Absichten, die wir hier dargelegt, mit ihren negativen und positiven Beziehungen, zu einem einzigen großen Resultate verschmolz.

7. Nähere Antriebe zur Bildung eines preußisch - deutschen Bundes im Gegensatz zu Oesterreich.

Kaiser Joseph II. hatte trotz des Teschener Friedens seine Absichten auf Baiern keineswegs aufgegeben; seit er durch den Tod der Maria Theresia im Jahre 1780 auch das Haupt der Erbstaaten geworden, ging er mit dem Plane um, Baiern in ein Vorder-Oesterreich zu verwandeln. Diesmal sollte der Weg des Tausches eingeschlagen, der Churfürst Carl Theodor durch den Reiz erhöhter Würden und voller Souveränetät gewonnen werden. Man bot ihm die für Oesterreich unbequemen belgischen Provinzen an, und den Titel eines Königs von Burgund. Die Aussichten auf Erfolg waren ungemein günstig. Mit Rußland war das Wiener Kabinet im vollsten Einverständniß; von Frankreich her war man der Zustimmung, von Englands Seite des Geschehenlassens gewiß; für jene bürgte die Verschwägerung, für dieses die Erschöpfung in Folge des amerikanischen Krieges. Schon hatte auch der kinderlose Churfürst von Pfalz-Baiern selbst seine Einwilligung gegeben; und dem nächsten Agnaten, dem Herzog Karl von Pfalz-Zweibrücken stellte der russische Gesandte eine achttägige Bedenkzeit, drohend, der Tausch werde stattfinden, der Herzog möge sich erklären, wie er wolle.[1]

Aber eben dies war der Wendepunkt. Der Herzog ließ sich nicht einschüchtern, lehnte den Antrag seinerseits ab und nahm seine

---

[1] Hertzberg, recueil 2, 294.

Zuflucht zu Friedrich dem Großen, der schon einmal Baiern von dem Untergang gerettet. Sofort legte sich der König von Preußen, der scharfen Auges den Zug der Dinge beobachtet hatte, ins Mittel und erließ an Rußland und Frankreich, als die Bürgen des Teschener Friedens, einen energischen Protest. Dies wirkte, wenigstens für den Augenblick. Beide Mächte gaben beruhigende Versicherungen: „Wenn der Herzog die Sache anders betrachte, so verstehe sich von selbst, daß davon nicht weiter die Rede sein könne."

Allein Oesterreich schwieg, wich wiederum jeder bestimmten Erklärung aus. Es ließ Frankreich und Rußland reden, um sich nicht bloßzustellen. Jenes versicherte: „Der Kaiser sei wegen der Einsprache des Herzogs von dem Plane zurückgekommen;" dieses: „er werde darauf nicht weiter bestehen." Diese Aussagen konnte das Wiener Kabinet nach den Umständen deuten und nöthigenfalls besavouiren. Es war klar, die Gefahr war noch nicht vorüber; und in ihr suchte und fand Friedrich den mächtigsten Hebel zur Ausführung seines Bundesentwurfs.

Es war das indessen keineswegs der einzige Antrieb. Man gedachte namentlich des Umstandes, daß die Vergrößerungsabsichten Oesterreichs nicht nur auf Baiern, sondern auch auf Würtemberg gerichtet waren; Oesterreich hatte dies noch jüngst deutlich durchblicken lassen, als es das Andenken einer alten Anwartschaft auf Würtemberg vom Jahre 1599, das sogenannte Pactum Rudolphinum, im Jahre 1771 unvermerkt geltend machte. Die Vergleichung dieses Verfahrens mit den Bestrebungen gegen Baiern, die ganz eben so begonnen hatten, bot sich von selbst dar. Man sprach davon, daß Oesterreich die Absicht hege, das Würtembergische Fürstenhaus ebenfalls gelegentlich zu „versetzen;" etwa nach „Mailand" oder nach „Modena".[1]

Dazu kamen als fernere Gründe der Mißstimmung: die Lähmung der Thätigkeit des Reichstags, die eigenmächtigen Uebergriffe des Reichshofraths in Wien, sowie die Anwendung des österreichischen Creditwesens und der kaiserlichen Debitcommissionen als Mittel, um die Reichsstände durch finanzielle Rücksichten von dem Wiener Hofe abhängig zu machen; was denn auch bei manchen derselben

---

[1] Joh. v. Müller, Darstellung des Fürstenbundes 1787. 88. Buch IV. c. 17. Dohm, über den deutschen Fürstenbund 1785, Anmerk. 48. Denkw. 3, 337.

und, wenigstens indirect, sogar bei größeren wie Hessen=Darmstadt wirklich gelungen war.

Ja der Kaiser hatte inzwischen auch schon die Macht Oesterreichs gegen die kleinsten Kräfte Deutschlands in immer weiterem Maßstabe in Bewegung gesetzt, das Attentat gegen Passau vollendet, in die Rechte einer Reihe anderer Bisthümer, wie Regensburg, Salzburg, Constanz, Chur und Lüttich, sich ebenfalls mehr oder minder gewaltsame Eingriffe erlaubt; in noch andere, wie Köln und Münster, seine Ver= wandten eingedrängt. Aehnliches, glaubte man, stehe Paderborn, Hildesheim, Würzburg und selbst Mainz bevor. Man sprach von der Auflösung gewisser Bisthümer, von großartigen Säcularisationen, die er zu Gunsten Oesterreichs im Schilde führe. Nicht minder er= schienen die Reichsstädte, 51 an der Zahl, wenn auch nicht augen= blicklich in ihrem staatlichen Dasein, so doch in ihrer Unabhängigkeit und ihren Rechten oder mit einer theilweisen Mediatisirung bedroht. „Wer die Umstände bedenkt, sagte Joh. v. Müller, wird zwischen der Besitznehmung Baierns und der Eroberung des Reiches nur den Un= terschied finden, daß jene vorgehen muß, diese aber hierauf nicht wohl zu hindern sein wird. Und man will, wir sollen die Wirkung hindern, die Ursache aber geschehen lassen?"

Endlich betrieb Joseph sehr angelegentlich sowohl die Errich= tung einer neunten Churwürde für den Herzog von Würtemberg, der in die österreichische Politik verfangen war, als die Wahl eines römischen Königs; um einerseits dem Einfluß des Wiener Hofes ein entschiedenes Uebergewicht im Churfürstencollegium, und andererseits der österreichischen Dynastie die deutsche Kaiserkrone zu sichern. [1]

Friedrich der Große war entschlossen, alles dies zu hintertreiben, um die Selbstständigkeit Deutschlands und mit ihr die Preußens aufrecht zu erhalten; zu diesem Behuf sich in raschem Anlauf an die Spitze der deutschen Angelegenheiten zu schwingen und diese Stellung dem preußischen Staate für die Zukunft zu verbürgen.

Diesen Zweck wollte er durch einen Bund mit den mittleren und kleineren deutschen Staaten erreichen. [2] Als nächstes Muster schwebte ihm der Schmalkaldische Bund vor. Der Kronprinz, die Minister

---

[1] Dohm, Denkwürdigkeiten 3, 18 ff. 318. 355. Joh. v. Müller B. IV.
[2] Hertzberg, recueil 2, 336 ff. 350 ff. 364 ff. 369 ff.

und mehrere deutsche Fürsten ergriffen diesen Gedanken vom ersten Augenblick seiner Entstehung mit Theilnahme und Eifer; unter den letzteren insbesondere Pfalz=Zweibrücken, d. h. das gegenwärtige Regentenhaus in Baiern, sowie Baden, und ferner Braunschweig, Weimar und Anhalt=Dessau.

8. Genesis der deutschen Bundesidee.

Es ist eine ziemlich gleichgültige Frage, wer die deutsche Bundesidee zuerst äußerlich angeregt habe; ob der König, für den sie auf alle Fälle eine unmittelbare, ursprüngliche, nicht von außen kommende war, oder der Kronprinz, oder der Minister Hertzberg, der sich nachmals dessen rühmte.[1] Sie war so sehr in der Geschichte und in der politischen Lage der Dinge begründet, daß sie sich ungesucht von selber darbot. Vieler Orten ward gleichzeitig die Ueberzeugung rege, daß es für Deutschland und Preußen ein Bedürfniß sei, sich „durch ein engeres Aneinanderschließen mit der bisherigen Uebermacht der österreichischen Ländermasse in ein Gleichgewicht zu setzen; und dieses deutsche Gleichgewicht sah man zugleich als die Grundbedingung des europäischen an."[2]

Gewiß ist, daß mit dem größten Eifer in dieser Angelegenheit das Haus Baiern auftrat. Schon 1743 hatte die damalige Regentenlinie das Project einer antiösterreichischen Reichsassociation aufgebracht, das, von Friedrich begünstigt, zunächst die Aufrechterhaltung des Wittelsbachischen Kaisers bezweckte und daher mit dem Tode Karls VII. erlosch.[3] Im Jahre 1783 verfocht das gegenwärtige Regentenhaus in Baiern, die Pfalz=Zweibrückensche Linie, am entschiedensten die Ueberzeugung, daß für Deutschland nur Heil sei in der engsten Union der sämmtlichen mittleren und kleineren deutschen Staaten untereinander und mit Preußen. Von ihm und Baden gingen im genannten Jahre die ersten schriftlichen Unionsentwürfe aus.

---

[1] Je ûs naître l'idée de l'Union Germanique. Précis etc. in meiner Zeitschrift f. Geschichtswiss. 1, 22 f. vgl. 13 f. Dohm 3, 62 f. Man sehe nunmehr die Zusammenstellung der aktenmäßigen Ermittelungen in meiner Gesch. der preußisch-deutschen Unionsbestrebungen S. 7 ff.

[2] An d. zuletzt a. O. S. 6. 120. 137. 148 und sonst.

[3] Ebend. S. VI. Ranke a. a. O. 3, 94 ff.

Der Badensche Entwurf, von dem badenschen Minister von Edelsheim verfaßt, war verwickelter Natur; er bezweckte zunächst Particularunionen der kleineren Fürsten unter sich, ebenso der Chur=fürsten untereinander, und wiederum eine Verbindung aller dieser Particularunionen zu einer weiteren Union, für die er dann die Ga=rantie Preußens in Anspruch nahm, zugleich aber auch eventuell die von Frankreich und Rußland in Aussicht stellte.

Der Bairische, d. h. der Pfalz=Zweibrückensche Entwurf, aus der Feder des Ministers von Hofenfels, erklärte sich entschieden gegen die Bildung von Particularunionen; nach ihm sollte vielmehr die Union von vornherein, Oesterreich gegenüber, als eine Gesammt=einigung Deutschlands „unter den Auspicien und dem Protectorate" Preußens auftreten; alle deutschen Stände ohne Ausnahme müß=ten daran Theil nehmen, Preußen „an der Spitze der Union" stehen, und dessen König die „wahrhafte Leitung" derselben übernehmen. Vor der Hand sollte nur der Erfolg vorbereitet und gesichert, mit der Ausführung aber erst nach erfolgtem Uebergange der Regierung in Baiern an den Herzog von Pfalz=Zweibrücken vorgeschritten werden; denn, hieß es, „Projecte, wodurch der gesammte politische Zustand von Deutschland, und damit von ganz Europa, umgeändert werden soll, machen sich nicht durch einen Coup de main."

Auch Hertzberg hielt die Zeit zur Ausführung der Union durch=aus noch nicht für geeignet. Er wollte ein Événement abgewartet wissen; namentlich entweder den Ausbruch eines Türkenkrieges, oder den Tod des regierenden Churfürsten von Baiern, oder sogar das Ableben Friedrichs des Großen. Im rechten Augenblicke, meinte er, müsse dann allerdings Preußen selbst den Anstoß geben, sich „an die Spitze setzen" und „das Haupt des Bundes" werden. Da aber dieser rechte Augenblick, nach seiner Auffassung, noch nicht gekom=men, so wollte er bis dahin nur „die Geister und die Materialien" vorbereitet wissen.

Solcher Meinung war Friedrich der Große ganz und gar nicht. Es kam ihm nicht darauf an, Événements abzuwarten, sondern sie zu machen. Auch kam es ihm überhaupt nicht auf die bloße Er=kenntniß des Nothwendigen oder Wünschbaren, noch auf die bloße Ausspinnung theoretischer Projecte an, sondern eben auf den Ent=schluß und die Art der Ausführung, auf den Willen und die That.

Seine Politik war nun einmal nicht diejenige Hertzbergs, d. h. die des Zweifelns und Abwartens, sondern die des Selbstbewußtseins und der Willensstärke. Und so schritt denn alsbald der König — Anfangs ohne jene Badenschen und Bairischen Entwürfe zu kennen, und unwissentlich die geheimen Fäden der Hertzbergschen Zukunfts=politik durchkreuzend und zerreißend — mit der ihm angebornen Energie so kühn und rasch voran, daß Niemand ihm zu folgen ver=mochte, daß selbst seine eifrigsten Diener hinter seinen Wünschen zu=rückblieben, daß er als ihr unablässiger und unnachgiebiger Dränger erschien.

Friedrich der Große wollte die Union; und das eben war genug, um sie, troß Hertzberg, ins Leben treten zu lassen ohne daß es dazu eines Türkenkrieges, d. h. einer neuen Krifis in der orienta=lischen Frage, oder eines Thronwechsels da oder dort bedurft hätte. Schon seit dem Herbst des Jahres 1783 hatte er die Idee eines deut=schen Bundes sowohl mit dem Minister von Finckenstein und mit Hertzberg, wie auch mit dem Herzog von Braunschweig, gelegentlich und angelegentlich besprochen. Endlich am 6. März 1784 erklärte er, in dem Gefühl daß Preußen Deutschlands bedürftig sei, seinen Ministern schriftlich: „Es ist von der äußersten Wichtigkeit, mit allen unseren Kräften zu arbeiten, um eine Art von Association im Reiche zu Stande zu bringen, wie es ehemals der Bund von Schmalkalden war. Es ist das die einzige Hülfsquelle, die uns bleibt." Der Bund müsse den Zweck haben, der Uebermacht Oesterreichs und ihrem An=brange gegenüber, in Deutschland „die Rechte der Fürsten aufrecht zu erhalten". Man müsse „diesen Leuten Hülfe" in Aussicht stellen und sie „zu überzeugen trachten, daß ihr eigenes Interesse die Sache heischt." Er wünsche nichts mehr als „einen solchen Bund vor sei=nem Tode" verwirklicht zu sehen. Deshalb „dürfe man sich nicht lässig dabei anstellen" und „nicht länger säumen, die Sache in Zug zu bringen." „Wenn wir aber, fuhr er fort, mit gekreuzten Armen dastehen, wird Niemand sie auf sich nehmen; von sich selbst aus wer=den diese Leute da nichts thun. Bringen Sie also, so rasch wie mög=lich das Eisen ins Feuer."

An jedem der folgenden Tage, namentlich am 7., 8. und 10. März kam er auf die Angelegenheit mit verstärktem Nachdruck zurück, stets versichernd: Dieser Bund sei „die einzige Hülfe, die noch erübrige," und „obwohl derselbe" auch andrerseits für Preußen eine „Bürde" sei; es handle sich also nicht um eine „Bagatelle", sondern um eine „sehr wichtige Angelegenheit", die „mit dem größten Eifer betrieben werden müsse." Freilich werde es „nicht ein Werk von 14 Tagen sein, so viele Köpfe unter Einen Hut zu bringen", sondern „das Werk von etwa anderthalb oder zwei Jahren"; aber, wiederholte er, „wenn wir unsere Feinde arbeiten lassen und mit gekreuzten Armen dastehen, werden wir verloren sein." Und am 16. März rief er seinen Ministern zu: „Dieser Bund in Deutschland kann zu etwas Furchtbarem gedeihen; nur muß man beharrlich sein." [1]

Friedrichs Voraussicht bewährte sich wunderbar: anderthalb Jahre später war der „deutsche Fürstenbund" zur vollendeten Thatsache geworden.

9. Particularistische Strömungen; Triasidee.

Zu den Haupthindernissen, die sich der Idee Friedrichs entgegenstellten, gehörten, nächst den auswärtigen Gegenwirkungen, die Bestrebungen sonderbündlerischer Natur in Deutschland selbst.

Einerseits nämlich bemühte sich Hessen-Cassel, einen eigenen Weg zu gehen und, nach den Ideen des dortigen Ministers General von Schlieffen [2]), im Stillen eine Union anzubahnen, von der Preußen nicht minder wie Oesterreich grundsätzlich ausgeschlossen sein sollte. Schlieffen ging von der Ansicht aus, daß für die kleineren Staaten Uebermacht und Vergrößerungslust fast nicht weniger von Preußen wie von Oesterreich her zu besorgen sei, und daß zwischen Beiden nur eine Union des übrigen Deutschlands die Wage zu halten vermöge. Unter seiner Vermittelung war schon 1763 ein Versuch zur Verständigung mit dem Churfürsten von Pfalzbaiern und dem Herzog von Zweibrücken in diesem Sinne gemacht worden, der indessen resultatlos blieb. Schlieffens Ideen lebten aber mit ihm in Cassel fort, und überlebten selbst die Eindrücke des baierschen Erbfolgekrieges, der, weil er Baiern vor dem Aneignungsbegehren

---

[1]) Unionsbestrebungen §. 18. 19. 21. 23. 28. (Cette confédération en Allemagne .. pourra parvenir à quelque chose de redoutable). 29.

[2]) Dohm 3, 54 ff.

Oesterreichs rettete, dem preußischen Kabinet das Vertrauen der deutschen Staaten zuwandte. Nur insofern erlitten jene Ideen eine Modification, als fortan Hessen=Cassel unter Schlieffens Leitung, dem sich der Minister von Wittorf anschloß, darauf hinarbeitete, den Kern zu einer solchen Union vorerst in einer Triplealliang zwischen Hannover, Cassel und Braunschweig herzustellen. ¹)

Außerdem trieb auch die wachsende Besorgniß vor den Ueber= griffen Oesterreichs in die Rechte der Bisthümer die geistlichen Stände, die Stifter und Kapitel zur Vorkehr gemeinsamer Maß= regeln an. Je empfänglicher man in diesen Kreisen für das Miß= trauen gegen eine protestantische Macht wie Preußen war, desto natürlicher erschien ihnen die Idee, durch eine besondere geistliche Union, etwa unter dem Schutze Frankreichs, eine Stärkung in sich selbst zu suchen. ²)

Aber an keinem einzigen Punkte Deutschlands wußte und wagte man, die eigenen Pläne mit Nachdruck anzugreifen. Nur im Kabi= nette Friedrichs des Großen fand sich das Wissen und das Wagen. Alle jene gesammtdeutschen und particularistischen Bestrebungen wurden daher schließlich von der Thatkraft Friedrichs überholt, an= gezogen und absorbirt.

---

10. Aufrichtung des deutschen Fürstenbundes.

Unablässig spornte der König die Federn seiner Diplomaten; aber sie schienen, bei ihrer Zweifelsucht und Aengstlichkeit, ihm nur den Schnecken= und den Krebsgang einzuschlagen. Monat auf Monat verging, und sie brachten es noch immer nicht zu einem bestimmten Plane, zu einer schriftlichen Vorlage an das Kabinet.

Da trat er endlich in seiner Ungebuld, am 24. October 1784, mit einem eigenhändigen Bundes=Entwurfe hervor, unter dem Titel: „Project eines deutschen Fürstenbundes nach dem Muster des Schmal= kalbischen." ³)

---

¹) Unionsbestrebungen §. 143 f. ²) Ebend. §. 29. 31. 32.
³) Projet de ligue entre les Princes d'Allemagne calquée sur le modèle de celle de Smalcalde. Den incorrecten Text bei Hertzberg, recueil 2, 364 ff. habe ich nach dem Original berichtigt; s. Unionsbestrebungen §. 58.

3*

Diese Grundlinien Friedrichs wurden von entscheidender Bedeutung. Sie hatten nicht einen Theil, nicht etwa nur den Norden,
sondern das ganze Deutschland im Auge. Der Zweck des Bundes
sollte danach sein: „Die Rechte und Freiheiten und die Besitzungen
der deutschen Staaten ohne Unterschied der Religion zu sichern, damit
nicht ein ehrgeiziger und unternehmender Kaiser die deutsche Verfassung Stück für Stück zerstöre und so über den Haufen werfe.‘‘
Deshalb müßten die deutschen Fürsten fest zusammenhalten; denn
„es sei wohl leicht die Haare eines Rosses eins nach dem andern
auszuziehen, aber man vermöge nichts, wenn man den ganzen
Schweif zusammen fassen müße. Beuge man nicht rechtzeitig vor,
so werde der Kaiser alle seine Neffen von Florenz und Modena mit
deutschen Bisthümern, Erzstiftern und Abteien versorgen, diese sä-
cularisiren, und durch die Stimmen seiner Verwandten sich das
Uebergewicht in allen Reichscollegien verschaffen.‘‘ Den Uebergriffen
des Kaisers Widerstand zu leisten, und „das Besitzthum ihrer Länder
aufrecht zu erhalten, liege gleicherweise im Interesse der geistlichen
und der weltlichen, der katholischen wie der protestantischen Fürsten.‘‘
Der Bund werde „ein Schlagbaum gegen alle Eroberungsgelüste des
Kaisers sein, der darauf ausgehe, in ganz Deutschland einen tyran-
nischen Despotismus aufzurichten. Ließen es die deutschen Fürsten
zu, daß einige ihres Gleichen zermalmt würden, so werde sicher die
Reihe auch an sie kommen, und sie würden nur das Vorrecht der
polyphemischen Höhle haben, nämlich zuletzt verspeist zu werden.‘‘
Das Bündniß gewähre überdies den doppelten „Vortheil‘‘ des mo-
ralischen Nachdrucks „vereinigter Vorstellungen des gesammten
Deutschlands‘‘ und der physischen „Gewalt vereinigter Waffen.‘‘ [1]
— Hertzberg wurde beauftragt, nach diesen Grundideen einen de-
taillirten Entwurf auszuarbeiten.

Die Thätigkeit des Kabinets entwickelte sich indeß dem König
noch immer viel zu lau und langsam. Auf die allarmirende Nachricht aus Zweibrücken, daß der Kaiser sein Project der Erwerbung
Baierns auf das eifrigste betreibe, rief er am 29. October seinen
Ministern zu: „Da sehen Sie deutlich, was ich Ihnen zu sagen mich

---

[1] S'il regimbe (l'empereur), il trouvera assez forte partie, qui pourra op-
poser ses forces aux siennes.

abquäle, daß auf die Länge der Kaiser mit seiner Rührigkeit den Sieg über unsere Trägheit davon tragen wird. Feuer, meine Herren! Feuer! und nicht mit Gleichmuth den Grundsätzen zuge= schaut, die Joseph versuchsweise aufstellt, und deren Folgen für das Reich und für alle Souveräne von Europa verderblich sein würden. Gewissenhaft soll man das Geheimniß, wie es der Hof von Zwei= brücken verlangt, bewahren; aber desto nerviger und eifriger muß man daran arbeiten, die Verbindung mit den deutschen Fürsten zu Stande zu bringen, die ich vorzuschlagen nicht aufhöre, und die ein treffliches Mittel sein wird, den schrankenlosen Ehrgeiz des Kaisers einzudämmen." Er zweifelte nicht daran, daß die Reichsstände bei rechter Ueberlegung sich an Preußen anschließen würden; man müsse sie nur, schreibt er am 1. November 1784, „aufwecken, damit sie ihre Verfassungen erhalten und ihre eigenen Interessen nicht verschlafen." Es „handle sich nicht um Krieg, wofern nicht Anmaßungen oder Ge= waltthätigkeiten des Kaisers zu gemeinsamer Abwehr nöthigten." Er glaubt mit Zuversicht auf Baiern und Sachsen, vielleicht auch auf Hannover, und im Fall eines Zerwürfnisses zwischen Frankreich und Oesterreich selbst auf Würtemberg rechnen zu können. „Wenn wir nichts thun und die Arme kreuzen, ruft er wiederum aus, dann ist es so sicher wie zwei mal zwei gleich vier, daß Niemand an ein solches Bündniß denken, und daß man dem Kaiser den Zügel schießen lassen wird, um alles zu thun was ihm belieben mag." [1])

Es ist wahr, es standen dem Unternehmen nicht nur äußere Hindernisse, sondern auch manche innere Bedenklichkeiten entgegen. Trotz aller Berufungen auf Paragraphen und Artikel blieb es doch mehr als fraglich, ob ihm das strenge Recht zur Seite stehe, ob auf Grund der Reichsverfassung eine Verbindung zulässig sei, die that= sächlich gegen das Reichsoberhaupt gerichtet war; die Friedrich selbst mit dem Schmalkaldischen Bunde verglich; die nichts weniger sein sollte als ein förmliches Schutz= und Trutzbündniß; die einen Bund im Bunde begründete und, indem sie die Reichsverfassung aufrecht erhalten wollte, in der That nur danach angethan war, den alten Reichsverband durch den neuen zu lockern und zu zerreiben, oder die

---

[1]) Herzberg 2, 367 f. vgl. Pertz, Leben des Ministers vom Stein 1, 33 f. Unionsbestrebungen §. 61. 63.

Suprematie Deutschlands von Oesterreich zu Preußen hinüberzuleiten. Daß übrigens Friedrich auf den „Titel eines Beschützers der deutschen Freiheit" ausgegangen sei, ist sehr zu bezweifeln. [1]

Von solchen Bedenklichkeiten scheint doch auch der Freiherr vom Stein damals nicht frei gewesen zu sein, als er die ihm übertragene Sendung an den Churfürsten von Mainz anfangs ablehnte, weil es eine „dornige schwierige Aufgabe sei, einen Hof von überwiegendem Einfluß im Reiche, in seinem Fortschritt aufzuhalten." Er überwand indessen diese Anwandlungen; sie wichen dem Ehrgefühl, als ihm das Ministerium „persönliche Rücksichten und Furcht vor dem Wiener Hofe" vorwarf. [2]

In Potsdam wogen die Thatsachen schwerer als die Bedenklichkeiten, die Zukunft schwerer als Gegenwart und Vergangenheit. Die Baiersche Angelegenheit gab den Ausschlag. Als mit den ersten Tagen des Januar 1785 die Hülferufe des Herzogs von Zweibrücken gegen das baiersche Tauschproject des Wiener Hofes ertönten, und als Oesterreich, gestützt auf Frankreich und Rußland, trotz der preußischen Proteste, Anstand nahm, einen unbedingten Verzicht auf seine Absichten in Betreff Baierns auszusprechen: da war Friedrich entschlossen, unaufhaltsam zu vollführen, was ihm nicht nur „Gründe der Staatsklugheit und des eigenen Vortheils," sondern auch die Interessen „Deutschlands und Europas," sowie „Würde, Ehre und Pflicht" zu gebieten schienen. Nun achtete er keiner „Schwierigkeiten und Gefahren" mehr, duldete keinen längeren Verzug, litt keine Widerrede. „Man muß gerade auf die Sache losgehen und sich keine Grillen machen," erklärte er seinen Ministern am 26. März 1785. „Mein Alter"—schrieb er zwei Tage darauf dem preußischen Gesandten in London, in Betreff der Vergrößerungsabsichten Oesterreichs auf Kosten Deutschlands — „mein Alter schützt mich vor der Besorgniß, daß solche Dinge bei meinen Lebzeiten eintreten könnten; wenn ich versuche ihnen vorzubeugen, so geschieht es einzig aus Anhänglichkeit an mein Vaterland." Der Zusammenhang bezeugt, daß er Deutschland meinte. „Ich freue mich, fuhr er fort, daß der König von England (als Churfürst von Hannover) so ganz auf die Idee eingeht, die ich zum Wohle Deutschlands vorgeschlagen habe." [3]

---

[1] Dohm 3, 106.   [2] Pertz 1, 38.   [3] Unionsbestrebungen §. 90. 96.

Zwar gab es an allen betheiligten Höfen Staatsmänner, die in der deutschen Bundesangelegenheit nicht nur die Gegenwirkungen Oesterreichs, sondern auch die Einmischung Frankreichs, und selbst Rußlands, fürchteten. Deshalb hatte die pfalz=baiersche Politik, namentlich der Zweibrückensche Minister von Hofenfels, von vorn= herein das strengste Geheimniß, vorsichtige Vorbereitung und ein Abwarten des „rechten Zeitpunktes" gewünscht. „Jeder große Hof", hatte er bereits in seiner Denkschrift vom 10. Februar 1784 ausge= führt, „hat seine politischen Absichten. So arbeitet Frankreich schon seit Jahrhunderten daran, die Grenzen seines Reiches bis an den Rhein auszudehnen. Der Plan ist einmal da und wird immer ver= folgt..... In Verfolg desselben hat die französische Staatskunst Lothringen und einen großen Theil des Speiergaus, der niemals zum Elsaß gehörte, bereits erhalten und dehnt sich vi, clam et pre= cario immer weiter aus; es fällt aber nicht mit der Thür ins Haus, sondern wartet den Moment ab, da man einen Titre allegiren kann, der den verhaßten Namen Conquérant oder Usurpator aushält. Man sollte glauben, daß Frankreich nichts Angenehmeres begegnen könne, als wenn dasselbe zur Unzeit von einer noch erst im Entstehen begriffenen Union um Rath und Beistand angegangen würde. Diese Krone würde mit Freuden in dem größten Geheim die Hände dazu bieten, um sich den Titel der Schadloshaltung zu erwerben und da= durch unter dem Schein, die deutsche Freiheit zu beschützen, der Aus= führung seines alten Plans sich immer mehr zu nähern..... Wer nur einige Kenntniß der Geschichte, der französischen Denkungsart und ihrer subtilen Vergrößerungsplane hat, nach welchen kein Reich in der Welt von deren Einfluß ausgenommen ist, der wird zu einem derartigen Hasard mit gutem Gewissen nicht rathen." Selbst die preußischen Diplomaten waren nicht frei von Besorgnissen in dieser Richtung. Der preußische Gesandte in Paris, Baron von Golz, und die Minister Finckenstein und Hertzberg glaubten im März 1785, als das deutsche Bundesproject im Auslande ruchbar geworden, es dem König gegenüber hervorheben zu müssen, daß „der französische Hof nicht viel Gefallen an dieser Association finde, indem er es vorziehen möchte, die Fürsten von Südbeutschland in seiner aus= schließlichen Abhängigkeit zu halten." Aber sofort antwortete ihnen Friedrich der Große am 18. März: „Ob Frankreich einen Bund der

deutſchen Fürſten billigt oder nicht, muß uns im Grunde gleichgültig
ſein. Die Sache iſt eine gute, und das vor allem iſt ins Auge zu
faſſen. Ich meine, man darf weder Sklave der Franzoſen ſein,
noch der Oeſterreicher, noch der Ruſſen.“[1])

Wir unterlaſſen es, die langen diplomatiſchen Mühen zu
ſchildern, durch die der deutſche Fürſtenbund endlich zu Stande kam.
Der erſte detaillirtere Entwurf Hertzbergs vom 31. October 1784 hatte
dem König nicht genügt. Nach mehrtägiger mündlicher Beſprechung
Beider in Potsdam war im Verlauf des November ein zweiter ver=
faßt worden, auf Grund deſſen der definitive Unionsentwurf vom
17. März 1785 zu Stande kam. Am meiſten hatte ſich, ſeit dem
Februar, der König von England, als Churfürſt von Hannover,
dem Plane der Errichtung eines deutſchen Bundes zugänglich gezeigt
und ihn mit Entſchloſſenheit gefördert.

Den hannoverſchen Rathſchlägen gemäß, entſchied ſich Friedrich
dafür, daß der Bund vorläufig nur zwiſchen den drei Hauptſtaaten
des Nordens, Preußen, Sachſen und Hannover, die zugleich über
drei Stimmen im Churfürſtencollegium geboten, abzuſchließen ſei.
Dieſer Bund ſollte die Grundlage, den feſten Kern des Syſtems
bilden; an ihn die übrigen Staaten durch beſondere Beitrittsurkunden
ſich anſchließen. Man hielt es bei der unvermeidlichen Verſchieden=
heit der Anſichten und Wünſche für unmöglich, durch eine gleich=
zeitige Unterhandlung mit einer Mehrzahl der deutſchen Fürſten zu
einer raſchen Vereinbarung oder überhaupt zum Zweck zu gelangen;
und überdies würde bei einer größeren Ausdehnung die Auswahl
ſehr ſchwierig geweſen ſein. Es ließ ſich vorausſetzen: wären nur
erſt die drei Hauptſtaaten unter ſich einig, trete den übrigen der
Bund als etwas Fertiges und Unabänderliches, als eine vollendete
Thatſache entgegen, ſo würden dieſe nur um ſo eher zum Beitritt zu
vermögen ſein.[2])

Im Juni 1785 traten die Bevollmächtigten der drei Staaten
in Berlin zuſammen; von Seiten Sachſens der Graf von Zinzen=

[1]) Unionsbeſtrebungen §. 15. 79. 82.
[2]) Dohm 3, 71. 82 f. Unionsbeſtrebungen §. 54. 98. 110 f. Vergl. Göbele,
Hannovers Antheil an d. Stiftung des deutſchen Fürſtenbundes, im Archiv
des hiſt. Vereins f. Niederſachſen 1847, Heft 1. S. 65 ff.

dorf und Pottendorf, von Seiten Hannovers der Minister von Beul=
witz, von Seiten Preußens die beiden Kabinets=Minister Finckenstein
und Hertzberg, welcher unter dem unmittelbaren Einflusse des Kö=
nigs die Verhandlungen leitete. Der Minister von Beulwitz fürch=
tete sich anfangs vor der französischen Unterhaltung mit Friedrich
dem Großen, und sträubte sich deshalb gegen die Wahl Berlins.
Der König ließ ihm indeß sagen, „daß ein deutscher König über eine
deutsche Angelegenheit mit einem deutschen Staatsmanne nur deutsch
sich unterhalten werde." Erst am 24. Juni traf Beulwitz in Berlin
ein, und schon am 23. Juli wurden die Verhandlungen geschlossen,
die Vertragsurkunde im Namen der drei Contrahenten unterzeichnet;
die Ratificationen erfolgten innerhalb des festgesetzten Termines.

So trat denn der „deutsche Fürstenbund" in der Gestalt eines
Dreifürstenbündnisses ins Leben.

Indem ich zunächst den wesentlichen Inhalt desselben vorführe,
bemerke ich nur, daß die Abweichungen ausschließlich in der Abkür=
zung und in einer andern Stylisirung bestehen, da der Wortbau des
Urtextes für unser Ohr doch allzu schwerfällig klingt. [1]

11. Der Grundvertrag des deutschen Fürstenbundes.

Der Eingang lautete: „Im Namen der allerheiligsten Drei=
einigkeit! Kund und zu wissen sei hiermit Jedermänniglich." Dann
heißt es:

Jedem Stande des deutschen Reichs kann und muß nichts an=
gelegener und wichtiger sein, als daß das deutsche Reichssystem, wo=
von die Freiheit und Sicherheit eines jeden Mitgliedes, und nicht
weniger die von ganz Europa wesentlich abhängig ist, ungekränkt
aufrecht erhalten und auf eine constitutionsmäßige Weise gehand=
habt werde. Die Erfahrung hat indessen gelehrt, daß es wiederholt
einer sehr nahen und großen Gefahr ausgesetzt gewesen; ja es be=
findet sich fortdauernd in einer äußerst bedenklichen Krisis, die, ohne
eine wachsame Aufmerksamkeit und vereinigte Entschlossenheit patrio=

---

[1] Ich folge in dieser Auflage dem Abdruck der Original-Urkunde, wie ich
ihn in den Unionsbestrebungen S. 297 ff. gegeben habe.

tischer Stände, dessen gänzlichen Verfall und Umsturz nach sich ziehen könnte.

Deshalb haben der König von Preußen als Churfürst von Brandenburg, der König von Großbritannien als Churfürst zu Braunschweig und Lüneburg (Hannover) und der Churfürst von Sachsen für nothwendig erachtet, ein vertrauliches Bündniß zu schließen, welches zu Niemandes Beleidigung gereichen, viel weniger gegen Kaiser und Reich gerichtet sein, sondern lediglich auf die constitutionsmäßige Erhaltung des deutschen Reichssystems und der reichsständischen Gerechtsame sein Absehn haben soll.

Artikel I.

Das Augenmerk der drei Verbündeten ist die Aufrechterhaltung und Befestigung des Reichssystems. Zu dem Ende soll ein vollkommenes Einverständniß zwischen ihnen und an den Höfen unterhalten werden, durch Briefwechsel und Gesandte, Behufs gegenseitiger vertraulicher Eröffnungen, Mittheilungen und Berathungen über die allgemeinen und besonderen Angelegenheiten.

Artikel II.

Die allgemeine Reichsversammlung als das annoch festeste Band und die wichtigste Stütze der deutschen Reichsverfassung soll kräftigst in ihrem gesetzmäßigen Wesen und in beständiger Thätigkeit erhalten, ordnungswidrigen Berathschlagungen und fremden Einstreuungen entgegen getreten werden.

Artikel III.

Allen Eingriffen und Neuerungen oder unbefugten Einmischungen und Willkürlichkeiten in Betreff der einzelnen Reichscollegien werden sich die Verbündeten sofort nachdrücklichst entgegenstellen.

Artikel IV.

Die Reichsgerichte sind bei ihrer gesetzmäßigen Ordnung und Einrichtung zu erhalten, aber zu einer gehörigen unparteiischen und unbefangenen Justizpflege anzuhalten, und in ihre verfassungsmäßige Competenz zurückzuweisen. Namentlich dürfen sie nicht in die Gerechtsame der Stände eingreifen, nicht der gesetzgebenden Gewalt zu

nahe treten, nicht Auslegungen der Reichsgesetze, die nur dem Kai=
ser und Reiche oder den pacisirenden Theilen zustehen, sich an=
maßen.

Artikel V.

Die pacisirenden Theile verpflichten sich zum gemeinsamen
Widerstand, auf alle diensame und kräftige constitutionsmäßige Art,
gegen jeden Versuch, die Reichskreise in ihrer Consistenz und Inte=
grität zu verletzen, sie in der Freiheit ihrer innern Militär=, Civil=
und ökonomischen Verfassung zu kränken, oder mit unbilligen und
gesetzwidrigen Zumuthungen zu beschweren.

Artikel VI.

Sie verpflichten sich zu gemeinschaftlichen nachdrücklichen gesetz=
lichen Maßregeln der Abwehr, wo immer auch sonst in irgend einem
Stücke für die allgemeine Reichsverfassung Schaden, Gefährde, Ein=
griffe, Neuerungen, Kränkung, Bedrückungen und Störungen zu be=
sorgen sein könnten.

Artikel VII.

Gleichergestalt verbinden sich die höchsten Contrahenten, auf
das sorgfältigste und kräftigste dahin zu sehen, daß die Stände des
Reichs in ihren auf dem Westphälischen Frieden und den Wahl=
capitulationen beruhenden Gerechtsamen sicher gestellt würden gegen
Störungen und Kränkungen, gegen Zudringlichkeiten und ungegrün=
dete Prätensionen, gegen Drohungen und Thätlichkeiten, gegen un=
rechtmäßiges Drängen und Vergewaltigen.

Artikel VIII.

Insbesondere wollen dieselben mit allem Nachdrucke die sämmt=
lichen Stände des Reichs bei dem völlig unbeschränkten Gebrauch
ihrer Stimmfreiheit auf Reichs=, Kreis=, Collegial= und Deputations=
Conventen erhalten; ferner bei dem Besitz ihrer Lande und Leute,
sowie bei ihren Haus=, Familien= und Successions=Verfassungen;
dergestalt daß sie durchaus gesichert seien gegen widerrechtliche eigen=
mächtige Ansprüche und gegen willkürliche aufgedrungene Zumu=
thungen.

Artikel IX.

Die contrahirenden Theile verpflichten sich zu gemeinschaft=
lichem Handeln bei vorkommenden Anläſſen, um jede der Reichsver=
faſſung und den reichsſtändiſchen Gerechtſamen entgegentretende
Unternehmung oder Intention in reichsconſtitutionsmäßiger Weiſe
durch Widerſpruch, Verwendung, bona officia, Gegenvorſtellungen,
Benachrichtigung anderer Reichsſtände von der Gefahr, Aufforderung
der Reichsverſammlung, Veranlaſſung einer Abmahnung vom ge=
ſammten Reiche und dergleichen mehr, auf das ſtandhafteſte und
kräftigſte zu hintertreiben; und ſie werden, wenn dieſe Mittel nicht
zureichend ſein ſollten, über die etwa zu ergreifenden weiteren reichs=
ſatzungs= und verfaſſungsmäßigen kräftigen und wirkſamen Maß=
regeln ſich unter einander verſtändigen und ſelbige mit allem Nach=
druck und möglichſter Thätigkeit zur Ausführung bringen.

Artikel X.

Da die Verbindung nichts anders zur Abſicht hat, als daß jeg=
licher Stand des Reichs bei dem Seinigen ungeſtört erhalten werden
möge: ſo ſollen auch andere gleichgeſinnte patriotiſche Stände des
deutſchen Reichs, ohne Unterſchied der Religion, zum Beitritt
eingeladen und mit freundſchaftlichem Vertrauen aufgenommen
werden.

Artikel XI.

Beſtimmungen über die Ratificationen.

Zwei geheime Artikel.

a) Es ſollen zunächſt als patriotiſch=geſinnte Reichsſtände zum
Beitritt eingeladen werden: der Herzog von Pfalz=Zweibrücken, die
fürſtlich=ſächſiſchen Häuſer, der Markgraf von Brandenburg=Anſpach,
der Herzog von Braunſchweig, die Landgrafen von Heſſen=Caſſel und
Darmſtadt, der Markgraf von Baden, die Herzoge von Mecklenburg=
Schwerin und Strelitz, der Churfürſt von Mainz und die Könige
von Schweden und Dänemark als Herzoge von Pommern und Hol=
ſtein. Ueber ferner einzuladende Höfe wird man ſich in der Folge
allemal verſtändigen.

b) Da der intendirte Austausch von Baiern gegen die österreichischen Niederlande allen Verträgen schlechterdings zuwider läuft, und an sich sowie in seinen Folgen für die ganze Verfassung des deutschen Reichs, für die Freiheit der angelegenen Kreise und für die Sicherheit aller Stände nicht anders als äußerst gefährlich und verderblich sein kann, dennoch aber keineswegs aufgegeben zu sein scheint, sondern über kurz oder lang wieder vorgenommen werden möchte: so verpflichten sich die Verbündeten, diesen Austausch keineswegs geschehen zu lassen, vielmehr auf das nachdrücklichste und mit allen Kräften sich dagegen zu setzen, und falls die im Art. IX. angeführten Maßregeln nicht zureichen sollten, wegen fernerer, den Reichssatzungen und der Reichsverfassung gemäß, dagegen zu ergreifender kräftiger und thätiger Maßregeln sich zu vereinbaren und solche mit vereinigter Wirksamkeit auszuführen. Ebensowenig wollen dieselben andere ähnliche Projecte von Ländertäuschen in Deutschland, oder Säcularisationen oder Zergliederungen unmittelbarer deutscher geistlicher Stifter, welche von Jemand, wer es auch sei, entworfen sein oder werden mögen, und welche nothwendig in Ansehung ihrer Beschaffenheit und ihrer Folgen auf eine Zerrüttung des Reichssystems hinausgehen, Ihres Orts gestatten und geschehen lassen, vielmehr solche auf gleiche Weise zu verhindern und zu hintertreiben suchen.

Geheimster Artikel.

Dafern in einem der angegebenen Fälle, bei Entstehung gütlicher Mittel und um größeres Unheil zu vermeiden, zur Anwendung thätiger Kräfte geschritten werden müßte: so soll der casus foederis eintreten, um, sei es einen Austausch oder eine widerrechtliche Occupation von Baiern, oder auch andere in dieser Convention und ihren geheimen Artikeln angeführte reichsconstitutionswidrige Unternehmungen, im Nothfall, mit allen Kräften und vereinigter Macht zu hintertreiben und jedes vergewaltigte Mitglied des Reichs bei seinem Besitzstande zu schützen. Und bafern dem einen oder andern der Paciscenten wegen dieser gegenwärtigen Verbindung, oder aus Haß gegen selbige, Unrecht, Schaden oder Beleidigung von irgend einem Fürsten, Staat oder einer Macht zugefügt, oder feindselige Thätlichkeit angedroht, oder wirklich gegen ihn ausgeführt würde: sollen die contrahirenden Theile ebenfalls verpflichtet sein, dem beleidigten Theil Recht und Genugthuung zu verschaffen; zuvörderst durch nachdrückliche Anwendung ihrer bona officia, und, wenn diese nicht hinreichen, durch thätige Hülfe. Behufs einer solchen wechselseitigen Vertheidigung ihrer in dem deutschen Reichsverband begriffenen Lande versprechen die Verbündeten einander folgende thätige Hülfe zu geben: Sachsen 12,000 Mann Infanterie und 3,000 Mann Cavallerie, Preußen und Hannover ebenfalls jedes 15,000 Mann; auch nach Befinden diese Hülfe noch weiter zu vermehren, und im Nothfall mit allen ihren Kräften, nach einem in möglichster Geschwindigkeit zu vereinbarenden und auszuführenden Operationsplan sich einander beizustehen, bis von dem Beleidiger dem angegriffenen Theile völlige Erstattung und Genugthuung verschafft sein wird.

Drei Separat- und geheime Artikel.

1) Da bei den in Folge der Zeit über kurz oder lang dem deutschen Reiche bevorstehenden Begebenheiten eine künftige römische Königswahl von vorzüglich großem Bedenken und hoher Wichtigkeit ist: so verpflichten sich die drei verbündeten Churfürsten, eintretenden Falls, es sei bei Lebzeiten des regierenden Kaisers oder bei etwa erledigtem Kaiserlichen Thron, dieserhalb sowohl wegen der Frage an? als wegen der Frage quomodo? ein gemeinschaftliches Einverständniß zu pflegen, und nicht einer ohne den andern darauf einzugehen, noch sich von einander zu trennen, sondern ein festes, genaues, freundschaftliches Concert zu beobachten und hierbei durchaus unverbrüchlich zu Werke zu gehen.

2) Die für den Fall einer künftigen Wahlcapitulation zu urgirenden Monita, Zusätze und Veränderungen, sollen je eher je lieber im Voraus vertraulich berathen, vereinbart, und seiner Zeit in geschlossener Uebereinstimmung geltend gemacht werden; insonderheit aber sei darauf zu sehen, daß der Teschener Friede vom Jahre 1779 in sothaner Wahlcapitulation mit angezogen und bekräftigt werde.

3) Auf die Einrichtung einer neuen Churwürde, dafern sie von einem fürstlichen Hofe für sich gesucht, oder von dem Kaiserlichen Hofe eingeleitet werden möchte, werden sich die Verbündeten nicht anders als im gemeinsamen Einverständniß einlassen.

Noch ein Separat-Artikel.

In Ansehung der Titel, welche bei Gelegenheit der gegenwärtigen Unterhandlungen gebraucht oder ausgelassen worden, und bei den künftigen Ratificationen, Beitrittsacten und dergleichen gebraucht oder ausgelassen werden möchten, wird ausdrücklich festgestellt, daß solcher Gebrauch oder Nichtgebrauch den Rechten keines Theils nachtheilig sein oder jemals etwas Nachtheiliges daraus gefolgert werden solle.

---

12. Folgen und Folgerungen.

Kurz vor Abschluß des Bundes erhielt der Wiener Hof von Friedrichs Unternehmen bestimmtere Kunde. Er erklärte dasselbe für eine „Landfriedensstörung", für einen „Eingriff in das oberhauptliche kaiserliche oberstrichterliche Amt," und für eine „Verletzung der Executionsordnung." Im Verein mit Rußland bemühte er sich sofort, es zu vereiteln. Eine österreichische und eine russische Circularnote erging an die deutschen Höfe, um sie abzumahnen und Preußens Absichten zu verdächtigen: der Kaiser, hieß es darin, habe nie die Absicht gehabt, einen Ländertausch zu erzwingen; es seien das alles „offenbare Verläumbungen." Man wolle ihn „zum Gegenstand des Mißtrauens machen, um eigene gefährliche Anschläge durchzusetzen." Glaube man, daß die Reichsverfassung des Schutzes und eines besonderen Schutzbündnisses bedürfe, so sei er als Kaiser vor allen berufen und hiemit bereit, sich selbst an die Spitze eines solchen Bundes zu stellen. Von der „preußischen Verbindung mahne er reichsväterlich ab, da dergleichen reichssatzungswidrige Verbindungen gegen das Oberhaupt unübersehbare Verwirrungen veranlassen müßten;" es sei „außer Zweifel, daß ganz andere Bewegungen und Absichten dabei vorwalteten."

Da der Abschluß zwischen Preußen, Sachsen und Hannover kaum mehr zu verhindern war, so ging man besonders darauf aus, den Beitritt anderer Staaten zu hintertreiben. An den Gegenwirkungen Oesterreichs und Rußlands betheiligte sich nun auch Frankreich in eifriger und selbst drohender Weise. Bei den katholischen und namentlich bei den geistlichen Ständen benutzte man klüglich auch die Scheu vor dem Protestantismus um zum Ziel zu gelangen. So wurden denn die einzelnen Höfe gleichzeitig in entgegengesetzter Richtung von österreichischen und preußischen Einflüssen bearbeitet.

Indessen trugen überall die Unterhandlungen Preußens den Sieg davon, während Frankreich und Rußland es schließlich vorzogen, sich wenigstens vor der Hand in eine wesentlich neutrale Stellung zurückzuziehen.

Ueberall in Deutschland traute man den Absichten Oesterreichs nicht; die Vergrößerungspläne schienen trotz der Versicherungen keineswegs aufgegeben. Hatte doch das Wiener Kabinet nicht die Absicht des Ländertausches überhaupt, sondern nur die des „gewaltsamen" in Abrede gestellt! Es schien also, nach den bisherigen Vorgängen zu urtheilen, den moralischen Zwang nicht als Zwang zu betrachten, und aufgelegt, diesen gelegentlich zu wiederholen.

Wirklich erklärte die Denkschrift des Wiener Kabinets vom September 1785, wodurch die erste beantwortet wurde: „alle bisherigen Beweise gegen die Zulässigkeit eines Tausches von Baiern wären ungegründet", und „der kaiserliche Hof würde wohl freilich niemals dem Vorhaben entsagen, Baiern über kurz oder lang auf eine oder andere Weise zu erhalten."[1]

Auch erschien das Jahr darauf, in Bezug auf den baierschen Ländertausch, in Wien, also unter den Augen des Kabinets, eine Schrift mit dem herausfordernden Titel: „Es wird doch noch geschehen!" Hier wurde das dermalige „Mißlingen" nur der Form der Unterhandlungen zugeschrieben. „Man hätte," hieß es, „dem Herzog von Zweibrücken vorstellen müssen, Baiern sei ein ödes Land, und sein Volk vereinige mit allen alten Fehlern viele neue; man hätte sollen die Vertrauten gewinnen."[2]

Unter solchen Umständen machten die österreichischen Erklärungen an den einzelnen deutschen Höfen keinen durchgreifenden Eindruck. Und wenn auch einige Reichsstände aus Furcht vor dem Zorne des Wiener Kabinets Anstand nehmen mochten, auf die preußischen Anträge einzugehen: so hat doch „nicht ein einziger sich

---

[1] „Prüfung der Ursachen einer Association zur Erhaltung des Reichssystems, welche in der Erklärung Sr. Königl. Majestät von Preußen an dero hohe Reichsmitstände und andere Europäische Höfe sind vorgelegt worden."

[2] Joh. v. Müller 5, 14.

zu der näheren Verbindung mit Oesterreich bereit erklärt." Vorzugs=
weise kräftig wurde die österreichische „Abmahnung" von Seiten des
Hannoverschen Ministeriums zurückgewiesen; und in ebenso festem
entschiedenen Tone antwortete Sachsen, „welches von der Verbin=
dung mit Preußen abzuhalten der Wiener Hof sich besonders be=
mühte."[1]

In Preußens Verfahren rühmte man die Offenheit. Die Trag=
weite des Bundes konnte jeder Betheiligte aus dem Grundvertrage
ermessen. In der preußischen Denkschrift vom August 1785 erbot
sich der König: „jedem Mitstande, der es wünsche, denselben in seinem
ganzen Umfange vorzulegen;" zugleich aber wurde darin erklärt:
„der König und das deutsche Reich könnten einen Tausch von Baiern
niemals zugeben, auch wenn er angeblich freiwillig geschehe, weil es
für die Erhaltung von ganz Deutschland höchst wichtig sei, daß ein
so wohlgelegenes, bedeutendes, fruchtbares und von einem so biederen
Volke bewohntes Land, nicht dem Hause, das es seit Jahrhunderten
besessen habe, entrissen und mit der schon so mächtigen österreichischen
Monarchie vereinigt werde."[2]

Freilich erblickten Manche in dem Bunde „eine bedenkliche Ab=
hängigkeit von Preußen". Allein „man glaubte, daß die Rettung
der Selbstständigkeit Deutschlands nicht zu theuer erkauft werde, auch
wenn man sich einiger möglicher Gefahr aussetze, welche allerdings
von der festen Anschließung an Preußen einmal Folge sein konnte.
In nächster Zukunft war eine solche Gefahr durchaus nicht wahr=
scheinlich, und was in ferner Zeit möglich schien, glaubte man den
Nachkommen überlassen zu können."[3]

Ja, das specifische Preußenthum machte vielmehr der Regierung
aus dem Bunde einen bittern Vorwurf. Preußen, hieß es, ent=
fremde sich dadurch nicht nur Oesterreich, sondern auch Rußland und
selbst Frankreich. Wenn „der Kaiser sich auf Kosten deutscher

[1] Dohm 3, 69 f. 362.
[2] „Erklärung der Ursachen, welche Se. Königl. Majestät von Preußen be=
wogen haben, ihren hohen Mitständen des deutschen Reichs eine Association zur
Erhaltung des Reichssystems anzutragen." Im November folgte die „Beantwor=
tung der Wiener Prüfung" (Réponse à l'Imprimé etc.). Hertzberg, 2, 292. 311.
336. Unionsbestrebungen S. 376 ff.
[3] Dohm 3, 84 ff.

Preußens deutsche Politik. Dritte Aufl.   4

Staaten vergrößere, so könne es der König ruhig mit ansehen und zu gelegener Zeit ein Gleiches zu eigenem Vortheil versuchen." Dies aber „werde durch den deutschen Fürstenbund erschwert"; durch ihn mache Preußen sich nur unnützerweise „abhängig", binde „sich selbst die Hände", und verzichte damit, „sich je auf Kosten Deutschlands zu vergrößern." [1]

Friedrich verstattete solchen Stimmen keinen Eingang; er hielt treu an der Bundesidee und ging einen geraden Weg. Seine öffentliche Erklärung: „er habe sich nie in seinen Staatsverhandlungen niedriger und heimlicher Mittel bedient", bildete ein Zeugniß, das die zum Bunde Eingeladenen durch die That bekräftigten. Keiner wurde „durch irgend eine Drohung von Zwang, noch durch zudringliche Ueberredung" zum Anschluß bewogen. Man gab sich ihm in vollem Vertrauen hin. [2]

Es traten dem deutschen Fürstenbunde, außer Sachsen und Hannover, schon in der nächsten Zeit sehr viele Fürsten und Staaten bei, namentlich: 1) der Herzog von Sachsen-Weimar, am 29. August 1785; 2) der Herzog von Sachsen-Gotha, am 20. September; 3) der Herzog Karl von Pfalz-Zweibrücken und sein Bruder Maximilian, der nachmalige Churfürst und König von Baiern, am 4. October; 4) was vor allem von Gewicht war, der Churfürst von Mainz am 18. October 1785; 5) Braunschweig am 28. Oct.; 6) Baden am 21. Nov.; 7) Hessen-Cassel am 30. Nov.; 8) Anhalt-Cöthen, Bernburg und Dessau, am 21., 22. und 24. December; 9) der Bischof von Osnabrück am 27. Dec.; 10) Anspach-Bayreuth am 12. Februar 1786; 11) die Pfalzgrafen von Birkenfeld, Herzoge in Baiern, am 27. Febr. und 15. März. Später schlossen sich noch an: 12) Mecklenburg-Schwerin, am 16. Januar 1787; 13) der inzwischen erwählte Coadjutor von Mainz, Dalberg, am 6. Juni 1787; 14) Mecklenburg-Strelitz, am 1. Juli 1789. Von den größeren weltlichen Staaten fehlten nur Würtemberg, Hessen-Darmstadt und Oldenburg. Baiern gehörte dem Bunde zwar nicht durch den regierenden Churfürsten, aber durch den Beitritt seiner Erben an.

[1] Dohm 3, 107 f. 117.
[2] Dohm 101 f.

Am eifrigsten hatte man sich beiderseits um den Churfürsten
von Mainz beworben, der als Reichserzkanzler nach dem Kaiser die
höchste Autorität im Reiche war und im Collegium der acht Chur=
fürsten bei Stimmengleichheit den Ausschlag gab. Die Unterhand=
lungen mit ihm wurden preußischer Seits vorzüglich durch Stein
geführt, der hierbei eine nicht geringe Abneigung gegen „österreichische
Ränke" einsog und, obwohl erst 27 Jahre alt, schon einen hohen Grad
diplomatischer Gewandtheit entfaltete. [1]

Mit dem Uebertritt dieses vierten Churfürsten und seines be=
signirten Nachfolgers, von Oesterreich zu Preußen, war das Ueber=
gewicht des Kaisers im Churfürstencollegium unzweifelhaft gebrochen,
seine Pläne auf das Reich vereitelt, der Schwerpunkt der deutschen An=
gelegenheiten, so schien es, von Wien nach Potsdam und Berlin verlegt.

Friedrichs Politik, allen Einschüchterungsversuchen unzugänglich,
hatte durch Beharrlichkeit einen glänzenden Sieg nicht nur über
Oesterreich, sondern zugleich auch über die Gegenwirkungen Ruß=
lands und Frankreichs davongetragen.

Alle seine Absichten waren oder schienen erfüllt. Baiern war
zum zweitenmale gerettet; auf die Dauer jede Machtvergrößerung
Oesterreichs in Deutschland, jeder Zuwachs seines Einflusses im
Reiche verhindert, und damit der eigene Einfluß gestärkt, Preu=
ßens Uebergewicht im Reiche für die Zukunft gesichert. Denn der
Bund hatte nunmehr über die Hälfte der churfürstlichen Stimmen
mit Einschluß der entscheidenden zu verfügen und, sobald die pfalz=
baierische Churwürde an Pfalz=Zweibrücken überging, sogar über fünf.
Dazu kam, daß von den drei übrigen Stimmen: Trier, Köln und
Böhmen, die letztere von Berathschlagungen ausgeschlossen war und
nur als Wahlstimme fungirte, so daß in allen andern Angelegen=
heiten schon vier Stimmen gegen drei entschieden. Es ist also klar:
nichts konnte fortan ohne Genehmigung des Bundes, und da diese
von der Zusammenstimmung der Verbündeten abhing, nichts ohne
Einwilligung Preußens geschehen. Damit war denn zunächst die
Errichtung einer neunten Churwürde für Würtemberg, wodurch das
Uebergewicht, wenigstens bis nach erfolgtem Thronwechsel in Baiern,
wieder zu Oesterreich hätte hinüberschwanken können, vereitelt; der

---

[1] Pertz 1, 39 ff. 55. 68. Unionsbestrebungen §. 117. 225.

4*

britte Separatartifel hatte bafür geforgt, baß eine Vermehrung der
Churftimmen nur noch im Intereffe ber beutfchen Politif Preußens
möglich war.

Unb hieran knüpft fich bie tiefere Bebeutung bes Bunbes. Auf
feiner Oberfläche, in feiner Hauptfärbung ftellt er fich nur, wiewohl
auch bies fchon einen mächtigen Erfolg bezeichnet, als ein Schutz=
unb Trutzbünbniß gegen Oefterreich, als eine Oppofitionsverbinbung
gegen bie Kaifer aus biefem Haufe bar; er will gegen Alles unb
Jebes einen gemeinfamen fyftematifchen Wiberftanb organifiren;
er will bie Rechte ber einzelnen Fürften unb Staaten, ihren Befitz=
ftanb aufrichtig vor jebem Ein= unb Umgriff wahren. Allein wenn
er vorgiebt, bie Reichsverfaffung in ihrer ganzen Strenge unb um
jeben Preis aufrecht erhalten zu wollen: fo ift hiergegen ein begrün=
beter Zweifel zu erheben. Denn es blickt boch burch, baß ber tiefere,
ber eigentlichfte Zweck bes Bunbes ber war: wenn nicht bem Namen,
boch ber That nach, ben Bunb felbft an bie Stelle bes
Reiches treten zu laffen, Deutfchlanb unter Preußifcher Lei=
tung neu zu conftituiren. Unb wie hätte benn auch, ohnebies, nach
ber ausgefprochenen Erwartung Friebrichs, „biefer Bunb zu
etwas Furchtbarem gebeihen" können! Er zielte namentlich
baraufab: bie künftige Entfcheibung über bie Kaiferwahl
in feine Hänbe zu bringen; ber erfte Separatartifel, in Verbinbung
mit ber Thatfache bes Anfchluffes von Churmainz, hatte biefen Er=
folg vollkommen verbürgt. Darum erklärte Friebrich wieberholt:
bie „außerorbentliche Wichtigfeit" bes Bunbes beftehe barin, baß ihm
„bas Uebergewicht, bie Stimmenmehrheit im Churfürftencollegium
gefichert" fei unb baß „hierburch bas Project ber Römifchen Königs=
wahl verhinbert werbe." Unb barum erklärten auch bie Minifter
Finckenftein unb Hertzberg: ber Bunb „erfchüttere bas Syftem bes
Wiener Hofes bis in feine Grunbfeften."[1]

Nach jenem Separatartifel follte ber Bunb fein Uebergewicht in
ber Wahlfrage ausbrücklich bazu verwenben, um fowohl über bie Frage
an, als über bie Frage quomodo zu entfcheiben. Das heißt mit
anberen Worten: um entweber bas Kaiferthum ganz zu fiftiren, ober
minbeftens unb auf alle Fälle es nur im Intereffe bes Bunbes fort=

---

[1] Unionsbeftrebungen §. 231 f.

bauern zu lassen. Es ist charakteristisch, daß außer jenen beiden
Wörtern kein einziger lateinischer Ausdruck in der Urkunde vorkommt.
Daß das an die Fortdauer des Kaiserthums überhaupt, wenigstens
zeitweise,. in Frage zu stellen bestimmt ist, geht daraus hervor, daß
diese Frage, ob man überhaupt eine Wahl vornehmen wolle, selbst
im Falle der Erledigung des Kaiserthrons aufgeworfen werden soll. [1]

Die Frage quomodo war demnach nur eine eventuelle, wenn
man sich nämlich für das Wählen, für die ununterbrochene Fort=
dauer der höchsten Reichsgewalt entschied. Durch ihre Beantwortung
sollte unzweifelhaft, wenn nicht Preußen zur Kaiserwürde erhoben,
doch mindestens das Haus Oesterreich davon ausgeschlossen werden.
Sie stellte aber überhaupt ein wahres Füllhorn von Fragen und
Entscheidungen dar, das sich indessen nicht eher, als beim Tode des
regierenden Kaisers, seines Inhaltes entleeren konnte. Die wichtigste
wäre dann wohl die gewesen, ob man im Hinblick auf Polen und die
eigene Vergangenheit bei dem modus der Wählbarkeit ferner stehen
bleiben, oder nach der Analogie Frankreichs und Englands die Erb=
lichkeit der höchsten Würde begründen wolle, um den deutschen Ver=
hältnissen mehr Einheit und Festigkeit zu geben.

Dem allen steht in keiner Weise der Umstand entgegen, daß der
Vorschlag zu diesem Artikel, wenigstens äußerlich, von Hannover
ausging. Der König von England hatte, als solcher und als Chur=
fürst von Hannover, dabei ganz das gleiche politische Interesse wie
Friedrich und wurde überdies noch von einem besonderen religiösen
Beweggrunde geleitet, der dem religiös indifferenten Friedrich nicht
eigen war. Denn nicht nur wollte er durch den deutschen Bund die
immer noch drohende internationale Uebermacht Oesterreichs in
Europa hemmen, brechen und schwächen, sondern damit zugleich auch
die Macht des Protestantismus in Europa kräftigen und sicherstellen.
Deshalb erschien es ihm von vornherein „von der größesten Wichtig=

---

[1] Die Frage an? oder: ob man überhaupt wählen solle? spielte bei geist=
lichen Wahlangelegenheiten bekanntlich eine ähnliche Rolle. Siehe z. B. Herts=
berg, recueil 2, 379. 885. 389. Die Einwürfe von Waitz (Allg. Monatsschr. f.
Wiss. u. Lit. August 1851, S. 117.) heben sich selbst durch das ausdrückliche Zu=
geständniß auf, daß die Worte des Textes „wohl mit Absicht etwas zweideutig ge=
faßt sind, und daß man sie in der Weise auslegen kann, daß auch im Fall der Er=
ledigung des kaiserlichen Throns die Frage an? zur Erwägung kommen sollte."

keit, daß die drei evangelischen Churhöfe in dieser Union" den
maßgebenden Grundkern bildeten.¹) Auch er konnte daher nur
wünschen, das politisch und kirchlich übermächtige, von der englischen
Politik gefürchtete und beargwöhnte Haus Habsburg, aus dem Be=
sitze des Kaiserthums verdrängt zu sehen; auch ihm mußte daran
liegen, daß das protestantische Preußen zu einer Oesterreich eben=
bürtigen, das europäische Gleichgewicht sichernden Großmacht erwachse;
und auch ihm mußte es — selbst vom specifisch hannoverschen Stand=
punkt aus, gleichwie dem Herzog von Braunschweig und Anderen —
immer noch lieber sein, diesen norddeutschen protestantischen Groß=
staat an der Spitze Deutschlands zu wissen, als das katholische, in
seinem geschichtlichen Wirken meist von einer ultramontan und fa=
natisch gesinnten Propaganda geleitete Oesterreich. Das momentane
Toleranzsystem Josephs II. konnte um so weniger für eine Bürgschaft
der Zukunft gelten, als es überall daheim und jenseit der Alpen auf
einen unbesieglichen Widerstand traf, dem selbst die so seltene Willens=
kraft dieser Persönlichkeit nicht gewachsen erschien, und dem daher
minder kräftige Erben nothwendig nur desto rascher zu unterliegen
oder desto blinder von vornherein sich zu fügen angewiesen waren.

Es steht ferner dem oben Gesagten in keiner Weise der zweite
Separatartikel entgegen. Man mußte auf alle Fälle gerüstet sein,
und sich daher auch schon im Voraus über die Bedingungen einer
künftigen Wahlcapitulation zu verständigen suchen. Diese war, wenn
man das Kaiserthum nicht völlig und auf immer aufhob, nach wie
vor, und mindestens einmal noch nothwendig; denn auch ein erster
erblicher Kaiser hätte gewählt werden müssen. Und überdies hatte
Friedrich dabei augenscheinlich nur solche Bestimmungen im Sinn,
die, wie namentlich die geforderte Bekräftigung des Teschener Friedens,
zum Nachtheile Oesterreichs und zum Vortheile Preußens gereichen
mußten; so daß die Wahlcapitulation ihrer auch dann nicht entbehren
konnte, ja vielmehr dann erst recht nicht, wenn es galt, die Kaiser=
würde dadurch an Preußen selbst zu bringen. Jegliche solidarische
Verbürgung des Reiches, den Bestrebungen Oesterreichs gegenüber,
konnte nur in hohem Maße erwünscht sein.

Wir wollen keineswegs behaupten, daß alle Eventualitäten der

¹) Unionsbestrebungen §. 54. 98.

Zukunft von allen Betheiligten vorbedacht, oder daß sie sämmtlich und reiflich in den mündlichen Conferenzen vorberathen worden, die Friedrich mit seinen Ministern, namentlich mit Hertzberg, wiederholt und einmal sogar „mehrere Tage" hindurch ausschließlich „über diesen Gegenstand" gepflogen hatte.[1]) Aber es heißt die positiven Zeugnisse aller näher Betheiligten, wie des Königs selbst, seiner Minister, des Herrn von Hofenfels, Dohms und Anderer, völlig ignoriren oder mißachten, wenn man meint, es habe sich nicht um eine gründliche und bauernde Umgestaltung Teutschlands gehandelt. Ja es heißt Friedrich dem Großen, dem größten willens- und thatkräftigsten Staatsmann des vorigen Jahrhunderts, jeden, auch den geringsten Grad politischen Verstandes und bewußten Wollens absprechen, wenn man — im Hinblick auf das klägliche Ende seiner Schöpfung nach seinem Tode — wähnt, er habe nichts weiter mit dem deutschen Fürstenbund erzielt, als eine vorübergehende Bildung zu vorübergehendem Zweck. Friedrich, der bei seinem hohen Alter ausdrücklich auf die Durchführung des von ihm begonnenen Werkes durch seine Nachfolger rechnete, konnte nicht ahnen, daß schon der nächste den Samen, den er ausgestreut, statt ihn rastlos zu entwickeln, spurlos zertreten würde.

Es versteht sich übrigens von selbst, und um die deutsche Politik Friedrichs sowie Preußens überhaupt richtig zu würdigen, muß man dessen eingedenk sein, daß zu verschiedenen Zeiten die Wege der Politik verschiedene sein können, ja daß sie sogar, grade bei consequenter Verfolgung ihrer höchsten geschichtlichen Ziele, oftmals verschiedene sein müssen. Sollte zu Friedrichs Zeit einer späteren Zukunft die Möglichkeit einer Assimilirung Preußens mit dem übrigen Deutschland, und damit auch überhaupt die Möglichkeit einer nationalen Entwickelung Deutschlands, nach dem Beispiele Spaniens, Frankreichs und Großbritanniens, gewahrt bleiben: so mußte damals zunächst die Assimilirung der deutschen Mittel- und Kleinstaaten mit dem internationalen und daher antinationalen Staatencomplexe Oesterreichs verhindert werden; und das konnte nur geschehen durch aufopfernde Vertheidigung sowie durch uneigennützige Verbürgung der Selbstständigkeit und der Rechte aller, auch der klein-

---

[1]) Ebend. §. 63 u. a. a. O.

ften deutſchen Staaten. Friedrich bezweckte daher auch in der That bei der Anbahnung des Fürſtenbundes keinerlei Vergrößerung Preußens auf Koſten deutſcher Territorien. Als ihm „Propoſitionen von Seiten des Kaiſers" angekündigt wurden, die ihm, für die Geſtattung der Einverleibung Baierns in Oeſterreich, ſogenannte Entſchädigungen oder Compenſationen in Ausſicht ſtellten, ſchrieb er entrüſtet ſeinen Miniſtern am 11. Mai 1785: „Es ziemt uns in keiner Weiſe, derartigen Anerbietungen unſer Ohr zu leihen; denn das hieße, das Intereſſe des Vaterlandes verrathen, und die Abſichten des Kaiſers auf Zerſtörung des deutſchen Reichskörpers durch feige Gewinnſucht fördern helfen."[1] Zwar hielt er keineswegs die Exiſtenz der Kleinfürſten „in Deutſchland" für einen Vortheil, ſondern für ein Uebel. Er beſpöttelte ſie als „Hermaphroditen von Souverän und Privatmann"; er verhöhnte die „unendlich hohe Meinung die ſie von ihrer Größe" hätten, die „grenzenloſe Verehrung die ſie für ihre alte und berühmte Race" empfänden, und vor allem „ihre Armeen"; „es gehöre, ſagte er, ein Mikroſcop dazu, um jeden dieſer kleinen Sonderkörper wahrzunehmen"; manche „Armee ſei vielleicht grade groß genug, um eine Schlacht — auf dem Theater darzuſtellen."[2] Trotz alledem aber erachtete er es, im Intereſſe der Zukunft, für die nothwendige Aufgabe der damaligen Politik Preußens, eine Verdrängung der deutſchen Kleinfürſten aus ihren angeſtammten Ländern weder Anderen zu geſtatten noch ſelbſt zu erzielen. Durch den Bund ſchnitt er daher freiwillig jeden Weg gewaltthätiger Aneignung, jede Ausſicht auf Eroberung für unbeſtimmte Zeit ab; denn dieſer verbürgte vielmehr jedem Staate ſeinen dermaligen Beſitzſtand, und hielt nur das Recht der Haus-, Familien- und Succeſſions-Verträge aufrecht. Es iſt alſo wahr, was Dohm ſagt: Durch dieſen Bund habe Friedrich „ſich und ſeinen Nachkommen es erſchwert, Unrecht zu üben."[3] Ein Ausſpruch, der zugleich neuerdings die Ueberzeugung der Zeit erhärtet, daß der Bund eine dauernde, immer mehr ſich entwickelnde und erſtarkende Bildung ſein ſollte. Eben jene „Erſchwerung des Unrechts" war der Grund, weshalb, wie wir ſahen, das Dreifürſten-

---

[1] Unionsbeſtrebungen §. 123.
[2] Antimacchiavell.
[3] Dohm 3, 117.

bündniß in dem specifischen Preußenthum seinen entschiedensten und
bittersten Gegner fand.

Muß also die Frage, ob Friedrich durch den deutschen Fürsten=
bund eine Vergrößerung Preußens erzielt habe, unbedingt verneint
werden: so verhält es sich dagegen anders mit der weiteren Frage,
ob nicht der Bund — ganz abgesehen von der Zukunft des Kaiser=
thums — die Suprematie Preußens in Deutschland habe begründen
sollen? Diese müssen wir unbedingt bejahen.

Zwar einer formellen oder gar einer unbegrenzten Unterord=
nung der Mitstände war Friedrich ausgesprochenermaßen, zur Zeit
wenigstens, entgegen. Dies ergiebt sich mittelbar zur Genüge aus
den zwischen Oesterreich und Preußen in Anlaß des Bundes gewech=
selten Noten. In der österreichischen Denkschrift vom September
1785 war von den deutschen „Staaten" gesagt worden, sie seien der
„höchsten Gewalt," dem „Haupt des Reiches" durchaus „untergeord=
net" (subordonnés). Hiergegen tritt nun die sehr ausführliche
preußische Antwort vom November mit allem Nachdruck und mit
einer Art von Entrüstung auf. Sie gemahnt den Wiener Hof, daß
der Kaiser seine Würde nur der „Wahl" verdanke, die Wahlfürsten
dagegen „erblich" seien. Sie vertheidigt die Selbstständigkeit der
Reichsstände, ohne welche diese nur von der „Discretion dessen, was
man höchste Gewalt zu nennen beliebe, abhängig sein würden." Sie
will nichts von einer eigentlichen „Unterordnung" wissen, bei der
„das Schicksal der Reichsstände ein sehr precäres wäre." Die
„höchste gesetzliche Gewalt" gebühre gar nicht „dem Kaiser allein,"
sondern „dem Kaiser und den vereinigten Staaten zugleich;" denn
die „gesetzgebende Gewalt" stehe beiden gemeinsam zu, und die „exe=
cutive ausschließlich den mit der Ausführung betrauten Ständen."[1]

Man sieht leicht ein, daß mit einer solchen Auffassung die Ab=
sicht, die Mitglieder des Fürstenbundes der „Discretion" des Königs
von Preußen zu unterwerfen, unverträglich gewesen wäre. Friedrich
faßte also die Suprematie anders auf. Und wie?

Es war klar, daß schon die bloße Thatsache des Bundes und
der Inhalt des Grundvertrages vom 23. Juli das Uebergewicht
Preußens moralisch und politisch feststellte. Als dem mächtigsten

---

[1] Hertzberg, 2, 349 f. Unionsbestrebungen S. 376 ff.

Mitgliede konnte ihm der Ausschlag in allen wichtigen Angelegenheiten nicht entgehen; und da innerhalb des Bundes Einmüthigkeit erfordert wurde, so konnte Preußen auf der einen Seite alles verhindern was ihm nicht genehm war, auf der andern durch entschlossenes Vorangehen und durch die Ueberlegenheit seines Rathes die anderen Stimmen mit sich fortziehen; der Bund aber seinerseits war durch seine Zusammensetzung, wie wir sahen, vollständig geeignet das Reich nach seinem Willen zu leiten.

Ueberdies endlich war der deutsche Fürstenbund nicht nur der inneren Entwickelung fähig, sondern sollte nach Friedrichs Absicht sofort um einen wesentlichen Schritt gefördert werden, nämlich durch Begründung eines gemeinsamen Militär- und Vertheidigungs-Systemes unter preußischer Leitung, das in dem „geheimsten Artikel" nur von ferher angebahnt war.

Es ist eine sehr denkwürdige, wiewohl ziemlich verschollene Thatsache, daß Friedrich der Große sich sehr eifrig bemühte, unmittelbar nach dem Abschluß des Dreifürstenbündnisses Militär-Conventionen ins Leben zu rufen, vermöge deren die Truppen der einzelnen Staaten „unter gewissen Bedingungen dem Könige überlassen," d. h. gegen „preußischen Sold" dem „preußischen Heere einverleibt" werden sollten. Wir kennen nur die deshalb mit Hessen-Cassel und mit Braunschweig gepflogenen Unterhandlungen, die zum Theil schon vor dem Abschluß des Bundes eingeleitet worden. Beide lehnten die Anträge ab. Der Landgraf: „weil es ihm widersprechend scheine, im Augenblick seines Beitritts zum Bunde seine Kräfte dadurch zu schwächen, daß er sein Heer fremder Willkür überliefere, die dasselbe auch ohne Rücksicht auf den Bund gebrauchen könnte." Der Herzog: weil er wünsche „daß Alles vermieden würde, was dem Bunde das Ansehn geben könnte, nur ein Werkzeug Preußens zu sein."[1]

Friedrich ließ daher, dem Grabe nahe, diese Bemühungen, wie es scheint, vorläufig fallen, indem er die innere Entwickelung des Bundes dem Antriebe künftiger Ereignisse, sowie dem Eifer und der Zähigkeit seiner Nachfolger, anheimgab.

---

[1] Dohm 3, 93. 95 f. 100. Vergl. Görele a. a. O. S. 122.

Daß der deutsche Fürstenbund den Keim zu einer Umgestal=
tung des Reiches oder, wie er es nennt, zu einer „Verbesserung der
deutschen Verfassung" in sich enthalte, gab damals selbst Joh. v.
Müller zu, wiewohl er gegen die zu Felde zog, die ihn eine „Zer=
störung" derselben nannten. Durch ihn sei „Preußen in die ge=
meine Sache des Vaterlandes eingetreten;" durch ihn werde Jeder
„sich einen deutschen Mann fühlen;" er werde „der Stolz des Jahr=
hunderts, und die größte Wohlthat sein, welche das deutsche Volk
seinen Fürsten zu danken" habe. Schon „bei der Kaiserwahl Karls VII.
und im Baierschen Erbfolgekriege" habe Friedrich eine für Deutsch=
land „wohlthätige Rolle" gespielt. Der deutsche Beruf Preußens
„gründe sich auf die Lage dieser Monarchie; so lange diese bleibt
und ein König sie kennt, so lange müssen die Preußen die Erhal=
tung des deutschen Reiches wollen." Daher habe Friedrich
„nach vierzigjähriger Erfahrung und Ueberlegung das System
für das beste erkannt: daß die preußische Armee und der Flor
des Landes, anstatt Werkzeuge des finstern Ehrgeizes zu werden,
der allgemeinen Sache deutscher wie europäischer Freiheit geweiht
sein sollen."

Er betrachtet den Fürstenbund augenfällig als den Weg, der
zur höheren Freiheit und Einheit Deutschlands führen müsse. Er
hebt es hervor, daß derselbe keinem Mitgliede „Opfer" auferlege;
aber er weist doch darauf hin, daß „in einem militärischen Jahr=
hundert" die „schwächeren Stände" nicht Anstand nehmen „dürften,
der Union durch Aufopferungen Stärke zu geben." Er will die „vielen
großen und nützlichen Dinge, die durch ihn geschehen könnten, lieber
ungenannt" lassen, wegen der „Leidenschaften, welche durch die un=
gleichen Machtverhältnisse zum Nachtheil des Bundes bewegt werden
könnten." Aber er deutet an: „Wenn die Befriedigung dringender
Bedürfnisse (und er meint damit Reformen im „ursprünglichen Frei=
heitsgeiste") durch absichtliche Zögerung oder sonst unübersteigliche
Hindernisse" in dem gesammten Reich „zu weit hinausgeschoben
würde:" dann „dürfe" wohl eine „patriotische Association" der=
artige Reformen oder „heilsam scheinende Ideen vorerst versuchs=
weise" d. h. für sich oder „zum Behufe der in ihr verbundenen
Staaten ins Werk setzen". Denn „wer auf einmal alles wolle, sei
auf dem sichern Weg, nichts zu erlangen". Der schließliche „große

Zweck" des Fürstenbundes werde „am besten erreicht werden, wenn er der einige bleibe."

Er rechnet auf die „Theilnehmung der Nation;" aber es möge auch „der Fürstenbund nie vergessen, daß nicht seine Existenz das Nationalglück macht, sondern seine Thätigkeit;" denn „wer nicht vorwärts bringt, geräth hinter sich;" und „die Krisen der Nationen wären meist durch tausend unerwartete Wendungen allemal für die entschieden worden, welche ihrer selbst am wenigsten vergessen haben." [1]

Auf die Kaiserfrage ging Johannes v. Müller nicht ausdrücklich ein; er kannte den Inhalt der Bundesurkunde nicht genau, am wenigsten die geheimen Separatartikel.[2] Dagegen ward jene Frage in den österreichischen und preußischen Streitschriften allerdings berührt, wiewohl auch bei deren Verfassern eine vollständige Kenntniß der geheimen Artikel sich nicht voraussetzen läßt, ja vielleicht nicht einmal bei Dohm.

Unmittelbar nach dem Abschluß des Fürstenbundes, im Juli 1785, erschien zu Wien, wiewohl mit der Angabe „Deutschland", im österreichischen Interesse die Schrift des Reichsfreiherrn von Gemmingen: „Ueber die königlich Preußische Association zur Erhaltung des Reichssystems." Friedrich der Große „fand nöthig, daß dem Eindruck der Gemmingenschen Schrift etwas entgegengesetzt werde; er befahl, daß dieses auch in einer Privatschrift geschehe." Dohm erhielt und vollzog den Auftrag; diese Entgegnung erschien im December 1785 in Berlin unter dem Titel: „Ueber den deutschen Fürstenbund;" der Kabinetsminister Hertzberg hatte die einzelnen Bogen „mit großer Aufmerksamkeit" revidirt. [3]

Die Gemmingensche Schrift zeigt die größte Besorgniß vor dem Untergange des österreichischen Einflusses in Deutschland; sie sucht aber diesen Gesichtspunkt klüglich zu verdecken, indem sie vorgiebt, ihre einzige Quelle sei „Liebe fürs Vaterland und das Gefühl deutscher Freiheit." Sie ruft den „Haß" auf, gegen „Gesetzverbrecher." Die „preußische Association," sucht sie auszuführen, sei „gesetz-

---

[1] Darstellung des Fürstenbundes B. 5. c. 18. vgl. c. 2.
[2] Teutschlands Erwartungen vom Fürstenbunde 1788. III.
[3] Dohm 3, 147 ff. Unionsbestrebungen S. 374 ff.

widrig;" sie „zerstöre die geheiligten Gesetze des Reiches, bringe die
Regierung in die Hände eines einzigen Fürsten, mache die Reichs=
versammlung zu einem Spielwerk, die Verbündeten zu untergeord=
neten Werkzeugen der politischen Absichten eines mächtigen Hofes;
sie untergrabe die Grundfeste des Reichssystems, beschränke die Frei=
heit einzelner Stände, schwäche das Ansehen der übrigen, vernichte
die Verfassung und sei zugleich die äußerste Beleidigung gegen den
kaiserlichen Hof."

Der Verfasser fällt aber mehr wie einmal aus seiner „deutschen"
Rolle. Denn es ist nur im österreichischen Interesse, wenn er die
erweiterten Wahlcapitulationen als das „Verderben des Vaterlan=
des" bezeichnet. Es ist ein für Deutschland feindseliger Geist, der
ihm das Geständniß einflößt, das „Haus Oesterreich" werde sich des
„Beispiels gewaltsamer Eingriffe in die Rechte der Nachbarn" ent=
halten, „so lange die Kaiserkrone bei demselben sei." Er verräth
die zähe Lüsternheit Oesterreichs auf Aneignung zumal des südlichen
Deutschlands, wenn er trotz der Erklärung des Wiener Hofes, den
Austausch Baierns nicht gewaltsam erzwingen zu wollen, und trotz
der Erklärung der baierschen Agnaten, nie freiwillig darein zu
willigen, dennoch die Versicherung giebt: „der einzige Erfolg" des
dermaligen Widerstandes, „wäre in der That nur der, „daß dieser
Austausch später zu Stande käme;" und, wenn er hinzugefügt „viel=
leicht zum Vortheil des Königs auf Unkosten des Reichs," so sieht
man, daß er bereit ist, um den Preis von Baiern nöthigenfalls ein
anderes Stück des geliebten deutschen Reiches zu Gunsten Preußens
fahren zu lassen, ja daß er hofft, der Wiener Hof werde sich nicht
schämen, einen derartigen Antrag auf Theilung der Beute zu stellen.

Endlich offenbart er unter eigenthümlichen Drohungen die Be=
sorgniß, das Haus Oesterreich möchte durch die „preußische Asso=
ciation" von dem deutschen Kaiserthron verdrängt werden.

„Eins nur, sagt er warnend, droht unserer Verfassung den
nahen Untergang: wenn ermüdet von allen den ruhestörenden
Widersprüchen das Haus Oesterreich der Kaiserkrone entsagt, oder
wenn die irregeführten Stände einem andern Hause diese
Bürde übertragen, unter der jedes andere erliegen und das ganze
Reich mit sich in das Verderben ziehen wird." Und wie so dies? Er
sagt es mit dürren undeutschen Worten: weil „dann freilich alle

politischen Rücksichten" Oesterreichs gegen Teutschland „aufhören;"
weil „dann freilich das Gewicht des Hauses Oesterreich für jeden
Nachbar sehr drückend werden mag;" weil „dann freilich eine Theilung des Reichs unter mehrere Mächtige keine so unmögliche Sache
mehr ist;" denn dann „läßt es der gemeinschaftliche Vortheil zu."
Unter den theilenden Mächten scheint er außer Oesterreich wohl Rußland und Frankreich zu verstehen; denn Preußen, als Haupt des
Fürstenbundes, denkt er sich ja vielmehr an der Spitze des anzu-
greifenden und erliegenden Reiches.

Und was erwiedert nun hierauf die offizielle Entgegnung
Dohms? Auf die Drohung, daß Oesterreich der Kaiserkrone entsagen
könnte, erwiedert er: „Wie uns doch unser unmittelbarer Reichsfreiherr auf einmal bange machen will! Also sollte das Erzhaus Oesterreich, welches seit Jahrhunderten sich so eifrig bestrebte, die Kaiserwürde bei sich zu erhalten, und von dessen politischem System diese
Erhaltung ein so wesentlicher Theil ist, nun auf einmal diese hohe
Würde zu lästig finden? Ich dächte, die Geschichte der Vorzeit könnte
uns über diese Besorgniß so ziemlich beruhigen, wenn uns auch nicht
die Zeitungen von der Absicht des Wiener Hofes, jetzt schon bei dem
blühendsten Alter des Kaisers eine Römische Königswahl zu bewirken, so unablässig unterhielten."

Auf die Besorgniß, die irregeleiteten Stände möchten die Kaiserwürde einem andern Hause übertragen, entgegnet er: „Wie? die
Churfürsten wären irre geführt, wenn sie sich die Freiheit nähmen,
ihr freies Wahlrecht frei auszuüben? Sie wären nur dann recht geführt, wenn ihnen auch nicht der Gedanke einkäme, auch einmal
außer dem Erzhause dem Reiche ein Oberhaupt finden zu können?
Und es wäre Deutschlands Verderben, wenn es einen Kaiser auch
von den herrlichsten Eigenschaften hätte, dem nur die einzige fehlte,
ein österreichischer Prinz zu sein? In welchem Reichsgesetze wird
dieses als eine durchaus nothwendige Bedingung für einen Can-
didaten zum Kaiserthron angegeben? Soll Deutschland nur dem
Namen nach ein Wahlreich sein?"

Endlich auf die Drohung, daß Oesterreich in einem solchen
Falle Deutschland erobern und mit andern Mächten theilen werde,
versetzt er: „Der Herr Reichsfreiherr hat nicht erwogen, daß dies
eine wahre Beleidigung für das Erzhaus enthält. Denn, wenn auch

die Kaiserwürde sich nicht bei demselben befinden sollte: so bleiben
doch seine reichsständischen Verhältnisse immer dieselben, und der
König von Ungarn, Galizien und Lodomirien muß ja nicht noth=
wendig entweder Oberhaupt oder Feind des deutschen Reiches sein.
Der Gedanke einer Theilung desselben bleibt immer gleich ungerecht,
wir mögen einen Kaiser aus dem österreichischen oder aus einem
andern Hause haben; und wenn Oesterreich in diesem Falle derartige
Schritte thun wollte, so würde es eben so gut wie jetzt den Patriotis=
mus der deutschen Stände und anderer interessirten Mächte in
seinem Wege finden. Indeß darf man von der Gerechtigkeitsliebe
und der guten Einsicht der künftigen Beherrscher Oesterreichs, auch
wenn sie einmal nicht deutsche Kaiser wären, gewiß erwarten, daß
die Grundsätze des Herrn von Gemmingen nie die ihrigen sein
werden.“

Nicht minder, sagt Dohm, ist es „der dem Kaiserlich König=
lichen Hofe schuldigen Ehrfurcht widersprechend,“ wenn Jener
„geradezu sagt, daß das Haus Oesterreich sich gewaltsame Eingriffe
in die Rechte der Nachbarn erlauben würde, sobald es nicht mehr
die Kaiserkrone behielte.“ Denn dies heißt wieder nichts anders
als: das Haus Oesterreich „müßte entweder Oberhaupt oder Feind“
und zwar „ungerechter Feind des Reiches sein. Läßt sich aber etwas
Beleidigenderes von Regenten sagen? Freilich, wenn man sich so
ein wenig an die Geschichte Kaiser Karls VII. erinnert, dessen recht=
mäßige Wahl Oesterreich nicht anerkennen wollte, unter dessen Re=
gierung es sogar die Ablieferung des Reichs=Archivs an den Erz=
kanzler des Reichs verweigerte, so könnte man leicht auf den Gedanken
kommen, daß der Herr v. G. so gar unrecht nicht haben dürfte.
Aber immer bleibt es doch sonderbar, daß so etwas gerade jetzt in
Wien öffentlich geäußert wird.“ [1]

So weit die österreichisch=preußische Polemik. Wir wissen, daß
Kaiser Joseph darauf verzichtete, die römische Königswahl zu Gunsten
seines Hauses, bei so absoluter Unmöglichkeit des Erfolges, noch
ferner zu betreiben; es war ihm selbst im höchsten Grade ungewiß,
ob die Reichskrone auf seinen Nachfolger in den Erbstaaten über=
gehen werde.

---

[1] Dohm 3, 318 ff. 334 ff. 341 ff. 347.

Aber die Hoffnung Johannes von Müllers, daß „der Fürsten=
bund eine folgenreiche Epoche neubelebter Vaterlandsliebe" begrün=
ben werbe, blieb unerfüllt. Unb schon im Jahre 1788 sah er sich
genöthigt einzugestehen, daß seine unb „Deutschlands Erwartungen
vom Fürstenbunde" gänzlich getäuscht worden seien.

Denn ba Friedrich schon im Jahre 1786 starb — vom Reiche
als „Beschüßer beutscher Freiheit" betrauert „wie ein patriotischer
Consul von einer freien Republik" —, so konnte er selbst bie Früchte
bes beutschen Fürstenbundes nicht mehr ernbten; sein Nachfolger
aber besaß zu wenig Selbstständigkeit unb Kraft um es auch nur zu
wollen. Vergebens erwartete man von ihm, er werbe „bie Union
zu stärken" wissen, er werbe „unwandelbar auf dem angenommenen
System beharren," unb „wenn der guten Sache bie Mittel der Ge=
walt nöthig würden, unerschütterlichen Muth" bezeigen. [1]

Wirb man heut noch nach dem Enbe des beutschen Fürsten=
bundes fragen? Er erlosch als Friedrich der Große die Augen.
schloß, weil es eben kein Friedrich war der ihm folgte. Allein zu
Grabe geleitet wurde er erst am 12. Januar 1791, als bie öster=
reichischen Truppen ohne Widerstand in Lüttich einzogen, unb seit
der Churfürst von Mainz, als Mitglied des Fürstenbundes, dem
Haupt desselben, dem König von Preußen, Verlegungen der Reichs=
verfassung vorwarf.

Friedrichs des Großen beutsche Politik schlummerte bis zum
Jahre 1806.

13. Die Uebergangszeiten der Schaukelpolitik.

Anfangs übte noch unter Friedrich Wilhelm II. der Graf von
Herßberg, der Minister Friedrichs des Großen, auf das preußische
Kabinet einen gewissen leitenden Einfluß aus.

Sein System bewegte sich baher allerbings in dem Gegensaß
gegen Oesterreich. Preußen, war seine Jbee, sollte „bie bisherige
Rolle nicht nur fortführen, sondern sie noch weiter entwickeln, unb
jebe Gelegenheit wahrnehmen, um der Monarchie das zuzuwenden,

---

[1] Joh. v. Müller B. 5. c. 17.

was zur Beseitigung ihrer Mängel und Unvollkommenheiten bei=
tragen könne." Er wollte nach wie vor eine selbstständige Haltung
allen Großmächten gegenüber. Jede einseitige, sowie vor allem jede
deutsche Vergrößerung Oesterreichs, als des „alten Nebenbuhlers
des Brandenburgischen Hauses," sollte abgewehrt, bekämpft, verhin=
dert werden. In Betreff Rußlands fürchtete er nichts mehr, als daß
es „selbst Preußen, durch Umspannung von allen Seiten, in die
Schlingen seines Despotismus hineinzuziehen" möchte. Es lag ihm
besonders daran, Danzig und Thorn nebst den Palatinaten von
Kalisch und Posen bis an die Warthe, sowie Schwedisch=Pommern
für Preußen zu erwerben, wogegen er gern bereit gewesen wäre,
Schweden einen Theil Finnlands, Oesterreich aber die Moldau und
Wallachei zu überlassen.[1]

Auch in Ansehung des deutschen Fürstenbundes war er als ent=
schiedener Widersacher Oesterreichs der Ansicht, daß derselbe nicht
nur aufrecht erhalten, sondern gefördert und namentlich durch den
Anschluß einer noch größeren Zahl von Staaten erweitert werden
müsse; nur durch das engste Verhältniß mit Deutschland, und in
Gemeinschaft mit England, Holland, Schweden und Polen, könne
Oesterreich und Rußland gegenüber das Gleichgewicht in Europa ge=
wahrt werden. Friedrich Wilhelm II., der dem deutschen Fürsten=
bunde vor seiner Thronbesteigung eine große Theilnahme gewidmet
hatte und selbst einer derjenigen ist, denen man „die erste Idee"
desselben zuschrieb, schien auch seinerseits die Bemühungen zu dessen
Erhaltung und Entwickelung Anfangs zu unterstützen geneigt.[2]

Joseph II. glaubte an diese Neigung, da Preußen in allen an=
deren Beziehungen ihm nach wie vor entgegentrat; und nur dieser
Glaube hat ihn in seinen Bestrebungen gegen Deutschland bis an
sein Ende in Schach gehalten.

Denn in der That war doch weder Hertzbergs Einfluß, noch
sein politischer Wille, bedeutend genug, um den deutschen Angelegen=
heiten eine Aufmerksamkeit zuzuwenden, wie sie in der Absicht Fried=
richs des Großen gelegen hatte. Alle Rührigkeit und Lebendigkeit

[1] Précis a. a. O. S. 23 ff.
[2] Ebend. S. 22. Joh. v. Müller 5, 17. Vergl. Unionsbestrebungen
S. 396 ff.

Preußens deutsche Politik. Dritte Aufl.　　　5

war aus dem Organismus des Kabinets gewichen, und die mecha=
nische Thätigkeit desselben, wie es den Schülern großer Meister so
oft ergeht, verlief sich in untergeordnete und selbst verkehrte Rich=
tungen. So wahr ist es, daß die Fortdauer eines Systemes dem
Namen nach, nicht für die richtige Anwendung desselben bürgt.

Während man zu Krieg und Kriegesrüstungen die Schätze und
Kräfte des Landes preisgab, um das Haus Oranien in Holland und
die „Integrität der Pforte" zu erhalten; während man um der
Türken willen alleinstehend entschlossen war, den Kampf mit Oester=
reich und Rußland zugleich aufzunehmen, — überließ man die
Deutschen in ihrer ohnmächtigen Zersplitterung willen= und thatlos
dem Schicksale, das sie bald genug mit dem Untergang bedrohen
sollte. Die Einbildungskraft der Gleichgewichtspolitik, mit der es
nie ganz richtig stand, entzog sich mehr und mehr den nächsten Be=
dürfnissen der Wirklichkeit, um desto traulicher mit luftigen Trug=
bildern zu verkehren.

Noch einmal spornte Johannes von Müller im Jahre 1788,
indem er über die Unthätigkeit des Fürstenbundes, über die ge=
täuschten Erwartungen Deutschlands, seinen ganzen Zorn ergoß.
„Wenn die Conföderation, rief er aus, schon im dritten Jahre
schlummert: wird noch Athem in ihr sein im siebenten?" Wenn
„die deutsche Union zu nichts Besserem dienen soll, als den gegen=
wärtigen Statum quo der Besitzungen zu erhalten;" als „zu machen,
daß Baiern das Glück habe, statt Joseph II. den Herzog von Zwei=
brücken zum Landesvater zu bekommen;" als „einen eingewurzelten
Mißbrauch, wenn Kaiser Joseph mit rascher Hand ihn hinwegreißen
will, aufs äußerste zu vertheidigen, damit er doch seine fünfzig Jahre
noch stehen und wirken möge: dann ist sie unter allen politischen
Operationen, die in Deutschland vorgenommen worden, die un=
interessanteste." Denn die politische und moralische Welt fordert
wie die physische „Leben, Bewegung und Fortschritt."

„Eins von beiden!" Entweder „will der Fürstenbund bloß den
Statum quo: dann ist er eine ganz gemeine Politik, deren Urheber
bei der Nation und der Nachwelt ihren Lohn dahin haben. Oder
der Fürstenbund ist mit patriotischer Uebereinstimmung zu handeln
entschlossen: dann Heil dem Vaterlande!"

Er ruft noch einmal Hertzberg und Beulwitz zur Thatkraft auf;

denn „sie wissen, was dem Versäumen solcher Augenblicke bei der
Nachwelt bevorsteht, und was sie sich selbst sagen würden, wenn
Deutschland, in seinen Hoffnungen sich getäuscht glaubend, für immer
das Vertrauen zu ihren Höfen aufgäbe, und Ein Ruin das ganze
Unionssystem bedeckte."

Wozu habe man in den Fürstenbund Staaten aufgenommen,
die „im Nothfall der gemeinsamen Vertheidigung allezeit nur schwache
Contingente liefern könnten, und mehr zur eigenen Beschirmung be-
dürften?" Es sei klar: ihre Aufnahme sei entweder „ohne allen
Zweck, oder zu einem nicht militärischen geschehen"; der Bund sei
„nicht bloß wider Vergrößerungsanschläge" gerichtet gewesen, sondern es hätten ihm tiefere Zwecke zu Grunde gelegen, ohne die er gar
nicht zu „begreifen" wäre, nämlich: „Verbesserungsabsichten, große Gedanken für das Beste der Verfassung, deren Gebrechen der Heilung
bedürfen", und mit denen man „ungesäumt vorangehen" müsse.

Kaiser Joseph habe den Weg eingeschlagen: „umzuwerfen so
viel er könne, und über den Trümmern entweder zu fallen, oder den
verhaßten Thron eines allgemeinen Despotismus zu errichten." Da
sei der deutsche Bund als die „erste neue Zeitung" erschienen, ver-
kündend, „daß in dem deutschen Staatskörper, da man ihn eben begraben wollte, sich neues Leben zeige."

„Preußen ist groß genug und nicht allzugroß; es ist nicht in
seinem System, im Reiche Vergrößerung zu suchen. Hannover und
Sachsen haben das größte Interesse, daß die deutsche Verfassung
durch innere Selbstständigkeit mehr und mehr von Zufällen unabhängig werde."

„Daher kann ich nicht begreifen, wie, seit man den Zusammenhang, die Verhältnisse und Gründe der Dinge einsieht, wir Deutsche
Verstand und Muth verloren haben sollten, um endlich einmal den
Machtsprung zu thun, hinaus über die jahrhundertalten Pedante-
reien", zu kräftiger Umgestaltung der Verfassung, zu „ächtem Reichs-
zusammenhange", zu „gemeinem Vaterlandsgeiste, damit auch wir
endlich sagen dürften: wir sind eine Nation!"

„Europa schien bereit uns zu bewundern; noch sind alle Augen
auf uns gerichtet; die öffentliche Stimme ist uns günstig — —
und, es geschieht nichts!"

„Es geschieht nichts!" und doch hat Friedrich der Große seinem

5*

Nachfolger nur diesen „einzigen Weg eigenen Ruhmes hinterlassen: thätig zu sein für das Beste des Reichs."

„Hier stehen meine Gedanken still; ich weiß nichts mehr."

„Und Was hemmt denn wohl die gute Sache? Sollte der kaiserliche Hof den Entwürfen für Justiz und Gesetze im Reiche seine Genehmigung versagen? Alsdann — alsdann würde die Nation gegen ihn sein."

„Oder liegt die Schuld an Preußen? Ist mit dem Einzigen sein Geist ganz verflogen? Man war aufmerksam auf Hertzberg; man wartete ab, ob er sich bereit und willig zeigen werde, in der großen Sache des Vaterlandes voranzugehen. Sachsen und Han=nover könnten in solchen Dingen Preußen nicht hindern; und wie sollten sie es wollen?"

„Aber die öffentliche Ruhe könnte gestört werden? Diese Be=denklichkeit ist unserer Staatsklugheit würdig!" Man besorgt den Widerstand des kaiserlichen Hofes und will „einen neuen dreißig=jährigen Krieg vermeiden? Nein! Das Gute ist unbeleidigend; nur die schlechteste, kniffigste Politik kann ihm entgegen sein."

„Aber die unirten Höfe erwürben doch einen dem Wiener Hofe nicht gleichgültigen Einfluß? Allerdings würde ihr Name den Deut=schen theuer sein, und ihr Ruhm so dauerhaft und groß, als ihr Pa=triotismus. Und von beiden müßte alsdann eins erfolgen. Ent=weder der Kaiser theilte mit ihnen den Ruhm als ratificirender Vollender; oder er entschlösse sich zum Gegentheil. Bei diesem Ent=schlusse würde er ebensoviel verlieren, als sie selbst durch ihre Un=thätigkeit zu verlieren anfangen. Etwas muß für das Reich geschehen; es muß der Nation geholfen werden. Die Palme ist aufgesteckt; wer sie erreicht, dem werden die Völker zujauchzen."

Sollten wir uns „geirrt" haben, wird der Nation von keiner Seite geholfen: „so haben wir zum wenigsten gelernt, denen nie mehr zu vertrauen, die bald nicht helfen wollen, bald nicht können. Ver=flucht sei der Mann, Schande komme über sein Haupt, der dem Säumigen das Wort redet!"[1]

Aber vergebens war dieser erneute Aufruf zum Handeln.

Durch die französische Revolution wurde die preußische Politik

[1] Teutschlands Erwartungen vom Fürstenbunde. II. ff.

vollends aus ihren Bahnen getrieben. Preußen und Oesterreich näherten sich, um gemeinsam gegen sie Front zu machen; die Rivalität beider Höfe trat in den Hintergrund.

Den ersten Stoß erhielt Hertzbergs System, als Joseph II. im Februar 1790 starb. Dessen Nachfolger in den Erbstaaten, Leopold, bewarb sich sofort in eigenhändigen Briefen um die persönliche Freundschaft des Königs von Preußen. Sein Zweck war, trotz des Fürstenbundes die Kaiserwürde zu erschmeicheln, und den Fürstenbund zu untergraben, den auch er, nicht minder wie Joseph II., fürchten zu müssen glaubte. In einem besondern Schreiben entwickelte er dem König seine Absicht, sich um die Kaiserkrone zu bewerben, sowie die „Voraussetzungen, nach denen er geglaubt habe, diesen Schritt sich erlauben zu dürfen; der Erfolg werde sich lediglich nach den Gesinnungen des Königs für ihn bestimmen." Zugleich betheuerte er, daß „niemals Vergrößerungspläne in seinem politischen System Platz finden" würden; daß er sich „bei allen Gelegenheiten bemühen werde, das Vertrauen seiner Reichsmitstände zu erwerben", und daß er bereit sei, „dem Fürstenbunde beizutreten, wofern die Verpflichtungen aller Theilnehmer gemeinsam und gegenseitig seien." [1] Es konnte den damaligen Hütern des Fürstenbundes gewiß keine verdientere Demüthigung widerfahren, den Manen Friedrichs aber keine größere Schmach angethan werden, als daß derjenige Hof die Mitgliedschaft beanspruchte, gegen den allein und ausschließlich der Bund mit seinen gesammten Zwecken gerichtet war.

Zwar scheint Preußen sich einigermaßen gegen das Zugeständniß der Kaiserwürde gesträubt zu haben, doch nur insoweit, daß es die Zusicherung seiner Churstimme an die Zustimmung zu dem von Hertzberg entworfenen Friedenstractat knüpfte, wonach im Osten allerhand Länderstückchen von Serbien und der Wallachei, von Polen und Galizien des Gleichgewichts halber vertauscht und verhandelt werden sollten. Allein einmal war schon diese vereinzelte Zusage Einer Churstimme ohne gemeinsame Berathung mit den Mitgliedern des Fürstenbundes eine offenbare Verletzung des ersten Separatartikels und ein Preisgeben des Einflusses und der Gewalt, den dieser zum Schrecken Oesterreichs Preußen in die Hände gegeben hatte; und

---

[1] Hertzberg, recueil, 3, 63 ff.

überdies blieb man nicht einmal hierbei stehen. Der König ließ sich
durch die Worte des Wiener Kabinets blenden, das, nachdem Leopold
doch soeben seine Lüsternheit auf die höchste Reichsgewalt hinlänglich
zur Schau getragen hatte, mit der Entgegnung hervortrat: die
Kaiserwürde müsse bei den Unterhandlungen „ganz aus dem Spiele
bleiben, denn es handle sich bei ihr nur um Ehre, nicht um Macht."
Man deutete an, daß sie ja kein dauerndes erbliches Besitzthum gewähre, sondern nur eine „persönliche Würde" bezeichne, und es komme
daher lediglich auf das in die „Person gesetzte Vertrauen" an. Auch
wurde versichert, daß man „die der Bewerbung gesteckten Schranken
sorgfältig beobachten" werde.

Wie rasch verflog der Rausch der Energie! Im Juni drohte man
mit dem Losbruch des Krieges; im Juli gab man mit dem Reichenbacher Vertrage nicht nur die deutschen Interessen des Fürstenbundes,
sondern noch obendrein die sämmtlichen Forderungen in Betreff des
Ostens preis. Im September wurde Leopold zum Kaiser gewählt,
im October gekrönt.

Freilich hatte Hertzberg den Reichenbacher Friedenstractat, wie
er in unverholenem Mißmuth dem König selbst erklärte, „ganz gegen
seinen Willen und nur auf ausdrücklichen Befehl" des Königs abgeschlossen; er hatte noch zähen und lebhaften Widerspruch gewagt,
während Friedrich Wilhelm II. schon durch andere Einflüsterungen
bestimmt war. Trotzdem gereichte es ihm zur Freude, daß doch wenigstens „der König dem stolzen Hause Oesterreich den Frieden dictirt"
habe. [1]) Ein leibiger Trost! eine diplomatische Heldenthat, deren
Einleitungen für Preußen sehr kostspielig, und deren Folgen nur für
Oesterreich vortheilhaft waren.

Das Einzige, was Hertzberg noch durchsetzte, betraf das vom
Churfürsten von Mainz unterstützte Project, gleichzeitig mit der
Kaiserwahl Leopolds den Erzherzog Franz zum Römischen König zu
wählen. Diesem Plan widersetzte er sich, „weil dadurch die Kaiserwürde für das Haus Oesterreich auf ein halbes Jahrhundert erblich
geworden wäre." Und es gelang ihm, nach seiner Darstellung, denselben „durch kräftige Gegenvorstellungen" zu vereiteln. [2])

Schon längere Zeit hielt man die Unterhandlungen mit dem

<hr/>

[1]) Précis a. a. O. S. 27 ff. [2]) Ebend. S. 30.

Wiener Hofe vor ihm geheim; und endlich, im Jahre 1791, wurde
er dem neuen System, dem österreichischen Bündniß geopfert.

Man hatte, sagt Hertzberg, dem König den Glauben beigebracht:
um einer friedlichen und glücklichen Regierung zu genießen, habe er
kein anderes Mittel, als das alte kraftvolle System des Hauses
Brandenburg zu verlassen und mit dem Wiener Hof sich eng zu verbinden; deshalb müsse er den Minister beseitigen, der zu fest am alten
System halte, den der Wiener Hof als seinen erbittertsten Feind ansehe, und der nur danach trachten würde, dem neuen System ent-
gegenzuarbeiten. So habe man das Bestehen auf einer kräftigen
und selbstständigen Politik als „Turbulenz" verschrien. [1]

„Ich beseufze, so schließt er seinen Lebensabriß, ein System,
welches früher oder später verderblich werden muß für das Vaterland und für die wahren Interessen des Hauses Brandenburg, die,
wegen der räumlichen Lage beider Staaten, mit denen des Hauses
Oesterreich niemals vereinbart werden können; obwohl es darum
nicht immer eines Krieges bedarf, wohl aber einer steten ununterbrochenen Wachsamkeit." [2]

So kamen denn nun die Zeiten der preußisch-österreichischen
Allianz. Man weiß, wie viel sie sich zutraute, wie wenig sie in
Frankreich verrichtete, und wie sie bald genug in nichts versank.

Das halbe Jahrhundert, während dessen Friedrich der Große
die Geschicke geleitet, hatte doch zu mächtige Wurzeln getrieben, als
daß es so leicht möglich gewesen wäre, die bisherigen Grundlagen
der europäischen und der deutschen Politik zu zerstäuben und den
Gegensatz zwischen Preußen und Oesterreich aus den Angeln zu heben.
Das gegenseitige Mißtrauen zwischen den beiden Kabinetten, genährt
durch die polnischen Zerwürfnisse im Osten, drang daher selbst während der Periode des gemeinsamen Handelns im Westen fort und fort
durch, hemmte die Operationen, und trug nicht wenig zur schließlichen Absonderung Preußens, zu seinem Rücktritt von dem Bündnisse, zu seiner Annäherung an Frankreich, und zur Ausbrütung
seines Neutralitätssystems bei; während Oesterreich seinerseits, erfüllt
von der polnischen Theilungsfrage, und des Krieges mit Frankreich
satt, als Friedenspreis, oder als Entschädigung für Belgien, neuer-

---

[1] Précis a. a. O. S. 35. [2] Ebend. S. 36.

dings die Erwerbung Baierns, doch ohne Erfolg, erzielte. [1]) Ver=
gebens hatte England versucht die Spannungen zwischen Oesterreich
und Preußen auszugleichen. Die antiösterreichische Partei trug schon
unter Friedrich Wilhelm II., und entschiedener noch unter seinem
Nachfolger den Sieg davon. Mit dem Ministerium Haugwitz war
diese Wendung der Politik gezeigt.

Aber auch das Jahrzehend der preußischen Neutralität, das mit
dem Basler Frieden 1795 begann, trug in Betreff der deutschen
Verhältnisse keine Früchte. Unangefochten war bereits 1792 Franz II.
seinem Vater Leopold in der Kaiserwürde gefolgt. Der deutsche
Fürstenbund war längst gelähmt und zersprengt, ungeachtet unaus=
gesetzt in den Jahren 1792—95 die baierschen Projecte Oesterreichs
fortspielten. Wohl lebten die Erinnerungen an die deutschen Ideen
Friedrichs des Großen am Hofe wie in weiteren Kreisen fort. Aber
es war Niemand, der sich ihrer mit Nachdruck annahm oder anzu=
nehmen gewagt hätte.

Von deutschen Interessen, von einer deutschen Nation war
in den Kabinetten Europas nicht mehr die Rede. Das einzige In=
teresse, das seit dem Aufschwunge der französischen Waffen, und ins=
besondere seit dem Jahre 1795 die Mächte beschäftigte, war die
Sorge um das europäische Gleichgewicht, mit der es in der That
endlich einmal voller Ernst werden sollte.

Oder hätte der völkerrechtlichen Politik des 18. Jahrhunderts
wirklich ein durchaus ernster und wahrhaftiger Gedanke, und nicht
vielmehr vorzugsweise die rohe Selbstsucht der Kabinette zum An=
stoß gedient? Indem man das dauerhafte Glück der Völker nach
Quadratmeilen und Seelen berechnete, gab man doch eben dieses
Zahlenglück unablässig dem Zufall preis, dadurch, daß man es fort
und fort auf die Würfel des Krieges setzte. Die Gleichgewichts=
politik, der ein Kern ursprünglicher Naturwahrheit nicht abge=
sprochen werden kann, war doch in der That zu einem Universal=
mittel gegenseitiger Täuschung, zu einem Vorwande für Alles, zu
einem Deckmantel jeglichen internationalen Gelüstes entartet. „Nie=

[1]) Sybel, Revolutionszeit 3, 139. Häusser, Deutsche Gesch. (2. Aufl.). 1,
516. 519 f. 528. 532. Herrmann, Diplom. Correspondenzen aus d. Revolu=
tionszeit (1867) S. 367 ff. 371. 380 f. 385. 391 ff. 394 f. 399 ff. 403. 451. 497.
509. 521 f.

manb barf bas Gleichgewicht ftören" hieß nichts anbers: als „Niemanb
barf sich ,vergrößern" mit bem Hintergebanken „außer mir." Unb
wozu in aller Welt hätte nun nicht biese Lehre ihre Firma herleihen
müssen? Im Namen bes Gleichgewichts wurbe Elsaß unb Lothringen
mit Frankreich reünirt, Schlesien von Preußen erobert, Baiern von
Desterreich angelüstert; im Namen bes Gleichgewichts wurbe Polen
zerstückelt unb Deutschlanb zur Ohnmacht verbammt; im Namen bes
Gleichgewichts wurben bie Kleinsten kleiner unb bie Größten größer
gemacht; im Namen bes Gleichgewichts erwuchs Rußlanb zu einem
Coloß, in bessen Schooße ganz Europa mit allen seinen Gleichge-
wichten Platz finbet. Da enblich erschien Napoleon, ber geschickteste
unb kühnste Anhänger bieser Politik; ber stürzte im Namen bes
Gleichgewichts alles Gleichgewicht vollenbs über ben Haufen. Es
war ein richtiges Vorgefühl, wenn Kant schon im Jahre 1793 bie
„Balance ber Mächte in Europa" mit Swifts Hause verglich; bas
war „von bem Baumeister so vollkommen nach ben Gesetzen bes
Gleichgewichts erbaut, baß, als sich ein Sperling baraufsetzte, es so=
fort einfiel." [1]

---

[1] Kant 5, 410.

II.

Der zweite Dreifürstenbund

oder

der norddeutsche Reichsbund Friedrich Wilhelms III.

1806.

1. Vorspiele: Stiftung des Rheinbundes; Auflösung des deutschen Reichs.

Am 17. Juli 1806 war unter dem Schleier des Geheimnisses zu Paris die vom 12. datirte Rheinbundsacte unterzeichnet und am 19. zu St. Cloud ratificirt worden. Sechszehn deutsche Reichsstände hatten sich dadurch von dem alten Reichsverbande losgelöst und unter das Protectorat Frankreichs begeben. An ihrer Spitze standen die Könige von Baiern und Würtemberg; die übrigen waren: der Churfürst Reichskanzler, nunmehr Fürst Primas und Präsident der beabsichtigten Bundesversammlung, dessen Nachfolger zu ernennen dem Protector zustand; ferner der Churfürst von Baden, der Herzog von Berg und Kleve, und der Landgraf von Hessen-Darmstadt, nunmehr Großherzoge; die Fürsten von Nassau-Usingen und von Weilburg, deren Haupt den Titel Herzog erhielt; die Fürsten von Hohenzollern-Hechingen und Hohenzollern-Sigmaringen; die Fürsten von Salm-Salm und Salm-Kyrburg; der Fürst von Isenburg-Birstein; der Herzog von Ahremberg; der Fürst von Lichtenstein und der Graf von der Leyen, nunmehr Fürst. [1]

Deutschland war schmachvoll zerrissen, das deutsche Reich thatsächlich aufgelöst, 7 bis 9 Millionen Deutsche unter die Botmäßigkeit des Auslandes gestellt und fortan verpflichtet, mit einem Contingent von 63,000 Mann gegen ihre deutschen Brüder zu kämpfen. [2] Der Artikel 39 bot die Aussicht weiteren Abfalls und fernerer Unterjochung dar, indem er die Aufnahme anderer Fürsten und

[1] Grundvertrag des Rh. B. bei Winkopp, der Rhein. Bund 1, 10 ff., bes. Art. 10. 12. Gagern, Mein Antheil an der Politik 1, 149.

[2] Art. 12. 35. 36. 38. vgl. Winkopp 1, 61.

Staaten Deutschlands dem Ermessen der contrahirenden Theile d. h.
des französischen Protectors und seines deutschen Vasallenbundes
vorbehielt.

Am 1. August erklärten, im Widerspruch mit dem Preßburger
Tractate, Napoleon und seine neuen Verbündeten am Reichstage
zu Regensburg: „die deutsche Reichsverfassung habe aufgehört zu
existiren; jeder der bisherigen Mitstände in Deutschland sei nun=
mehr vollkommen und schlechthin souverän; jedem derselben stehe
der Beitritt zu dem Rheinbunde offen." Gleichzeitig wurde dem
Wiener Kabinet eröffnet, daß der Kaiser Napoleon von der Existenz
eines Kaisers von Deutschland keine Kenntniß mehr nehmen werde.¹)

Unter solchen Umständen und mit „einstweiliger Verzichtlei=
stung auf jeden Widerstand", legte Franz II. am 6. August die
deutsche Kaiserkrone nieder, um „jeder zwecklosen und peinlichen
Discussion zuvorzukommen." Erleichtert wurde dieser Entschluß,
wie nachmals das Wiener Kabinet angab, „durch die unbedingte
Bereitwilligkeit und Unterwerfuug, die den Erfolg einer so gewalt=
samen Revolution von allen Seiten zu begünstigen schien, durch das
Stillschweigen aller übrigen Mächte, vorzüglich aber durch den auf=
fallenden Kaltsinn, mit welchem ein beträchtlicher Theil Deutsch=
lands dem Untergange der alten Ordnung zusah."²) Die Abdi=
cationsurkunde, die nicht der nunmehr aufgelösten Reichsversamm=
lung, sondern den Gesandten der einzelnen Höfe übergeben wurde,
gedachte indessen dieser Beweggründe nicht; sie entband einfach die
sämmtlichen Stände und Reichsangehörigen von ihren verfassungs=
mäßigen Pflichten, sagte Oesterreich mit seinen deutschen Provinzen
und Reichsländern ebenfalls von allen Verpflichtungen gegen das
bisherige deutsche Reich los, und erklärte dieselben als mit dem
Gesammtkörper der österreichischen Monarchie fortan vereinigt.³)

Somit waren denn die übrigen, dem Rheinbund nicht angehö=
rigen deutschen Länder, sowohl von Oesterreichs wie von Frankreichs
Seite sich selbst überlassen; alle verfassungsmäßigen Verbindungen
zwischen ihnen selber waren plötzlich zerrissen; es lag am Tage, daß

¹) Oesterr. Manif. v. J. 1809. Gentz, Schriften herausg. v. Weick 4, 281.
Winkopp 1, 50. 53.
²) Oesterr. Manif. v. J. 1809. Gentz 4, 282 f.
³) Winkopp 1, 54 ff.

ohne Bildung eines neuen Verbandes, ohne Begründung einer neuen
gemeinsamen Verfassung, es für die meisten dieser ehemaligen Reichs=
stände schlechthin unmöglich sein mußte, sich in ihrer Isolirung als
Souveräne zwischen den großen Mächten aufrecht zu erhalten. Und
es kam daher darauf an, ob diese Unmöglichkeit ihnen selber einleuch=
ten, oder ob der Souveränetätsschwindel sie auch ihrerseits, statt zu
Souveränen, vielmehr zu Knechten des Auslandes machen werde.

Zudem war es augenfällig, daß Franz II. zwar das Recht hatte,
für seine Person der deutschen Kaiserwürde zu entsagen; aber wenn
einerseits schon die von ihm ausgesprochene Trennung der deutsch=
österreichischen Länder von dem Reiche, dessen Lehen sie doch waren,
als ein unberechtigter Act der Eigenmächtigkeit erscheinen durfte: so
stand ihm andererseits noch weit weniger das Recht zu, durch seine
persönliche Entsagung die kaiserliche Würde in Deutschland sammt dem
deutschen Reiche überhaupt für erloschen zu erklären. Wenn es
gelang, das deutsche Reich auch nur in seinen Ueberresten zusammen=
zuhalten, so schien damit für dieselben zugleich das Recht gegeben,
auch ohne die fernere Theilnahme Oesterreichs die deutsche Kaiser=
würde zu erhalten oder zu erneuern.

2. Preußens Pläne.

Dies war der Moment, den Preußen ergriff, um jene Reste des
alten Reiches an sich zu ziehen und ein zweites Gebäude ähnlich dem
Rheinbund, aber in der Tendenz ihm entgegengesetzt, in Deutschland
zu errichten.

Noch hatte Oesterreich der Kaiserwürde nicht entsagt, als Preu=
ßen, dieser Thatsache gewärtig, die Einleitungen traf, um sie an sich
zu bringen. Denn während Jenes erst im August geschah, sehen wir
schon im Juli das preußische Kabinet eifrig mit dem Plane beschäf=
tigt, einen norddeutschen Bund und eine norddeutsche Verfassung ins
Leben zu rufen, vermöge deren Friedrich Wilhelm III. den Kaisertitel
annehmen und als Oberhaupt des Bundes alle bisherigen Vorrechte
des deutschen Kaisers erhalten sollte. Und bereits Mitte August
1806 hatte in den „Vorläufigen Grundzügen zu einer neuen Consti=

tution für das nördliche Deutschland" das norddeutsche Bundes= und Kaiferproject eine feste urkundliche Gestalt gewonnen.[1])

Der allgemeine Grundgedanke fand unzweifelhaft feine Ent= stehung im preußischen Kabinet selbst; die Lage der Dinge schien feine Entwickelung zu gebieten. Er war mit Friedrich dem Großen geboren und unter feiner Regierung großgezogen worden. Seitdem hatte er allerdings gefchlummert oder nur traumhaft fortgelebt. Aber die Hohenzollerfchen Erinnerungen, die Lehninfche Weiffagung, die Denk= fchriften Maffenbachs und Anderer, ließen ihn nie ganz in Vergeffen= heit gerathen.

Auch unter Friedrich Wilhelm III. war die hohenzollerfche Dy= naftie der deutschen Politik Friedrichs des Großen eingedenk; fie er= kannte es als ihren Beruf, in derfelben Richtung fortzuftreben; nur daß über die geeignetfte Weife, im Intereffe Preußens und Deutfch= lands das preußifche Supremat in Deutschland zu begründen, die verschiedenen Mitglieder des königlichen Haufes nicht immer gleicher Meinung, die Prinzen mit dem Kabinet oder mit der perfönlichen Auffaffung des regierenden Familienhauptes nicht immer in Ueber= einftimmung waren. In der Denkfchrift vom Auguft 1806 haben die Brüder des Königs, die Prinzen Heinrich und Wilhelm, fowie der Prinz Louis Ferdinand und der Prinz von Oranien, im Verein mit dem Minifter vom Stein und den Generalen Rüchel und Phull, es aus= brücklich und mit befonderer Wärme als die unwandelbare Aufgabe der preußifchen Politik erklärt: „die wichtigften deutschen Staaten, be= fonders im Norden, der preußifchen Monarchie anzufchließen." Und fie vertraten und empfahlen dies „Syftem" nicht nur, weil es „von Friedrich dem Großen gegründet" worden, fondern weil es über= haupt ein Syftem der „Weisheit" fei.[2]) Es ist in feinem Wefen vollkommen Eins mit der euphemiftifchen Idee, Preußen allmählig in Deutschland aufgehen zu laffen. Niemand aber wird etwa meinen, daß die Auffaffungsweife der Prinzen und des Minifters v. Stein nicht älter fei als das Jahr 1806. Wiffen wir doch, daß fchon am 10. Januar 1804, da das deutsche Reich noch unangefochten beftand, und demnach die Summe der Rückfichten für Oefterreich noch größer

---

[1]) S. unt. Kap. 7.
[2]) Pertz 1, 347 f.

war, der Minister v. Stein an den Fürsten von Nassau-Usingen schrieb: „Sollen die wohlthätigen großen Zwecke" der Nation erreicht werden, so müssen die „kleinen Staaten mit den beiden großen Monarchien, von deren Existenz die Fortdauer des deutschen Namens abhängt, vereinigt werden; und die Vorsehung gebe, daß ich dieses glückliche Ereigniß erlebe."[1]

Die Lehninsche Weissagung hatte, wie im Jahre 1714, wo sie nur in Abschriften coursirte, und wie in den Anfängen Friedrichs des Großen, die eine Fluth von neuen Ausgaben, Abdrücken und Erklärungen ins Leben riefen, so auch im Anfange dieses Jahrhunderts wiederum eine ungewöhnliche Aufmerksamkeit auf sich gezogen. Den Worten des 95. Verses „recipit Germania Regem", welche einen Untergang und zugleich eine Wiederherstellung des deutschen Kaiserthums vorauszusagen schienen, hatte man, wie wir schon sahen, von jeher die Deutung zu geben versucht, als verkündeten sie die einstige Erwerbung der deutschen Kaiserwürde durch das Haus Brandenburg; und eben durch diese Deutung hatte man es vermocht, mit der Bezeichnung des Vollbringers als „stemmatis ultimus" im 93. Verse einen erträglichen Sinn zu verbinden; denn nur insofern war er dann der letzte in der Reihe der brandenburgischen Hohenzollern, als er der erste der deutschen ward. Als nun wirklich durch die Stiftung des Rheinbundes der Untergang des deutschen Reiches und Kaiserthums eintrat: da schien die Prophezeiung eine wunderbare Bekräftigung durch die Geschichte zu empfangen. Es ist eine Thatsache, daß nunmehr neue Ausgaben veranstaltet oder vorbereitet wurden, daß man damals jene Verse auf die Regierung Friedrich Wilhelms III. bezog, und daß selbst der Minister von Hardenberg noch in späterer Zeit eine große Theilnahme für die Lehninsche Weissagung bezeigte; er war es, der Wilken's Untersuchung über dieselbe hervorrief, welche Jahrzehnte hindurch ungedruckt, endlich in meiner Zeitschrift Platz fand.[2]

Haugwitz, der damalige Leiter des Kabinets, war nicht minder wie Stein und Hardenberg auf die Vermehrung der preußischen Macht und ihres Einflusses auf die deutschen Angelegenheiten be-

---

[1] Ebend. 1, 258.
[2] Allg. Zeitschrift für Geschichte Bd. VI. 1846. S. 176.

dacht. Gewiß gebrach es ihm an einer richtigen Würdigung der Mittel und Wege; für unsern Zweck kommt es aber nur auf die That=sache an, daß er das Ziel, Preußen zur ersten, entscheidenden Macht in Deutschland zu erheben, auch auf seinem Wege verfolgte und durch seine Mittel erreichen zu können glaubte; und daß er zwar in den Nebenrichtungen seiner Politik, aber nicht in der Hauptrichtung durch fremde Einflüsse sich bestimmen ließ. Sein Fahrzeug scheiterte, weil es für eine so stürmische Zeit viel zu gebrechlich war; er ließ sich, so lange der Wind nur nicht der Hauptrichtung schnurstracks entgegen blies, lieber in weiten Umwegen durch die Wellen treiben, als daß er sie mit kühnem Steuer zu zertheilen gewagt hätte. Ueber=reich an Plänen, war er desto ärmer an Entschlüssen und an Thaten. In Sachsen zweifelte man nicht, daß der Plan des Kaiserthums von ihm ausging.[1]

3. Die Keime des norddeutschen Bundes- und Kaiserprojectes.

Und in der That ist es gewiß — uns gilt dies jetzt näher zu erhärten —, daß die Pläne des Jahres 1806 schon längst am Ber=liner Hofe geläufig waren, daß sie mehr auf inneren als auf äußeren Antrieben beruhten, daß sie aus der Vergangenheit Preußens, aus seiner Stellung in Deutschland ihre Nahrung zogen. Das Innen= und Stillleben der deutschen Politik Preußens, wie es mit dem Jahre 1795 sich entwickelte, ist überhaupt von mannigfaltigem Interesse. Doch beschränke ich mich darauf, aus diesem Traumleben dasjenige Hauptmoment hervorzuheben, welches darthut, daß die Entwürfe des Jahres 1806 in einer ganz ähnlichen positiven Form schon in den Jahren 1800 und 1801, zur Zeit als das deutsche Reich noch bestand, bei Hofe und im Kabinet, bei deutschen Fürsten, Mi=nistern und Generalen Eingang gefunden hatten, und selbst den König Friedrich Wilhelm III., wenn auch nur vorübergehend, per=sönlich beschäftigten.

Den praktischen Anknüpfungspunkt bildete die seit 1795 durch

---

[1] Pölitz, Regierung Friedrich Augusts, Königs von Sachsen 1, 285.

die Demarcationslinie eingetretene Scheidung des nördlichen Deutsch=
lands von dem südlichen, und das hierdurch bedingte factische Pro=
tectorat Preußens über das erstere.

Seit dem Frieden von Campo Formio 1797 begann, auf dieser
Grundlage, in den höheren Kreisen die Idee einer engern deutschen
Conföderation mehr und mehr Raum zu gewinnen. Sie und der
Gegensatz zwischen Oesterreich und Preußen wurden Gegenstand von
lebhaften Privatgesprächen und von eingehenden Denkschriften an
den König. [1] Drei dieser letzteren kommen hier vorzugsweise in
Betracht.

Die erste wurde im Jahre 1800 von einem „großen Staats=
mann" verfaßt und sowohl dem Berliner Kabinet als mehreren
deutschen Fürsten unterm 7. November vorgelegt [2]); sie führte den
Titel: „Wie könnten Deutschland und Preußen gerettet werden?" [3]
Es giebt, heißt es darin, „nur ein Mittel, Deutschland diejenige
Gewißheit seiner politischen Existenz zu verschaffen, die ihm selbst
nothwendig ist, und die es zu einem Bollwerk Preußens erheben
würde. Dieses Mittel besteht darin: die jetzt durch die Auflösung
der alten germanischen Verfassung isolirten Staaten durch einen
neuen Bund, dessen Haupt Preußen ist, zu vereinigen. Jede poli=
tische Vereinigung, deren Dauer für Jahrhunderte befestigt werden
soll, darf weder das Resultat der Gewalt, noch das Resultat trug=
voller Versprechungen sein. Ihr einziger Pfeiler, auf dem sie fest
ruhet, ist das gegenseitige Bedürfniß. Eine solche Verbindung muß
von selbst aus dem gesunden Verstande eines jeden Einzelnen her=
vortreten; sie muß die Frucht des Nachdenkens aller derjenigen sein,
die den Geist der Zeit beobachten und würdigen." Das „gegenseitige
Vertrauen" und „die vollkommene Identität der Interessen Preußens
und Deutschlands wird aus beiden Einen, zu gemeinschaftlicher Ver=
theidigung innigst verbundenen Staat bilden . . . Die Souverane=
tätsrechte müssen wieder concentrirt werden. Jetzt ist nicht mehr
die Rede davon, ob diese Herren souverän bleiben, sondern davon,
ob sie überhaupt eine politische Existenz behalten sollen . . . Als
Hauptgrundsatz ist aufzustellen: Alle Rechte, überhaupt alle Ver=

---

[1] Massenbach, Memoiren 3, 17 f. 23. 68. 71. 79. 128. [2] Ebend. S. 197 f.
229. [3] S. 201—229.

6 *

fügungen, welche auf die Vertheidigung Bezug haben, werden dem Haupte des Bundes übertragen; alles was hierzu nicht nothwendig erforderlich ist, verbleibt den Regenten der einzelnen Staaten. Die Vereinigung des ganzen Deutschland unter einem Oberhaupt wäre zwar zu wünschen," ist aber nicht ausführbar; man müsse sich daher .auf das nördliche beschränken. Nach dem Vorschlage des Verfassers soll das föderirte Deutschland in vier Sectionen oder Kreise getheilt werden: Preußen, Sachsen, Hannover und Hessen= Cassel. „Zu jeder dieser Sectionen würden die ihnen angrenzenden kleineren Staaten geschlagen werden. Preußen würde der Chef und der Director des Bundes sein." Die „Streitigkeiten unter den Bundesstaaten sollen von einem „hohen Gerichtshof entschie= ben werden", dessen Sitz „ungefähr in der Mitte des Bundes" ge= legen wäre, und der „der vollkommensten Unabhängigkeit genießen müßte."[1]

Man wird sehen, daß auf diesen Grundsätzen nachmals die Ar= tikel 7, 8, 9 und 20 der „Vorläufigen Grundzüge" beruhten.

„Mit den mächtigsten der deutschen Fürsten, fährt die Denk= schrift fort, müßte man zuerst über die Hauptgrundsätze überein= kommen, um diejenigen Schwierigkeiten zu überwinden, welche aus der Verschiedenheit der Ideen und des Interesses, es sei nun wahres oder falsches, entstehen werden. Wenn es Preußen dahin bringen kann, die Welt von der Reinheit seiner Absichten zu überzeugen: so muß sich wenigstens das nördliche Deutschland für einen Plan er= klären, dessen Ausführung allein im Stande ist, Deutschlands Exi= stenz als politischer Körper zu sichern, und von seinem Boden ver= derbliche Kriege und noch verderblichere Umwälzungen zu entfernen." Wenn Preußen „Energie, Festigkeit und die Entschlossenheit zeige, es aufs äußerste ankommen zu lassen", so würde weder Rußland, noch Oesterreich noch Frankreich es „rathsam finden, einen Krieg anzufachen."[2]

In dem Begleitschreiben empfahl der Verfasser, Behufs der Ausarbeitung eines Bundesentwurfes sofort einen Congreß nach Leipzig oder Hamburg zu berufen. Denn es sei hohe Zeit, auf eine Vereinigung Deutschlands in sich und mit Preußen zu denken." Er

---

[1] S. 211 ff. [2] S. 225 ff.

„schmeichle sich, die Grundideen angedeutet zu haben, nach denen allein unter den Umständen, so wie sie sind, ein Entwurf zur Rettung von Deutschland angelegt werden kann. Seine Ausführung sei zwar sehr schwer, aber keinesweges unmöglich, unter den zwei Bedingungen, daß man von Seiten Preußens sich überzeuge, wie die eigene Erhaltung schlechterdings nicht erlaube, Deutschland seinem Schicksal zu überlassen; und daß die größeren deutschen Stände das Bedürfniß fühlten, sich an Preußen fest anzuschließen, um ihre Existenz zu sichern, und Aufopferungen nicht zu achten, wenn es auf Rettung des Ganzen ankomme. Die deutsche Nation selbst würde bald für einen Entwurf zu erwärmen sein, der ihr wieder Consistenz, Sicherheit und Ehre verspräche. Wäre Deutschland aber nur erst in sich eins, dann dürfte es so schwer nicht sein, die fremden Mächte dahin zu bringen, daß sie ihm erlaubten, seine inneren Angelegenheiten selbst zu reguliren." [1]

Einen Erfolg hatte die Denkschrift nicht. Der eine ihrer fürstlichen Empfänger meinte: „Preußens Vasall wolle er nicht werden." Massenbach setzt hinzu: „Der Egoismus, welcher den kleineren Fürsten des nördlichen Deutschlands eigen war, und der geringe Grad politischen Scharfsinns, welchen der Minister Haugwitz besaß, haben Deutschland ins Verderben gestürzt. Zu dieser Zeit hätte ein zweiter Oxenstierna das Ruder des preußischen Staates führen müssen. Aber welch' eine Kluft zwischen Oxenstierna und — Haugwitz!" [2]

Die zweite Denkschrift in dem gleichen Sinne, vom 14. Januar 1801, rührte von dem bei Hofe und namentlich auch bei dem Prinzen Heinrich, der Königin und dem König selbst persönlich sehr beliebten Obersten von Massenbach her. Sie führte den Titel: „Ueber die jetzigen allgemeinen Angelegenheiten, in Bezug auf die militärische Grenze der preußischen Monarchie", und wurde außer dem Herzog von Braunschweig, den Generalen von Geusau und Rüchel, dem Grafen Schulenburg und Anderen, namentlich dem Freund des Königs, dem Obersten von Köckriz, und dem König selbst zugestellt. [3]

Der Kern der hier gemachten Vorschläge war folgender: „Alle

---

[1] S. 199 f. [2] S. 201. [3] S. 397—414.

Fürsten des abendländischen Deutschlands, nämlich der Churfürst
von Sachsen, die Herzoge von Sachsen, die Herzoge von Mecklen=
burg, der Herzog von Braunschweig, sämmtliche Landgrafen von
Hessen, der Churfürst von Hannover (welches zwar ein braunschweigi=
scher Prinz, aber nie ein König von England sein müßte und dürfte),
schließen eine Union mit dem Könige von Preußen.   Alle diese
Fürsten unterhalten eine ihren Staatskräften angemessene militärische
Macht, die ganz auf preußischen Fuß organisirt, und deren geborner
Feldmarschall der König von Preußen in eben dem Sinne und mit
eben der Gewalt ist, wie in dem südlichen Deutschland der erste
kreisausschreibende Fürst Feldmarschall des Kreises ist.   Alle diese
kleineren Staaten bilden also Einen großen Staat, dessen erbliches
Haupt der König von Preußen ist. Alle Bande, alle Fesseln, womit
diese Fürsten an den österreichischen Hof angeschmiedet waren, wer=
den zerbrochen.   Der König von Preußen wird als Erb=Kaiser des
nördlichen Deutschlands auf dem großen Reichstage zu Braunschweig
proclamirt.   Die Stadt Braunschweig vereinigt in sich dasjenige,
was bisher das Kammergericht in Wetzlar, der Reichstag in Regens=
burg und der Reichshofrath in Wien gewesen sind ... Die drei geist=
lichen Churfürsten hören auf; überhaupt verschwindet der Name
Churfürst, weil die Wahl eines Kaisers nicht mehr stattfindet... Ein
dänischer Prinz wird Herzog von Holstein, ein schwedischer, Herzog
von Schwedisch=Pommern; beide gehören zur norddeutschen Union,
und es ist ein Reichsgesetz, daß keiner dieser deutschen Fürsten zu=
gleich König eines außer Deutschland liegenden Landes sein könne;
die Staaten des Königs von Preußen gehören nunmehr alle zu
Deutschland." Die Reichsritterschaft wird mediatisirt; „ebenso geht
der deutsche Orden ein" .... „Der König von Preußen, das erbliche
Haupt dieses Staaten=Vereins, müßte sich bei jeder neuen Thron=
besteigung durch Eidschwüre verbindlich machen, nie dem Eigenthum
irgend eines Fürsten zu nahe zu treten; sowie sich die Fürsten ver=
bindlich machen würden, nie sich in Verbindungen einzulassen, die
diesem Staaten=Vereine schädlich sein könnten." .. „Der Drang der
Umstände ist da, und dieser wird Deutschland eine neue Constitution
geben, die von dem Entwurfe, den ich hier skizzirt habe, vielleicht
nicht weit entfernt sein dürfte.   Vergebens widersteht man dem
Strome der Zeit; man muß ihn lenken, seinen gewaltigen Er=

gießungen zuvorzukommen suchen, oder gewärtig sein, mit in dem Abgrund begraben zu werden." [1])

An Köckriz schrieb der Verfasser: „Es muß anders werden in Deutschland; es muß eine neue Constitution für Deutschland gemacht werden... Durch diese Association gewinnt Preußen, und die deutschen Fürsten gewinnen auch, weil ihre politische Existenz gesichert wird." [2]) In gleichen Ausdrücken schrieb er an den König selbst, behauptend: „Ohne in die Geheimnisse der Politik eingeweiht zu sein, muß man einer langen Reihe blutiger Kriege und einer gänzlichen Umwälzung entgegen sehen, wenn eine solche Vereinigung nicht zu Stande kommen sollte." Uebrigens setzt er hinzu: „Es wäre eine unverzeihliche Anmaßung zu glauben, ein dergleichen politisch-militärischer Entwurf sei nicht bereits vorhanden und Ew. Königl. Majestät nicht längst in allen seinen weit umfassenden Details vorgelegt worden." [3])

Massenbach bekam vom Könige und von Köckriz keine Antwort. [4]) Der General von Geusau schrieb ihm am 4. Februar 1801: „Man ist wegen einer Antwort in Verlegenheit; man müßte Ihnen nicht schriftlich, man müßte Ihnen mündlich antworten. . . . Ich vermuthe, daß eine gewisse Aengstlichkeit, sich über dergleichen delicate Materien herauszulassen, die Ursache des Stillschweigens ist. Man hat die Sache bei Seite gelegt; man möchte sie gern vornehmen; aber man weiß nicht, wie das Ding angefangen werden muß. Nach meinem Sentiment verdienen Ihre Gedanken die sorgfältigste Erwägung." [5])

Später fanden sie, wiewohl dem Verfasser unbewußt [6]), diese Erwägung; auf ihnen beruhten namentlich die Artikel 2, 10, 11, 14 und 17 der „Vorläufigen Grundzüge" vom August 1806.

Unter den Beurtheilungen der Massenbachschen Denkschrift ist die des Feldprobstes Kletschke besonders interessant. Er geht ganz auf deren Grundideen ein: durch die Demarcationslinie sei dieser Staatenverein „gewissermaßen vorbereitet" worden. „Nur das verhüte Preußens guter Genius, ruft er aus, daß wir in dem nächsten Jahrhundert nicht auf den Einfall kommen, uns eine Marine zu verschaffen. Erst muß unsere Rhederei höher steigen und unsere

---

[1]) S. 407 ff. [2]) S. 140 f. [3]) S. 142 ff. [4]) S. 144. [5]) S. 417 f. 146. [6]) vgl. S. 145.

Küsten müssen mehr bevölkert werden, ehe wir daran denken können, uns eine Flotte zu halten." [1]

Massenbach ruhte nicht; er brachte, und zwar auf Veranlassung des Herzogs von Braunschweig, der ihn neuerdings aufgefordert hatte, „einen Impuls in Charlottenburg zu geben [2]," die dritte Denkschrift vom 26. Mai 1801 zu Stande unter dem Titel: „Ueber die geographische und militärische Grenze Deutschlands und die politische Verfassung dieses Staates, in Hinsicht auf die wahre Vergrößerung der preußischen Monarchie." [3] Hier spricht er sich entschieden gegen eine Einverleibung Hannovers und überhaupt gegen eine Mediatisirung der deutschen Erbfürsten aus, und entwickelt: die „wahre und echte Vergrößerung Preußens" bestehe vielmehr in der „Föderation", im Sinne der Denkschrift vom 14. Januar. [4] „Man beraube keinen Erbfürsten seiner Länder"; aber man „benutze die gegenwärtigen Verhältnisse, um dem nordwestlichen Deutschland eine andere Verfassung zu geben;" Preußen „muß sich zum Oberhaupt dieser föderirten Staaten ernennen lassen." [5] Gegen Oesterreich äußert er sich mit vieler Bitterkeit; es habe „Deutschlands Schutzwehre dahingegeben." Alles wolle sich vergrößern; „Preußens höchstes Interesse beruhe auf der Constitution, welche Deutschland erhalten müsse" ... „Nur Oesterreichs Neid und Scheelsucht werde der Ausführung dieser Idee entgegenarbeiten." Wiederholt verweist er auf seinen Aufsatz vom 14. Januar. [6] Fort und fort mahnt er, unverweilt ans Werk zu gehen, nicht der „falschen Politik" zu huldigen, die immer nur „Evenements abwarten will." [7]

Die zweite Denkschrift Massenbachs ging wie seine erste in „alle Welt" aus. Es erhielt sie der König, der Herzog von Braunschweig, der Oberst Köckritz, der Minister Haugwitz, der Minister Graf von Schulenburg-Kehnert, der General Rüchel und Andere. [8]

Der König sagte dem Verfasser mündlich bei nächster Gelegenheit: „er habe das interessante Memoire gelesen." [9] Später, am 11. December hatte Massenbach im Schlosse zu Potsdam eine längere und warme Unterredung mit dem Könige „über die Lage der euro-

---

[1] S. 421 f. 146. [2] S. 195. 230. [3] S. 171—191. vgl. 167. 229. [4] vgl. S. 152. [5] S. 185 f. [6] S. 180. 187. 189. [7] S. 187. [8] S. 192 ff. [9] S. 242.

päischen Welt ¹)"; hierbei händigte er demselben einen neuen verwandten Aufsatz ein „Ueber die Verbindung der Kriegs= und Staats=
kunde und über die Regententugenden Friedrichs II. ²)," worin
gesagt war: „Preußens Bestimmung ist, sich zweien Arten von
Barbarei, womit Deutschland bedroht wird, entgegenzustämmen;
die erste ist diejenige, welche die Klerisei des Papstthums unseren
Nachkommen zuzubereiten droht; die zweite diejenige, womit uns
die Horden aus Nordosten bedrohen." ³)

Der Herzog von Braunschweig schrieb dem Verfasser in Betreff
der Denkschriften schon am 10. Juni 1801: „Ich trete ganz Ihrer
Meinung bei. Sollen wir, im nördlichen Deutschland, eine unabhängige Existenz haben, so müssen die Stände des niedern Deutschlands einer vom Kaiser unabhängigen executivischen Macht unter-
geordnet werden; Preußen muß in die Rechte des Kaisers treten und
die Macht erhalten, eine defensiv=militärische Einrichtung auf alle
Fälle zu treffen." ⁴) Mündlich äußerte er kurz darauf zu Massenbach: „Ich unterschreibe alles, was Sie gesagt haben. Jetzt muß
Preußen in Hinsicht auf seine Verbindung mit den Fürsten des
nördlichen Deutschlands weise und kräftige Maßregeln ergreifen,
oder Preußen geht unter und wir alle mit Preußen." ⁵)

Der Graf Schulenburg meinte, daß „das erste Memoire (vom
14. Januar) verschiedene fromme Wünsche enthielte, deren Ausführung schwer wäre; im zweiten hingegen wären außerordentlich viel
Dinge, deren Ausführung er gar nicht für unmöglich hielte. Besonders stimme er damit überein, daß es unter der Würde des
preußischen Staates sei, wenn er eines Mitreichsstandes ganze Be-
sitzung verschlingen wolle, und halte dagegen einen solchen permanenten Plan, wie er im Memoire vorgeschlagen werde, für durchaus
nöthig." ⁶)

Der General Rüchel schrieb am 22. September 1801 an
Massenbach: „Preußens neuere Geschichte, sowie die Zukunft, auf

¹) S. 294 f. ²) S. 258 ff.
³) S. 293. Massenbach erfuhr nachher, der König habe auch diesen Aufsatz
„recht gut" aufgenommen. S. 295.
⁴) S. 196. vgl. 455 f. ⁵) S. 230.
⁶) Brief des Obersten Guionneau vom 3. August 1801. S. 453 f. vgl.
246 f.

welche sie influirt, roulirt auf folgende Punkte: … Benervung des römischen Reichs, welches wenig stark sein mag, so lange diesem zerstückelten Chaos, bei seiner nun völlig unpassend gewordenen Constitution, die Seele fehlt. Gleiches Interesse durch gleiche Mittel; Einheit und folglich Kraft …. Jedem Erbstaate von Deutschland das Seinige lassen, und eine völlig neue Militär=Organisation von Deutschland unter Preußens Schutz und Leitung gegen jedermänniglich erschaffen." [1]

Nur der Minister Haugwitz gab selbst auf wiederholtes Schreiben keine Antwort, und vermied ebenso bei persönlichem Zusammentreffen jede mündliche Auslassung. [2] Aber wir wissen nun, daß er am wenigsten den Inhalt dieser Denkschriften vergaß. Weil er jedoch vor allem jener kläglichen Politik huldigte, welche, scheu und doch selbstgefällig, überall „Evenements abwarten" will: so geschah es, daß er nicht eher die in den Jahren 1800 und 1801 empfohlenen Wege einschlug, bis das „Evenement" der Stiftung des Rheinbundes geharnischt aus dem Kopfe Napoleons hervorsprang; und die Folge davon war, daß er nunmehr zu spät kam.

4. Die öffentliche Meinung in Norddeutschland.

Die Stiftung des Rheinbundes unter Napoleonischem Protectorate stachelte naturgemäß in allen gebildeten Kreisen Norddeutschlands die äußerste Entrüstung auf, und rief eine kräftige nationale Stimmung wach.

Von sich aus, und mit allem Nachdruck, ergriff die öffentliche Meinung die Idee von der Nothwendigkeit eines straffen Zusammenfassens aller norddeutschen Staaten zu einem solidarischen, einheitlich geleiteten Bunde unter Preußens Führung. Die „Gründung eines norddeutschen Bundes," erzählt Manso (Gesch. des preuß. Staates. 2, 116), stimmte „mit den Bedürfnissen Preußens" und mit dem „geheimen Wunsche aller Vaterlandsfreunde" überein. „Einige Schriftsteller träumten von einem nordischen Kaiserthume";

---

[1] S. 458 f.   [2] S. 243 f.

eifrig wurde „deſſen Flächeninhalt und Macht im Voraus berech=
net"; laut ertönte in der Preſſe der Ruf, daß „nur in einem ſolchen
Vereine Rettung für Deutſchland" noch möglich ſei.

Zu den geleſenſten und phantaſiereichſten Erzeugniſſen der
Publiciſtik dieſer Zeit gehörten die „Blicke auf zukünftige Begeben=
heiten" von Heinrich von Bülow. Der drohenden Zukunft gegen=
über blickte er auf die Unterlaſſungen der Vergangenheit zurück, und
bedauerte es auf das Schmerzlichſte, daß Friedrich der Große nicht
den Plan Winterfeldts ausgeführt, nicht „ganz Deutſchland er=
obert", es zu „Einem Staate" verſchmolzen und dergeſtalt „dem
Auslande gegenüber widerſtandsfähig" gemacht habe. Als die
Forderung der Gegenwart ſtellte er auf, daß „nun wenigſtens das
halbe Deutſchland, das nördliche, der preußiſchen Monarchie
unterworfen" würde. Und zu dem Ende wollte er „alle kleineren
Souveräne" in der Weiſe Napoleons ohne Weiteres „abgeſetzt"
wiſſen.

Doch überwog, allem Anſchein nach, in der öffentlichen Mei=
nung das Begehren nach der Bildung eines norddeutſchen Bundes=
ſtaats.

Dieſe Richtung wurde namentlich durch eine Broſchüre ver=
treten, die unter dem Titel „Deutſchland und Preußen, oder das
Intereſſe Deutſchlands am preußiſchen Staate, von einem Nicht=
preußen" bei Joh. Fr. Unger in Berlin erſchien. Sie erregte
die Aufmerkſamkeit ſelbſt der höchſten Kreiſe; die Zeitungen meldeten
Ende September und Anfang October, daß in Betreff derſelben an
die Verlegerin „ein höchſt huldvolles und beifälliges Handſchreiben
der Königin Louiſe ergangen" ſei (Voſſiſche Ztg. und Allg. Ztg.
S. 1120). Die Schrift, deren Vorrede vom 14. Auguſt datirt iſt,
und deren Verfaſſer anſcheinend Sachſen angehörte, geht von der
Ueberzeugung aus, daß Preußen der Kern für die Einigung nicht
nur des nördlichen, ſondern des geſammten Deutſchlands ſei; aber
unter den gegebenen Umſtänden will ſie vor allem die bundesſtaat=
liche Einigung des erſteren geſichert wiſſen. Indem ſie ſich daher
namentlich an Sachſen und Heſſen wendet, bringt ſie mit patrioti=
ſcher Wärme auf den ungeſäumten Anſchluß aller kleineren Staaten
an Preußen, aus Gründen der „Freiheit", der „Cultur" und der
„Nationalehre". Preußen ſei der „natürliche Beſchützer von Deutſch=

land." Wenn wir uns anſchließen, ruft ſie aus, „arbeiten wir da=
mit nicht zugleich für uns ſelbſt?"[1]

„Seid einig" — lautet ihre Mahnung an die Nation — „Seid
einig, ihr Deutſchen, wenn ihr eine ſelbſtſtändige Nation ſein wollt!
Nur die Einheit hat Kraft! . . . Das alte Gleichniß von einem
Bündel Stäbe, die man wohl einzeln, nicht aber vereinigt brechen
kann, paßt ganz vorzüglich auf Deutſchland. . . . Der vernünftige
politiſche Zweck jedes Staates iſt Sicherheit gegen äußere Feinde;
dieſe kann nur durch Widerſtand gegen ihre Angriffe erlangt werden;
Widerſtand ſetzt nicht nur mannigfaltige Kräfte, ſondern auch eine
Vereinigung derſelben voraus; das Mannigfaltige kann aber nicht
anders Einheit werden, als durch einen gemeinſchaftlichen Schwer=
punkt. Die Theile müſſen ſich auf Einen Punkt beziehen, Einen
Staat als Baſis haben, dieſen ſchützen und in deſſen Kraft und
Schutz wieder ihre Sicherheit finden."[2]

„Oeſterreich, heißt es weiter, kann nie der Centralpunkt für die
Kräfte Deutſchlands werden, wenn ſich nicht die politiſchen Um=
ſtände ganz ändern und zugleich Oeſterreich ſelbſt ein liberalerer
Staat wird."[3] „Baiern kann nicht die Baſis der Nationalunab=
hängigkeit werden, das ſelbſt noch fremder Hülfe zu ſeiner Exiſtenz
bedarf, und das in Zukunft von ſeinem öſtlichen Nachbarn noch
harte Stürme treffen können."[4] Preußen dagegen ſei in allen Be=
ziehungen „qualificirt" mindeſtens und zunächſt „der Centralpunkt
der norddeutſchen Kräfte zu ſein, der Mittelpunkt eines norddeutſchen
Bundes."[5] „Als deutſcher Staat hat Preußen mit Deutſchland
gleiche Intereſſen und gleiche Gefahren."[6]

„Das Intereſſe Heſſens und Sachſens fordert die preußiſche
Allianz" . . . „Könnten die Beherrſcher Heſſens noch zweifelhaft
ſein über die Parthie die ſie ergreifen müſſen, ſo muß ſie der Grund
nothwendig für Preußen beſtimmen, daß dieſer Staat ſeine Bundes=
genoſſen ſchonen muß, daß er die Freiheit derſelben nicht gefährden
kann und wird, weil es ihm wichtig iſt einen treuen und alten Bun=
desgenoſſen zu erhalten. Hätte nicht die Regierung von Hannover
ihre Abgeneigtheit gegen Preußen in neueren Zeiten ſo unzweideutig
zu erkennen gegeben; hätte man nicht ſelbſt eine Beſetzung von Fein=

---

[1] S. 52 ff. [2] S. 64 f. [3] S. 67. [4] S. 68. [5] S. 98. [6] S. 71.

ben dem friedlichen Schutz des Nachbars vorgezogen: so würde Han=
nover dem preußischen Staat nicht einverleibt worden sein. Wenn
aber ein Staat, den die Natur zum Bundesgenossen eines größeren
Nachbars macht, der Natur ungetreu wird: so setzt er den Nachbar
in die Nothwendigkeit ihn feindlich zu behandeln. In dieser Lage
befand sich Preußen. Hannover suchte für sich ein Interesse zu ver=
folgen und floh die Verbindung mit Preußen . . . Es kann daher
Preußen nie zum Vorwurf gemacht werden, daß es eine neidische
und mißtrauische Regierung aus dem Herzen seiner Staaten ent=
fernte." [1] „Hessen wird nie wie Hannover handeln; es wird nie
Bündnisse eingehen, bei denen seine bis jetzt glücklich behauptete
Selbstständigkeit verloren gehen würde, die Preußen nöthigen müß=
ten, Hessen nach eben den Grundsätzen zu behandeln wie Hannover.
Für seine Selbstständigkeit, für seinen Frieden ist es nothwendig,
daß es sich fest an Preußen anschließe." [2]

„Was von Churhessen gilt, findet auch bei Sachsen und in noch
höherem Grade statt. Dieser Staat hat es zwar einigemal ver=
sucht, sein Interesse von dem preußischen zu trennen, aber auch alle
Nachtheile empfunden die ein Staat fühlen muß, der in seiner Politik
die Weisung der Natur verläßt. Sachsen, das gegen Preußen überall
offen liegt, kann von Norden, Osten und Westen durch preußische
Kriegsvölker coupirt und überschwemmt werden"; wie dies „im sie=
benjährigen Kriege" geschah. „Wollte sich Sachsen isoliren, und der
Verbindung mit Preußen entsagen, eine neutrale und selbstständige
Rolle spielen: so zeigt ein kurzes Nachdenken, daß dies ganz unmög=
lich ist. Denn gesetzt, daß Oesterreich und Preußen Krieg führten,
so muß es nothwendig Partei nehmen. Und welche? Keine Frage:
es muß sich an Preußen anschließen; denn Oesterreich kann es nicht
vor einer preußischen Invasion schützen, und hat seinerseits nur
einen Angriffspunkt gegen Sachsen, von Böhmen aus, der schwierig
ist durch Pässe und Schutzwehren." [3]

„Allein sollte nicht, höre ich hier trübsinnige Politiker ängstlich
fragen, sollte nicht Sachsens Unabhängigkeit durch Preußen gefähr=
det werden können? Sollte nicht, da Sachsen von so großer Wich=
tigkeit für Preußen ist, dieses in der Zukunft Versuche machen können,

---

[1] S. 75 ff. 79. [2] S. 82. [3] S. 83. 85 f.

Sachsen an sich zu bringen? . . . So lange Sachsen fest an Preußen
hält, und Glück und Gefahr mit diesem Bundesgenossen theilt, ihn
nicht nur mit halben Maßregeln, sondern mit ganzer Kraft und
unbezweifelt gutem Willen unterstützt: so lange kann es keinem Beherrscher Preußens auch nur in den Sinn kommen, den Besitz Sachsens zu wünschen; denn dann leistet ihm dieses Land alles, was er
nur von ihm wünschen kann. . . . Ließen sich aber die Beherrscher
Sachsens von solchen nichtigen Besorgnissen leiten, wären sie keine
treuen Bundesgenossen von Preußen, entzögen sie diesem Staat ihre
Hülfe, ja schlügen sie sich zu dessen Feinden: dann würden sie das,
was sie vermeiden wollten, wahrscheinlich ganz unvermeidlich herbeiführen. Denn nicht nur hätte Preußen dann nicht das geringste
Interesse mehr, das Glück dieses Landes zu wünschen, sondern es
hätte die triftigsten Gründe unabläjsig danach zu streben, es als
Provinz mit seinen Staaten zu vereinigen. Sachsen würde sich dann
gegen Preußen in eben die Stellung setzen, wie es Hannover that,
und würde gleiches Schicksal mit Recht erfahren. Denn Preußen
kann keine Spaltung in Nordbeutschland leiden; seine eigene Macht
und Sicherheit beruht darauf, daß alle Staaten, die innerhalb seiner
Länder ganz oder zum Theil liegen, seinem Interesse folgen, ihre
Kräfte mit ihm vereinigen und nicht, wie es Hannover that, durch
Isolirung eine fremde Macht in die Nähe des Herzens der preußischen Monarchie locken. Separirte sich daher Sachsen von Preußen,
so müßte Preußen seiner eigenen Sicherheit wegen unabläjsig danach
streben, Sachsen zu schwächen oder es ganz mit der Monarchie zu
vereinigen."[1]

„Es ist den kleineren Fürstenthümern eigen, daß sie den Zweck
wollen ohne die Mittel, Frieden und Sicherheit ohne sie zu verdienen; daß sie, was nur die Frucht der Anstrengung ist, ohne alle
Anstrengung und Gefahr genießen wollen."[2]

Nicht Frankreich ist es, das der Verfasser am meisten oder auf
die Dauer fürchtet, denn „je mehr sich ein Staat ausdehnt, je mehr
er fremde Nationen unterwirft, je schwächer wird er."[3] Weit mehr
sind seine Blicke gegen Rußland und Oesterreich gerichtet, und auf
die inneren Interessen Deutschlands. „Möge sich, so ruft er am

---

[1] S. 90. 92 f. [2] S. 111. [3] S. 103.

Schluſſe, dem Rheinbund gegenüber der Norden Deutſchlands ganz
zu Einem Körper, zu Einem Geiſte vereinigen; möge jedes Glied
dieſes Körpers zur Erhaltung des Ganzen mit allen Kräften bei=
tragen. Preußen ſei für die deutſchen Staaten der Centralpunkt
ihrer Kräfte, die Baſis ihrer Freiheit, ihrer Nationalcultur, ihrer
theuer errungenen Religionsfreiheit."[4])

Dieſe Mahnungen blieben indeß, wie wir ſehen werden, unbe=
achtet. Manche trübe Prophezeiung wurde durch bittere Erfahrungen
ſeitdem gerechtfertigt. Aber was haben die Lehren der Geſchichte
gefruchtet?

5. Die Napoleoniſchen Anträge.

Die Anregungen, welche die deutſche Politik Preußens von außen=
her, von Frankreichs Seite empfing, weiſen — Das ſteht nach dem
Obigen feſt — nicht den Quell der Gedanken nach; ſie waren Ermun=
terungen, aber keine urſprünglichen Antriebe. Sie konnten um ſo
weniger von entſcheidendem Gewichte ſein, als es ſich von vornherein
bezweifeln ließ, daß die franzöſiſchen Rathſchläge ehrlich gemeint
ſeien. Wie wenig dieſe an ſich geeignet waren, eine Wirkung zu üben,
wofern nicht der Zeitpunkt in dem ſie erfolgten, die politiſche Lage
der Dinge ſelbſt ein unmittelbarer Antrieb war, dem Gedanken Leben
und Form zu geben: dies beweiſen zur Genüge die vergeblichen An=
träge Napoleons im Jahr 1804.

Denn ſchon in dieſem Jahre, und nicht erſt 1806, erging von
Seiten Frankreichs an den König von Preußen die erſte beſtimmte
Aufforderung zur Annahme der Kaiſerwürde.

Napoleon hatte ihn damals im Vertrauen von ſeiner Abſicht
unterrichtet, in ſeiner Perſon die Erbmonarchie unter dem Titel eines
Kaiſerthums in Frankreich wiederherzuſtellen; und Friedrich Wilhelm
war ihm auf das Bereitwilligſte mit ſeiner Zuſtimmung und Aner=
kennung entgegengekommen.[2]) Dies hatte zur Folge gehabt, daß
auch Franz II. den Titel eines Kaiſers von Oeſterreich annahm. So

---

[1]) S. 113.
[2]) Lefebvre 1, 378 f. (Ueberſ. 1, 362).

lag Preußen mitten zwischen dreien Kaiserthümern. Der Gedanke, auch die vierte Großmacht des Continentes dazu zu erheben, schien sich ungesucht darzubieten. Aber es giebt in aller Welt Gedanken, die man lieber denkt als ausspricht, und an die man sich deshalb auch nicht gern von außenher erinnern läßt. Zudem offenbarten die französischen Anträge zu sehr den Charakter einer Lockspeise, um Preußen zu der unablässig erstrebten innigen Allianz zu vermögen, während grade damals unter Hardenberg, nach der Beurlaubung von Haug- witz, der englische Einfluß in Berlin überwiegend war. Als daher Napoleon, allerdings im Hinblick auf das erhoffte Bündniß, im Oc- tober dem preußischen Kabinet andeuten ließ, daß, „wenn der König, wie er selbst und Franz II., die Kaiserwürde annehmen wolle, Frank- reich ihn bereitwillig unterstützen würde“, — da gab, um mit Lefebvre zu reden, die Saite, wiewohl mit Kunst berührt, keinen Klang. Der König antwortete: „er sei mit seinem Schicksal zufrieden und wünsche nichts mehr, als den Rang zu behaupten, zu dem die Vorsehung sein Haus erhoben.“ Napoleon sah in dieser Antwort minder ein Zei- chen von Mäßigung, als ein Symptom des Mißtrauens gegen seine Bestrebungen, die preußische Politik an die französische zu fesseln.[1])

Es muß hier ausdrücklich hervorgehoben werden, daß es sich bei diesem Anlaß in keiner Weise um Deutschland handelte; die Absicht ging nur dahin, daß der König nach der Analogie Oesterreichs den Titel eines Kaisers von Preußen annehme. Nicht ganz dieselbe Be- wandtniß hat es mit dem zweiten Anlaß im Jahre 1806.

Es war am 22. Juli dieses Jahres, unmittelbar nach der Ra- tification der Rheinbundsacte, als Talleyrand, Napoleons Minister der auswärtigen Angelegenheiten, die Mittheilung dieser Acte an den französischen Gesandten Laforest in Berlin mit den Worten be- gleitete:

„Es ist nun an Preußen, eine so günstige Gelegenheit zu be- nutzen, um sein System zu vergrößern und zu befestigen. Es wird den Kaiser Napoleon geneigt finden, seine Absichten und Pläne zu unterstützen. Es kann unter einem neuen Bundesgesetze die Staaten vereinigen, die noch zum deutschen Reiche gehören, und die Kaiser- krone an das Haus Brandenburg bringen. Es kann auch, wenn es

---

[1]) Lefebvre 2, 23 (20 f.). Laforest's Depesche vom 19 October 1804.

bies vorzieht, einen Bund der norddeutschen Staaten bilden, welche mehr in seinem Wirkungskreise liegen. Der Kaiser billigt schon jetzt jede Anordnung dieser Art, welche Preußen für geeignet halten dürfte."[1])

„Friedrich Wilhelm — so erzählt Lefebvre — war seit langer Zeit nicht mehr daran gewöhnt, Beweise der Achtung und des Vertrauens von dem Oberhaupte Frankreichs zu erhalten. Die freundschaftlichen Anträge, die ihm dieser Fürst gegenwärtig machte, schienen deshalb einen außerordentlich wohlthuenden Eindruck auf ihn hervorzubringen. Die Wolken, welche seit einiger Zeit diese schüchterne sanfte Seele verdüsterten, schienen wie durch Zauber sich zu zerstreuen, und er nahm den Gedanken, den ganzen Norden Deutschlands unter seinem Vorsitze zu vereinigen, mit einer Art von Begeisterung oder Leidenschaft auf. „„Der König, sagte Haugwitz zu Laforest, sieht sich in seinem Freudentaumel nicht nur als den Bundesgenossen Frankreichs, sondern als den persönlichen Freund des Kaisers Napoleon an; und als solcher wird er eifrig zu allem beitragen, was dessen Dynastie befestigen kann."" Die officiellen Schreiben entsprachen diesen warmen Betheuerungen."[2])

Die Freude galt aber nicht, wie man hiernach zu glauben verführt werden könnte, der Neuheit des Gedankens; dieser war ja in Preußen längst geläufig; vielmehr galt sie nur der Erwartung, bei der Ausführung desselben, die mit der bloßen Stiftung des Rheinbundes, nach einem so schmachvollen Attentate auf die Selbstständigkeit Deutschlands, nicht minder zu einem Gebot der Ehre, wie der Pflicht und des Rechtes, geworden war und die also auch ohne Napoleons Aufforderung von innen heraus hätte zur Reife kommen müssen, wenigstens keinen Hindernissen von Seiten Frankreichs zu begegnen. Denn auf eine unmittelbare Förderung des Planes durch Napoleon zu rechnen, davon war Friedrich Wilhelm zuverlässig ebenso entfernt, wie Napoleon von der Absicht sie wirklich zu gewähren. Ja, der preußische Hof hatte nie mehr Argwohn gegen Frankreich gehegt, als gerade damals; das gegenseitige Vertrauen lag nur in den Worten, womit man sich gegenseitig zu täuschen suchte; in den Herzen wohnte eine Erbitterung, die selbst durch Napoleons Pro-

[1]) Lef. 2, 331 (313). [2]) Lef. 2, 332 (314).
Preußens deutsche Politik. Dritte Aufl. 7

clamation an das Heer vom 13. August, worin er eine gänzliche
Räumung Deutschlands in nahe Aussicht stellte, nicht mehr be=
schwichtigt werden konnte. Wenn daher der König allerdings mit
ungewöhnlichem Eifer daran ging, einen engeren Bund der norb=
deutschen Staaten unter seiner Leitung herzustellen: so geschah es
grade in diesem Momente am wenigsten aus bloßem Ehrgeiz, son=
dern in dem mehr oder minder klaren Bewußtsein von dem deutschen
Berufe des preußischen Staates, und um so schleunig als möglich in
Deutschland eine feste Stellung dem gegenüber zu gewinnen, der die
Bildung des Bundes, den Worten nach, gestattete und empfahl. [1]

Den wiederholten Antrag, die Kaiserwürde an sein Haus zu
bringen, erzählt Lefebvre, habe der König auch diesmal abgelehnt;
„aus Zartgefühl", wie er sagte, „und aus Rücksicht für das erhabene
Haus, welches das Scepter Deutschlands verlieren sollte." Und
allerdings entspricht ein solches Motiv der Sinnesart des Königs.
Dennoch ist die Meinung, als sei damit die Kaiserfrage überhaupt
erledigt gewesen, wie Lefebvre, und nach ihm Menzel, Wachsmuth u. A.
glauben machen [2]), eine durchaus irrige.

Denn es steht aktenmäßig fest, einmal, daß schon v o r den An=
trägen Napoleons, die s i c h e r n i c h t vor dem 28. oder 29. Juli
i n B e r l i n e i n t r a f e n, das preußische Kabinet die Annahme der
Kaiserwürde erörtert hatte, und andererseits, daß auch n a c h den=
selben der Anspruch darauf einen Hauptgegenstand der Unterhand=
lungen bildete.

Der wahre Zusammenhang ist folgender:

Gegen Ende Juli und dem Antrage Napoleons gegenüber
lehnte der König allerdings in seinen officiellen Aeußerungen die
deutsche Kaiserwürde ab, theils aus denselben Gründen wie im Jahre
1804, theils wie dies nicht nur das Zartgefühl, sondern auch die
dermalige Sachlage gebot, da Oesterreich zur Zeit jenes Antrags
und der darauf erfolgten Antwort noch thatsächlich wie rechtlich im
Besitz der deutschen Kaiserwürde war. Denn nur von dieser handelte
es sich, wie aus der Depesche Talleyrands und aus der Rücksicht=
nahme des Königs auf das Haus Oesterreich deutlich erhellt. Ein=

----

[1]) Vgl. Lef. 2, 333 (315).

[2]) Menzel, Neuere Gesch. der Deutschen Bb. XII. Abth. II. 1848. S. 498.
Wachsmuth, Zeitalter der Revolution Bb. IV. 1848. S. 42.

mal also enthielt die Ablehnung der deutschen Kaiserwürde noch keineswegs den Verzicht auf die Annahme der preußischen; und überdies war selbst in Bezug auf jene dem Zartgefühl für Oesterreich jede rechtliche und thatsächliche Grundlage von dem Augenblick an entzogen, wo Oesterreich aus freiem Entschlusse der deutschen Kaiserwürde entsagte. Daher sehen wir denn auch in den Unterhandlungen Preußens den Anspruch auf den Kaisertitel zwar von vornherein, aber bis zum 6. August nur als einen eventuellen im Hintergrunde sich regen; während nach jenem Zeitpunkt auf das Unzweideutigste die Würde eines „Kaisers von Norddeutschland" mit besonderem Nachdruck und mit der größten Entschiedenheit officiell beansprucht wurde. Es steht damit nicht im Widerspruch, wenn bis dahin, und selbst darüber hinaus, in der königlichen Familie Worte der Klage vernommen wurden, sowohl über die eigenmächtige Stiftung des Rheinbundes und das dem Prinzen von Oranien dabei widerfahrene Schicksal, als über die widerrechtliche Auflösung des deutschen Reiches und die neue Demüthigung Oesterreichs.[1] Allein seit der Abdankung des Kaisers konnte, wenigstens in den Unterhandlungen, von einer zarten Rücksichtnahme auf Oesterreich naturgemäß nicht mehr die Rede sein.

Dem Kaiser Napoleon lag vor allem daran, den Rheinbund von Preußen sofort anerkannt zu sehen. Deshalb ward jener Köder hingeworfen; deshalb die Unterstützung der preußischen Absichten und Pläne verheißen; deshalb auch der preußische Gesandte in Paris, Marquis von Lucchesini, bei der Notification über den Abschluß des Rheinbundes zu gleichlautenden Vorspiegelungen veranlaßt. „Der Fürst von Benevent," meldete derselbe in seiner Depesche, „fügte hinzu, daß der Kaiser, indem er Preußen von diesem Ereigniß in Kenntniß setze, zugleich das Verlangen hege, daß ich Ew. Majestät die Erwartung des Kaisers zu erkennen gäbe, eine ähnliche Vereinigung für den Norden Deutschlands unter den Auspicien Preußens entstehen zu sehen, und daß Ew. Majestät, indem Sie sich an die Spitze dieses Bundes stellen, sowohl für sich selbst als für die bedeutendsten Mitstände diejenigen Titel und Würden annehmen möchten, die Sie für geeignet halten würden."[2]

---

[1] Lef. 2, 333 (315). [2] Pölitz 1, 275 f. Unionsbestrebungen §. 267.

Der Rheinbund wurde in der That, trotz der großen Bedenken, die man dagegen hegte, nothgedrungen von Seiten Preußens ohne Rückhalt anerkannt; jedoch mit der Bedingung der Nichtbehinderung des norddeutschen Bundes, dessen Organisirung bereits in vollem Gange war.[1])

6. Preußens Unterhandlungen mit Hessen und Sachsen über den norddeutschen Reichsbund und das norddeutsche Kaiserthum, von Mitte Juli bis Mitte August.

Der allgemeine Plan des preußischen Kabinettes war in der Kürze folgender. Die Verfassung des norddeutschen Bundesstaates sollte sich, gleichwie der Fürstenbund Friedrichs des Großen, auf der Grundlage eines Dreifürstenbündnisses erheben; geschlossen zwischen Preußen, Sachsen und Churhessen, welche beiden letzteren Staaten damals — nach der Einverleibung Hannovers in den preußischen Staatsverband[2]) — die vornehmsten Glieder des noch übrigen deutschen Reichslandes waren. Preußen sollte die Würde eines Oberhauptes des Bundes nebst dem Kaisertitel, die beiden Mitcontrahenten den Königstitel annehmen. Gegenstand des Bündnisses sollte sein: 1) ein Allianztractat im eigentlichen Sinne; 2) ein Vertrag über die Gründung und Verfassung des norddeutschen Bundes mit Einschluß der Bildung eines Bundesschiedsgerichts. Gleich nach dem Abschluß des Bündnisses unter den drei contrahirenden Fürsten sollten alle anderen, in dem Grundvertrage des Rheinischen Bundes nicht aufgeführten Staaten, namentlich Dänemark in Betreff Holsteins, Schweden in Betreff Pommerns, die kleineren sächsischen und thüringischen Fürsten, Braunschweig, die beiden Mecklenburg, Oldenburg, der Fürst von Fulda und die drei Hansestädte zum Beitritt eingeladen werden. Endlich sollte ein Congreß der sämmtlichen betheiligten Staaten in kürzester Frist zusammentreten, um auf Grund des Verfassungsentwurfes der drei Contrahenten eine definitive Verfassungsurkunde zu vereinbaren.

[1]) Vgl. Winkopp 1, 248. 290. Gentz 4, 226.
[2]) S. unten Kap. 12.

Die erſten einleitenden Schritte geſchahen von Seiten des preußischen Kabinets um die Mitte des Juli, noch bevor der Rhein=bund eine vollendete Thatſache war. Es galt vor allem ſich mit den Höfen von Caſſel und Dresden ins Einvernehmen zu ſetzen. [1]

Churheſſen kam in der That den preußischen Intentionen mit einem gewiſſen Eifer entgegen. Dennoch kann es nicht zweifelhaft ſein, daß die ganze bamalige Haltung des Churfürſten durch die ſelbſtſüchtigſten Motive bedingt wurde. An der bloßen Erhaltung ſeiner Selbſtſtändigkeit und ſeines Territorialgebietes fand er kein Genüge; vielmehr ging er darauf aus, in dem allgemeinen Zuſam=menbruch der Dinge möglichſt viele und große Vortheile, Macht=erhöhungen und Gebietserweiterungen auf Koſten ſeiner Nachbarn davon zu tragen; die Erwerbung des Königstitels, beſonders aber Annexionen und Mediatiſirungen bildeten die Hauptziele ſeines Trachtens. Deshalb war er bedacht, Schutz und Gunſt der mächtig=ſten Häupter nachzuſuchen, und gleichſam dem Meiſtbietenden ſeine Bundesgenoſſenſchaft zu verkaufen.

Den Churfürſten von Heſſen, auf Grund der leichtfertigen Be=hauptungen Bignons, gewiſſermaßen als den intellectuellen Anſtifter des Rheinbundes betrachten, hieße freilich ihm zu viel, und dem Kaiſer Napoleon zu wenig Ehre anthun. Aber ſicher iſt, daß er ſich zur Theilnahme an dem Rheinbunde unter gewiſſen Bedingungen völlig bereit gezeigt hatte. Zu dieſen Bedingungen gehörte nament=lich auch die Annexion eines großen Theils von Heſſen=Darmſtadt. Sicher iſt es ferner, daß die desfalſigen Verhandlungen ſich völlig reſultatlos zerſchlugen. Wiederum aber thäte man dem Kaiſer Na=poleon, ſowie der Geſchichtsforſchung des Herrn Thiers, zu viel Ehre an, wollte man dieſen reſultatloſen Ausgang einem eblen und auf=richtigen Widerwillen des Erſteren gegen das Gebahren des Chur=fürſten zuſchreiben. [2] Vielmehr war die Urſache des Scheiterns offenbar der Umſtand, daß Napoleon — abgeſehen von der momentan

---

[1] Nach Lef. 2, 332 (314) hätte Preußen auch Heſſen gegenüber die Initia-tive ergriffen.

[2] Thiers, Hist. du Consulat et de l'Empire, T. VI (Leipzig 1847). p. 387 ss. 429 ss. Der berühmte Hiſtoriker giebt nicht einmal für die „Depeſchen" oder auch nur für den entſcheidenden „Brief des Kaiſers" ein Datum an; und doch ent-behren, ohnedies, Forſchung und Kritik ihres elementarſten Bodens.

gebotenen Vorsicht gegenüber dem preußischen Kabinet als dem Hüter des nördlichen Deutschlands — schon allerhand weitergehende Projecte in Bezug auf eine eigenmächtige Umgestaltung der nord= deutschen Territorialverhältnisse hegte; daß er namentlich Churhessen als eventuelles Tauschobject für Hannover, Preußen gegenüber, im Auge hatte; und daß er daher, auf alle Fälle, nicht durch übereilte Aufnahme des Churfürsten in den Rheinbund sich die Hände binden mochte. Denn bereits am 21. April beschäftigte er sich mit dem Plane „einen neuen Staat in Norddeutschland" zu gründen, der „in den Interessen Frankreichs" sich bewege, eine „Garantie gegen Preußen" bilde und, außer den Herzogthümern „Berg und Cleve", namentlich „Hessen=Darmstadt, Hannover, die Hansestädte Hamburg, Bremen und Lübeck", sowie ein „2c." zu absorbiren bestimmt war. [1] Trotzdem hieße es den hellen Tag, die grundsätzliche Basis und Me= thode der Politik Napoleons läugnen, wollte man mit Thiers in Abrede stellen, daß der Churfürst von Hessen französischer Seits mit allerhand Vorspiegelungen umgarnt worden sei; mit Vorspiegelungen, die der Begehrlichkeit schmeichelten, und die theils in den Einwir= kungen des französischen Gesandten Bignon in Cassel auf die Person des Churfürsten selbst, theils in den Einwirkungen des französischen Kabinets auf den churhessischen Gesandten von Malzburg in Paris vollauf Gelegenheit hatten, sich geltend zu machen. [2]

Dagegen ist es andererseits wieder nur zu gewiß, und ich bin in Folge erneuter Untersuchung jetzt mehr wie früher davon über= zeugt, daß der Churfürst nach dem Scheitern jener selbstsüchtigen Unterhandlungen eine sehr unehrliche und widerwärtige Rolle spielte. Er nahm keinen Anstand sich nunmehr, Preußen gegenüber, seiner patriotischen Heldenthaten, seiner Uneigennützigkeit, seiner Bieder= keit und Treue zu rühmen; er bemühte sich glauben zu machen, daß Frankreich ihm alles das angeboten habe, was er in Wahrheit von sich aus und vergeblich begehrt hatte; er schmückte sich mit dem völlig unverdienten Selbstlobe, daß er allen Verlockungen und allen Drohungen einen unerschütterlichen Widerstand entgegen= gestellt habe. Nur Eins vielleicht durfte Hessen mit Recht betheuern: daß es von allen Verpflichtungen gegen Frankreich frei war, als es

---

[1] Unionsbestrebungen §. 254. [2] Ebend. §. 249. 283 u. a. a. O.

nunmehr mit Preußen in ebenso eifrige Verhandlungen sich ein=
ließ.

Schon um den 18. Juli fand sich, Behufs derselben, der chur=
hessische Minister von Waitz in Berlin ein; und am 22. meldete
Haugwitz dem preußischen Gesandten am churhessischen Hofe, dem
Fürsten von Wittgenstein, daß die Verhandlungen in Betreff der
Allianz und des engeren Bundes mit dem Herrn von Waitz im
vollen Gange seien, daß man dieselben sofort auch mit Sachsen auf=
nehmen werde, und daß es Churhessen „namentlich auch" auf einen
„Ländertausch" ankomme. [1]

Bereits an demselben Tage (22. Juli) verhandelte Witt=
genstein, ohne Zweifel auf Veranlassung von Haugwitz oder doch im
Einverständniß mit demselben, seinerseits mit dem Churfürsten von
Hessen über die Kaiserfrage. Denn unterm 23. Juli sandte Wittgen=
stein aus Pyrmont einen Bericht an den König ab, des Inhalts:
Es liege in den Wünschen des Churfürsten von Hessen, daß ein
engerer norddeutscher Bund zu Stande komme, und daß der König
als Oberhaupt desselben die Würde eines „Kaisers von Nord=
deutschland" annehme. Wittgenstein verbreitete sich des Weiteren
über die Nothwendigkeit dieses Schrittes von Seiten des Königs;
nur müsse derselbe geschehen auf Antrag des Churfürsten von
Hessen und Sachsen. Schließlich ließ er die Hoffnung durch=
blicken, daß diese „Idee den Allerhöchsten Beifall erhalten" werde. [2]
Die Depesche, unmittelbar an den König gerichtet, muß diesem am
25. oder 26. Juli zur Kenntniß gekommen sein.

Inzwischen hatte, am 24. Juli, Haugwitz die förmliche könig=
liche Vollmacht erhalten, um mit Sachsen und Hessen die speciellen
Unterhandlungen zu führen und zum Abschluß zu bringen. [3]

An demselben Tage lag auch schon der erste Entwurf zum nord=
deutschen Bunde, von Herrn von Hänlein redigirt, in 12 Para=
graphen fertig vor, unter dem Titel: „Ideen zu einem Nordi=
schen Reichsbund." [4] Dieser Entwurf gedachte ausdrücklich
des deutschen Fürstenbundes vom Jahre 1785, und gab nicht von
fernher die Absicht einer Mediatisirung kund; aber er nahm für

---

[1] Ebend. §. 257. [2] Ebend. §. 265. [3] Ebend. 258. [4] S. d. Text
desselben ebendas. §. 263.

Preußen, Sachsen und Hessen eine Art von Protection über die kleineren Staaten in Anspruch, und bezeichnete den König von Preußen als Oberhaupt des Bundes", dem „alle Vorrechte des deutschen Kaisers in den ständischen Landen einzuräumen seien." Ein beständiger Gesandten=Congreß sollte zu Hildesheim tagen, Preußen mit Sachsen und Hessen eine wohlgerüstete Armee von 300,000 M., der Ueberrest der Bundeslande 100,000 M. ins Feld stellen, und überdies für den Fall der Noth eine Landmiliz von 200,000 M. organisirt werden. Dabei wurde die Ueberlassung des Conscriptions= rechtes von Seiten der kleineren Bundesmitglieder an Preußen, Sachsen und Hessen in Aussicht genommen.

Zu gleicher Zeit war auch bereits der „Entwurf zum Allianz= Tractat mit Churhessen" zu einer definitiven Fassung gediehen, und nur der Unterzeichnung gewärtig. Der Inhalt desselben, schon an sich interessant genug um hier eine Stelle zu finden, erhält ein noch größeres Gewicht durch die Beziehungen auf den projectirten Bund, in Betreff dessen er zwar noch nicht die Kaiserwürde, wohl aber ein verfassungsmäßiges Protectorat Preußens über Norddeutsch= land sanctionirte, und für die neue Conföderation die möglichste Annäherung an die Formen der Reichsverfassung, so wie die etwa dienlich erachtete Annahme höherer Titel und Würden vorbehielt. Er bestand, nach einer längeren Einleitung, aus vier Artikeln, die also lauteten: [1]

1) Zwischen Sr. Königl. Majestät von Preußen und Sr. Chur= fürstl. Durchl. von Hessen besteht von nun an und auf immer eine feste und unauflösliche Allianz, deren Hauptzweck die gegenseitige förmliche Garantie der sämmtlichen Staaten und Besitzungen beider Souveräne sein wird, ohne Ausnahme, und so wie selbige sich gegenwärtig in ihrem Besitze befinden. Da aber die Erhaltung des Ruhestandes und der Sicherheit im nördlichen Deutschland beiden hohen Contrahenten vorzüglich am Herzen liegt: so versprechen sich dieselben im Besondern darauf ihre Aufmerksamkeit zu richten, auch in diesem Falle sich nicht nur gegenseitig von jeder dem besagten Ruhestand drohenden Gefahr zu benachrichtigen, und zu deren Ab=

[1] Der vollständige Text in „Unionsbestrebungen" §. 264.

wendung mit aller Offenheit und im engsten Vertrauen zu concer=
tiren, sondern auch, sobald die anzuwendenden Vorstellungs= und
Unterhandlungsmittel dagegen unwirksam bleiben sollten, ihre Macht
nach einem zur Vertheidigung des nördlichen Deutschlands abzu=
fassenden Plane, und, wo es die Umstände erheischen, in ihrem
ganzen Umfange auftreten zu lassen, selbige auch nie anders, als in
genauestem Einverständnisse, nach erreichter Absicht, zurück zu ziehen.
Höchstdieselben verbinden sich zugleich und überhaupt, ihr und ihrer
Staaten und Unterthanen Wohl und Vortheil gegenseitig, so viel
immer in ihren Kräften stehen wird, zu befördern und zu vermehren,
und einer des andern Nutzen stets als seinen eigenen zu betrachten.

2) Unter dem nördlichen Deutschland verstehen beide Theile
sämmtliche Länder Deutschlands, die innerhalb der Linie „von der
böhmisch=sächsischen Grenze an, längs der südlich=sächsischen Grenze,
Bayreuth, die fürstlich=sächsischen Länder, die churhessischen Länder,
Fulda mit inbegriffen; ferner längs der oberhessischen, paderborni=
schen, minden-ravensbergischen, märkischen und münsterschen Grenze,
bis an die äußerste preußisch=holländische Grenze" begriffen sind, mit
allen dahinter liegenden deutschen Ländern bis an die Nord= und
Ostsee.

3) Se. Churfürstliche Durchlaucht von Sachsen werden sofort
von beiden Theilen eingeladen werden, der gegenwärtigen Vereini=
gung in gleicher Absicht, durch Schließung eines gleichmäßigen
Tractats, oder wie Sie es sonst gutfinden werden, beizutreten.

4) Demnächst werden die durch gegenwärtigen Allianztractat
und die unter ihnen bestehende Erbverbrüderung vereinigten Höfe,
durch Bevollmächtigte in Berlin zusammentreten, um gemeinschaft=
lich für das nördliche Deutschland einen föderativen Bund unter
preußischem Schutze, zur Verstärkung der politischen, sowie der mi=
litärischen Kräfte, auch, so viel es hiernach immer geschehen kann,
zur Erhaltung der innern Ordnung und bis jetzt bestandenen innern
Verfassung jedes Landes und dessen Vertheidigung, zu verabreden
und festzusetzen. Zu dieser Conföderation des nördlichen Deutsch=
lands sollen hierauf alle Stände desselben eingeladen werden:
namentlich die fürstlich=sächsischen Häuser; die herzoglich=mecklen=
burgischen Häuser; die Anhaltischen Häuser; Braunschweig=Wolfen=
büttel; Fulda; Oldenburg; die Hansestädte Hamburg, Bremen und

Lübeck; Holstein; Schwedisch-Pommern, insofern die gegenwärtigen
Irrungen zwischen Preußen und Schweden bis dahin beseitigt sein
werden.   Obgleich dabei, da das föderative System im Norden nur
auf Veranlassung und als nothwendige Folge des südlichen einge-
richtet wird, die Trennung von dem nun wirklich aufgelösten Reichsverbande mit allem Fuge zum Grunde gelegt werden kann: so behalten sich doch die hohen Contrahenten vor, sich über die möglichste
Annäherung an die Formen der Reichsverfassung, insofern sie auf
die gegenwärtigen Zeitumstände und auf die Absicht einer wirksamen
Vertheidigung noch passen dürfte, desgleichen über die etwa dienlich
erachtete Annahme höherer Titel und Würden, bei der obgedachten
Zusammentretung näher zu berathen.

Ein Separatartikel behielt einen beiderseitigen Ländertausch vor,
sowie eine Cartel-Convention, und Bestimmungen über das eventuelle Commando der Armeen.

Entsprechend dem dritten Artikel dieses Entwurfes sollte noch
am 24. Juli der Flügeladjutant des Königs Graf von Götzen als
außerordentlicher Gesandter nach Dresden abgehen.   Schon waren
die Instructionen desselben vollendet und sollten ihm eben ausgehän-
digt werden, als „ganz unerwartet" der französische Gesandte Laforest
„erschien", um die officielle Anzeige von dem Abschluß des Rheinbundes zu überbringen oder, wie sich Friedrich Wilhelm und Haugwitz ausdrückten, „um uns die in Süddeutschland bewirkte Revolution
anzukündigen."[1]

Sofort wurde, am 25. Juli, die Instruction Götzen's in einer
neuen bringlicheren Fassung vollzogen, und am gleichen Tage ein
eigenhändiges freundschaftliches Schreiben des Königs an den Churfürsten von Sachsen erlassen, des Inhalts: Es gelte „dem Rheinbunde ein Föderativsystem entgegenzusetzen, welches das nördliche
Deutschland retten könnte"; dazu bedürfe es vor allem „einer näheren Verbindung zwischen Preußen, Sachsen und Hessen", deren jedes
eine „Art von Protection über die kleineren Fürsten zu übernehmen"
hätte.   Außerdem ließ Haugwitz ein vertrauliches Schreiben an den

---

[1] Unionsbestrebungen S. 427 f.

churſächſiſchen Miniſter Grafen vom Loß ergehen, worin er zu „aller nur möglichen Eile" mahnte.[1])

Die Depeſche Wittgenſteins über die Frage von der „Annahme der Kaiſerwürde von Norddeutſchland" durch den König von Preußen, und über die entgegenkommende Stellung des Churfürſten von Heſſen zu derſelben, iſt ohne Zweifel am 26. Juli der Hauptgegenſtand der Erörterung im Kabinet des Königs geweſen. Erſt am 28. oder 29. lief ſodann in Berlin jene Inſtruction Talleyrand's an Laforeſt ein, welche, wie wir ſahen, den Worten nach, die Bildung eines norddeutſchen Bundes und die Annahme der Kaiſerkrone von Seiten des Hauſes Brandenburg empfahl; und ebenſo die Depeſche Luccheſini's, wonach der Kaiſer Napoleon im Voraus allen derartigen Maßnahmen ſeine Zuſtimmung verhieß.[2]) Es verſtand ſich aber ganz von ſelbſt, daß ein Vorgehen in der Kaiſerfrage völlig unmöglich war und daß der König ſie ſogar abwehren mußte, ſo lange nicht ſeinerſeits der Kaiſer von Oeſterreich auf die deutſche Kaiſerwürde verzichtet hatte.

Um dieſe Zeit liefen die erſten günſtigen Nachrichten aus Dresden ein; Götzen meldete unterm 28. Juli, daß er „die Stimmung im Ganzen ſehr gut gefunden", und daß ſächſiſcherſeits „der Graf von Görtz unverzüglich nach Berlin geſchickt werden würde." Bald darauf brachte ein eigenhändiges Erwiederungsſchreiben des Churfürſten vom 30. Juli, und eine vertrauliche Antwort des Miniſters vom Loß unter dem gleichen Datum, die officielle Erklärung: Sachſen ſei bereit, eine „engere Union" auf Grundlage der „alten deutſchen Aſſociation" und des „Erbverbrüderungsvertrages zwiſchen Brandenburg, Sachſen und Heſſen" einzugehen; nur wünſche man „ausführliche Mittheilungen über Plan, Ausdehnung und Bedingungen dieſes Bundes", um die dem Grafen von Görtz zu ertheilenden Inſtructionen „begründen" zu können.[3])

Man hätte nun ſofort preußiſcherſeits die ſchon vorhandenen Entwürfe zum Allianztractat und zum norddeutſchen Bunde nach Dresden ſenden können, ja man hätte es ohne Zweifel ſchon einige Tage zuvor gethan, wenn ſich nicht von Seiten Churheſſens peinliche

---

[1]) Ebend. §. 262. Lef. 2, 332 (314). Pölitz, 1, 273 ff. [2]) Vgl. Unionsbeſtrebungen §. 266 u. 267. [3]) Ebend. §. 268—270.

Anstände erhoben hätten, und zwar sehr unerwarteter Weise. Denn
noch am 27. Juli hatte Haugwitz sehr befriedigt dem Fürsten Wittgenstein mitgetheilt: er sei mit dem churhessischen Minister über den
Allianztractat zur Verständigung gelangt, und am andern Tage
(28.) werde derselbe „dem Könige zur Genehmigung vorgelegt werden." Aber unterm 31. Juli sah er sich in der Lage, ihm anzuzei-
gen: Herr von Waitz habe erklärt, er werde den Tractat „ohne
ausdrückliche Vollmacht nicht unterzeichnen."[1]

Ueber den Grund dieser Anstände kann jetzt kein Zweifel mehr
obwalten. Der churhessische Hof war in erster Linie zu sehr nur auf
Ländertausche, Annexionen und Mediatisirungen kleinerer Mitstände
bedacht, um sich vor erreichtem Ziele nach dieser Richtung hin zu
anderen Zwecken die Hände zu binden. Man wollte daher den
Allianztractat nicht eher unterzeichnen, als bis der Vertrag über den
norddeutschen Bund unterzeichnet sei; und diesen wiederum wollte
man nur dann unterschreiben, wenn er die gewünschten Einver-
leibungsclauseln enthalte und garantire. Das Begehren, namentlich
auf die Beilegung der Souveränetät über Bückeburg, Detmold, Waldeck, Pyrmont und Rittberg gerichtet, war so hartnäckig, daß Haugwitz sich veranlaßt sah, um nicht den ganzen Bundesplan im ersten
Keime scheitern zu sehen, dem Andrange nachzugeben und auf die
churhessische Vorbedingung einzugehen. Damit war man aber, ganz
wider die Absicht des ersten Bundesentwurfes, in den Grundsatz der
Mediatisirung nach der Analogie des Rheinbundes hineingedrängt.
Denn die Zugeständnisse an Hessen mußten Zugeständnisse an Sachsen,
und demnach auch Ansprüche von Preußens Seite zur Folge haben.[2]

So erhielt denn Herr von Hänlein den Auftrag, den Bundesentwurf nach den neuen Gesichtspunkten umzuarbeiten. Es geschah
mit so erstaunlicher Schnelligkeit, daß schon am 2. August der neue
zweite Entwurf, unter dem Titel „Grundzüge des Nordischen Reichsbundes", in funfzehn Paragraphen fertig vorlag.[3]
Er bezeichnete Preußen, Sachsen und Hessen als die „Hauptglieder"
des Bundes, und legte „Ersterem als dem Mächtigsten" die „Direction und obere Leitung" bei. Außerdem wurden als souveräne
Mitglieder nur noch anerkannt: Dänemark-Holstein, Schweden-Pom-

---

[1] Ebend. S. 443. S. 447. [2] Ebend. S. 457. [3] S. den vollständigen Text
ebendaselbst §. 271.

mern, Mecklenburg-Schwerin und Strelitz, Braunschweig, Oldenburg, und Oranien-Fulda unter Beilegung der Souveränetät über Schlitz. Alle anderen Stände, hieß es, „werden in 3 Kreise getheilt, und kommen unter die Hoheit von Preußen, Sachsen und Hessen." Der preußischen Hoheitslinie wurden zugewiesen: Corvey, Dortmund, Lübeck, Bremen und Hamburg, Anhalt, Schwarzburg und der südliche Theil der Reußischen Lande; der sächsischen: Weimar, Eisenach, Gotha, Altenburg, Coburg und Hildburghausen, sowie der nördliche Theil der Reußischen Lande; der hessischen endlich: Waldeck und Pyrmont, Rittberg, Schaumburg-Bückeburg, und die Grafschaft Lippe, wobei vorausgesetzt ward, daß auch Paderborn durch Tausch an Hessen kommen werde. Als Hoheitsrechte wurden bezeichnet: das Gesetzgebungsrecht, die hohe Jurisdiction und Polizei, die Militär-Conscription und die nothwendigen Territorialabgaben, unter ausdrücklicher Hinweisung auf die analogen Bestimmungen des „rheinischen Bundes." Als Sitz des permanenten Congresses erhielt jetzt Dessau den Vorzug vor Hildesheim.

Aber sowohl im Ministerium, wie insbesondere im Kabinet des Königs, gab dieser zweite Entwurf mannigfachen Anstoß. Vor allem wurde die Mediatisirung von Bremen, Lübeck und Hamburg, deren „Proprietät", nach dem Entwurfe, an Preußen fiel, wogegen sie „Conscriptionsfreiheit" und „große Handelsprivilegien" erhalten sollten, durch ein entschiedenes „nein" zurückgewiesen. Ueberhaupt aber stieß das Mediatisirungsprincip, in seiner Gesammtanwendung, im Kabinet auf so großen Widerspruch, daß der Geheime Kabinetsrath Lombard eigenhändig einen Gegenentwurf in 15 Artikeln aufstellte, der dieses Princip wiederum völlig beseitigte; vielmehr sollten alle Stände gleiche Rechte haben, auf dem Congresse „in einer einzigen Kammer votiren" und durch „Mehrheit der Stimmen entscheiden"; dagegen wurde nicht nur die „immerwährende Direction" und das „Präsidium" des Congresses dem „Könige von Preußen" zugeschrieben, sondern dieser auch ausdrücklich zum „Generalissimus der vereinten bewaffneten Macht" erklärt. Diese letztere Bestimmung ließ man freilich, aus Besorgniß vor der allseits wachen Eifersucht, alsbald wieder fallen.[1]

---

[1] Ebend. §. 272.

So bewegte sich am Berliner Hofe selbst die Bundespolitik noch um einen principiellen Gegensatz, als der Bevollmächtigte Sachsens, Graf von Görtz, um den 6. August in Berlin eintraf und, neben dem hessischen Minister von Waitz in die mündlichen Conferenzen mit Haugwitz eintrat.

Allein damit trat zunächst nur eine ganz neue Reihe von Bedenken und Anständen in die Verhandlung ein. Sachsen klammerte sich nicht nur an der alten „noch nicht ganz zerstörten" Reichsverfassung fest, sondern fürchtete durch Abschließung des Bündnisses „Frankreich Verdacht zu geben", verlangte, daß mindestens „auch Oesterreich", ja selbst „Rußland", zu dem Bündniß „hinzugezogen werde", und erklärte, daß es „auf keinen Fall seine Verbindlichkeit auf Hannover ausdehnen könne."

Haugwitz suchte diese Anstände zu bekämpfen. Napoleon, erklärte er, stimme der Bildung des norddeutschen Bundes zu; jede „Beziehung Oesterreichs und Rußlands" müsse Preußen „wenigstens für jetzt ablehnen"; auf die „Gewährleistung Hannovers bringe der König nicht."

Einen Hauptgegenstand der ersten vertraulichen Besprechungen bildete auch die eventuelle Annahme höherer Titel und Würden. Sachsen, obwohl es seinerseits längst, gleichwie Hessen, nach dem Königstitel schmachtete, wollte doch nichts von einer Erhöhung Preußens wissen. Es gab auch in dieser Frage Besorgniß vor dem Widerspruche Frankreichs kund, oder schützte sie vor. Haugwitz aber versicherte: Napoleon, der Preußen zur Bildung des norddeutschen Bundes förmlich „eingeladen" habe, werde sich „die Veränderung der fürstlichen Würden als eine Folge davon gefallen lassen"; die Feststellung derselben solle als besonderer „Artikel in den Bundesvertrag aufgenommen werden"; doch könne der Churfürst von Sachsen „sogleich die königliche Würde annehmen", die „dem Churfürsten von Hessen gleichfalls angetragen worden sei"; dieser habe aber „geantwortet, daß er zunächst eine Ländervergrößerung wünsche, und wegen der angetragenen Würde sich nach Sachsen richten wolle." Uebrigens bemerkte Haugwitz, der Abschluß des Allianztractates sei die bringlichere Angelegenheit; „die neue Gestaltung der norddeutschen Verfassung, welche mehr Zeit erfordere, könne nachfolgen." Ein Zeichen, daß Preußen eben selbst

über das **Princip** dieser Neugestaltung damals noch nicht mit sich
einig war.

Indeß wurde Haugwitz, troß dieser Verlegenheit, sehr bald
anderen Sinnes. Am 7. August langte die Depesche Lucchesinis an,
die, obwohl unter Zweifeln, die Nachricht brachte: Napoleon unter=
handle mit England über die „Rückgabe Hannovers". Dies ward
ein neuer Sporn. Und so legte denn Haugwitz am 9. August dem
Grafen von Görß nicht nur den obigen Entwurf zum Allianztractat
mit Hessen, auf dessen Grundlage mit Sachsen ebenfalls abzuschließen
sei, sondern zugleich auch den Plan zum norddeutschen Bunde vor.
Es kann keinem Zweifel unterliegen, daß dies der **zweite Hän=
lein'sche Entwurf** war, der, unter den gegebenen Umständen, nur
den **vorläufigen Anknüpfungspunkt** bilden konnte und sollte.
Bei diesem Anlaß scheint es, sprach Haugwitz, da man immer noch
nichts Gewisses über die Entschließungen Oesterreichs in Betreff der
deutschen Reichsverhältnisse wußte, den Wunsch aus, daß der Chur=
fürst von Sachsen dazu mitwirken möge, bei dem Wiener Kabinette
„das Mißtrauen zu beseitigen, das vielleicht wegen der gegenwär=
tigen, ganz aus den Verhältnissen der Zeit erwachsenden Unterhand=
lungen entstanden sein könnte." Seinerseits drückte Sachsen neuer=
dings den Wunsch aus, Frankreich gegenüber jeden Verdacht der
Feindseligkeit zu vermeiden, und Görß zeigte sich so ungläubig gegen
die von Haugwitz behauptete Einwilligung Frankreichs in die Bil=
dung des norddeutschen Bundes, daß dieser sich veranlaßt sah,
ihm die darauf bezügliche Depesche Lucchesinis vom 22. Juli wörtlich
mitzutheilen.[1]

In Folge der besonderen Vergrößerungsansprüche Hessens und
der allgemeinen Bedenklichkeiten Sachsens war man noch um keinen
Schritt weiter gekommen, als einerseits die aus Paris eingelaufene
Nachricht in Betreff Hannovers von London her ihre volle Bestäti=
gung erhielt, und andererseits — nicht vor dem 11. oder 12. August
— die officielle Kunde eintraf, daß Franz II. am 6. die deutsche Kai=
serwürde niedergelegt habe und mit allen österreichischen Gebiets=
theilen aus dem deutschen Reichsverbande ausgetreten sei.[2] Diese

---

[1] Pöliß. 1, 274 f. Unionsbestrebungen §. 273—275. [2] vgl. Lef. 2, 342
(323). Unionsbestrebungen §. 278.

Thatsachen steigerten das Unionsbedürfniß und stachelten die mangelhafte Energie des Berliner Kabinettes. Während man die schon begonnenen kriegerischen Rüstungen ernster in Angriff nahm, wurden auch mit verdoppeltem Nachdruck die diplomatischen Verhandlungen über den Allianztractat und über die norddeutsche Bundesangelegenheit betrieben.

Um indeß dem Widerwillen gegen Mediatisirungen im Kabinet des Königs gerecht zu werden, ging Haugwitz von der Grundlage des z w e i t e n Hänlein'schen Entwurfes wieder ab, blieb aber gleichsam auf halbem Wege zwischen ihm und dem e r s t e n Entwurfe stehen, um die Befriedigung Churhessens zu ermöglichen. So hoffte er die beiden Gegensätze versöhnen zu können. Denn von all und jeder Mediatisirung abzustehen, wenn überhaupt ein Resultat erzielt werden sollte, war schon deshalb unmöglich, weil die Instructionen des churhessischen Bevollmächtigten g r a d e i n d i e s e m Zeitpunkte dahin gingen, auf die Erwerbung „der Souveränetät" über die früher genannten Ländergebiete „u n t e r a l l e n U m s t ä n d e n zu bestehen."[1]) Man war aber preußischerseits entschlossen, sich im Wesentlichen auf die Befriedigung dieser c h u r h e s s i s c h e n Ansprüche zu beschränken. Sachsen sollte daher mit Schwarzburg und Theilen von Henneberg und Reuß sich begnügen, während Preußen selbst, mit Ausnahme des an Bayreuth grenzenden südlichen Theils der Reußischen Lande, auf jede Mediatisirung fürstlicher und reichsstädtischer Mitstände verzichtete. Dagegen wurde für die reichsritterschaftlichen Besitzungen durchgängig das Mediatisirungsprincip festgehalten. In Betreff der Annahme der Kaiserwürde von Seiten des Königs von Preußen war durch die Abdankung des Kaisers Franz jedes Bedenken gehoben, so daß nunmehr, im Sinne der Wittgenstein'schen Correspondenz und nach der früheren Ankündigung von Haugwitz, ein die Erhöhung der Würden betreffender „Artikel in den Bundesvertrag aufgenommen werden" konnte.

Nach diesen Gesichtspunkten und unter Berücksichtigung des Lombard'schen Projectes, arbeitete Herr von Hänlein den b r i t t e n, d e f i n i t i v e n Bundesentwurf aus, der, in Form eines Vertrages und mit der Bedeutung eines Ultimatums, Mitte August von

---

[1]) Depesche Wittgensteins vom 12. August, s. Unionsbestrebungen §. 271. 279.

bem preußischen Kabinet den Bevollmächtigten von Sachsen und Hessen vorgelegt wurde.

Der officielle Titel dieses wichtigsten Aktenstückes lautete: „Vorläufige Grundzüge zu einer neuen Constitution für das nördliche Deutschland, unter dem Namen des nordischen Reichsbundes."

Vier Hauptpunkte charakterisiren dasselbe: 1) die Feststellung der erblichen Kaiserwürde für Norddeutschland. 2) die Mediatisirungsprojecte, freilich in jenem bedeutend ermäßigten Sinne, wonach die gesammte Reichsritterschaft eingehen, und überdies Reuß, Schwarzburg, Waldeck, Lippe-Detmold und Schaumburg aus der Reihe der selbstständigen Staaten verschwinden sollten. 3) die Forderung, daß die Auswechslung der Ratificationen noch vor dem letzten August stattfinde, und 4) die Forderung, daß die Kabinette von Wien, Petersburg und Paris, von dieser Vereinbarung erst nach Auswechslung der Ratificationen in Kenntniß gesetzt werden sollten; während dann gleichzeitig die übrigen Fürsten und Reichsstädte zum Beitritt einzuladen wären, um, Behufs der Feststellung einer förmlichen Verfassungsurkunde, einen auf den 15. October nach Dessau zu berufenden Congreß zu beschicken.

7. Der definitive Vertragsentwurf über die Bildung und Verfassung des norddeutschen Reichsbundes.

Wir können es uns nicht versagen, den vollständigen Inhalt dieser „Vorläufigen Grundzüge" hier im Abriß wiederzugeben, unter sofortiger Eintragung der unwesentlichen Abänderungen, die er noch nachträglich im Wege der Berathung während der nächsten Tage erfuhr.[1]

Artikel I.

Der Hauptzweck des Nordischen Bundes ist Schutz und Sicherheit in Betreff der inneren und der auswärtigen Verhältnisse. Die drei vorzüglichsten Glieder sind Preußen, Sachsen und Hessen.

---

[1] S. Unionsbestrebungen S. 470 ff. Die Mittheilungen von Pölitz 1, 277 ff. u. Miruß 1, 843 ff. sind darnach als ungenügend und unzuverlässig constatirt.

Artikel II.

Der König von Preußen nimmt, auf Einladung der Chur=
fürsten von Sachsen und Hessen, die Würde eines Kaisers von Nord=
Deutschland an; die Churfürsten von Sachsen und Hessen, auf die
Einladung des Königs von Preußen, proclamiren sich ihrerseits zu
Königen.

Artikel III.

Die übrigen Mitglieder des Nordischen Reichsbundes sind:
1) Dänemark wegen Holstein;
2) Schweden wegen Pommern;
3—7) Sachsen = Weimar, Sachsen = Gotha, Sachsen = Meiningen,
Sachsen=Coburg, Sachsen=Hildburghausen;
8) Braunschweig;
9 u. 10) Meklenburg=Schwerin und Meklenburg=Strelitz;
11) Oldenburg;
12—14) Anhalt=Dessau, Bernburg und Köthen;
15) Der Fürst zu Fulda.
16—18) Die Reichsstädte Lübeck, Bremen und Hamburg.

Artikel IV.

Zur Annahme des Titels eines Großherzogs werden einge=
laden: die älteste herzoglich Sächsische Linie, der Herzog von Braun=
schweig, die älteste herzoglich Meklenburgische Linie, und der Herzog
von Oldenburg; zur Annahme der herzoglichen Würde der Fürst
von Oranien=Fulda.

Artikel V.

Das Berliner Kabinet ladet in seinem Namen und im Namen
der beiden Mitpaciscenten sämmtliche §. III. benannte Stände zum
Beitritt ein und ersucht sie, sich am 15. October zu einem Congreß
in Dessau zu versammeln, um unter Preußischen Vorsitz, und nach
Regulirung des Stimmenverhältnisses, die Nordische Bundesver=
fassung zu consolbiren und eine förmliche Constitutionsakte zu ent=
werfen. Dieser Bundescongreß bleibt permanent.

Artikel VI.

Folgende Hauptpunkte werden sogleich festgesetzt: Preußen, Sachsen und Hessen bilden das Directorium des Bundes, und Preußen steht auch bei diesem Directorium die erste Stelle zu. Alle Anträge werden an das Directorium und, nach vorläufiger Erwägung, durch die Dictatur an den gesammten Congreß gebracht. Ueber die Stimmenzahl der drei pacificirenden Höfe wird man sich vor Eröffnung des Congresses vergleichen.

Artikel VII.

Sämmtliche Bundeslande werden in drei Kreise getheilt: den Brandenburgischen, Sächsischen und Hessischen.

Der Brandenburgische Kreis umschließt, außer den sämmtlichen eigenen Preußischen Provinzen: die Meklenburgischen Lande, Schwedisch-Pommern, Holstein, Oldenburg und Delmenhorst nebst dem Fürstenthum Lübeck, Braunschweig, und die drei Reichsstädte Lübeck, Bremen und Hamburg. Der Preußischen Landeshoheit wird der südliche Theil der Fürstlich- und Gräflich Reußischen Lande unterworfen.

Artikel VIII.

Der Sächsische Kreis begreift, außer den eigenen Chursächsischen Besitzungen: sämmtliche Lande der Fürstlich Sächsischen und Anhaltischen Häuser, mit der Grafschaft Henneberg. Der sächsische Antheil der letzteren, sowie der nördliche Theil der Fürstlich- und Gräflich Reußischen Lande und die Grafschaft Schwarzburg werden der Sächsischen Landeshoheit unterworfen.

Artikel IX.

Der Hessische Kreis begreift, außer den eigenen Landen: das Fürstenthum Fulda und die zugleich unter Hessische Landeshoheit fallenden Grafschaften Waldeck, Lippe-Detmold, Lippe-Schaumburg, die Grafschaft Schlitz, Pyrmont, Rittberg und Rheda.

Artikel X.

Alle bisherigen Reichsritterschaftlichen Besitzungen werden von den Landesherren, in deren Ländern sie liegen, mediatisirt.

Artikel XI.

Die Besitzungen der deutschen Ritterorden fallen den Landes=
herren, in deren Gebieten sie liegen, als Eigenthum zu. Die
Präbendirten werden pensionirt; die dafür verwandten Fonds er=
halten, zur Hälfte, künftig die Bestimmung einer Pensions= und
Belohnungsanstalt für verdiente Staatsbeamte vom Civil= und
Militärstand.

Artikel XII.

Die Reichsstädte behalten zwar ihre bisherige innere Ver=
fassung, sind aber der höchsten Gerichtsbarkeit des Bundes und der
Kaiserlichen Oberherrlichen Aufsicht ebenso unterworfen, wie zuvor
der des Kaisers und Reichs. Sie sind für immer neutral und con=
scriptionsfrei, bezahlen aber dafür jährliche ordentliche, und in
Kriegszeiten außerordentliche Charitativ=Subsidien.

Artikel XIII.

Dem Oberhaupt des Bundes stehen alle Vorrechte des deutschen
Kaisers in den ständischen Ländern zu. Im Falle der Minderjährig=
keit des preußischen Monarchen üben Sachsen und Hessen abwechselnd
die Rechte des Bundesoberhauptes aus.

Artikel XIV..

In jeglichem Fall eines auswärtigen Angriffs sind sämmtliche
Stände die ganze Masse ihrer Mittel dem Bunde schuldig. Sie
dürfen keine Verbindung mit andern Staaten eingehen, welche dem
Bunde nachtheilig oder gefährlich werden könne, oder im Wider=
spruch mit den Pflichten gegen denselben stehen möchte. Die reguläre
und gewöhnliche Militärmacht des Bundes besteht aus 240,000 Mann.
Dazu stellen:

a) Preußen mit Meklenburg und Braunschweig	165,000 Mann.
b) Sachsen mit den fürstlich säch= sischen Häusern und Anhalt .	35,000 „
c) Hessen und Fulda	22,000 „
d) Dänemark und Oldenburg .	12,000 „
e) Schweden	6,000 „

Summa: 240,000 Mann.

Artikel XV.

Die Fürsten, welche in Absicht der Stellung der festgesetzten Militärmacht sich mit einander vereinigen, treffen ein besonderes gütliches Einverständniß unter sich.

Artikel XVI.

Ueber die Mittel, die säumigen Stände zur Erfüllung ihrer Schuldigkeit allenfalls executivisch anzuhalten, wird der Congreß die näheren Bestimmungen festsetzen.

Artikel XVII.

Die Militärmacht jedes Kreises steht unter dem Commando des Standes, von welchem der Kreis den Namen führt. In Kriegszeiten steht die gesammte Bundesarmee unter den Befehlen des Oberhaupts. Das nähere Detail der militärischen, auf gleichen Fuß zu setzenden Einrichtungen wird von dem Bundescongresse mit Beiziehung der von Preußen, Sachsen und Hessen dazu verordneten Militärpersonen in der Constitutions = Acte näher bestimmt werden.

Artikel XVIII.

Wie die Militärmacht des Bundes für die äußere Sicherheit sorgt, so muß die innere durch eine gute Polizei = und Justizverfassung von Seiten des Bundescongresses verbürgt werden, ohne jedoch die Rechte der verbündeten Stände zu beschränken.

Artikel XIX.

Die Ausführung der Congreßbeschlüsse über allgemeine Polizei gegenstände wird zunächst jedem Landesherrn im Einzelnen, und jedem Kreisdirector im Ganzen überlassen.

Artikel XX.

Es soll ein eigenes nordisches Reichsbundestribunal errichtet werden, mit dem Sitze in einer der drei Hansestädte.

Artikel XXI.

Das Bundesgericht entscheidet auch bei Klagen gegen die Re=

genten; der Recurs von den Aussprüchen des Bundestribunals geht an den Bundescongreß.

Artikel XXII.

Die Execution der Urtheile, sowie die Regulirung des ständischen Schuldenwesens und die Sequestrations=Commissionen werden, nach den Kaiserlichen Aufträgen durch das Bundesgericht, von dem Kreisdirector geführt und vollzogen.

Artikel XXIII.

Streitigkeiten der Stände unter sich sollen durch Compromiß= sprüche entschieden werden. Der Streit wird dem Bundescongreffe vorgelegt; der Beklagte wählt zwei Gesandte als Compromißrichter; der Kläger fügt noch einen britten hinzu. Diese brei Sprecher ent= scheiden pro arbitrio boni viri, und, wenn sie sich nicht einigen können, durch einen vom Congreß gewählten Obmann. Die Aus= fertigung des Spruchs geschieht im Namen des Congresses, und es findet davon keine weitere Appellation statt.

Artikel XXIV.

Die gegenwärtige durch den Drang des Umstände zur Noth= wendigkeit gewordene Vereinbarung soll sogleich nach Auswechselung der Ratificationen, die noch vor dem letzten bieses Monats stattfin= den soll, den Kaiserhöfen zu Wien, Paris und Petersburg bekannt gemacht, sowie ben im Art. III. genannten Bundesständen, mit der im Art. V. festgesetzten Einladung zum Beitritt und zur Versamm= lung des Congresses, in Abschrift mitgetheilt werden.

Der Schluß lautete:

„Urkundlich ist der gegenwärtige Tractat in triplo ausgefertigt und von den Bevollmächtigten unterschrieben und besiegelt worden.

„So geschehen Berlin den — August 1806."

An biesen „Hauptvertrag" schloß sich als Beilage ein „Separat= Artikel" an, ber im Interesse der Durchführung des norbdeutschen Bundes ein Zwangsrecht gegen renitente Regierungen in Anspruch nahm. Denn man verkannte so wenig wie Friedrich der Große, baß es „schwer halte, so viele Köpfe unter Einen Hut zu bringen."

Man fürchtete, daß selbst nach Abschluß des Bundesvertrages zwischen Preußen, Sachsen und Hessen, von Seiten anderer Staaten der Beitritt verweigert werden möchte. Man war aber der Meinung, daß einer solchen Weigerung um keinen Preis nachzugeben, sondern nöthigen Falls selbst mit den kräftigsten Mitteln entgegenzutreten sei, damit nicht, statt der erzielten engeren Vereinigung, vielmehr eine völlige Zerbröckelung Norddeutschlands eintrete. Und man gab daher dieser Meinung den nachfolgenden, in der That energischen Ausdruck.

Separat-Artikel.

Da sich der Fall denken läßt, daß einer oder der andere derjenigen Stände, welche nach dem unter dem heutigen Dato abgeschlossenen Tractat, über die neue Constitution des nördlichen Deutschlands, als Mitglieder des nordischen Reichsbundes betrachtet werden müssen, den Beitritt zu verweigern gesonnen sein dürfte: so haben auf diesen Fall die drei pacisirenden Höfe die Ansicht, daß hier, wo es auf die Selbsterhaltung Aller und jedes Einzelnen, und auf die Sicherstellung der Ruhe und des Friedens des gesammten nördlichen Deutschlands ankommt, jede Trennung von dem gemeinschaftlichen Interesse ganz unzulässig sei.

Sollten alle gütlichen Vorstellungen, diese Ueberzeugung und den Entschluß eines freiwilligen Beitritts hervorzubringen, vergeblich sein, so scheint kein anderes Mittel übrig zu bleiben, als die Erklärung: „daß derjenige Landesherr, welcher seine Souveränetätsrechte nach der durch den Drang der Umstände erzeugten Constitution des gegenwärtigen norddeutschen Reichsbundes auszuüben Bedenken fände, derselben für verlustig erklärt werden müßte, welche sobann an denjenigen der drei pacisirenden Höfe fallen sollen, in dessen Kreise die sich ausschließenden Lande liegen."

Die hohen pacisirenden Höfe geben sich hierdurch feierlich das Wort, vorstehende Grundsätze im vorkommenden Fall zur Richtschnur ihres Betragens zu machen, und solche mit allem Nachdruck gemeinschaftlich aufrecht zu erhalten.

Urkundlich ist dieser Separat-Artikel zu dem Hauptvertrag ebenfalls in triplo ausgefertigt u. s. w.

8. Fortſetzung der Verhandlungen mit Sachſen und Heſſen bis gegen Ende September.

An den Verhandlungen, welche in Berlin über dieſen defini=
tiven preußiſchen Bundesentwurf mit den Bevollmächtigten von
Sachſen und Heſſen gepflogen wurden, nahm neben Haugwitz auch
Herr von Hänlein einen eifrigen und weſentlichen Antheil.

Preußen forderte vor allem einen raſchen Abſchluß und die ſo=
fortige Annahme der neuen Titel, damit nicht Napoleon am 1. Sep=
tember, wo der Rheiniſche Bund ſeine erſte Sitzung zu Frankfurt
am Main abhalten ſollte, ſeinerſeits den Titel eines Kaiſers
von Deutſchland annehmen könne. Nichtsdeſtoweniger machte
ſich ſofort ſächſiſcherſeits die größte Eiferſucht geltend; alle anderen
Eindrücke wichen vor dem Gedanken zurück, daß „Preußen eine Art
von Suprematie in Anſpruch nehme.“ Doch ging man auf eine
materielle und formelle Erörterung der Vorlagen ein. [1]

Wir übergehen die intereſſanten ſtatiſtiſchen Erklärungen, die
Herr von Hänlein beibrachte. Noch weniger aber können wir uns
entſchließen, der Silberſtechereien zu gedenken, die ſich bei der Be=
rathung des Vertragstextes geltend machten. Die Mehrzahl der
Aenderungen, die derſelbe in den nächſten Tagen erfuhr, war völlig
gleichgültiger Natur; eine geringe Zahl führte zu materiellen, jedoch
mehr oder minder unweſentlichen Aenderungen; nur eine einzige
war von eingreifender Bedeutung; indem ſie eben der Eiferſucht
Ausdruck gab und den Charakter der preußiſchen Suprematie zu
tilgen bedacht war. Im 22. Artikel wurden nämlich die Worte
„nach den Kaiſerlichen Aufträgen“ geſtrichen und dagegen geſetzt:
„nach den Aufträgen des Bundesgerichts.“

Die Stellung Heſſens und Sachſens zu dieſen Verhandlungen
war eine ſehr verſchiedene. [2]

Heſſen, obwohl deſſen Churfürſt auch Anſprüche auf Ueber=
tragung des Commandos erhob, zeigte ſich doch in Folge der Zuge=
ſtändniſſe, die ſeiner Vergrößerungsluſt zu Theil geworden, der=
geſtalt befriedigt, daß Herr von Waitz ſich ſchon am 18. Auguſt zur
Unterzeichnung des modificirten Bundesentwurfes bereit erklärte.

[1] Unionsbeſtrebungen §. 281 f. [2] Ebend. §. 283 f. 290. 292 ff.

Sachsen dagegen konnte seine Bedenken nicht überwinden; sein Bevollmächtigter hatte nur den Auftrag alles ad referendum zu nehmen und neue Instructionen zu erwarten. Vergebens wurde der Churfürst im Namen des Königs unter dem 18. August gemahnt, endlich seine „letzten Entschließungen" kund zu geben. Als Vorwand der Zögerungen diente sächsischerseits noch immer die Behauptung von der „Nothwendigkeit der Hereinziehung Oesterreichs in den Bund."

In Berlin wuchs die Ungeduld. Am 20. August, da die sächsischen Instructionen und Vollmachten immer noch ausblieben, wurde ohne weiteren Aufschub der Hauptvertrag über den Norddeutschen Bund unter „Vorbehalt der chursächsischen Beistimmung", von den Bevollmächtigten Preußens und Churhessens durch Unterschrift und Besiegelung vollzogen.

Die vorbehaltene Beistimmung Sachsens erfolgte aber nicht. Vielmehr enthüllte sich jetzt erst allmählig, auf wiederholte Mahnungen Preußens, der Hauptgrund des sächsischen Widerstandes. Weit davon entfernt nämlich, sich dem König von Preußen, oder einem „Kaiser von Norddeutschland" aus dem Hause Brandenburg unterwerfen zu wollen, war man in Dresden vor allem heimlich und eifrig bedacht, einen sächsischen Sonderbund, d. h. eine bundesstaatliche Particularunion der sächsischen und thüringischen Staaten unter chursächsischer Hoheit herzustellen. Daher war man daselbst entschlossen, in nationaler Beziehung höchstens auf ein möglichst lockeres Gruppensystem sich einzulassen, d. h. höchstens in die Bildung von Staatengruppen einzuwilligen, deren jede für sich souverän, und die unter sich nur föderativ verbunden wären.

Um uns aber die Haltung Sachsens völlig klar zu machen, müssen wir auf dessen Beziehungen zu Frankreich wenigstens ein flüchtiges Augenmerk richten.

Unmittelbar seit dem Abschluß des Preßburger Friedens mit Oesterreich (26. December 1805) hatte sich Napoleon bemüht, für den Fall eines Bruches mit Preußen, diesem die deutschen Verbündeten abspenstig zu machen, und namentlich in Sachsen Verdacht gegen die preußische Politik zu erregen. Zugleich nährte man, im Hinblick auf die an Baiern und Würtemberg ertheilte Königswürde, in Dresden, gleichwie in Cassel, die Lüsternheit auf die Erlangung der gleichen Rangerhöhung. Im März und April 1806, zu eben der Zeit da Friedrich Wilhelm III., in seiner Correspondenz mit dem Churfürsten, die Verbindung Preußens und Sachsens vertrauensvoll als eine „unauflösliche" bezeichnete, machte Napoleon einschneidende Versuche, sie dauernd zu zerstören. Er gedachte seinen Bruder Hieronymus mit der sächsischen Prinzessin Auguste zu vermählen; dagegen sollte der Churfürst von Sachsen allerhand Vortheile und Vergrößerungen erhalten, namentlich das Gebiet von Erfurt, die Besitzungen der Anhaltischen Fürsten und die königliche Würde. [1]) Zerschlug sich auch dieser Plan, so dauerten doch die Bemühungen, Sachsen von der preußischen Politik abzuziehen und der französischen dienstbar zu machen, zumal auf dem Wege ködernder Verlockungen, ununterbrochen fort. An dem Tage der Unterzeichnung der Rheinbundsakte, am 17. Juli, ließ Napoleon, durch Vermittelung des österreichischen Bevollmächtigten General Vincent, dem chursächsischen Gesandten in Paris, Grafen von Senfft, die vertrauliche Erklärung zukommen: „Sachsen werde wohlthun sich davor zu hüten, daß es nicht durch Preußen, welches in sein Verderben laufe, sich mit fortreißen lasse; der Churfürst könne nichts Besseres thun, als seine Unabhängigkeit und seine Neutralität zu erklären, und dieselbe dadurch zu stützen, daß er die kleinen benachbarten Staaten seinem Systeme anschließe; diese politische Stellung würde von Frankreich anerkannt werden, ohne daß dieses den Anschluß Sachsens an den Rheinbund begehre." Noch „an demselben Tage" stattete Senfft über diese „wichtige Eröffnung" seinem Hofe Bericht ab, mittelst einer „chiffrirten Depesche", zu deren Ueberbringung nach Leipzig ein „preußischer Courier" mißbraucht wurde. [2]) Senfft selbst erzählt ferner in seinen Memoiren: „Später, im Monat August", habe das französische Kabinet dem Berliner Hofe aus dem „norddeutschen Bundesproject" förmlich einen „Vorwurf" gemacht, und zugleich jene obigen Rathschläge durch den französischen Gesandten Dürant zu Dresden „in officieller Weise" kund gegeben. Endlich habe „Anfangs September", ihm selbst gegenüber, „Herr von Talleyrand dieselben noch einmal wiederholt."

---

[1]) Ebend. §. 246. 249. 253.
[2]) Mémoires du comte de Senfft, ancien ministre de Saxe, Leipzig 1863, p. 10.

Hiernach kann es denn keinem Zweifel unterliegen, daß Napo=
leon genau zu derselben Zeit, wo er dem preußischen Kabinet Sym=
pathien für ein norddeutsches Bundes= und Kaiserproject vorgaukelte,
den Dresdener Hof vor eben diesem Projecte sowie überhaupt vor jeder
Gemeinschaft mit der preußischen Politik warnte und, um ihn gründ=
lich davon abzuziehen, ihm die Idee eines sächsischen Sonderbundes
als Köber zuwarf. Daher die Anstände und die Aengstlichkeit
Sachsens; daher seine Furcht vor Frankreich und sein Mißtrauen
gegen Preußen; daher sein Schwanken, seine Zögerungen und seine
Ausflüchte aller Art.

Und so geschah es denn auch, daß, statt der von Preußen stünd=
lich „erwarteten Vollmacht" Sachsens zur nachträglichen Unterzeich=
nung des mit Hessen vollzogenen Bundesentwurfes, schließlich nur
wieder eine ausweichende Bescheidung, und zwar sehr unerwarteten
Inhalts, in Berlin eintraf. Am 24. August erging von Dresden
her an den Grafen von Görtz der Auftrag, die Erklärung abzugeben:
die Organisation des nördlichen Deutschlands erfordere Ueberlegung
und Zeit; man werde sächsischerseits einen Gegenentwurf ein=
bringen; die Allianz betrachte der Churfürst als eine Erneuerung der
Erbverbrüderung und habe insofern nichts dagegen einzuwenden;
wegen der Annahme des Kaisertitels von Seiten Preußens wären
an Sachsen und Hessen keine vorläufigen Mittheilungen gemacht
worden; daß Napoleon den deutschen Kaisertitel annehmen wolle,
davon habe man keine Nachricht; im Gegentheil behaupte man in
Wien, es bestehe eine Acte, worin er sich verbindlich gemacht, den=
selben nicht anzunehmen.

Preußen, unwillig, aber ohne Vermögen den Widerstand zu
brechen, drang nunmehr, durch ein Kabinetsschreiben des Königs,
das dem Churfürsten von Sachsen am 27. August überreicht ward,
wenigstens auf sofortige Abschließung des Allianztractates; und zu=
gleich gab Haugwitz, durch die unaufhörlichen Anstände gegen den
Kaisertitel gedrängt, dem sächsischen Bevollmächtigten, wie dieser
am 27. seinem Hofe meldete, die Versicherung: der König werde den
Kaisertitel nur auf Antrag von Sachsen und Hessen annehmen;
Hessen habe zuerst die Idee dazu angeregt. Es war das eine fatale
Wendung. Denn mit einem wirklichen und förmlichen Antrage
der Art von Seiten der Fürsten, hatte es ohne Zweifel gute Wege.

Und in der That hatte denn auch der heſſiſche Miniſter nichts Eili=
geres zu thun, als die Behauptung des preußiſchen hinſichtlich der
erſten Anregung, troß der Wittgenſteinſchen Depeſche vom 23. Juli,
in Abrede zu ſtellen. [1])

Aber auch mit dem Allianztractat ging es unglücklich. Der
Churfürſt von Sachſen erklärte in ſeinem Erwiederungsſchreiben am
31. Auguſt, d. h. an dem Tage wo nach der Abſicht des preußiſchen
Kabinets ſowohl der Allianztractat wie der Vertrag über den nord=
deutſchen Bund nicht nur unterzeichnet, ſondern auch ſchon ratificirt
ſein ſollten, in höchſt bedächtiger Weiſe: daß er ſeinen Geſandten in
Berlin zum Abſchluß der „erneuerten Verbindung zwiſchen Branden=
burg, Sachſen und Heſſen — nächſtens — inſtruiren — laſſen —
werde.“

Die Unſchlüſſigkeit in Dresden wurde durch die abſichtlich ver=
wirrende, reſervirte und geringſchäßige Haltung der franzöſiſchen
Diplomatie offenbar noch geſteigert. Dürant erklärte um dieſe
Zeit: er ſei beauftragt, über die Entſchlüſſe des Churfürſten „gar
keine Erklärung abzugeben“, weil es „dem Kaiſer gleichgültig
wäre, zu welcher Conföderation er treten, oder ob er König und un=
abhängig ſein, oder ganz neutral bleiben wolle.“ [2])

Endlich, am 7. September, erhielt der ſächſiſche Geſandte in
Berlin, nicht etwa die Vollmacht zum Abſchluß der beiden durch=
berathenen Verträge, ſondern 1) ein ſächſiſches Gegenproject zu
dem Allianztractat und 2) ein ſächſiſches Gegenproject zu dem
norddeutſchen Bundesvertrag. [3])

Das Charakteriſtiſche an dem Erſteren war: daß es die Bil=
dung eines norddeutſchen Bundes und den Beitritt Sachſens zu
demſelben mit keiner Silbe erwähnte; daß es jede Garantie für
Hannover unbedingt ausſchloß (Art. 2); und endlich, daß es durch
Art. 9 deutlich kundgab, wie Sachſen vor allem die Bildung eines
einheitlichen ſächſiſchen Sonderbundes erzielte, und wie es deshalb
das Princip der Particularunionen einführen, deren Verbindung
aber nur durch die Häupter derſelben in lockerſter Weiſe vermit=
teln wollte.

Das Charakteriſtiſche an dem zweiten Gegenprojecte war:

<hr>

[1]) Unionsbeſtrebungen §. 297 f.   [2]) Ebend. §. 344.   [3]) Ebend. §. 307 ff.

daß Sachsen, weit davon entfernt, dem König von Preußen einen Vorzug innerhalb des norddeutschen Bundes zugestehen zu wollen, vielmehr sehr geneigt war, die erste Stelle in demselben für sich selbst in Anspruch zu nehmen, und es als einen Akt besonderer Nachgiebigkeit und persönlichen Wohlwollens angesehen wissen wollte, wenn es sich dazu bequeme, dem König von Preußen die gleiche Berechtigung mit dem Churfürsten von Sachsen einzuräumen. Deshalb hieß es in den begleitenden „Bemerkungen": Eigentlich könnte und müßte man beanspruchen, daß Ihre Churfürstl. Durchlaucht bei dem Bundescongreß das alleinige Directorium zu führen hätten. Indessen wollen Höchstdieselben aus persönlicher Rücksicht für Ihre Königl. Majestät von Preußen darauf nicht bestehen, sondern sind geneigt, dem vorgeschlagenen dreifachen Directorio die Hand zu bieten, erachten jedoch der Billigkeit gemäß, daß wenigstens das Hauptdirectorium von Jahr zu Jahr unter den drei Höfen alternire, in dem Maße, daß Ihre Majestät den Anfang machen." Dieser Anfang im Alterniren war das einzige Zugeständniß, das der Gegenentwurf selbst (Art. 4) für Preußen übrigließ, und das er im Art. 1 naiver Weise als ein „Einräumen der ersten Stelle" in dem Bunde verkündete. Der Artikel des preußischen Entwurfs über die Annahme des Kaisertitels wurde, wie die meisten anderen, einfach in „Wegfall" decretirt.

Dagegen zeigte sich auch hier, daß es dem Dresdener Hofe hauptsächlich um die Herstellung einer sächsischen Particularunion zu thun war. Deshalb legte er alles Gewicht auf die Eintheilung der Bundeslande in „drei Kreise" (Art. 5). Deshalb sollte dem „Director" eines jeden Kreises „überlassen bleiben, mit des Kreises Zugehörigen sich, wegen der künftigen näheren Verhältnisse mit ihnen, besonders zu vereinigen." Deshalb ferner sollte jeder Kreis ein „Ganzes" ausmachen, namentlich u. A. in Bezug auf das Militärwesen und die Gerichtsbarkeit. Deshalb endlich sollte es auch kein „allgemeines Bundesgericht" geben, sondern „von jedem Kreisdirector in seinem Kreise ein eigenes Tribunal als höchste Instanz errichtet" werden.

Die Mediatisirungsfrage wurde zwar behutsam umgangen. Sachsen rieth ausdrücklich, „zur Vermeidung allerlei widriger Eindrücke und Folgen" in dem Vertrage der „Mediatisirung nicht zu gedenken", überall den Ausdruck „der Landeshoheit unterworfen" zu vermeiden, und vorläufig eben nur die Kreiseintheilung festzusetzen. Denn alles Weitere sollte ja der „besondern Vereinigung" des „Kreis=directors", mit den „Zugehörigen" des Kreises „überlassen bleiben." Sehr bezeichnend ist es aber doch, daß Sachsen die einzige Ge=bietsstrecke, die Preußen unter seine Landeshoheit zu bringen ge=dachte, nämlich den südlichen Theil der Reußischen Besitzungen, auch noch für sich in Anspruch nahm, indem es nicht nur die „sämmtlichen" Reußischen Lande zu dem sächsischen „Kreise" gezogen wissen wollte, sondern ausdrücklich begehrte, daß Preußen ihm zur „Wiederherbeibringung dieser sächsischen Zugehörungen be=hülflich sein" solle. Vorläufig erklärte der Churfurst, daß er auch in Betreff der „sämmtlichen Reußischen" sowie der „Schwarz=burgischen Besitzungen" sich selbst „die näheren Bestimmungen ihrer Verhältnisse vorbehalte." Selbstverständlich hing es übrigens auch nach dem preußisch=hessischen Bundesvertrage ganz allein von ihm ab, ob er die darin ihm zugewiesenen Reußischen und Schwarzburgi=schen Lande mediatisiren wolle oder nicht.

In hohem Grade auffallend erscheint es unter diesen Umstän=den, daß der Churfürst dem in den sächsischen Herzogthümern um=laufenden „Gerücht, als ob einige fürstlich sächsischen Lande einer fremden Landeshoheit unterworfen werden sollten", keineswegs entgegentrat. Vielmehr gab er dem Herzog von Sachsen=Hildburg=hausen, der deshalb, offenbar seiner selbst willen besorgt, schon am 15. August bei ihm angefragt hatte, erst am 26. die nachfolgende, höchst unbestimmte und nach jeder Richtung hin die Besorgniß noth=wendig steigernde Antwort: „Die erwähnten Gerüchte sind aller=dings allgemein. Bis jetzt aber haben Wir von einer solchen Ab=sicht noch keine glaubwürdige Bestätigung erhalten. Was jedoch daran sei: so erweisen Ew. Liebden Unsern freundschaftlichen Ge=sinnungen Gerechtigkeit, wenn Dieselben nicht zweifeln, daß Wir an dem Wohle der herzoglich=sächsischen Häuser lebhaften Antheil nehmen, Ihr Interesse als Unser eigenes betrachten, und für die Behauptung Ihrer wohlhergebrachten Besitzungen und Gerechtsame ernstlich besorgt sind u. s. w."

Wie war es nur möglich, daß der Churfürst in diesen Aus=drücken noch am 26. August schreiben konnte, d. h. nach Kenntniß=

nahme des preußischen definitiven Entwurfs und des damit überein=
stimmenden von Preußen und Hessen unterzeichneten Bundesver=
trages? Wie konnte Chursachsen andeuten: die Gerüchte einer
Mediatisirung herzoglich=sächsischer Häuser seien „allerdings" allge=
mein, während es mit Bezug auf §. 3 des Berliner Bundesvertrages
vielmehr bezeugen mußte, daß solche Gerüchte — wenigstens soweit
es auf Preußen und Hessen ankam — offenbare Lügen seien, daß
vielmehr — wenigstens von Seiten dieser beiden Staaten — die
herzoglich=sächsischen Häuser als vollberechtigte Mitglieder
des Bundes schon vertragsmäßig anerkannt wären? Wie
durfte man in mystischer Weise von einer „Absicht", sie zu mediati=
siren, und von noch nicht erhaltener „Bestätigung" einer solchen
reden, in einer Zeit, wo man vielmehr die officielle Wider=
legung derselben vollständig in Händen hatte? Wie mochte man
es zweifelhaft lassen, ob etwas „daran" sei, da es nur von dem
Beitritt Chursachsens abhing, um sagen zu können, daß
nichts daran sei? Wie konnte man sich das Ansehn geben, als ob
man die „Besitzungen und Gerechtsame" der „herzoglich=sächsischen
Häuser" zu „behaupten ernstlich besorgt" sei, die wenigstens Preußen
und Hessen nicht im Entferntesten angetastet hatten, und die daher
nur noch gefährdet sein konnten, wenn diese Gefährdung von Chur=
sachsen selber ausging?

Alle diese Räthsel können nur dann ihre vollständige Lösung
finden, wenn an den herzoglich=sächsischen Höfen seit Anfang August
Besorgnisse vor preußischer Mediatisirungslust absichtlich ausge=
sprengt waren, und wenn es die Absicht des Dresdener Hofes war,
diese Besorgnisse wach zu erhalten und auszubeuten, um das Ver=
trauen der kleineren sächsischen Häuser an sich zu fesseln und desto
leichter mindestens diejenigen Souveränetätsrechte, welche der Ge=
sammt=Bund in Anspruch nehmen mochte, auf die eigene Particular=
Union und deren Directorium, d. h. auf sich selbst zu übertragen.
Und in dieser Richtung bewegten sich in der That die sächsischen
„Gegenentwürfe" augenfällig. Nicht nur, daß der Churfürst in jeder
Hinsicht die „nähere Bestimmung" seiner „Verhältnisse" zu den „Zu=
gehörigen" des Kreises „sich vorbehielt"; sondern ausdrücklich ließen
auch diese Gegenentwürfe durchblicken, daß es ihm besonders daran
gelegen sei, durch die „besondere Vereinigung" seiner eigenen „Macht

mehrere Festigkeit" und einen „größern Umfang" zu verschaffen. Und wenn der König von Preußen, wie wir gleich sehen werden, ihm ausdrücklich betheuern zu müssen glaubte, daß er ihm ja „alle Vortheile und Vergrößerung wünsche", so setzt auch dies augenfällig beharrliche Ansprüche auf Vortheile und Vergrößerung von sächsischer Seite voraus.[1]

Je unerwarteter nämlich die Dresdener Gegenprojecte waren, desto größeren Anstoß erregten sie bei dem Berliner Kabinette. Man war ungehalten über die dadurch neuerdings veranlaßte Verschleppung. Man verhehlte nicht, daß man nach wie vor das Verlangen trug, lieber die Vereinbarungen mit Hessen vorläufig auch von Sachsen angenommen zu sehen, als mit diesem, oder vielmehr mit beiden, plötzlich auf einer ganz neuen Grundlage die Verhandlungen wieder aufzunehmen. Auch erschien es bedenklich, daß der sächsische Gegenentwurf zur Allianz es vermieden hatte, die Bildung des norddeutschen Bundes und den Beitritt Sachsens zu demselben auch nur zu erwähnen; und überdies war man mit dem Vorbehalt in Betreff der Garantie Hannovers nicht zufrieden. Das Dresdener Kabinet wollte indessen von seinem Gegenproject nicht abstehen.[2]

Inzwischen hatte die Stellung Frankreichs und Preußens gegen einander, sowie die beiderseitige Rüstung, einen immer ernsthafteren Charakter angenommen. Bereits am 8. September war die Feldequipage des Königs nach Halle abgegangen. Der Fall eines nahen Bruches mit Frankreich galt für wahrscheinlich. Und doch verging in dieser fiebernden Zeit ein Tag nach dem andern, ohne den Zweck der Verhandlungen mit dem Dresdener Kabinet zu fördern, geschweige zu erreichen. Vor allem aber galt es, unter den drohenden Umständen, wenigstens ungesäumt die Abschließung des Allianztractates herbeizuführen; um so mehr als Hessen das Zögern Sachsens zum Vorwand nahm, um auch seinerseits die Unterzeichnung des Tractates, angeblich „aus Achtung gegen den Churfürsten von Sachsen", zu beanstanden.

Da entschloß sich Preußen zu einer letzten großen Anstrengung, um den Widerstand zu besiegen. Am 16. September schrieb der König noch einmal eigenhändig an den Churfürsten von Sachsen,

---

[1] Ebend. §. 312. f. [2] Ebend. §. 309.

drückte in Betreff des Allianztractates sein Bedauern über die Verzögerungen aus, die dessen Abschluß erleide, ließ über das sächsische
Gegenproject deutlich sein Mißbehagen durchblicken, und sprach ausdrücklich den Wunsch aus, daß der von Preußen vorgelegte „Plan"
vorläufig angenommen werden möge, da man ihn ja „später nach
des Churfürsten Convenienz modificiren könne", indem auch er demselben „alle Vortheile und Vergrößerung wünsche".

Das Schreiben des Königs wurde durch eine Note des Grafen
Haugwitz von dem gleichen Datum unterstützt und ergänzt; auch in
ihr wurde auf die endliche Abschließung des Allianztractates gedrungen, und das sächsische Gegenproject „als für die Umstände nicht
passend" abgelehnt, übrigens aber die Bereitwilligkeit „zu allen möglichen Modificationen" in Aussicht gestellt.[1]

Auch dieser letzte Versuch schlug jedoch fehl. Als der König am
21. September mit dem Minister Haugwitz in das Hauptquartier
abreiste, war man noch ohne alle Nachricht. Erst unterm 23. September erfolgte eine Antwort des Churfürsten von Sachsen; aber sie
sprach nichts weniger als die ersehnte Zustimmung zu dem preußischen Allianztractate aus. Er bedauere, schrieb der Churfürst, den
Vorwurf der Verzögerung; der Graf von Görtz werde „unverzüglich
einen abgeänderten Entwurf zur Allianz erhalten, worin
des Churfürsten Beitritt zum norddeutschen Bund erwähnt wäre." Sachsen hielt also zäh an seinem Gegenentwurfe
fest. Die Abänderungen, wozu es sich verstand, waren meist un-
wesentlicher Natur. Der norddeutsche Bund, obwohl nunmehr „erwähnt", wurde doch noch immer als etwas Nebensächliches und
Eventuelles behandelt, worauf man „auch" Bedacht nehmen wolle,
und der überdies nur als ein „föderativer Defensiv-Bund" in Aussicht gestellt ward. Die Garantie Hannovers blieb nach wie vor
ausgeschlossen. Dagegen wurde — und das war in hohem Grade
charakteristisch — dieser Weg der Abänderung des Entwurfes
dazu benutzt, um den Anspruch Sachsens auf die „sämmtlichen"
Reußischen Lande nun auch nachträglich noch in dem Allianztractat
zur Geltung zu bringen. Zu gleicher Zeit ließ Sachsen in Paris
die vertrauliche Erklärung abgeben: die sächsischen Truppen würden

---

[1] Ebend. §. 344.

„sich von dem preußischen Heere trennen, wenn es offensiv gegen Frankreich verfahren sollte."

Während dergestalt die sächsische Allianz für Preußen im Preise stieg, wandte sich Churhessen plötzlich in vollends unerwarteter Schwenkung ganz von ihr ab. Hatte es noch jüngst den Abschluß des Allianztractates aus angeblicher Rücksicht für Sachsen beanstandet, so versagte er denselben schließlich aus sehr unzweideutiger Rücksicht für Frankreich, und aus lauterster Selbstsucht. Sehr richtig sagt Höpfner: „So lange sich die Unterhandlungen um ein Bündniß drehten, welches dem Churfürsten von Hessen Vortheile, ja Gebietsvergrößerungen verhieß, hatten sie guten Fortgang gehabt. Sobald es sich aber darum handelte, die guten Gesinnungen für Preußen (und für Deutschland) durch Opfer zu bethätigen, suchte der Churfürst jede entschiedene Erklärung zu vermeiden und das System der Neutralität im Kleinen durchzuführen." Bereits Mitte September lehnte er nicht nur das angebotene Commando über die Armee des rechten Flügels ab, sondern verweigerte auch „die thätige Mitwirkung seiner Truppen", und „protestirte gegen das Einrücken preußischer Truppen in das hessische Gebiet." Seitdem bestand er darauf, seine „bewaffnete Neutralität so lange als möglich zu behaupten", d. h. erklärte er selbst, „nur ein Angriff von Seiten der Franzosen (auf das hessische Gebiet) würde ihn davon abbringen." [1]

Von Tage zu Tage, von Stunde zu Stunde wuchsen die Gefahren der Lage für das nördliche Deutschland. Aber die Stunden und die Tage verrannen, ohne daß irgend ein Resultat zu Stande kam. Noch stand alles — die Einigung der drei mächtigsten Fürsten, der norddeutsche Bund, die Allianz — ungelöst in Frage.

Aber endlich mußte es doch zu definitiven Entschlüssen kommen.

---

9. Kläglicher Ausgang.

Der Schlußakt der diplomatischen Verhandlungen mit Sachsen und Hessen spielte sich im preußischen Hauptquartiere ab. Dahin

---

[1] Ebend. §. 345. 348. 351.

waren dem Grafen von Haugwitz, gegen Ende September, der churhessische Minister von Waitz und der chursächsische Gesandte von Görtz gefolgt.

Diese letzten Scenen des Dramas, das wirbelnde und taumelnde Durcheinander der Stellungen, der hastige charakterlose Rollenwechsel, das grundsätzliche gegenseitige Versteckspielen, sind ebensosehr ekelerregender als tragikomischer Natur. Sachsen suchte sich fort und fort hinter Hessen, und Hessen hinter Sachsen zu verstecken. Sachsen wollte selbst seinen eigenen Allianzentwurf nur dann vollziehen, wenn Hessen ihn mitvollziehe; und Hessen wollte nur dann einen Allianztractat abschließen, wenn „zu gleicher Zeit" der von Preußen projectirte „Vertrag über den nordischen Reichsbund" auch von Sachsen abgeschlossen würde. Ueber den letztern aber wollte Sachsen wiederum gar nicht einmal verhandeln, sondern nur auf Grundlage seines eigenen Gegenentwurfs, und nur zu gelegenerer Zeit. So drehte man sich im Kreise umher, ohne vom Fleck zu kommen.

Die schließliche Haltung Sachsens erklärt sich wesentlich wieder durch seine Beziehungen zu Frankreich. Noch am 23. September war Görtz „zur Abschließung des Allianzvertrages", natürlich des abgeänderten sächsischen Gegenentwurfes, ermächtigt worden. Aber kurz darnach lief am Dresdener Hofe eine Depesche des Grafen Senfft aus Paris ein, worin dieser meldete: Talleyrand habe ihm am 19. September im Namen Napoleons erklärt, der Churfürst könne zwar „vollkommen frei handeln, entweder zum nordbeutschen oder zum süddeutschen Bunde treten, oder sich für neutral erklären; doch könne der Kaiser keine Association anerkennen, die unter den Waffen gebildet worden wäre." [1] Das war für Sachsen des Druckes genug, um seine eigenen Gegenentwürfe im Stich zu lassen.

Friedrich von Gentz kannte die trostlose Sachlage nicht, als er im preußischen Hauptquartier erschien. Am 5. October wurde er von Haugwitz einigermaßen informirt; des Kaiserprojectes wurde nicht gedacht. Haugwitz ersuchte ihn, einen Zeitungsartikel zu schreiben in Bezug auf die Stellung der Höfe von Dresden und Cassel und ihre Verhältnisse zu Preußen. Die Absicht ging offenbar dahin, nicht nur die angeblichen Correspondenzen aus Dresden und

---

[1] Ebend. §. 344.

Caſſel, welche in franzöſiſchen Journalen erſchienen waren, zu widerlegen, ſondern mittelſt dieſer Widerlegung, also gewiſſermaßen auf
dem Wege moraliſcher Nöthigung den Anſchluß jener beiden Staaten
zu betreiben. Gentz unterzog ſich dem Auftrage und verfaßte noch
an demſelben Abend den gewünſchten Artikel, der durch die Vermittelung des Miniſters ſofort in der Erfurter Zeitung vom 7. October abgedruckt wurde. [1]

Am 6. October war Gentz bei Haugwitz zu Tiſch; außer dem
Marquis Lucchesini waren die Geſandten Sachſens und Heſſens,
Graf Görtz und Baron Waitz, zugegen. Haugwitz erzählte ihm vor
dem Eſſen, daß er jenen Artikel vor dem Abdruck den beiden chur-
fürſtlichen Geſandten mitgetheilt habe, und daß ſie ganz damit zufrieden seien. Gentz machte indeſſen Beobachtungen, die eher das
Gegentheil vermuthen ließen; er theilte dieſelben nach dem Eſſen dem
Marquis Lucchesini mit: das Benehmen der Churfürſten oder vielmehr der Geſandten käme ihm zweifelhaft, die fingirte Satisfaction
verdächtig vor; ſie ſchienen dem preußiſchen Bündniß nicht ſehr zu-
gethan. Lucchesini wollte dies nicht Wort haben. „Uebrigens,
fügte er hinzu, machen Sie ſich in Betreff des Artikels kein Gewiſſen
daraus; man muß dieſe Herren zum Handeln zwingen, wenn ſie
nicht von ſelbſt kommen wollen." [2]

Allein ſie kamen dennoch nicht. Alles Drängen preußiſcherſeits
blieb vergeblich. Mit dem 6. October war die Allianz wie der Drei-
fürſtenbund vollſtändig zu Grabe getragen.

Ueber dem Verlauf im Einzelnen, über dem Wortlaut der Weige-
rungen ruht noch mancher Schleier. Gewiß aber iſt, daß weder ein
Bundesvertrag, noch ein Allianztractat, noch endlich auch nur eine
vorübergehende Militärconvention, ſei es mit Heſſen oder mit Sachſen,
zum Abſchluß kam. Und gewiß iſt es ferner, daß eben am 6. October der Graf von Görtz förmlich und ausdrücklich von dem ſächſiſchen Hofe beauftragt wurde: „den Allianztractat nicht zu unterzeichnen, weil — wenn Heſſen ihn nicht mit abſchlöſſe — die Lage
der Dinge ſich völlig verändere." [3]

So waren denn Preußens Beſtrebungen an dem zähen Wider-
ſtande Sachſens und Heſſens geſcheitert.

---

[1] Gentz 4, 228.   [2] Gentz 4, 236 f.   [3] Unionsbeſtrebungen §. 348. 350 f.

Und was war der Grund dieses Widerstandes? Vor allem doch, neben der Furcht und Augendienerei dem Auslande gegenüber, die souveräne Eifersucht, die wohl negative Bundeszwecke, aber keine positiven vertrug. Im Jahre 1785 waren alle Mittel- und Kleinstaaten dabei gewesen, weil es gegolten hatte, sich mit Preußen zu negativem Zwecke, d. h. gegen die Uebermacht Oesterreichs zu verbinden; nun es darauf ankam, positiv für Preußen zu sein, im eigenen Interesse zu dessen Stählung beizutragen: da war Niemand bereit, da zog sich jeder kleinlaut zurück. Die Selbstsucht wollte lieber unabhängig in der Schwäche, als stark in der Vereinigung sein; und mit dem hartnäckigen Entschlusse, nichts zu opfern, setzte sie sich der Gefahr aus, alles zu verlieren. Das Jahrzehnt, das jenem Scheitern des norddeutschen Bundesprojectes folgte, hat an den Schicksalen Hessens und Sachsens die Thorheit ihrer selbstsüchtigen Berechnungen sattsam erwiesen.

10. Seltsame Nebenspiele.

Was sollen wir noch ferner berichten? Wohl gab es in Norddeutschland, außer Sachsen und Hessen, noch eine Fülle kleinerer Staaten; und schlimmsten Falls, möchte man vielleicht meinen, hätte es Preußen versuchen können, auch ohne den Beitritt jener beiden Hauptstände abzuwarten, den raschen Anschluß dieser Kleinstaaten zu bewirken, um wenigstens mit ihnen einen engeren Bundesverein ins Leben zu rufen.

Wohl hat Preußen diesen Versuch gemacht, unmittelbar seit dem Beginn der Verhandlungen, die wir bisher geschildert haben. Aber gleichwie Hessen auf Sachsens, und Sachsen auf Hessens Vorgang gewartet hatte: so wollten die kleineren Staaten auf den Vortritt der größeren, und jeder von ihnen auf den anderen warten. Das Beispiel der größeren wirkte ansteckend und entscheidend auf die kleineren zurück. Ueberall standen die Vorsichten und die Rücksichten hoch im Preise; überall wurden Anstände, Zögerungen, Ausflüchte erhoben; bis schließlich von allen Seiten Ablehnungen erfolgten, die den Charakter selbstsüchtiger Feigheit oder sogar selbstsüchtiger Unverschämtheit an sich trugen.

Bereits seit Anfang August hatte das preußische Kabinet nament=
lich die Stimmung der drei Hansestädte Lübeck, Bremen und
Hamburg, auf die man in Betreff des norddeutschen Bundes mit
voller Zuversicht rechnete, sondirt. Sofort aber zeigte es sich, daß
sie in dieser gefahrvollen Zeit nicht sowohl an eine Zusammenschaa=
rung der Trümmer von Deutschland unter Einem Bundesbanner,
als vielmehr an eine Wiederaufrichtung der alten Hansa dachten und
auch ihrerseits damit umgingen, unter sich einen „neutralen und
souveränen" Sonderbund herzustellen.[1]) Schon am 20. August unter=
lag es keinem Zweifel mehr, daß der verderbliche Souveränetäts=
schwindel nicht nur die Fürsten, sondern auch die „Senate" der ge=
nannten drei Städte ergriffen habe; daß sie „übereingekommen", sich
„unabhängig von jeder größeren Macht" als „Hanseatischer Bund"
zu constituiren. Vergebens mahnte sie Preußen am 30. August, sich
„aller voreiligen Schritte und aller sowohl ihnen selbst, als dem ge=
sammten nördlichen Deutschland nachtheiligen Verbindung zu ent=
halten." Vergebens wurde ihnen die Versicherung ertheilt, daß „die
neue Bundesverfassung" für Norddeutschland ihnen „ihre vollkom=
mene Unmittelbarkeit und reichsstädtische Freiheit", sowie den „Ge=
nuß aller ihrer Privilegien, Vorzüge und Verfassung, besonders
ihrer Neutralität in Kriegszeiten", und überdies einen „ganz vorzüg=
lichen Schutz ihres freien Handels" garantiren solle. Vergebens end=
lich verstieg sich Preußen am 12. September bis zu der Drohung: „nie
und in keinem Falle könne es zugeben, daß sie sich von der norddeut=
schen Vereinigung ausschlössen" und durch ein Sonderbündniß „von
dem gemeinschaftlichen Interesse trennten"; „ein Versuch solcher Art
würde für sie unfehlbar die unangenehmsten Folgen haben." Nicht
einmal zu einer Beisteuer oder „Concurrenz für die Truppenverpfle=
gung" zum Zweck der Vertheidigung Norddeutschlands wollten sich
die drei Senate verstehen; beharrlich versteiften sie sich auf die „Neu=
tralität", und trugen offen ihre Furcht vor den „Franzosen" zur
Schau. Und wirklich zeigte sich schließlich die preußische Regierung
nachgiebig genug, um ihnen „die geforderte Concurrenz ganz nach=
zulassen", indem sie sich dafür mit einem „Anlehn von einigen
Millionen zu billigen Zinsen" begnügen wollte. Allein, die herein=

---

[1]) Ebend. §. 285 ff. 318 ff. 332 f. 352 ff.

brechenden Ereignisse zerrissen alle Fäden dieses widerwärtigen Neben=
spiels.

Nicht minder widerwärtig war die Entwickelung der Dinge an
den kleinen Fürstenhöfen, die sämmtlich noch vor Ende August von
dem Project des norddeutschen Reichsbundes officiell benachrichtigt,
und zugleich zur „Concurrenz" für die Truppenverpflegung aufge=
fordert wurden. Fast überall zeigten sich centrifugale Strebungen;
fast überall suchte man jeglicher Anforderung auszuweichen, und fast
nirgend war man bereit, auch nur einen Heller zur gemeinsamen
Vertheidigung Norddeutschlands beizutragen.

An manchen Höfen, namentlich in Waldeck und in Lippe=
Detmold, regte sich rückhaltslos das schmachwürdige Gelüst, sich
lieber dem Rheinbund anzuschließen und unter das Protectorat
Frankreichs zu flüchten, so daß die preußische Diplomatie einen Theil
ihrer Zeit und Kraft darauf verwenden mußte, diese unwürdigen
Gelüste zu rügen und zu bekämpfen. Andere, wie Oldenburg,
neigten sich in ihrer Beunruhigung dem russischen Einfluß zu. Noch
andere endlich, wie Mecklenburg=Schwerin, wollten um jeden
Preis sich ganz isoliren, wollten souverän für sich sein.[1]

Unterm 3. September erklärte das Schweriner Kabinet barsch
und unumwunden dem preußischen: Der Herzog „glaube nicht in der
Lage sich zu befinden, eine ihn nicht unmittelbar treffende Be=
sorgniß als die seinige anzusehen, und durch Vorkehrungen
dagegen fremden Mächten Mißtrauen einzuflößen"; er halte an dem
„uneingeschränkten Neutralitätssystem" fest, und müsse es ab=
lehnen „an irgend einer intendirten Bewaffnung auf die entfern=
teste Weise Antheil zu nehmen." Der Schluß der Erklärung
gipfelte in dem unerhört naiven Satze: „So dankbar des Herzogs
Durchlaucht den Allerhöchsten Königlichen Schutz benutzen würden,
wenn Sie sich in Gefahr glaubten: so dringend sind wir da=
gegen unter den jetzigen Umständen befehligt, eine Beitragsleistung
zu der Last der Verpflegung ganz ergebenst zu verbitten."

Dieser unverschämte Ausdruck der nacktesten Selbstsucht ging
denn doch selbst dem milden König Friedrich Wilhelm III. und dem
schwächlichen Minister Haugnitz allzuweit. Man raffte sich zu dem

---

[1] Ebend. §. 334. 336. 337 ff. 342.

Beschlusse empor, gegen den Herzog von Mecklenburg=Schwerin eventuell zu „Coercitivmitteln" zu schreiten, zuvor aber noch ein „nachdrückliches Ermahnungsschreiben" mit der Androhung „soforer tiger Execution" an die Schweriner Regierung zu erlassen. In diesem Ermahnungsschreiben, vom 21. September, hieß es: „In einem Zeitpunkte, wo die Gefahr, welcher bereits das südliche Deutschland und ein Theil vom westlichen unterlegen, auch das nördliche Deutschland bedroht, — wo es bringender als je wird, daß alle Staaten dieses noch übrigen Theils vom Reiche ihren Patriotismus, Willen und Kräfte vereinigen, um ihr eigenes theuerstes Interesse, ihre Selbstständigkeit, Ruhe und Wohlfahrt, und hier= mit die Nationalehre des zertretenen Vaterlandes zu retten, — in einer solchen Krisis will Ihr höchster Hof sich gleichgül= tig aller Mitwirkung entziehen und Anderen den Kampf mit der gemeinsamen Gefahr in unbegreiflicher Kälte überlassen!" Im „Auf= trage Sr. Königl. Majestät", die sich „bei der ablehnenden Erklärung nicht beruhigen könne noch werde", empfehle man die „gethanen Anträge" einer „nochmaligen Erwägung", und „verhehle nicht, daß im unverhofften ferneren Weigerungsfalle die Truppen Sr. Majestät dazu würden gebraucht werden müssen, die Beiträge selber einzutreiben."

Die Energie wirkte. Die Schweriner Regierung hielt es nun doch für gerathen, um die angedrohte Execution abzuwenden, andere Saiten aufzuziehen. Es erfolgte eine Antwort, welche die „Absichten, Maßregeln und Entwürfe Sr. Königl. preußischen Majestät" als „erhabene und weise" pries und, ihnen gegenüber, die „ehrerbietige Gesinnung und Bereitwilligkeit" des Herzogs betheuerte.

Wir begnügen uns mit diesen wenigen Zügen kleinstaatlicher Begierden und Umtriebe. Es versteht sich von selbst, daß sie ihrer= seits wieder, umgekehrt, dem mittelstaatlichen Particularismus eine willkommene Stütze und eine Handhabe zur Abwehr liehen. Freute man sich doch offenbar in Dresden der Nachricht, daß Dänemark für Holstein, daß Oldenburg, daß Mecklenburg und die Hansestädte den Beitritt zu dem norddeutschen Bunde versagt hätten.[1] Um so leich=

---

[1] Ebend. S. 597.

ter ließ sich ja die Forderung motiviren, daß die Abschließung „die=
ses Bundes noch aufgeschoben werden möchte"; und um so eher durfte
man hoffen, im Stillen die ersehnte „sächsische Particular=
union" der Reife entgegenzuführen. Von dieser letzteren lohnt es
sich noch ein Wort zu sagen.[1])

Es war, von Anfang an, dem Dresdener Hofe weit weniger
daran gelegen, sich selbst an Preußen, als vielmehr eben die kleine=
ren sächsischen und thüringischen Staaten an Sachsen anzuschließen.
Trotz der angeblichen Scheu des Churfürsten, die „heiligen Rechte
seiner Mitfürsten" anzutasten, die in den Verhandlungen mit Preu=
ßen geltend gemacht wurde, war es doch unzweifelhaft auf eine bun=
desstaatliche Einigung jener Staatengruppe unter dem „Schutz" und
der „obersten Hoheit" Chursachsens abgesehen, dergestalt daß eine
unversehrte Erhaltung der Rechte der Mitfürsten damit unverträglich
war. Bereits seit der Mitte des August wurde das Project des säch=
sischen Sonderbundes mit allem Eifer in Dresden betrieben. Der
Herzog von Sachsen=Weimar reiste selbst dahin; die übrigen sächsisch=
thüringischen Höfe ließen sich durch ihre vornehmsten Staatsmänner
vertreten; und auch Schwarzburg=Rudolstadt folgte diesem Beispiele.
Nur Schwarzburg=Sondershausen nahm Anstand, und wandte sich
am 22. August an die preußische Regierung mit der Erklärung: daß
der Fürst seinerseits Bedenken trage, sich „dem Schutz und der ober=
sten Hoheit des Churfürsten von Sachsen zu unterwerfen", und daß
er vielmehr „wünsche, wenn es irgend möglich, unter dem höchsten
Schutze des Königs von Preußen zu stehen, als durch welchen allein
doch nur das nördliche Deutschland erhalten werden könne." So
flatterten die Kleinfürsten in ihren Aengsten zwischen Sachsen und
Preußen hin und her. Der König lehnte indessen, aus Rücksicht
für seinen vermeintlichen Bundesgenossen den Sondershausen'schen
Antrag am 11. September mit der Bemerkung ab: „der Fürst sei
nicht abzuhalten, sich an Chursachsen zu wenden."

Inzwischen war es aber auch schon den herzoglich sächsischen
Häusern klar geworden, wie unbegründet, soweit dies Preußen betraf,
jene Mediatisirungsgerüchte seien, womit man sie eingeschüchtert
hatte, und die man chursächsischer Seits nährte statt ihnen zu wider=

---

[1]) Ebend. §. 293 f. 314 ff.

sprechen. Denn bereits am 23. August, also drei Tage vor jenem mystischen Schreiben des Churfürsten an den Herzog von Sachsen-Hildburghausen, war von Berlin ein Notificationsschreiben an die Höfe von Weimar, Gotha, Coburg, Hildburghausen und Meiningen abgegangen, welches sie von dem Project des norddeutschen Bundes in Kenntniß setzte, und worin ihnen nicht nur „Beruhigungen" gegeben, sondern ausdrücklich auch die „Integrität und Unabhängigkeit" verbürgt wurden. [1]) Seitdem wandte sich das Vertrauen dieser Höfe begreiflicherweise wieder von Dresden nach Berlin hin, da sie nun, wider Erwarten, ihr Heil und — nach chursächsischem Ausdruck — die „heiligen Rechte der Fürsten" weit mehr in der allgemeinen Bundesidee Preußens als in dem sächsischen Sonderbunde gewahrt sahen. Ohne Zögern gaben sie daher ihre vorläufige Zustimmung zu den Intentionen Preußens kund.

Mit besonderem Eifer that dies der Herzog von Gotha. Unter dem Ausdruck der „Empfindung des wärmsten Dankes" antwortete er schon am 25. August: „Ich kann nicht anders als mit vollem Vertrauen die Versicherung geben, daß ich nicht nur bereit bin, der von des Königs Maj. zu errichten beschlossenen Einigung unter den Fürsten des nördlichen Deutschlands beizutreten, sondern daß ich auch eine solche Einigung unter dem mächtigen Schutze des Königs für höchst wünschenswerth, ja nothwendig halte; wie ich solches des Hrn. Churfürsten zu Sachsen Liebden, bei dazu gehabter Veranlassung, bereits zu bezeugen nicht verfehlt habe."

Der Herzog von Hildburghausen erwiederte am 27. August: „Es leidet keinen Zweifel, daß die deutschen Häuser und Staaten der unteren Ordnungen ihre Sicherheit, die Erhaltung ihrer Integrität und Hoheitsrechte, gegenwärtig nur allein in den Schutz der großen Mächte, besonders in den Schutz des Königl. preußischen Hofes suchen können." Unumwunden gestand er: „Auf den Fall, daß die Ruhe Deutschlands künftig einmal unterbrochen werden sollte, kann ich keine Sicherheit und keine Rettung meines Landesantheils erhoffen, wenn nicht von dem Wohlwollen und dem Schutz des Königlichen Hofes."

Am zurückhaltendsten verfuhr der Herzog von Sachsen-Weimar,

---

[1]) Ebend. §. 291. 317. 331. 342 f.

ohne Zweifel weil er sich am tiefsten in die Sonderverhandlungen
mit dem Dresdener Hofe eingelassen und, anscheinend seiner eigenen
Interessen halber, die sächsische Particularunion am eifrigsten be=
trieben hatte. Er antwortete am 30. August: „Bei dem wohlthä=
tigen Zwecke der Integrität der einzelnen und der Sicherheit des
Ganzen" lasse sich „ein heilsames Gelingen hoffen und wünschen."
Er dürfe sich „zu dieser Hoffnung, bei dem innigsten Zusammenhange
mit dem Churhause Sachsen, noch besonders berechtigt und dadurch
beruhigt halten"; und er werde sich „in den künftigen Verhandlungen,
dem bisherigen Einverständniß und ungetheilten
politischen Interesse mit dem churfürstlich sächsischen
Hofe zu Dresden stets treu bewähren." Dieselbe ausweichende
Haltung beobachtete Weimar auch gegenüber dem preußischen Cir=
cularschreiben vom 29. August, betreffend den norddeutschen Bund
und die Concurrenz bei der Truppenverpflegung. Die Rückäußerung,
d. d. Weimar den 3. September, enthielt „keine bestimmte Zusiche=
rung", sondern wies lediglich auf das bestehende „Einverständniß
mit Chursachsen" hin, das „bei den Entschließungen vorzüglich zu be=
rücksichtigen sein werde." Aehnlich, doch minder schroff, äußerte sich
auch Meiningen noch am 16. September.

Wir brauchen kaum zu sagen, daß die hereinbrechenden Ereig=
nisse, wie sie überall auf unvollendete Entwickelungen trafen und die=
selben gewaltsam begruben, so auch dem Nebenspiel des sächsischen
Sonderbundsprojectes ein spurloses Ende bereiteten. Selbst das
anscheinend so zähe Weimarische „Einverständniß mit Chursachsen"
hielt in den Nöthen nicht Stich. Da der Churfürst seinerseits, trotz
der wachsenden Gefahr, zu keiner Einigung mit Preußen gelangte:
so nahm der Herzog Karl August keinen Anstand, sich wenigstens mili=
tärisch auf eigene Hand an Preußen anzuschließen und seine freilich
geringen Streitkräfte dem König zur Verfügung zu stellen. In der
weiten Wüste kläglicher Erfahrungen bildete dieser Vorgang eine
immerhin erfreuliche, wenn auch winzige Oase. [1])

[1]) Ebend. §. 346.

11. Französische Gegenwirkungen.

Die gänzliche Erfolglosigkeit der Bestrebungen Preußens war, wie wir bereits haben wahrnehmen können, nicht ausschließlich der inneren Spröbigkeit Sachsens und Hessens zuzuschreiben, sondern zugleich und vielleicht vorzugsweise den Hindernissen und Gegenbestrebungen, die sich von dritter Seite her kund gaben, und die in nicht geringem Maße dazu beitrugen, eben jener Spröbigkeit Kraft und Ausbauer zu verleihen. Man weiß, daß wir nicht Oesterreich meinen, obgleich es feststeht, daß Oesterreich, troß der von Preußen ausbebungenen Nichthinzuziehung und troß des Art. 24 der „Vorläufigen Grundzüge", von dem Wesentlichen dieser Unternehmungen eine zuverlässige Kunde erhielt, daß es ihnen keineswegs mit Gleichmuth zusah, und daß es z. B. in der Person des österreichischen Generals Vincent dem Anschluß der norddeutschen Staaten an Preußen unter der Hand und im Einverständniß mit Napoleon entgegenwirkte. Allein wir wissen von seinem Verhalten doch zu wenig, um es hier mit voller Sicherheit würdigen zu können. Vielmehr haben wir es hier nur mit Frankreich zu thun, dessen diplomatische Thätigkeit nie auf die Dauer verschwiegen blieb. Wir wissen zur Genüge, daß von dem Augenblick an, wo es sich den Anschein gab, für Preußens Erhebung wirken zu wollen, es nichts Angelegentlicheres zu thun hatte, als gegen Preußen heimlich zu wühlen.

Wie war es auch möglich, daß die nie rastende Eifersucht der Großmächte gegen einander, eine Consolidirung der deutschen Verhältnisse, eine Anbahnung nationaler Einheit in Deutschland, von woher sie auch versucht würde, ob von einem Fürstencongreß oder einem Volksparlament, ob in geringerer oder größerer Ausdehnung, je hätte zulassen oder gar begünstigen sollen! Dem stand nicht nur die Gleichgewichtslehre nach alter Praxis als Deckmantel der Eifersucht entgegen; sondern auch der neue Geschäftsbetrieb dieser Politik, der das Gleichgewicht zu einem grenzenlosen gestempelt, zuerst die Rheingrenze geschaffen, dann das deutsche Reich zerstört und den Rheinbund errichtet hatte; dem das Ziel des Gleichgewichts das „große Reich", der Universalstaat war.

Napoleon hat es mit seinen Anträgen an Preußen von Anfang an nicht ernst gemeint. In einer Note an den Fürsten Primas vom

11. September sagte er unverholen: „Da wir die übrigen Fürsten des ehemaligen deutschen Reichskörpers als unabhängige Souveräne anerkannt hatten: so können wir Niemanden, wer es auch sei, als deren Oberherrn anerkennen."[1])

Zwar gab er sich, Preußen gegenüber, auch im Verlauf des August und September noch das Ansehn, als sei ihm die Bildung eines norddeutschen Bundes unter Preußens Vorsitz, wenn nicht er= wünscht, doch gleichgültig; unter der Hand aber suchte er alle Staa= ten einzeln davon abzuhalten. Daß auf Hessen, je nach den Um= ständen, bald durch falsche Lockungen, bald durch offene Drohungen eingewirkt wurde, kann, trotz aller Abläugnungen, schon nach dem bisher geschilderten Gange der Dinge nicht zweifelhaft sein[2]); auch ist es im Grunde nur ein beschönigendes Zugeständniß, wenn Thiers die „Möglichkeit" anerkennt, daß Bignon, als Vertreter Frankreichs in Cassel, durch „indiscreten Eifer" seine „Instructionen über= schritten" habe.[3]) Wie Napoleon Sachsen gegenüber verfuhr, haben wir gleichfalls zur Genüge kennen gelernt; fort und fort pries man ihm die Vorzüge der Selbstständigkeit, wie man die Isolirung der Schwäche nannte, bei erhöhter Würde an; und schließlich appellirte der Kaiser an den sächsischen Particularismus durch die spöttische Aeußerung: der Churfürst könne durch den Anschluß an Preußen in den Fall kommen, für eine „fremde Meinung" kämpfen zu müssen.[4])

Den König von Dänemark und den Churfürsten von Würzburg forderte Napoleon geradezu auf, dem Verlangen der preußischen Krone zu widerstehen. Dem letztern, als österreichischem Erzherzog, hatte Preußen, wie aus Art. 3. der „Grundzüge" erhellt, gar nicht zumuthen wollen, einem Bunde unter preußischem Protectorat sich anzuschließen; dagegen muthete ihm mit glücklichem Erfolg Napoleon zu, dem Rheinbund beizutreten und fortan unter französischem Pro= tectorate als „Erzherzog=Großherzog" mit einem Contingente von 2000 Mann gegen Deutschland zu kämpfen. Am 25. September wurde die Beitrittsurkunde mit diesen Bedingungen in Paris voll= zogen.[5])

In Betreff der Hansestädte trat Napoleon mit der offenen Erklä=

[1]) Winkopp 1, 243. [2]) Vgl. noch Pölitz 1, 272. 288. Gentz 4, 204. Lef. 2, 345 (326). [3]) Thiers a. a. O. p. 430. [4]) Pölitz 1, 287 f. [5]) Lef. 2, 346 (327). Winkopp 1, 238. 2, 291 ff.

rung hervor, daß er „in die Theilnahme derselben an dem Norddeut=
schen Bunde niemals einwilligen werde". Er gedachte dieselben entwe=
der zu verschachern oder, wie wir sahen, als Ecksteine eines neu zu bil=
denden Vasallenstaates in Norddeutschland zu verwenden; er bot sie
bei den Unterhandlungen mit England noch Ende Juni bald als
Entschädigung für den König von Neapel, bald als Zugabe zu den
deutschen Besitzungen Englands dar.[1])

So suchte er alle Bundescombinationen Preußens auf jede Art
zu hemmen, zu stören, zu zerreißen. In Betreff der Höfe von Dres=
den und Cassel konnte er freilich nicht mit voller Zuversicht hoffen,
sie dem Bundesnetze Preußens unmittelbar entziehen und an sich
ketten zu können; aber um mittelbar ihren Anschluß zu verhindern,
erklärte er, daß er sich widersetzen werde, falls deren Unabhängigkeit,
oder die der Hansestädte, irgendwie angetastet würde, und daß er na=
mentlich ein Einrücken preußischer Truppen in diese Staaten als
eine Handlung der Feindseligkeit betrachten werde.[2])

Wenn schon die offenen Gegenwirkungen Frankreichs Preußen
schwer kränkten und verletzten, so thaten es in noch höherem Grade
die geheimen Machinationen, die zum großen Theile der Aufmerk=
samkeit des Berliner Kabinets nicht entgingen. Der König gewann
die Ueberzeugung, daß er sich in seinen Erwartungen von Frankreich,
so mäßig sie auch gewesen, vollständig getäuscht habe, und daß eben
dieselbe Diplomatie, die ihn aufgefordert ganz Norddeutschland unter
seiner Leitung zu vereinigen, alle Hebel in Bewegung setze um diese
Vereinigung unmöglich zu machen, ja die Verhandlungen über dieses
Project nur benutze, um die eigene Schöpfung des Rheinbundes auf
Kosten Deutschlands und Preußens fort und fort zu vergrößern.[3])

Es lag eine große Ironie in dieser Janus=köpfigen Diplomatie
des französischen Kaiserthums, die einerseits Preußen zur Bildung
eines Bundes aufforderte, aber andererseits gleichsam die Bedin=
gung stellte, daß diesem Bunde, außer Preußen, Niemand beitrete.
Und dahin schlug eben in der That das Ergebniß aus.

Von Tage zu Tage wuchs naturgemäß, unter so bewandten
Umständen, der beiderseitige Argwohn; immer straffer spannten sich

[1]) Lef. 2, 318 (301). Pölitz 1, 285.   [2]) Lef. 2, 346 (327 f.). Winkopp 1,
249.   [3]) Lef. 2, 344 (326).

die Saiten, bis endlich die Spannung zur Explosion und damit zur Krisis führte.

Die Explosion war indessen noch durch einen andern Anlaß bedingt. Die Angelegenheit des norddeutschen Reichsbundes, von dessen Zustandekommen die Begründung des norddeutschen Kaiserthums abhing, bildete nur den einen Factor des Zerwürfnisses mit Frankreich; der andere, den wir bisher nur beiläufig berührten, war die hannoversche Angelegenheit.

* * *

12. Die Hannoversche Angelegenheit.

In einem geheimen Artikel der Potsdamer Convention vom 3. November 1805, durch die Preußen der dritten Coalition sich anzuschließen gewillt gewesen war, hatte Rußland die Verpflichtung übernommen, den König von England zur Abtretung Hannovers an Preußen zu bestimmen.[1]) In Folge der Schlacht von Austerlitz, welche die Coalition zerstäubte, war Preußen zu dem plötzlichen Systemwechsel, zur französischen Allianz, zu den Wiener Stipulationen vom 15. December und endlich zu dem Vertrage vom 15. Februar 1806 hingedrängt worden; kraft dieses Umschwunges war es nunmehr Frankreich, welches der Krone Preußen die dauernde Erwerbung Hannovers garantirte.

Zwar hatten Diejenigen am wenigsten einen Grund zum Tadel, welche am eifrigsten aus diesem Anlaß entrüstungsvolle Anklagen gegen Preußen schmiedeten. Ist es doch ausgemacht, daß alle Welt ein Gelüst auf Hannover hegte, und daß namentlich Oesterreich noch kurz zuvor in den Preßburger Friedensverhandlungen, aber freilich vergebens, alle diplomatischen Hebel eingesetzt hatte, um dieses Land einem österreichischen Erzherzoge, dem bisherigen Churfürsten von Salzburg, zuzuwenden. Auch leuchtet es ein, daß an sich, im nationalen Interesse Deutschlands, eine Loslösung Hannovers aus seiner unnatürlichen staatsrechtlichen Verquickung mit dem Auslande in hohem Grade wünschenswerth war; und daß andrerseits dessen Ver-

[1]) Höpfner, Der Krieg von 1806 und 1807, Bd. 1. S. 21.

So gab die Hannoversche Angelegenheit in der That den Aus=
schlag.[1]

Zwar erklärte Haugwitz dem fränzösischen Gesandten, daß der
König „bereit sei, sofort zu entwaffnen," wenn Frankreich „be=
ruhigende Versicherungen" gebe, und daß er, wofern dies geschehe,
„für die Vertheidigung Frankreichs und des gemeinsamen Systems
im Nothfall sich würde zermalmen lassen."[2] Aber alle Versuche, den
nunmehr unaufhaltsamen Gang der Dinge wieder in ein friedliches
Geleise zu bringen oder wenigstens zu hemmen, schlugen fehl. Es
war zu spät, und konnte auch das verletzte Ehrgefühl Preußens nicht
versöhnen, als Napoleon am 7. September dem General Knobels=
dorf versicherte: „er gestehe zwar, daß er England wirklich ver=
sprochen habe, ihm die Rückgabe Hannovers zu verbürgen; aber er
würde, bevor er den Frieden unterzeichnet, dem Könige seine Ver=
legenheit angezeigt und sich mit ihm verständigt haben, um ihn wegen
des Verlustes des Churfürstenthums zu entschädigen." Napoleon
selbst wollte den Frieden nicht, und der König, im Sturm der ihn
umwogenden Leidenschaft, durfte ihn nicht mehr wollen.

13. Der Bruch mit Frankreich.

Zwei Hauptbestrebungen waren in Preußens Verhalten wäh=
rend des Jahres 1806 hervorgetreten: einmal die Organisirung des
norddeutschen Reichsbundes nebst dem norddeutschen Kaiserthum;
dann die dauernde Verschmelzung Hannovers mit Preußen.

Beide waren vorzugsweise an dem Benehmen Frankreichs ge=
scheitert oder schienen daran scheitern zu müssen. Kein nur einiger=
maßen Unterrichteter konnte daher im Zweifel über die Gründe sein,
welche preußischerseits den Bruch mit Frankreich bedingten. Sie
lagen 1) in der anmaßlichen Truppenentfaltung Frankreichs auf
deutschem Boden, besonders seit Ende Juli, wodurch mitten im Frie=
den die Thatsache der Unterjochung der deutschen Rheinbundsstaaten

---

[1] Lef. 2, 311 (294 f.). 317 ff. (300 ff.). 327 f. (310). 340 ff. (321 ff.). Gentz
4, 217. 230.

[2] Lef. 2, 345 ff. (327 ff.). 355 (336). 363 f. (343 f.) Gentz 4, 232.

festgestellt und das ganze übrige Deutschland mit gleicher Knechtung bedroht erschien; 2) aber in den Hemmungen, welche Frankreich der Vereinigung Norddeutschlands unter preußischer Oberhoheit in den Weg legte, und 3) in der Besorgniß, des Besitzes von Hannover durch die Intriguen Napoleons wieder verlustig zu gehen.

Als der französische Gesandte Laforest gleich nach dem 9. August über den Zweck der von Preußen angeordneten Rüstung Aufklärung begehrte: setzte Haugwitz schon damals, wiewohl erst nach einiger Zögerung, offen und ausführlich die Beschwerden Preußens auseinander, und das Grundschema dieser durch Lefebvre bekannt gewordenen Auseinandersetzung bilden unverkennbar jene drei Gründe, wie wir sie aufgeführt.[1] Sie konnten also der französischen Diplomatie nicht verborgen sein. Auch hat Napoleon selbst am 7. September den Versuch gemacht, sie zu widerlegen: er hat den Vorwurf der „Einmischung in die Angelegenheiten der norddeutschen Conföderation" von sich abgewehrt, die Sorge Preußens um das „Verweilen französischer Truppen in Deutschland" zurückgewiesen, und wegen der intendirten „Rückgabe Hannovers" sich zu entschuldigen bemüht.[2]

Nichtsdestoweniger gab sich das französische Kabinet, als der Bruch entschieden war, das Ansehn, als ob es in aller Welt nicht zu ahnen vermöge, aus welchen Anlässen die feindliche Stimmung Preußens hervorgegangen sei, und als ob das Berliner Kabinet nur die Gelegenheit vom Zaune gebrochen habe, um den gerechten und friedliebenden Kaiser plötzlich mit Krieg zu überziehen. Die Absicht ging offenbar dahin, in den Augen Europas, insbesondere aber in den Augen der zum Rheinbund gehörigen deutschen Fürsten, die ja nun zu der fluchwürdigen und schimpflichen Aufgabe berufen werden sollten, mit ihren Contingenten zur Unterjochung des noch freien Gebietes von Deutschland mitzuwirken, Preußen als den angreifenden und der Freiheit Deutschlands gefahrdrohenden Theil darzustellen. Es ist interessant, die Windungen und Wendungen der Diplomatie in dieser Richtung näher zu verfolgen.

Schon am 21. September schrieb Napoleon an den König von Baiern: „Mein Herr Bruder! Preußen rüstet sich gegen Frankreich

---

[1] Lef. 2, 344 f. (325 f.). [2] Gentz 4, 232. Lef. 2, 355 (336).

und gegen den rheinischen Bund. Vergeblich suchen wir die Beweg=
gründe dazu zu finden." Preußen hat erklärt, „daß Se. Majestät
die rheinische Conföderation anerkenne, und daß Sie nichts gegen die
stattgehabten Veränderungen im südlichen Deutschland einzuwenden
habe." „Sind Preußens Rüstungen das Resultat einer Coalition
mit Rußland? oder bloß der Intriguen der verschiedenen in Berlin
bestehenden Parteien? oder der Unüberlegtheit des Kabinets? Sollen
Hessen, Sachsen und die Hansestädte gezwungen werden, Verbin=
dungen einzugehen, welche die beiden ersteren Mächte nicht zu wollen
scheinen? Will Preußen uns selbst nöthigen, von unserer Erklärung
abzugehen, daß die Hansestädte in keine besondere Conföderation
werden eintreten können? eine Erklärung, die sich auf das Handels=
interesse Frankreichs und des südlichen Deutschlands gründet, sowie
auf die Eröffnung Englands, daß jede Veränderung in der gegen=
wärtigen Lage der Hansestädte ein Hinderniß mehr für den allge=
meinen Frieden sein werde. Auch haben wir erklärt, daß es den
Fürsten des deutschen Reichs, die nicht zum Rheinischen Bunde ge=
hören, zustehen müsse, nur ihre Interessen und Convenienzen zu
Rathe zu ziehen; daß sie sich als vollkommen frei betrachten sollten;
daß wir nichts unternehmen würden, um sie zum Beitritt zum Rhein=
bunde zu vermögen; daß wir aber auch nicht dulden würden, daß
Jemand, wer es auch sei, sie zwinge etwas zu thun, was entgegen
wäre ihrer Willensmeinung, ihrer Politik, den Interessen ihrer
Völker. Hat etwa diese so gerechte Erklärung das Berliner Kabinet
beleidigt und sollte es uns zwingen wollen, sie zu widerrufen? Wel=
cher von allen diesen Beweggründen mag wohl der wahre sein? Wir
können es nicht errathen, und die Zukunft allein kann das Geheim=
niß eines eben so befremdenden als unerwarteten Benehmens ent=
hüllen." Nun aber kommt der Brief zu der Hauptsache: „Auf jeden
Fall, heißt es, hat die Bewaffnung Preußens den im Tractat vom
12. Juli vorgesehenen Fall herbeigeführt, und wir erachten für nöthig,
daß alle Souveräne, welche zum Rheinbunde gehören, sich bewaffnen,
um ihre Interessen zu vertheidigen, ihr Gebiet zu sichern und besser
Unverletzlichkeit aufrecht zu erhalten.... Wir ersuchen Ew. Maj.
den Befehl zu ertheilen, daß Ihre Truppen ohne Verzug in den
Stand gesetzt werden, mit ihrem ganzen Feldgepäck zu marschiren und
zur Vertheidigung der gemeinschaftlichen Sache mitzuwirken, deren

Erfolg ihrer Gerechtigkeit entsprechen wird, wenn Preußen uns in die Nothwendigkeit versetzt, Gewalt mit Gewalt zu vertreiben." [1]

Talleyrand, aus dessen Feder unzweifelhaft dies Schreiben floß, führte in seinem Bericht an den Kaiser vom 3. October eine ganz ähnliche Sprache. „Aus welchen Gründen, ruft er wie verwundert aus, sinnt Preußen auf Krieg? Ich weiß es nicht; ich kenne keinen einzigen.... Ist es der Rheinbund? Sind es die Veränderungen im südlichen Deutschland? Man kann dies nicht voraussetzen; der Berliner Hof hat erklärt: er habe nichts dagegen zu erinnern; er hat den Rheinbund anerkannt; er hat sich damit beschäftigt, die benachbarten Staaten mit sich zu einer ähnlichen Conföderation zu vereinigen. Es ist wahr, Ew. Maj. haben erklärt, die Hansestädte müßten unabhängig bleiben, dürften in keiner Conföderation sein; Sie haben weiter erklärt, den übrigen Staaten des nördlichen Deutschlands müsse es frei stehen, nur die Gründe ihrer eignen Politik und der Zweckmäßigkeit zu Rathe zu ziehen. Aber diese Erklärungen gründen sich auf die Gerechtigkeit, auf das allgemeine Interesse von Europa; sie könnten für Preußen keinen Grund zum Krieg abgeben, noch auch nur einen Vorwand, den es eingestehen dürfte..... Der einzige Beweggrund des Berliner Kabinets sind die Leidenschaften. Und wenn irgend ein persönliches Interesse diese Rüstungen veranlaßt hat, so ist es unstreitig und einzig der Wunsch, Sachsen und die Hansestädte zu unterjochen und die Hindernisse zu beseitigen oder zu übersteigen, deren Entgegentreten bei der Ausführung eines solchen Vorhabens die Erklärungen Ew. Maj. befürchten ließen." [2]

Inzwischen war am 25. September das preußische Ultimatum an den General Knobelsdorf abgesandt worden; am 1. October traf es in Paris, am 7. in Bamberg bei Napoleon ein. Es stellte drei Forderungen auf: 1) „daß die französischen Truppen, die kein triftiger Grund nach Deutschland rufe, ungesäumt über den Rhein zurückgehen, und zwar alle, ohne irgend eine Ausnahme." 2) „daß von Seiten Frankreichs fortan kein Hinderniß irgend einer Art mehr der Bildung des Nordischen Bundes entgegengesetzt werde, der, ohne irgend eine Ausnahme, alle im Grundvertrage des Rheinischen Bundes nicht genannten Staaten umfassen soll." 3) „daß ohne Zeitver-

---

[1] Winkopp 1, 249 ff.   [2] Ebend. 1, 290 ff.

luft eine Unterhandlung eröffnet werde, um endlich in dauerhafter Weise alle noch streitigen Interessen festzustellen." [1] — Da ein Ultimatum seiner Natur nach nicht sowohl Beschwerden als eben nur Forderungen vorzubringen hat, so konnte hier der Hannoverschen Angelegenheit nicht gedacht werden, da die Unterhandlungen, die den Fortbesitz des Landes für Preußen in Frage gestellt, sich ohne alle Folgen zerschlagen hatten.

Unterm 6. October sandte Talleyrand von Mainz aus dies Ultimatum mit den Worten an Napoleon: „Als ich behauptete, daß, wenn Preußen aus irgend einem persönlichen Interesse den Grund zum Kriege entnehme, dies kein anderes sein könne als die Unterjochung Sachsens und der Hansestädte, — war ich fern davon vorauszusehen, daß es jemals wagen würde, einen solchen Beweggrund einzugestehen. Und dennoch hat es sich nicht gescheut, dies Geständniß zu machen. Von den drei Forderungen, welche diese Note enthält, sind die erste und die dritte bloß gestellt, um es womöglich zu verschleiern, daß man einen wirklichen Werth nur auf die zweite legt." [2]

Napoleon aber schrieb am 7. an den Senat in Paris: „Wir sind im Begriff Gewalt mit Gewalt zu vertreiben... In einem so gerechten Kriege, wo wir nur die Waffen zu unserer Vertheidigung ergreifen, den wir durch keine Handlung, durch keine Anmaßung herbeigeführt haben, und dessen wahren Grund wir nicht anzugeben vermögen, zählen wir ganz auf den Beistand der Geseze und unserer Völker." [3]

Die drei Forderungen des preußischen Ultimatums wurden in dem Kriegsmanifest vom 9. October wiederholt, nur daß in dem zweiten Punkte erweiternd gesagt war, der norddeutsche Bund solle umfassen können: „alle großen und kleinen deutschen Staaten, die in der Fundamentalacte des Rheinbundes nicht als Mitglieder dieses letztern genannt sind." [4]

Die gemeinsamen Interessen Deutschlands, die Schmach der Stiftung des Rheinbundes und die Verhinderung des norddeutschen Reichsbundes traten in dem Manifest entschieden in den Vordergrund. „Man hatte dem Kaiser von Oesterreich, hieß es, die deutsche Kaiserkrone und die damit verbundenen Rechte garantirt. Drei

---

[1] Winkopp 1, 318 f. [2] Ebend. 1, 311 ff. [3] Ebend. 1, 285 f. [4] Gentz 4, 273. Winkopp 1, 342.

Monate nachher wirft der Rheinbund die deutsche Reichsverfassung über den Haufen, raubt dem Kaiser den alten Schmuck seines Hauses, und stellt Baiern nebst dreißig anderen Fürsten unter die Vormund= schaft Frankreichs ... Doch, darf man wohl, um diese merkwürdige Begebenheit zu beurtheilen, seine Zuflucht zu Tractaten nehmen? **Vor allen Tractaten haben die Nationen ihre Rechte!** ... Eine Constitution von tausendjähriger Dauer mit einem Federstrich zu vernichten; sie zu vertilgen, ohne daß man den Kaiser von Deutsch= land, dem man eine Krone entreißt, ohne daß man Rußland, den Gewährleister des deutschen Bundes, ohne daß man Preußen, das noch wesentlicher bei diesem Bunde, der solchergestalt aufgelöst wer= den sollte, interessirt ist, auch nur darüber befragt hätte, — ein solches Schauspiel mitten im Frieden ist der Welt noch nicht darge= boten worden. Der König hat die unglücklichen Fürsten, die bei diesem Unterfangen gelitten, bedauert; aber er bedauert die nicht weniger, die sich durch die traurige Beute reizen ließen; und er würde sich vorwerfen, ihr Unglück vermehrt zu haben, wenn er sie mit zu großer Strenge beurtheilen wollte. Zum Lohne ihrer Hingebung getäuscht oder genugsam gestraft durch ihre Erwer= bungen und durch ihren harten Vasallenstand, verdienen sie zuletzt wohl nicht, daß Deutschland über sie den Stab breche. Vielleicht, wenn die edelmüthige Nation, der sie ehemals angehörten, sich von allen Seiten erhebt, um ihre Unabhängigkeit zu verfechten, vielleicht wird alsdann der Ruf der Dankbarkeit und der Ehre auch bis zu ihnen ertönen, und ihre Ketten werden ihnen dann wenigstens zum Abscheu werden, wenn es darauf ankommt, sie mit dem Blute ihrer Brüder zu färben." [1]

„Der Kaiser (Napoleon) benachrichtigte endlich Se. Maj., daß es ihm gefallen habe, das deutsche Reich aufzulösen und einen rhei= nischen Bund zu stiften, und forderte den König auf, einen ähnlichen Bund im nördlichen Dentschland zu Stande zu bringen. Das war die gewöhnliche und lange mit Erfolg gekrönte Taktik, im Augenblick der Geburt eines neuen Projects den Höfen, die diesem Project Schwierigkeiten in den Weg legen konnten, irgend eine Lockspeise darzubieten. Der König ergriff die Idee eines solchen Bundes, nicht

---

[1] Gentz 4, 264 f. Winkopp 1, 332 ff.

etwa als wenn jene nun längst schon gewürdigten Rathschläge den geringsten Eindruck auf ihn gemacht hätten, sonbern weil in der That die Umstände ihn dazu verpflichteten, und weil nach dem Abfalle der zum Rheinbund übergetretenen Fürsten eine enge Verbindung zwischen den nördlichen mehr als je die Bedingung ihrer Sicherheit war. Der König beschäftigte sich damit; aber glücklicherweise nach anderen Grundsätzen, als denen seines Musters. Er setzte seinen Stolz darein, die letzten Deutschen unter seine Fahnen zu versammeln; aber die Rechte eines Jeden sollten unverletzt bleiben und die Ehre allein die Verbündeten an einander knüpfen. Doch, Frankreich sollte den König zu einer Maßregel aufgefordert haben, die nützlich für Preußen gewesen wäre! Wir werden bald sehen was es heißt, wenn Frankreich mit Gunstbezeugungen auftritt. Zuvörderst hatte man Sorge getragen, in das Grundstatut des Rheinbundes einen Artikel einzuführen, welcher den Keim zu allen künftigen Umgriffen enthielt. Man erbot sich, noch andere Fürsten in diesen Bund aufzunehmen, wenn sie Verlangen dazu beweisen sollten. Auf diese Art ließ man abermals alle Verhältnisse in Deutschland unentschieden, und indem man sich die Mittel vorbehielt, die schwächeren Staaten durch Versprechungen oder Drohungen hinzureißen, sah man dem Zeitpunkt entgegen, wo man jenen Bund bis ins Herz der preußischen Monarchie verpflanzt hätte. Und damit dies Niemandem zweifelhaft bleiben möchte, wurde auf der Stelle der erste Versuch unternommen. Der französische Gesandte zu Cassel lud den Churfürsten ein, sich seinem Herrn in die Arme zu werfen; Preußen thäte nichts für seine Alliirten; Napoleon hingegen würde den Beitritt des Churfürsten durch eine Vergrößerung seines Gebiets vergelten. Und diese Treulosigkeit wurde gegen einen Alliirten verübt, in eben dem Augenblicke, wo man den König aufforderte, eine Verbindung zu stiften, von welcher Hessen die erste Vormauer abgeben sollte." [1] Ja „man erkühnte sich den Ministern des Königs zu erklären, daß es den Städten Hamburg, Bremen und Lübeck nicht erlaubt sein sollte, der Nordischen Conföderation beizutreten, sondern daß Frankreich sich vielmehr vorbehielte, sie in seinen Schutz zu nehmen." [2]

Zugleich aber verhehlt es das Manifest nicht, daß die Angelegen=

---

[1] Gentz 4, 267 f. Winkopp 1, 336 f. [2] Gentz 272. Winkopp 341.

heit Hannovers den Ausschlag gab. „Wir nähern uns, heißt es, dem Augenblick, der Se. Maj. entschied. Preußen hatte von seinen Tractaten mit Frankreich noch nichts als Demüthigungen und Verlust eingeerndtet. Ein einziger Vortheil war Preußen geblieben: das Schicksal Hannovers lag in seinen Händen, und es mußte in seinen Händen bleiben, wenn das letzte Unterpfand der Sicherheit des Nordens nicht vernichtet werden sollte. Napoleon hatte diese Lage der Dinge feierlich garantirt. Er unterhandelte mit England auf der Basis der Zurückgabe des Churfürstenthums. Der König ist im Besitz der Beweise. Der Krieg war nun durch die That erklärt."[1]

Offen bekannte das Manifest: „Die Erwerbung von Hannover mußte Preußen die ersprießlichsten Vortheile verschaffen;" aber es fügte hinzu: „wenn sie unter weniger traurigen Conjuncturen geschehen konnte."[2] Diese Rücksicht war man unter den obwaltenden Umständen England schuldig.

---

14. Verhältniß Preußens zu England.

In dem Maße als die Spannung Preußens mit Frankreich wuchs, ließ das schroffe und feindselige Verhältniß zu England nach. Die preußischen Häfen wurden den englischen Waaren wieder geöffnet, und die englische Admiralität gab die meisten der aufgebrachten preußischen Schiffe los; ein preußischer Gesandter residirte in London.

Seit den Enthüllungen über das Verhalten Frankreichs in der Hannoverschen Angelegenheit wuchs die Annäherung zwischen Preußen und England, das seinerseits die Friedensunterhandlungen mit Napoleon fallen ließ.

Eine vollständige Wiederaussöhnung schien indessen kaum erreichbar. Denn man konnte es England von seinem Standpunkt aus nicht verargen, wenn es Preußen wie Frankreich gegenüber die Rückgabe Hannovers als die Grundbedingung des Friedens ansah. Preußen aber trug nach wie vor das Verlangen, Hannover für sich zu

---

[1] Genz 270. Winkopp 339 f. [2] Genz 261. Winkopp 329.

behalten; es hatte den Besitz desselben mit schweren Opfern erkauft; es hatte sich bereits gewöhnt, es als definitiv erworben zu betrachten; es hatte die Waffen hauptsächlich ergriffen, um sich dafür zu rächen, daß Napoleon die Rückgabe desselben versprochen.

Es war eine ganz seltsame Lage der Dinge. Sollten Preußen und England gemeinsam gegen Frankreich Krieg führen, und zugleich gegeneinander selbst im Kriegszustande verharren?

Und wiederum: Sollte Preußen, um von England den Frieden zu erlangen, das herausgeben, um deßwillen es mit Frankreich zum Kriege schritt?

Preußen bedurfte englischer Subsidien; es wünschte Frieden und Bündniß mit England. Es war geneigt, wenn England in die Abtretung Hannovers willige, ihm zum Ersatz dafür die französische Vasallenprovinz Holland erobern zu helfen; aber es vermied bis zum letzten Augenblick, auf bestimmte Verpflichtungen einzugehen, welche die unentgeltliche Aufopferung Hannovers herbeiführen konnten.

Und so kam man denn nicht über ein bloßes Zwitterding hinaus. Man machte dem Kriegszustand ein Ende, ohne von einem wirklichen Frieden auch nur die Möglichkeit absehen zu können. Es war ein Interimisticum von durchaus zweifelhaftem Ausgange. Als Lord Morpeth am 12. October in Weimar eintraf, bereitete man sich zur Schlacht vor. Das war vollends nicht der Moment zu anderen Entscheidungen, als denen des Schicksals. Denn, siegte Preußen, so konnte es entweder auf dem Besitz von Hannover beharren oder einen entsprechenden Ersatz bedingen; wurde es besiegt, so konnte es immer noch, gegen den einfachen Verzicht auf dasselbe, Subsidien und Bündniß von England eintauschen.

Durch diesen Zwitterzustand gerieth nun aber andererseits der König von England in eine nicht minder seltsame Lage. Als Feind Frankreichs mußte er wünschen, daß die preußische Armee siege, als Churfürst von Hannover, daß sie geschlagen werde.[1]

Und dennoch war damit in diesem tragischen Drama das eigenthümliche Walten des Schicksals, die Seltsamkeit der Situationen noch nicht erschöpft.

---

[1] Lef. 2, 335 f. (317 f.). 339 (320). 366 f. (346 f.) Pölitz 1, 273.

15. Verhältniß Preußens zu Oesterreich.

Ein weit größeres Gewicht als England und selbst Rußland hätte bei dem bevorstehenden Kampfe Oesterreich in die Wagschale werfen können. Aber grade nach dieser Seite hin ging die Spaltung am tiefsten.

Das passive Verhalten Preußens im Herbst 1805, vor und nach dem Potsdamer Vertrage vom 3. November, hatte nirgend mehr Unmuth gesäet als in Oesterreich. Noch im Juli 1806 bekannte das Wiener Kabinet in einer Depesche an seinen Gesandten zu Madrid, daß es die „Schonung Rußlands gegen Preußen, trotz des schreckli= chen Verhaltens dieser Macht" sich nicht zu erklären wisse; es sei denn, daß der Kaiser Alexander „die Hoffnung nicht aufgebe, sie zu ihren Interessen zurückzuleiten." [1]) Die Ereignisse des Sommers 1806 hatten den Mißmuth gesteigert. Der Auflösung des deutschen Reiches und der Stiftung des Rheinbundes gegenüber glaubte Oester= reich in dem Benehmen Preußens Kaltsinn zu entdecken, und in der beabsichtigten Errichtung eines norddeutschen Reichsbundes und eines norddeutschen Kaiserthums die alleinigen Triebfedern des Ehr= geizes.

Das preußische Kabinet hatte seinerseits absichtlich Oesterreich über seine Intentionen im Unklaren gelassen, augenscheinlich um nicht auch von dorther auf Widerstand zu stoßen und seine Pläne durchkreuzt zu sehen. Es hatte die Herzuziehung Oesterreichs grabezu abgelehnt und von seinen Mitcontrahenten die Geheimhaltung der Verhandlungen, wiewohl nicht mit vollem Erfolge, begehrt. Der diplomatische Verkehr mit dem Wiener Kabinette war während der Monate Juli, August und September ein ganz äußerlicher und oberflächlicher; man suchte nur indirect, namentlich durch Sachsen auf die Stimmung desselben einzuwirken. Daher war selbst noch anfangs October, zur Zeit als Gentz im Hauptquartier sich befand, das preußische Kabinet in gänz= licher Unkenntniß über die Lage der Dinge in Wien. Man scheute sich noch immer, bei dem gegenseitigen Mißtrauen, directe Verhand= lungen mit der dortigen Regierung anzuknüpfen; und selbst den in=

---

[1]) Lef. 2, 368 (348).

directen Versuchen Englands traute man nicht. Erst im äußersten Augenblick, unmittelbar vor dem Ausbruch des Krieges, geschahen dazu die einleitenden Schritte.[1])

Oesterreich war schweigsam und unzugänglich wie immer. Es hatte nur „einstweilen" den „Widerstand" gegen die Neuerungen in Deutschland und gegen die Stiftung des Rheinbundes aufgegeben; es war eben so wenig gesonnen, einem preußisch=norddeutschen Bunde und einem norddeutschen Kaiserthum, wodurch die künftige Wieder= herstellung seines ehemaligen Einflusses auf Deutschland unmöglich gemacht worden wäre, irgendwie Vorschub zu leisten. Vielmehr war auch diesem Versuche gegenüber sein leitendes Princip ohne Zweifel nur die „einstweilige Verzichtleistung auf jeden Widerstand." Das heißt: auf jeden offenen Widerstand; denn an geheimen Gegen= wirkungen, wie wir sahen, fehlte es nicht. Oesterreich ließ die Dinge in der Schwebe, das selbstthätige Eingreifen auf einen günstigeren Moment sich versparend, und hoffend, daß bis dahin die eine oder die andere widrige Strömung sich von selbst verlaufen werde.

Durch diese Stellung Oesterreichs zu Deutschland war die Stel= lung Preußens zu Oesterreich bedingt; in ganz ähnlicher Weise, wie durch das Verhältniß Englands zu Hannover das Verhältniß Preu= ßens zu England bedingt wurde.

Und hier drängt sich nun wieder die ganze Seltsamkeit der Si= tuation hervor. Das preußische Kabinet wünschte allerdings, sobald der Bruch mit Frankreich entschieden war, eine vollständige Aussöh= nung mit Oesterreich und die Unterstützung desselben. Aber sollte es, um von Oesterreich ein Bündniß zu erlangen, freiwillig einen Plan fallen lassen, wegen dessen Behinderung es mit Frankreich eben zum Bruche kam? Es konnte sich nicht dazu entschließen; es beharrte vielmehr im Manifest wie im Ultimatum auf der unverkürzten Durchführung des Norddeutschen Bundes.

Und andererseits: Sollte Oesterreich sich mit Preußen verbün= den, um für eine Idee zu kämpfen, deren Verwirklichung nur auf Kosten seines eigenen Einflusses in Deutschland möglich war?

So kam auch die Annäherung Preußens an Oesterreich nicht

---

[1]) Gentz 4, 222 ff. Lef. 2, 368 (348). Wachsmuth 4, 45. Pertz 1, 345. Vgl. den Anhang.

über einen Zwitterzustand hinaus, der die Lage beider Theile nicht minder seltsam erscheinen ließ. Man war einander weder Freund noch Feind; und der Kaiser von Oesterreich durfte zwar als Wider= sacher Frankreichs die Niederlage der französischen Waffen, aber als Gegner der deutschen Politik Preußens nicht den Sieg der preußi= schen wünschen.

Und wie kam es nun zu diesem Zwitterzustande?

Gleichwie England gegenüber in Betreff Hannovers, so zeigte sich Preußen auch Oesterreich gegenüber in Betreff der deutschen An= gelegenheiten überhaupt, zu einer theilweisen Modification seiner bisherigen Politik geneigt.

Welcher Art diese beabsichtigte Modification war, müssen wir besonders prüfen.

16. Wendung der deutschen Politik Preußens. Theilungsidee. Baiern.

Von allen Vermuthungen, welche die französische Diplomatie über die Pläne Preußens aufstellte, war die am wenigsten unbegrün= det, daß Preußen die Auflösung des Rheinbundes erziele.

Vor dem Eintritt des Bruches mit Frankreich bezeichnete in= dessen dieser Gedanke nur das Ziel unbestimmter Wünsche. Die Absicht ging bis dahin nicht über die Errichtung eines norddeutschen Bundes neben dem Rheinbunde hinaus; doch würde dieser neue Bund schon nach dem ursprünglichen Plane das sogenannte „fran= zösische Deutschland" an Umfang bei Weitem übertroffen, die grö= ßere Hälfte von Deutschland umfaßt haben. Ueberdies besaß die Anlage eine hinlängliche Dehnbarkeit, um unter Umständen die Grenzen immer weiter zu stecken und das norddeutsche Gepräge in ein allgemein deutsches umzuwandeln. Daß man der Heranziehung süddeutscher Staaten am Hofe keineswegs entgegen war, ergiebt sich schon aus der Adresse der vier königlichen Prinzen vom August 1806, die sich für den Anschluß der „wichtigsten deutschen Staaten" an die preußische Monarchie, und nur mit „besonderer" Berücksichtigung des Nordens, aussprach.

Die Forderungen des Ultimatums gingen auch in der That schon einen Schritt weiter. Sie verlangten den Anschluß aller im Grundvertrage des Rheinbundes nicht genannten deutschen Staaten ohne irgend eine Ausnahme. Damit sollte nun freilich nicht der Anschluß auch der österreichisch=deutschen Staaten beansprucht werden die man vielmehr nur deshalb nicht gleich den rheinbündischen besonders ausnahm, weil man sie, nach der Erklärung des Kaisers Franz, als „mit dem Gesammtkörper der österreichischen Monarchie vereinigt", schon nicht mehr zu Deutschland rechnen durfte. Wohl aber lag in jener Bezeichnung der formelle Anspruch auf den Anschluß mindestens Eines süddeutschen Fürsten, nämlich des Großherzogs von Würzburg, der ja nicht im Grundvertrage des Rheinbundes genannt, sondern erst vor acht Tagen durch eine besondere Accessionsurkunde demselben beigetreten war.

Noch weiter ging das Manifest, indem es das Recht der Aufnahme aller deutschen Staaten, der großen wie der kleinen beanspruchte, die in der Fundamental=Acte des Rheinbundes nicht als Mitglieder des letztern genannt seien. Hierin lag streng genommen der Anspruch, daß die 72 größeren und kleineren deutschen Staaten, reichsunmittelbare Fürstenthümer und Grafschaften, welche dem Rheinbunde zugeordnet worden waren ohne als Mitglieder desselben genannt zu werden, sich wieder von demselben sollten trennen und zu dem nordischen übertreten können. In diesem Sinne hob das Manifest es besonders hervor, daß der Rheinbund außer Baiern noch dreißig andere Fürsten unter die Vormundschaft Frankreichs gestellt habe; während die Fundamental=Acte außer Baiern nur funfzehn Fürsten als Mitglieder nannte; denn die übrigen waren eben ohne ihr Wissen mediatisirt worden.

Das Manifest bildet dergestalt den Uebergang von dem Wunsch einer völligen Auflösung des Rheinbundes zur Beabsichtigung derselben. Sobald der Bruch mit Frankreich entschieden, und noch ehe der Kampf eröffnet war, hat die preußische Diplomatie diese Absicht ausdrücklich kund gegeben. [1])

Es verstand sich von selbst: unterlag Preußen im Kampfe, so sanken alle seine Combinationen in sich zusammen. Wie aber, wenn

---

[1]) Gentz 4, 226.

es siegte? wenn der Rheinbund zertrümmert wurde? Welche Zukunft war für diesen Fall den Rheinbundstaaten zugedacht?

Und hier trat nun wieder die Stellung Preußens zu Oesterreich als maßgebend ein, oder mit anderen Worten die Frage: Sollte Preußen ein Bündniß mit Oesterreich suchen oder nicht?

Je nach der Beantwortung dieser Frage bot sich für Preußen eine andere Eventualität, also eine Alternative dar. Entweder siegte es mit Hülfe Oesterreichs: dann mußte Oesterreich ein Antheil an den Früchten des gemeinsamen Sieges eingeräumt, mit ihm gemein= sam die Zukunft Deutschlands gestaltet werden. Oder aber Preußen siegte ohne Unterstützung Oesterreichs: dann durfte es als der allei= nige Befreier Deutschlands vom Joche des Auslandes, und als der alleinige Zerstörer des Rheinbundes, sich die Berechtigung zuschreiben, nicht nur die im Manifest beanspruchten, sondern die sämmtlichen Bestandtheile desselben mit den nördlichen Staaten zu einem das ganze Deutschland, mit Ausschluß Oesterreichs, umfassenden Bunde zu vereinigen, unter dem erblichen Protectorate des Königs als deut= schen Kaisers.

Die Triebe zu dieser letzteren Eventualität lagen in den „Vor= läufigen Grundzügen" für den „Norddeutschen Reichsbund" ausge= streut, von dessen Durchführung Preußen trotz der bisherigen Wei= gerung Sachsens nicht abzulassen entschlossen war, wie die an Frankreich gestellten Forderungen hinlänglich bezeugen. Aber eine andere Frage ist: Neigte es sich in der Zeit der wachsenden Gefahr dieser Eventualität zu? Wir haben keine Antwort darauf als die schon angeführte Thatsache: Preußen wartete „bis zum letzten Augen= blicke", ehe es die Mitwirkung der österreichischen Waffen in Anspruch nahm. Es mied die intimere Verbindung mit dem Wiener Kabinet, so lange es noch an die Möglichkeit der Aufrechterhaltung des Frie= dens oder des alleinigen Sieges im Kampfe glaubte.

Als es sich endlich in der zwölften Stunde entschloß, Oesterreichs Unterstützung nachzusuchen, wandte es sich damit der ersteren Even= tualität zu. Nunmehr war eine Umkehr von dem bisherigen Wege, eine Wendung der deutschen Politik Preußens geboten. Man ließ die fernen Zwecke fallen und ergriff die nächsten. Deutschlands Ge= schick sollte fortan von dem Einverständniß der Höfe von Wien und Berlin abhängig gemacht werden. „Man werde", sagte Haugwitz am 5. October zu Gentz, indem er ihn bat, in Wien „auch den letzten Schimmer des Verdachts zu vertilgen"[1] — „Man werde mit dem kaiserlichen Hof über die gegenwärtigen, wie die zukünftigen Pläne conferiren, und es werde in Zukunft von seinem Hofe nichts beschlossen werden, ohne des kaiserlichen Hofes vollkommenste und formellste Zustimmung."[2]

Die deutsche Frage bot aber, sobald man mit Oesterreich darüber verhandeln wollte, zwei Seiten dar. Die beiden Kabinette hatten so lange schon eine gegenseitige Zurückhaltung beobachtet, daß man sich ebensowohl über die Vergangenheit wie über die Zukunft erklären mußte.

In Betreff der Vergangenheit war von Seiten Preußens vor allem das Project des Norddeutschen Bundes zu rechtfertigen. Den Versuch dieser Rechtfertigung, soweit er von Haugwitz ausging, darf man einen sehr unglücklichen nennen. Denn es war weder wahr, noch geschickt, noch wohlgethan, wenn er behauptete: „Der Plan dieses Nordbundes sei nie ernstlich von ihm gehegt, und eigentlich nur vorgeschoben worden, um Zeit zu gewinnen."[3] Denn der Umstand, daß derselbe bis dahin nicht zu Stande gekommen, konnte zwar einem Uneingeweihten gegenüber die Behauptung als wahr erscheinen lassen; allein dieser Schein mußte zerrinnen, oder ein sehr zweideutiges Licht erhalten, im Vergleich mit der Thatsache, daß man um eben dieses Projectes willen einem Kriege entgegenging, und daß man es nicht nur soeben noch in dem Ultimatum aufrecht erhalten hatte, sondern auch in dem von Gentz selbst zu redigirenden Manifeste aufrechtzuhalten entschlossen war. Auch traten die Zwecke der Vergangenheit, wenn auch in veränderter Gestalt, in den Plänen über die deutsche Zukunft sofort wieder hervor.

Ueber diese Zukunft, schien es, werde man im Falle des gemeinsamen Sieges sich leichter einigen können, als in dem Urtheil über die Vergangenheit.

Wenn wir für den damaligen Zeitpunkt in Herrn von Gentz einen Repräsentanten der österreichischen Diplomatie anerkennen dürfen, wie wir in dem Grafen von Haugwitz den Repräsentanten der preußischen anzuerkennen leider genöthigt sind: so erscheinen die Verhandlungen, die in jener Beziehung am 5. October im Haupt-

---

[1] Gentz 4, 227. [2] Ebend. 223. [3] Ebend. 226 f.

quartier zu Erfurt zwischen ihnen gepflogen wurden, von wesentlicher
Bedeutung. Die Coïncidenzpunkte der beiderseitigen Eröffnungen
in Betreff der Zukunft waren: 1) Auflösung des Rheinbundes.
2) Theilung des deutschen Protectorates zwischen Oesterreich und
Preußen. 3) Ausübung einer strengen Vergeltung gegen Baiern.

Gentz, zuerst zur Meinungsäußerung aufgefordert, ließ sich
vom österreichischen Standpunkte also aus: „Die Franzosen vom
Rhein zu verjagen, sollte der Hauptzweck des Krieges sein; sei dieser
Plan vollführt, so handle es sich ferner darum, die gehässige Con=
föderation aufzulösen, die sich unter den Auspicien einer fremden
willkürlichen Macht gebildet, und dann erst sei zu prüfen, ob eine
Wiederherstellung der früheren Constitution des Reichs, mit solchen
Modificationen, wie sie die Umstände erforderten, jeder anderen
Institution vorzuziehen sei. Sollte diese Wiederherstellung als un=
ausführbar befunden werden, so müsse man Deutschland in zwei
große, durch eine immerwährende Allianz vereinigte Conföderationen
theilen, die eine unter die Protection Oesterreichs, die andere unter
die Protection Preußens" stellen, und dürfe zwar den Mitgliedern
„ihre Souveränetätsrechte" lassen, jedoch nur „unter der Restriction
eines gleichförmigen Militärsystems." „Da es ferner, was die
Territorialbestimmungen beträfe, unmöglich sein würde, zu einer
neuen Ordnung der Dinge zu gelangen, ohne die eine oder die an=
dere Entziehung, so habe man darauf zu sehen, daß Baiern in Hin=
sicht des gegenwärtigen Standes der Dinge verantwortlicher sei, als
irgend eine andere Macht in Deutschland." [1])

Darauf erwiederte Haugwitz: „Was Deutschlands absolute Un=
abhängigkeit und eine permanente Ordnung von dessen Angelegen=
heit betrifft, so sind Ihre Worte ganz meine Gedanken; ja ich möchte
hinzufügen: es ist mir, als wären sie aus meinen Papieren. Hier
ist der Plan, nur mit einer geringen Veränderung. Wir haben den
Rheinbund anerkannt, weil unsere Vorbereitungen noch nicht weit
genug gediehen waren um mit Frankreich zu brechen, und weil wir
keinen entschiedenen Beweis der Treulosigkeit hatten, der doch noth=
wendig war, um des Königs Entschluß zu bestärken; allein wir er=
kannten ihn unter dem ausdrücklichen Vorbehalt an, daß einer

---

[1]) Gentz 4, 225.

Bildung der Conföderation der nördlichen Staaten Deutschlands kein Hinderniß in den Weg gestellt werde. Diese Bedingung ist nicht erfüllt worden .... Siege sind uns vor allem nöthig; erfreuen wir uns deren, so verspreche ich Ihnen, daß Sie nichts mehr vom Rheinbunde hören sollen. Was die auf Territorialbegrenzung bezüglichen Anordnungen betrifft, so stimme ich ganz mit Ihnen überein: Baiern soll die Zeche bezahlen." [1]

Der gemeinsame Unwille gegen Baiern galt vorzugsweise der Politik desselben; diese beurtheilte man beiderseits als undeutsch und selbstsüchtig; an ihr sei die Einheit des Reiches, die nationale Unabhängigkeit zu Grunde gegangen; sie vor allem habe den Spaltungsgelüsten des Auslandes ein williges Ohr geliehen und den Knechtungsgelüsten desselben an der Spitze der Rheinbündler den meisten Vorschub geleistet. Dazu kam, daß man preußischerseits schon im August vernommen, Baiern trachte sich auf Preußens Kosten zu vergrößern, strebe nach dem Besitze von Baireuth [2]); während Oesterreich den Verlust Tyrols sowie anderer Abtretungen nicht verschmerzen konnte und eine solche Beraubung „für ein rechtliches Gefühl allzu empörend" fand. [3]) Der österreichischen Politik war überdies, wie wir sahen, Baierns Selbstständigkeit von jeher ein Dorn im Auge gewesen; seit einer Reihe von Jahrzehnten hatte sie schon darnach getrachtet, sich dieses Dornes zu entledigen, und wenn die bisherigen Versuche, Baiern mit Oesterreich zu Einem Staate zu verschmelzen, mißlungen waren, so hatte Baiern dies nur der energischen Unterstützung Preußens zu danken gehabt. Diesmal aber lagen die Dinge anders. Preußens und Oesterreichs Stimmung war gleich gereizt, und im Falle eines gemeinsamen Kampfes würden sie, bei glücklichem Ausgange desselben, auch gegen Baiern ein gemeinsames Verfahren eingehalten haben, dessen Maß und Ziel, da der Ausgang ein anderer war, freilich nicht bestimmt werden kann, dessen Sinn jedoch unfehlbar der einer strengen Vergeltung, einer schweren Buße gewesen sein würde.

Mit der Theilungsidee in Betreff Deutschlands und des Protectorates näherte man sich der Auffassungsweise des Freiherrn vom Stein, dessen Meinung ja schon im Jahre 1804 dahin ging: die

---

[1]) Gentz 226. [2]) Lef. 2, 345 (336). [3]) Gentz 4, 225.

kleinen Staaten Deutschlands müßten sämmtlich mit den beiden Groß=
mächten, Preußen und Oesterreich, vereinigt werden.

Ebenso entsprach denn auch nachmals dieser Theilungsidee, und
dies war praktisch von größerer Wichtigkeit, der Inhalt des durch
den Minister von Hardenberg zwischen Preußen und Rußland ab=
geschlossenen Vertrages zu Bartenstein vom 26. April 1807. Der
Art. 5. bestimmte: Da die Wiederherstellung des deutschen Reichs in
seine alte Schwäche unzweckmäßig sei, so solle in Deutschland ein
Staatenbund geschaffen werden; die Leitung desselben hätten Preußen
und Oesterreich gemeinschaftlich zu übernehmen, und über die Be=
grenzung ihres Einflusses sich mit einander zu verständigen. Der
Hauptzweck sollte der militärische, die gemeinsame Vertheidigung, die
Aufrechthaltung der Unabhängigkeit Deutschlands sein. Beide Mächte,
Preußen und Oesterreich, sollten alle Ursachen zur Eifersucht gegen
einander für immer hinwegräumen und sich mit einander innig und
dauernd verbinden. [1]

Diese Bestimmung des Bartensteiner Vertrages war augen=
scheinlich nur eine Entwickelung der schon im October 1806 von Gentz
vorgetragenen und von Haugwitz gebilligten Idee.

Wir gewahren demnach in der deutschen Politik Preußens um
diese Zeit zwei Richtungen, die eine bezweckt einen „Reichsbund“,
der unter preußischer Oberhoheit zunächst die „norddeutschen“ Staaten
umspannend, sich früher oder später über ganz Deutschland ausdehnen
soll, dergestalt, daß nur Deutsch=Oesterreich davon ausgeschlossen
bliebe. Oesterreich wäre dadurch in seinem Einfluß auf die deutschen
Angelegenheiten neutralisirt und auf die alleinigen Interessen seiner
Hausmacht angewiesen worden. Die vereinigten Staaten von
Deutschland und die vereinigten Staaten von Oesterreich würden
zwei ebenbürtige, in Macht und Interessen sich gegenseitig ergänzende
Mächte gewesen sein.

Die andere Richtung, von Stein und Hardenberg in Preußen,
von Gentz in Oesterreich vertreten, will den Theil von Deutschland,
der weder zur preußischen noch zur österreichischen Monarchie gehört,
beiden dergestalt angeschlossen wissen, daß die südlichen Staaten dem
österreichischen, die nördlichen dem preußischen Protectorate unter=

---

[1] Vgl. Pertz 1, 445. Lef. 3, 67 (65).

stellt würden; nur darin schwankt sie noch, ob zwei Conföberationen mit getrenntem Protectorate Preußens und Oesterreichs, oder ob Eine Conföberation mit gemeinsamer Oberhoheit beider Mächte ein= zurichten sei.

Man sieht auf den ersten Blick, daß diese beiden Richtungen innerlich einander widerstreben. Die erstere konnte in der Ausfüh= rung ihr letztes Ziel nicht erreichen, wenn die Verwirklichung der zweiten ihr in den Weg trat; es war unmöglich, zugleich das eine und das andere zu wollen. Wenn Oesterreich das Protectorat des Südens erhielt, war die Aussicht Preußens auf eine Gesammt= einigung Deutschlands rechtlich auf immer zerstört. Wollte man diese nicht ein für allemal preisgeben, so konnte man sich wenigstens nicht für zwei Conföberationen, sondern höchstens nur für ein ge= meinsames Protectorat über das ganze Deutschland entscheiden; und entschied man sich für das letztere, so war damit der „norddeutsche Reichsbund" zu einer Unmöglichkeit geworden.

Die beiden Systeme waren daher nur einer oberflächlichen Ver= söhnung, einer äußerlichen Accommodation fähig. Und eben in dieser Accomodation bestand die Wendung der deutschen Politik Preußens. Die Folge war eine grenzenlose Unentschiedenheit. Am 5. October ging Haugwitz dem Anschein nach auf die Idee zweier Conföbera= tionen ein, und erklärte doch, die norddeutsche sei gar nicht ernst gemeint; er gab dergestalt dem Anschein nach die norddeutsche auf, und erklärte doch am 9. October Behufs ihrer Durchführung den Krieg. Erst der Bartensteiner Vertrag gab die nördliche Conföbe= ration wirklich auf, und entschied sich damit für die Gemeinschaftlich= keit des Protectorates.

Haugwitzens neue Politik, der österreichischen Diplomatie gegen= über, bestand also im Grunde nur darin, daß er die beiden Systeme zusammenheftete und darauf schrieb: Vertrag des Unverträglichen.

Es kam darauf an, ob das Wiener Kabinet auf einen solchen Vertrag eingehen werde.

17. Noch einmal Oesterreich.

Und es war nicht gemeint, dies zu thun.

Oesterreich wollte sowenig seine alten Vorrechte in Deutschland, wie Preußen seine neuen Ansprüche, ein für allemal preisgeben.

Gleichwie Preußen gab es die Hoffnung nicht auf, den Theil von Deutschland, der staatlich weder zu Preußen noch zu Oesterreich gehörte, doch noch einmal in seiner Gesammtheit an sich zu bringen; denn das Ganze war auch ihm lieber als die Hälfte.

Deshalb war es, wiederum gleich dem preußischen Kabinet, der Idee zweier Conföderationen, einer österreichisch= und einer preußisch= deutschen, innerlich keineswegs geneigt. Höchstens hätte es sich dazu verstehen können, die Oberleitung Deutschlands mit Preußen gemein= sam zu übernehmen; aber auch dies zuverläßig nur im äußersten Nothfall und mit schwerem Herzen, da das frühere Uebergewicht mit dem Gleichgewicht, das Vorrecht mit der Gleichberechtigung vertau= schen ihm als ein Verlust, als ein Herabsteigen erschien.

Daß Herr von Gentz dem Minister von Haugwitz nichtsdesto= weniger jenen Plan vorspiegelte, konnte dem Wiener Kabinet durch= aus nicht bedenklich erscheinen; Preußen wurde dadurch stutzig gemacht, und durch das Anerbieten der Hälfte, wofern Preußen mit eigener Kraft und beim ersten Anlauf siege — was man nicht als wahrscheinlich annahm —, wenigstens dem Verlust des Ganzen vor= gebeugt. Unterlagen die preußischen Waffen, so zerfiel das Aner= bieten oder die Theilungsidee von selbst, und der gefürchtete preußisch= deutsche Bund nicht minder.

Oesterreich war daher sehr weit davon entfernt, sich auf irgend etwas Bestimmtes einzulassen: sowenig in Betreff der Zukunft Deutschlands, als in Betreff einer Allianz. Wozu durch Versprechun= gen oder gar Verpflichtungen sich im Voraus die Hände binden! Es war weit klüger, hinzuhalten und abzuwarten. Und so ließ denn Oesterreich absichtlich und in allen Punkten seine Entscheidung wie= derum in der Schwebe.

Gentz war zu sehr ein österreichischer Diplomat, als daß er nicht diesem Charakter auch in Erfurt hätte treu bleiben sollen. Mit mehr Recht als Haugwitz von dem Plan des Nordbundes, durfte man von dem Gentzischen Theilungsplan sagen, daß er nicht ernstlich gemeint und eigentlich nur vorgeschoben wurde, um Zeit zu gewinnen, oder um die so beharrlich verfolgten Bestrebungen der preußischen Politik durch eine Diversion zu erschüttern und von ihrem Ziele abzuleiten. Daher wies Gentz jede „Prüfung der Wahrscheinlichkeit des Erfolgs“ seiner Pläne von der Hand, und bezeichnete in seinem Tagebuche diesen Theil seiner Unterredung mit dem preußischen Minister nur als eine gelegentliche, als eine „eingebildete Discussion.“[1]) Ohne allen Rückhalt aber machte sich die von ihm vertretene Schwebepolitik bei der Redaction des preußischen Kriegsmanifestes am 6. October geltend. In dem Lombard'schen Concept, so erzählt er selbst, kam eine ziemlich lange Stelle vor, welche, ohne Oesterreich zu nennen, doch in einer Weise darauf anspielte, daß Niemand dasselbe verkennen konnte. „Der Sinn, sagt er, dieser merkwürdigen Anspielung war, der Kaiser möge Preußen doch wenigstens mit seinen besten Wün= schen unterstützen, wenn er keinen bessern Beistand leisten könne.“ Aber nicht nur jede auch noch so leise Andeutung der Möglichkeit eines „bessern Beistandes“, sondern selbst schon die bloße Voraus= setzung von den „besten Wünschen“ des Kaisers, war für Gentz zu viel. „Gleich Anfangs, berichtet er, war ich mit dieser Stelle so unzufrieden, daß ich entschlossen war, sie jedenfalls zu streichen. Ich stellte Lombard vor, wie unbelicat es sei, aus freien Stücken eine Macht zu compromittiren, die eine solche Verlegenheit durchaus nicht wünschen könne, und berief mich dabei auf Preußens absolute Inter= essen, die doch sicher nicht dazu rathen könnten, sich durch eine so offenbare Verletzung den Wiener Hof zu entfremden.“ Lombard machte den Einwand: „der König habe dies selbst so gewünscht.“ Gentz aber erklärte schließlich „grade heraus, daß wenn diese Stelle nicht gestrichen werde, er sich nicht allein zur Theilnahme an der Ausarbeitung des Manifestes nicht entschließen könne, sondern das= selbe auch durchaus besavouiren werde; daß er sich ferner in die Nothwendigkeit versetzt sähe, Erfurt noch in dieser Nacht zu ver= lassen, nachdem er dem König zuvor brieflich die Gründe vorgelegt, welche ihn zu dieser plötzlichen Abreise bewogen hätten.“ Und er drang durch: der ganze Passus wurde gestrichen.[2])

Waren die unverwüstlichen Grundsätze der Politik des Abwar=

---

[1]) Gentz 4, 224. [2]) Ebend. 4, 240.

tens für Oesterreich ein Hauptmotiv seines Verhaltens gegen Preußen, seiner Unthätigkeit und absichtlichen Unentschiedenheit: so gesellte sich dazu allerdings auch der Umstand, daß es kaum Zeit gehabt, von den Niederlagen des vorjährigen Krieges sich nur einigermaßen zu erholen. Mehr aber noch wirkte das tiefe angeerbte Mißtrauen und die frische Erbitterung gegen einen Staat, der seit einem Jahrzehnt es mehr mit Frankreich, als mit Rußland und Oesterreich gehalten, und dem man sein „bedauerungswürdiges Absonderungssystem" nachzutragen entschlossen war; warf doch sogar das österreichische Manifest vom Jahre 1809 noch einen scheelen Blick darauf zurück."[1] Ja es mischte sich, so schien es, in die Stimmung Oesterreichs ein Gefühl, von dem man vergebens wünscht, daß es der Politik fremd sein möchte, und das nur allzu nahe an Schadenfreude grenzt.

Denn empfindlicher konnte der preußischen Diplomatie, wie sie endlich im Moment der Krisis zu Unterstützungsanträgen schritt, nicht begegnet werden, als es eben in Wien geschah. Vergebens erklärte der preußische Gesandte, Graf v. Finckenstein: „die Rivalitäten, welche so viele Jahre lang Preußen und Oesterreich von einander fern gehalten haben, sind für immer unter den Trümmern des deutschen Reichs begraben; es giebt für beide nur Eine große Pflicht, nämlich: sich einander zu nähern, sich zu vereinigen, ihre Weisheit und ihre Waffen zu verbinden." Es war vielmehr, als ob Oesterreich nicht nur Gleiches mit Gleichem, sondern selbst mit Schlimmerem vergelten wollte. Denn nicht nur versagte es jede unmittelbare Mitwirkung, indem es, wie Preußen im Jahre zuvor, beharrlich auf dem System der „bewaffneten Neutralität" bestand; sondern es lehnte auch jede mittelbare Erleichterung der preußischen Operationen ab, indem es die vom Berliner Kabinet nachgesuchte Gewährung der „freien Ausfuhr der Naturalien aus Böhmen in die preußischen und sächsischen Länder" am 8. October abschlug. Ja es ging noch einen bedeutsamen Schritt weiter. Um nämlich dem Kaiser Napoleon von seinen friedlichen Gesinnungen einen handgreiflichen und augenfälligen Beweis zu geben, stellte es dem Kabinet der Tuilerien die Briefe zu, durch welche der Graf v. Haugwitz es in die Coalition

---

[1] Gentz 4, 283.

zu ziehen versuchte. Eine Handlung, die selbst Lefebvre, ungeachtet ihm jeder Vortheil für Frankreichs Interessen lieb ist, nicht umhin kann, als ein „Aergerniß" und als „Verrath" zu bezeichnen.[1]

18. Die Krisis.

Gegen die Mitte des Octobers brach der Krieg herein. Die Niederlage bei Jena am 14., der unaufhaltsame Fortgang der französischen Waffen, und der Schwindel der Muthlosigkeit der die meisten Heerführer und fast alle Befehlshaber der festen Plätze ergriff, zertrümmerte in Kurzem die preußische Monarchie und zugleich die Pläne, die sie für Deutschlands Zukunft gehegt.

Hessen mußte seine zweideutige Haltung durch das völlige Aufgehen in das neue Königreich Westfalen büßen. Sachsen hatte sich, trotz der Abwehr aller Verträge mit Preußen, moralisch und thatsächlich genöthigt gesehen, seine Truppen im Anschluß an das preußische Heer in den Kampf ziehen zu lassen, während sein Gesandter in Paris verblieb und angewiesen war, mit friedlichen Betheuerungen fortzufahren.[2] Aber mitten im Kampfe fiel Sachsen zum Sieger ab und wurde dafür mit einer Königskrone begnadigt, sowie mit der Mitgliedschaft am „französischen" Rheinbunde, dessen schmachvolles Netz nunmehr den größten Theil des deutschen Reiches überzog.

Schon am 10. October hatte Napoleon an die Sachsen eine Proclamation erlassen, folgenden Inhalts: „Sachsen! die Preußen haben euer Land überfallen; ich betrete es um euch zu befreien. . . Ihr sollt euer Blut vergießen nicht nur für ein fremdes, sondern sogar für ein euch entgegengesetztes Interesse! Meine Armeen werden nicht eher zurückkehren, als bis Preußen eure Unabhängigkeit anerkannt, und den Plänen entsagt haben wird, die es gegen euch im Schilde führt. Euer Fürst hat sich bis jetzt geweigert, solche pflichtwidrige Verbindungen einzugehen; wenn er sie seitdem eingegangen, so wurde er durch den Einfall der Preußen dazu gezwungen! Sachsen!

---

[1] Lef., 2, 369 ff. (349 ff.). Unionsbestrebungen §. 356 f. [2] Ebend. §. 344. Senfft, mém. p 11. (Der hessische Gesandte wird hier, wohl in Folge eines Lesefehlers, Wallburg statt Malzburg genannt.)

euer Loos liegt jetzt in eurer Hand. Wollt ihr im Zweifel stehen zwischen denen die euch unterjochen und denen die euch schützen wollen? Meine Fortschritte werden die Existenz und Unabhängigkeit eures Fürsten, eurer Nation befestigen; die Fortschritte der Preußen würden euch ewige Fesseln anlegen. Heut würden sie die Lausitz, morgen die Ufer der Elbe verlangen. Doch, was sage ich? Haben sie nicht alles verlangt? nicht schon längst versucht, eure Beherrscher zur Anerkennung einer Oberherrschaft zu zwingen, die unmittelbar euch aufgelegt, euch — aus der Reihe der Nationen streichen würde? Eure Unabhängigkeit, eure Verfassung, eure Freiheit würden dann ein bloßer Gegenstand der Erinnerung sein, und die Manen eurer Vorfahren, die tapfern Sachsen, würden sich entrüsten, euch ohne Wiederkehr von euren Nebenbuhlern unter das Joch so lange vorbereiteter Knechtschaft gebeugt, und euer Land zu einer preußischen Provinz herabgewürdigt zu sehen."[1])

So suchte der Feind Deutschlands den Particularismus anzuschüren und auszubeuten, indem er seine eigenen Eroberungsgelüste den preußischen Bestrebungen unterlegte. Und es gelang ihm nur zu wohl, im Norden wie im Süden. Um dem eingebildeten Joche einer nationalen Einigung zu entgehen, gab man sich willenlos dem wirklichen des Auslandes hin. So groß war die Eifersucht der Kleinstaaterei, daß man lieber dem Fremden alles als dem Nächsten etwas gönnte, lieber jenem die Herrschaft als diesem den Schatten derselben. Die Politik der beiden Großmächte Deutschlands war nur insofern keine deutsche zu nennen, als sie nicht ihre Interessen in die deutschen, sondern diese in die eigenen aufgehen zu lassen bedacht waren. Die Politik aber der kleinen Kabinette war geradezu undeutsch und antinational; sie war und blieb der größte Hemmschuh aller, auch der mäßigsten Versuche deutscher Einigung.

Nach der Schlacht bei Jena eröffnete Napoleon den 6000 sächsischen Gefangenen: „er habe die Waffen nur ergriffen, um die Unabhängigkeit Sachsens zu sichern und die Vereinigung desselben mit Preußen zu verhindern;" dann entließ er sie in ihre Heimath, nachdem sie ihr Wort gegeben, nicht gegen Frankreich zu dienen. Bereits am 23. October sagte sich der Churfürst von Sachsen öffentlich von

---

[1]) Winkopp 1, 465 f.

Preußen los und erklärte sich neutral.[1])   Am 11. December schloß
er den Frieden zu Posen ab, der ihn zu einem königlichen Vasallen
Napoleons, und sein Land zum dienenden Bestandtheil des „großen
Reiches" machte; es war eine besondere Gnade des nunmehrigen
„Protectors," daß Sachsen, statt mit 20,000 Mann, in dem „gegenwärtigen Feldzug" nur mit 5,800 Mann gegen Preußen zu dienen
verpflichtet ward.[2])

Sachsens Beispiel wirkte rasch. Nun erst verschlang der Rhein-
bund auch den Norden. Am 15. December traten ihm die sächsischen
Herzogthümer Weimar, Gotha, Meiningen, Hildburghausen und
Koburg bei; am 18. April 1807 Anhalt-Dessau, Bernburg und
Cöthen, die Fürsten von Reuß, von Lippe-Detmold und Schaumburg,
Waldeck, Schwarzburg-Sondershausen und Rudolstadt, Holstein-Ol-
denburg, Mecklenburg-Schwerin und Strelitz; endlich mit dem 15. No-
vember auch das neue Königreich Westfalen.

Preußen sollte den Kelch bis auf die Hefe leeren. Auf die Hälfte
seines Umfangs zurückgedrängt, mußte es über sich und über Deutschland die fremden Machtgebote widerstandslos ergehen lassen.

Schon bei Gelegenheit der ersten Friedensverhandlungen wurde
von Seiten Frankreichs am 21. October 1806 die Bedingung gestellt:
daß Preußen sich verpflichte, unter keinem Vorwande in die Angelegenheiten Deutschlands sich einzumischen, und daß es alle Veränderungen anerkenne, die in demselben geschehen seien oder noch geschehen könnten. Und wirklich hatte der König am 27. mit Ergebung
die Vollmacht zur Unterzeichnung der dargebotenen Bedingungen
ertheilt.[3]) Wohl zerschlugen sich die Unterhandlungen. Allein vergebens ermannte sich Friedrich Wilhelm. Es war schon zu spät, als
er am 7. December an Rüchel schrieb: „Energische Maaßregeln sind
die einzig möglichen die einen glücklichen Ausgang können hoffen
lassen; ergreifen Sie diejenigen die dahin führen müssen, sie seien
welche sie wollen; es steht alles auf's Spiel."[4]) Vergebens schlug
man mit Heldenmuth die mörderische Schlacht bei Eylau. Vergebens
wartete man auf eine endliche Entscheidung Oesterreichs. „Schlagen
Sie die Franzosen noch zweimal und ich erkläre mich" — das war

---

[1]) Lef. 2, 396 (374 f.).   [2]) Wintopp 1, 467 ff.   [3]) Lef. 2, 417 (394). 420
(396).   [4]) Pertz 1, 571.

die einzige Antwort, die man von Kaiser Franz erhalten konnte.[1])
Der inhaltslose Vorschlag: „die Angelegenheiten Deutschlands sollen
der Gegenstand einer ganz neuen Vereinbarung werden" — war die
einzige That, zu der sich das Wiener Kabinet im Interesse Deutsch=
lands zu entschließen vermochte[2]); während Preußen und Rußland
den Bartensteiner Vertrag ratificirten, der in der Specialität seiner
Bestimmungen selbst von Frankreich als einer der „kühnsten dieses
Jahrhunderts" anerkannt ward und mit prophetischer Zuversicht die
Bahnen der Zukunft zu bezeichnen unternahm.[3]) Aber die Hoffnung ließ
dieselben näher und kürzer erscheinen, als sie waren. Die Schlacht bei
Friedland war die kriegerische Bestattung dieses Wahnes, und der
Friede zu Tilsit das diplomatische Grab der letzten Illusionen.

Von 6053 Quadratmeilen verblieben Preußen seit dem 9. Juli
1807 nur 2882; durch Art. 7, der den Verlust alles dessen bedingte,
was Preußen zwischen Rhein und Elbe unter was immer für Titeln
besessen, ging Hannover zum zweitenmal — Frankreich gegenüber —
verloren, nachdem der König schon am 28. Januar im Frieden zu Memel
— England gegenüber — darauf verzichtet hatte. Durch Art. 4 mußte
der Rheinbund und der Besitzstand seiner Mitglieder anerkannt, sowie
die Anerkennung künftig noch aufzunehmender Mitglieder im Voraus
verbürgt werden. Durch die Art. 10 und 11 wurden alle gegenseiti=
gen Rechte, alle wirklichen oder eventuellen Gebietsansprüche, sowie
alle Verträge, Conventionen und Allianztractate zwischen Preußen
und den links von der Elbe belegenen Staaten für erloschen oder wir=
kungslos erklärt. Preußen wurde hierdurch rechtlich von jeder Ein=
wirkung auf die deutschen Angelegenheiten ausgeschlossen und mit den
Trümmern seines Daseins in eine durchaus isolirte Stellung versetzt.[4])

Aber gerade dieser Umstand gereichte Preußen, statt zum Ver=
derben, vielmehr zum Heil.

---

19. Sammlung und Erhebung.

Denn Preußen sah sich dergestalt genöthigt, sich aus allen exten=
siven Bestrebungen heraus= und in sich selbst zurückzuziehen. Es

---

[1]) Lef. 3, 44 (43). [2]) Lef. 3, 72 (69). [3]) Lef. 3, 67 (64). [4]) Winkopp,
3, 411 ff. Miruß 1, 290 ff.

trat eine Periode der innern Sammlung wie unter Friedrich Wil=
helm I. ein; nur daß sie mehr geistiger als physischer, mehr politi=
scher als militärischer Natur war. Die Zeit der äußern Demüthi=
gung wurde die Zeit moralischer Erhebung. Nie stand Preußen höher
da, als nachdem es erniedrigt worden.

Nun begannen die so seltenen Zeiten monarchischen Glückes, da
die Fürsten nichts anders sind und sein wollen, als die Führer des
Volkes auf der gemeinsamen Bahn freier geistiger und bürgerlicher
Entwickelung; — die Zeiten des vollkommenen Einklanges zwischen
König und Volk; — die schönste, wenn auch nicht mängellose, Periode
in Preußens innerer Geschichte.

Nun schien sich das Wort jenes preußischen Ministers zu be=
währen, der im August 1799 zu dem französischen Gesandten in
Berlin gesagt hatte: „Die Revolution, die Sie von unten nach oben
gemacht, wird in Preußen allmählig von oben nach unten erfolgen.
Der König ist Demokrat nach seiner Art; er bemüht sich unabläßig,
die Vorrechte des Adels zu beschränken, aber durch langsame Mittel.
Nach wenigen Jahren wird es keine Feudalrechte in Preußen mehr
geben."[1]) Nun sollte Stein „die Könige das Geheimniß lehren, d e r
Kraft sich zu bedienen, die Napoleon nicht zu berühren wagte, und
sie zu einer Waffe zu machen, um damit funfzehnjährige Schmach zu
rächen und den Coloß zu zertrümmern."[2]) Und was war die Grund=
bedingung dieser Lehre und ihrer Erfolge? Der Graf von Finckenstein,
der preußische Gesandte in Wien, deutete es an, als er im August 1807
an Stein schrieb: „Sie allein werden im Stande sein, mit kräftigem
Arm das Ungeziefer der Selbstsüchtigen, der Verräther und — was
ebenso schlimm ist — der Dummköpfe auszurotten, die den Staat
bis in seine Grundlagen untergraben haben und die vorzüglichste
Ursache unsers Verderbens sind."[3])

Es gehört nicht hieher, die Stein'sche Gesetzgebung einer Be=
trachtung zu unterziehen; denn unsere Aufgabe ist nicht den Frei=
heits=, sondern allein den Einheitsbestrebungen gewidmet. Es genügt
daran zu erinnern, daß die volksthümliche Ader des Staates immer
höher und mächtiger anschwoll, und daß ein früher nicht gekanntes

---

[1]) Depesche des Gesandten Otto vom 26. Thermidor (18. August). Lef. 1,
35 f. (33). [2]) Lef. 2, 401 (379). [3]) Pertz 1, 455 f.

Selbstgefühl, wie selbst Friedrich der Große es nicht zu schaffen ver=
mocht hatte, den Bürger erhebend, in alle Poren des öffentlichen
Lebens eindrang.

Und so kam denn, nach sechs Jahren innerer Sammlung und
Kräftigung, endlich auch die Zeit der äußeren Wiedererhebung. Zu
spät für die Ungeduld, mit der man die Schmach der Fremdherrschaft
trug; und doch vielleicht zu früh für Preußens wie Deutschlands
dauernde Wohlfahrt.

Denn das Große, das innerlich im Werden begriffen war, hatte
nicht Zeit gehabt zur Reife, zu einem Abschluß zu gedeihen.

Die Restauration unterbrach die Entwickelung, während diese,
mehr denn je, einer ununterbrochenen Fortsetzung und Pflege be=
durfte.

Die entbehrungsreichen Lehrjahre der deutschen Nation und
ihrer Fürsten, so scheint es fast, hatten nicht lange genug gedauert,
um genugsam zu lernen.

III.

Der dritte Dreifürstenbund

oder

die deutsche Union Friedrich Wilhelms IV.

1849.

Umrisse aus dem Frühjahr 1850.

1. Sachsen und Hessen.

Der zweite Dreifürstenbund, oder der norddeutsche Reichsbund, war zunächst an Sachsen und Hessen gescheitert. Der Souveränetätswahn war nicht jener Wahrheit eingedenk, daß das Schwache nur in der Vereinigung Stärke, Sicherheit, Freiheit und die Bürgschaft der Dauer zu gewinnen vermag. „Niemand zweifelte, erzählt Manso, das Gewicht der anführenden Macht, die Liebe zum gemeinsamen Vaterlande, und die Gefahr, die der Selbstständigkeit Aller drohe, werde Preußen, Sachsen und Hessen schnell und aufrichtig vereinigen. Allein bald erfuhr man, daß die Zeit mannhafter Entschlüsse für Deutschland vorüber und ein fester Bund selbst zwischen Dreien unmöglich sei." [1]

Hätte Sachsen 1806 den Bund geschlossen und wäre ihm treu geblieben: so hätte es freilich nicht von Napoleon das Herzogthum Warschau, noch den Cottbusser Kreis und andere Erwerbungen, zu vorübergehendem Nießbrauch erhalten; aber es würde dann auch nicht auf dem Wiener Congresse nebst den neuen Besitzungen die größere Hälfte seiner alten verloren haben, und noch viel weniger würde es mit der Gefahr gänzlicher Mediatisirung bedroht worden sein. Das Verhalten der hessischen Dynastie schien damals genugsam gebüßt durch den achtjährigen Verlust ihrer sämmtlichen Staaten; und dieser Verlust hatte ihr wenigstens den Vortheil gebracht, daß sie nicht gleich dem sächsischen Hofe Gelegenheit fand, das Vertrauen Deutschlands in der Zwischenzeit völlig zu verscherzen.

[1] Gesch. des preuß. Staates 2, 129.

---

2. Anläufe gegen den Bundestag.

Der Wiener Congreß gebar den deutschen Bund. Wir wissen was er war. „Auf die Frage: was hat der Bund in den 32 Jahren seines Bestehens gethan für Deutschlands Kräftigung und Förderung, ist keine Antwort möglich." Er war eine „todtgeborene Organi= sation", seine Resultate „die kläglichsten" von der Welt. „Davon daß hier das Interesse und die Sehnsucht der größten europäischen Nation vertreten werden sollte, davon ist selbst die Spur verwischt worden." [1]

Die nachfolgende Gliederung hat es nicht mit dem zu thun, was durch den Bund, sondern mit dem, was gegen ihn geschah.

Der Kampf gegen ihn war in der ersten Periode seines Daseins demokratischer Natur. Man forderte ein „deutsches Parlament", eine „zweite Bundeskammer", eine Repräsentation des Volkes im Gegensatze zur Repräsentation der Fürsten." Diese Phase schloß mit den Jahren 1819 und 1820 ab. [2]

Die zweite Periode war die des Particularismus, der Sonder= bundsgelüste. Man verlangte völlige Abschaffung des Bundes als eines „armseligen, ohnmächtigen, für alle wesentlichen Zwecke un= brauchbaren Machwerks", als einer „arglistigen Erfindung der größeren und als des unvermeidlichen Ruins der mindermächtigen Staaten." Man drängte, ihn „durch Separatbündnisse zu sprengen, unter dem Protectorat eines oder des andern Fürsten neue Staats= körper in Deutschland zu bilden, ja diesen sogar, zur Vereinfachung des Werkes, den größeren Theil der noch bestehenden Souveräne= täten einzuverleiben." Das war die Zeit des „Manuscriptes aus Süddeutschland", dessen Quellen in Baiern rieselten.

Die dritte Periode war die antiösterreichische, seit dem Jahre 1822. Sie rief alle Antipathien gegen die Politik des Wiener Ka= binettes wach. Nun wurde das Begehren laut: die deutschen Staaten sollten sich „der Vormundschaft Oesterreichs entziehen", eine „männ= liche Erklärung" in die Welt schicken, ein „neues politisches System proclamiren" und die „unmittelbare Vollziehung desselben dem Ge=

---

[1] Radowitz, Deutschland und Friedrich Wilhelm IV. 1848. S. 42 f. 10. 41. 24. [2] Gentz 5, 228 f.

schicktesten und Hochherzigsten" anvertrauen. Diese Phase bezeich=
net die Schrift „Ueber die gegenwärtige Lage von Europa, ein Be=
richt dem Prinzen ** vorgelegt vom Freiherrn v. X., herausgegeben
von Kollmanner." Sie endete damit, daß auf Antrag des öster=
reichischen Bundespräsidiums im Jahre 1824 die Veröffentlichung
der Bundesverhandlungen aufgehoben wurde, und daß die Reaction
sich in das Dunkel der geheimen Protokolle zurückzog. Zugleich aber
nahm die Eifersucht Oesterreichs gegen Preußen zu.

Bis hieher erfolgten die Anläufe in absteigender, von nun an
in aufsteigender Linie.

Die vierte Periode des Kampfes trieb die materiellen Interessen
in den Vordergrund. Während die Unzufriedenheit gegen den todt=
gebornen und rein negativen Bund in stetem Wachsen begriffen war,
bahnte Preußen eine wirkliche Einheit Deutschlands wenigstens
auf materiellem Gebiete außerhalb des Bundesweges an. Das war
die Bedeutung des Zollvereins. Seine Begründung in den Jahren
1828 bis 1834 war eine „tiefgehende Anomalie in dem Bundes=
leben", der „erste Riß in das Werk von 1815", die erste Nichtigkeits=
erklärung des Bundes, der erste thatsächliche Bruch mit ihm.

Die fünfte Periode dürfen wir als die reformatorische bezeich=
nen. Sie wollte den Bund weder sprengen noch demokratisch ge=
stalten, aber ihn auf dem Wege organischer Entwickelung oder refor=
matorischer Gesetzgebung in eine zugleich einheitlichere und liberalere
Bahn, von den negativen zu positiven Zwecken hinüberleiten. Diese
Versuche, von Preußen ausgehend, begannen mit dem Regierungs=
antritt Friedrich Wilhelms IV. im Jahre 1840; aber sie scheiterten
an dem Widerstande Oesterreichs, an dem Metternichschen Unver=
änderlichkeits=System, das noch immer auf den Grundlagen jenes
berühmten Schreibens vom 4. Mai 1820 sich bewegte[1]); sowie nicht
minder an dem Souveränetätsschwindel und dem Particularismus
der mittleren und kleineren Staaten. Vergeblich waren die Unter=
redungen des Königs mit dem Fürsten von Metternich im August
1840 zu Dresden und im Sommer 1845 auf dem Stolzenfels. Ver=
gebens erklärte im Auftrage des Berliner Hofes Herr von Radowitz

---

[1]) Schreiben des Fürsten von Metternich an den Großherzoglich Badischen
Staatsminister Freih. v. Berstett. Welcker, Wichtige Urkunden f. d. Rechtszustand
der deutschen Nation, 1844. S. 366 ff. Gentz 4, 347 ff.

im October 1840 in Wien: „daß eine tiefgehende Aufrichtung des Bundes nothwendig sei; die Nation erwarte und verlange mit Recht, daß ihre gemeinsamen Interessen, ihre unabweisbaren Bedürfnisse volle Befriedigung fänden." Vergeblich blieben die Verhandlungen mit dem Hofrath von Werner 1845 zu Berlin; „bestimmte Zusagen wurden nicht erlangt, und den allgemeineren Verabredungen in Wien keine Folge gegeben." Selbst in seinem „nächsten Kreise", in „seinem Rathe" stieß der König auf Schwierigkeiten; es war „nur Wenigen gegeben, sich bis zu der Einsicht zu erheben, daß Preußen nur in und durch Deutschland gewonnen werden könne", und „daß es dessen eigenste Aufgabe sei, den Bund aus seinem trüben Schlummer zu erwecken." Der Preßgesetzentwurf vom Januar 1843, der die Censur beseitigte, scheiterte an dem Bedenken des Ministerrathes „gegen die Bundesgesetzgebung zu verstoßen." Umsonst verhandelte man mit Oesterreich über die „Befreiung der Presse" und über die „Oeffentlichkeit der Bundesprotokolle."

Den bedeutendsten Aufschwung nahmen die deutschen Bestrebungen des preußischen Kabinets nach dem Ablauf des ersten Vereinigten Landtags im Jahre 1847. Im Juli stellte Preußen in Frankfurt seinen Antrag, daß die Aufhebung der Censur und der Uebergang zum Repressivsystem keinem Bundesgliede mehr verwehrt sein solle, und unterstützte die von Würtemberg beantragte Veröffentlichung der Protokolle „auf das lebhafteste." Allein der Bundestag machte lange Ferien und der österreichische Präsidialgesandte noch längere. Im Herbst war der König entschlossen „nunmehr schlechterdings und unter allen Umständen die Regeneration des Bundes zum Ziele zu führen." Die Grundlage des Planes bildete die bekannte Denkschrift des Herrn von Radowitz vom 20. November, die der König „sofort durchweg genehmigte." In drei Richtungen sollte hiernach die Entwickelung des Bundes verfolgt werden, betreffend: 1) die Einheitlichkeit des deutschen Wehrsystems, 2) die Einheitlichkeit des Rechtsschutzes durch Einsetzung eines obersten Bundesgerichts, und 3) die einheitliche Förderung aller materiellen Interessen durch Heranziehung von Sachverständigen und Vertrauensmännern aus allen Theilen von Deutschland. Die Abschaffung der Censur und die Veröffentlichung der Bundesprotokolle sollte allen diesen Maßregeln „Bahn brechen"; die Bundesversamm=

lung durch einfache Majoritätsbeschlüffe die Entwürfe zu Gesetzen
erheben. Ginge weder die österreichische Regierung noch die Bundesversammlung auf die Vorschläge ein, dann sollte Preußen vor seinen
„eigenen Ständen" und vor dem „gesammten Deutschland" darüber
„offene Rechenschaft ablegen" und den Weg der deutschen Regeneration in dem Sinne des Zollvereines „furchtlos allein betreten." [1])

Wir wissen, wie alle diese Reformpläne an der Februarrevo-
lution in Frankreich und ihren Folgen in Deutschland scheiterten,
trotzdem daß nunmehr, in den ersten Tagen des März 1848, die
kritische Lage der Dinge Oesterreich zur willigen Aufnahme der preußischen Vorschläge vermochte, die jetzt auch auf eine „weitere Bundesversammlung" von ständischen Deputirten aller Staaten ausgedehnt
wurden.

---

3. Revolution und Kaiserkrone. [1]

Mit dieser Wendung begann die sechste Periode in dem Kampfe
gegen den Bundestag, die revolutionäre. Noch vor dem Gewalt-
ausbruch in Berlin nahm die Idee der „Regeneration Deutschlands"
in dem Patente des Königs vom 18. März eine bestimmtere, seitdem
maßgebende Form an. „Deutschland müsse aus einem Staatenbund
in einen Bundesstaat verwandelt werden", „Preußen müsse in
Deutschland aufgehen" d. h. aufhören, zugleich auch eine außer-
deutsche Macht zu sein — das waren fortan die neuen Losungen. Und
in der „höheren Einigung Deutschlands" sollten „die einzelnen
Staaten nicht untergehen, sondern zu erhöhter Kraft heranreifen."
Das Placat der Deckerschen Geheimen Oberhofbuchdruckerei vom 21.
verkündete: „Friedrich Wilhelm IV. habe sich an die Spitze des Ge-
sammt-Vaterlandes gestellt", und schloß mit den Worten: „Heil dem
Führer des gesammten deutschen Volkes, dem neuen Könige der freien
wiedergeborenen deutschen Nation!" Nun gedachte man wieder des
weissagenden „Recipit Germania Regem." Und als der König
mit den deutschen Farben seinen Umritt hielt, hörte man den Ruf:

---

[1]) Radowitz a. a. O.

„Es lebe der Kaiser von Deutschland!" Der König wies den Zu-
ruf und jede Zumuthung einer „Usurpation" zurück. „Ich schwöre
zu Gott, sprach er, daß ich keinen Fürsten vom Throne stoßen will;
ich will nichts usurpiren, ich will keine Krone, keine Herrschaft; aber
Deutschlands Einheit und Freiheit will ich schützen; sie muß geschirmt
werden durch deutsche Treue, auf den Grundlagen einer aufrichtigen
constitutionellen deutschen Verfassung." Am Abend erschien der
Aufruf: „An mein Volk und an die deutsche Nation", der die „innigste
Vereinigung der deutschen Fürsten und Völker unter Einer Leitung"
verlangte und zugleich erklärte, daß der König „diese Leitung für
die Tage der Gefahr übernehme;" die „deutsche Ständeversammlung
werde über die Gründung eines neuen Deutschlands berathen."

Und sie berieth und beschloß. Ueber das Mißtrauen siegte das
Interesse, über den Widerwillen die Einsicht. Zum erstenmal wandte
sich ganz Deutschland Preußen zu. Die Gesammtvertretung der
deutschen Nation trug dem Könige von Preußen die erbliche Kaiserwürde des deutschen Reiches an. Und zum drittenmal wurde die
Kaiserkrone abgelehnt; wie in den Jahren 1804 und 1806 weil die
Anträge nur von Frankreich her ergingen, so jetzt weil sie nur von
dem deutschen Volke und nicht zugleich auch von der Gesammtheit der
deutschen Fürsten dargeboten ward.

4. Der Dreikönigsbund.

Aber das preußische Kabinet gab darum so wenig wie im Jahre
1806 alles das auf, was es ablehnte. An die Stelle des Verfas-
sungswerkes der deutschen Volksvertretung trat nunmehr der dritte
Dreifürstenbund, der, mit Sachsen und Hannover vereinbart, zwar
die Kaiserwürde beseitigte, aber in der projectirten deutschen Unionsverfassung die Suprematie Preußens in Annäherung an die Frankfurter Verfassung beibehielt.

Die Idee der deutschen Einheit wurde von der großen und geraden, sicheren und ebenen Straße zurückgeschleudert in einen weiten
Umweg, auf einen engen, dornigen und begeisterungsöben Pfad, wo
die Kraft des Wollens leicht ermattet, und der daher von nicht min-

der zweifelhaftem Ausgange erscheinen mußte, wie die Wege der Jahre 1785 und 1806. Man durfte diesen Umschlag beklagen, aber die Thatsachen müssen wir hinnehmen. Denn nicht Klagen oder Wünsche, sondern Thatsachen allein sind nun einmal die Sprossen und die Stufen der Geschichte, gleichviel ob sie in die Tiefe oder in die Höhe führen, ob die Leiter eine gebrechliche oder eine starke sei.

So ist denn die preußische Kabinetspolitik in längeren Zwischenräumen immer wieder zu i h r e m System zurückgekehrt. Wie die Idee des zweiten Dreifürstenbundes im Jahre 1806 eine Wiederaufnahme der Bestrebungen war, die der erste im Jahre 1785 verfolgt hatte: so nahm der dritte im Jahre 1849 die deutsche Politik da wieder auf, wo sie 1806 stehen geblieben war.

Diese Verkettung der drei Momente spiegelte sich selbst in ihrem örtlichen Zusammenhange wieder. Der erste Dreifürstenbund wurde am 12. Januar 1791 jenseit des Rheines zu Grabe getragen; und von jenseit des Rheines erließ die Diplomatie am 22. Juli 1806 ihren trügerischen Aufruf zum zweiten. Der zweite Dreifürstenbund wurde am 6. October 1806 im preußischen Hauptquartier zu Erfurt bestattet; und in Erfurt wiederum sollte das am 20. März 1850 eröffnete Parlament den dritten ins Leben führen.

5. Bundesstaat und Interim.

Der Dreifürstenbund des Jahres 1849 stellt also den dritten Anlauf dar, den die Kabinetspolitik Preußens nahm, um sich an die Spitze Deutschlands zu schwingen, Preußen und Deutschland in einander aufgehen zu lassen.

Die Interimspolitik aber, vermöge deren Preußen und Oesterreich gemeinsam an die Stelle des alten Bundestages und der provisorischen Centralgewalt traten, konnte im Falle der Dauer zu nichts anderem führen, als entweder zu einem Bundesbualismus im Sinne des Bartensteiner Vertrages, oder zu der Genhischen Theilungsidee mit zweien Conföderationen, die eine unter Preußens, die andere unter Oesterreichs Leitung, also zum geraden Gegentheil der Einheit Deutschlands.

Die Einheitsidee des engeren Bundesstaates und die dualistische
Tendenz des Interims bildeten daher einen unauflöslichen Wider=
spruch.   Die deutsche Politik Preußens war damit in die Halbheit
und Unentschiedenheit der Octobertage des Jahres 1806 zurückge=
kehrt; man stand wieder vor dem Vertrage des Unverträglichen.

6. Die Frage von der Einheit.

Der tiefere Grund aller nationalen Einheitsbestrebungen ist
das Bedürfniß der Sicherheit und der Freiheit.

So lange die Völker aus Menschen bestehen, wird kein Volk
umhin können, anderen Völkern gegenüber für seine Sicherheit Sorge
zu tragen.   Die einzige Bürgschaft der Sicherheit ist aber die Stärke,
und die Bedingung der Stärke ist die Einheit.

An dem Werke der Einigung Deutschlands unablässig zu ar=
beiten, galt aber seit mehr denn einem Jahrhundert als die unver=
kennbare Aufgabe des preußischen Staates.   Sein Anrecht dazu war
kein juridisches, sondern ein geschichtliches.

In der bewußten Durchführung dieser geschichtlichen Rolle liegt
Preußens innerer Beruf; es ist ihm treu geblieben oder untreu ge=
worden, je nachdem sein Verständniß ein tieferes oder ein oberfläch=
liches war.   In der Anerkennung dieser Aufgabe von Seiten des
übrigen Deutschlands liegt die vorzüglichste Bedingung des äußeren
Erfolgs.

Die monarchische Gliederung und die Einheit Deutschlands
wollen, ist ein Widerspruch, den weder Haß noch Liebe lösen kann,
sondern nur das Selbstbewußtsein einer lebensfrischen Macht auf
der einen, und das Bewußtsein des Bedürfnisses derselben auf der
andern Seite.

Es giebt aber keine andere Macht, als die thatsächliche, die ge=
schichtlich gewordene.   Der bloße Wunsch — die einzige Handhabe
des particularen Patriotismus in Deutschland — vermag weder
eine neue Macht hervorzuzaubern, noch eine alternde zu verjüngen,
noch die schwache in eine starke, oder gar Pygmäen in Giganten zu
verwandeln.

Wollen die deutschen Stämme und Fürsten wirklich die Einheit, so müssen sie auch das Bedürfniß der Macht anerkennen, und um der Einheit, um der gegenseitigen Stärkung willen sich ihr anschließen, sie an der Spitze des Ganzen zu ertragen bereit sein. Sind sie es nicht, so ist dies ein Zeichen, daß sie entweder die Einheit, oder die Monarchie in Deutschland nicht wollen. Denn wer die Einheit hindert oder vorenthält, der kräftigt nicht, sondern untergräbt die Throne; weil Jedermann weiß, daß die Republik wenigstens keine Gegnerin der Einheit ist.

Die Nation will vor allem die Einheit, muß sie wollen, weil dies eine Lebensfrage für sie ist, weil von ihrer Entscheidung allein es abhängt, ob Deutschland eine Zukunft haben soll oder nicht.

Die Fürsten wollen vor allem die monarchische Gliederung; aber sie treten hindernd der Einheit entgegen, weil sie die Unterordnung nicht wollen, ohne welche die Einheit unmöglich ist. In einem Punkte also sind die Fürsten Demokraten: sie mögen unter sich die Gleichberechtigung nicht aufgeben.

Das Motto der Dynastien ist der Cäsarische Wahlspruch: „Lieber der Erste in einem Dorfe, als der Zweite in Rom!" Man könnte ihn übersetzen: „Lieber souverän in Sibirien, als mediatisirt in der Heimath!" Es mag etwas Natürliches darin liegen; denn auch der verzweifelnde Republikaner denkt: „Lieber frei in Amerika, als Knecht in Europa!"

Freilich möchte kaum ein Fürst in Deutschland sein, der nicht im Stillen für das Aufgehen in Deutschland schwärmt, vorausgesetzt daß er dadurch der Erste unter Allen würde. Es wird allerdings auch dies eben so verzeihlich sein, wie es gewiß ist, daß es eine erkleckliche Zahl von Republiken geben müßte, wenn alle diejenigen mit Präsidentschaften versorgt werden sollten, die sich in diese Würde hineingeträumt.

Gedanken sind nun einmal zollfrei, so lange sie sich nicht in Worte oder Thaten kleiden. Aber nicht auf Gedanken kommt es an, auch nicht einmal auf Worte, wie schön sie auch klingen möchten, sondern einzig und allein auf Thaten. Und die Thaten, welche die deutsche Nation, im Namen der Geschichte, von ihren Fürsten fordert und unabweislich fordern muß, weil doch nur Einer von Allen der Erste sein kann, sind — Opferthaten. Wünschen jedoch die Fürsten,

daß die Republikaner aufhören sollen zu verzweifeln: dann allerdings thun sie am besten, wenn sie sich starrsinnig festklammern an
jeglichem ihrer Souveränetätsrechte, wenn sie bewirken, daß Deutschland möglichst bleibe, was es nur allzu lange war: ein Zankapfel
selbstsüchtiger und für die Nation, auf die Dauer, absolut uner-
träglicher dynastischer Interessen.

7. Die Frage der Freiheit.

Die Einheit ist aber auch ein Bedürfniß und eine Bedingung
der Freiheit.

Immerhin mag man die staatliche Freiheit höher, selbst unendlich höher schätzen, als die nationale Einheit. Allein man vergesse
über das Ziel nicht den Weg, über die abstracte Vorliebe nicht die
praktische Nothwendigkeit, die Fülle geschichtlicher Erfahrungen.

Zunächst ist die innere Freiheit kleiner Territorien schon deshalb auf Sand gebaut, weil ihnen die äußere Sicherheit abgeht.
Haben die freien Staaten Griechenlands dem Andrang Macedoniens,
die freien Niederlande und die Cantone der Schweiz dem Andrange
Frankreichs widerstehen können? Wo sind die freien Städte Deutschlands, die Republiken Italiens geblieben? Hat ihre Freiheit ihnen
Schutz gewährt? Einer großen, d. h. eben einer in sich einigen Nation ist ohne Zweifel die innere Freiheit ein Hort der Unverletzlichkeit, eine moralische Stärkung ihrer Wehrkraft; aber in kleinen
Staaten, wenn mächtige sie umgeben, ist ihr Bestand stets nur ein
verkümmerter oder precärer; und auch diesen verdankt sie dann nur
entweder der legitimistischen Barmherzigkeit, oder der internationalen
Eifersucht, oder den Idiosynkrasien der Gleichgewichtspolitik. Kleinere Staaten können daher nimmer auf anderem Wege ersetzen was
ihnen an Kraft abgeht, nimmer auf anderem Wege Freiheit und
Existenz auf die Dauer schützen, als durch die engste bundesstaatliche
Verbindung mit den größeren und größten stammverwandten Staaten.
Alle Opfer, die der nationalen Einheit von Seiten der Staaten,
Stämme und Völkerschaften gebracht werden, sind überhaupt nur
scheinbare, wenn man dem Augenblicklichen das Künftige entgegen-

hält. Der Einsatz auf ein Loos, das sicher in Zukunft Gewinn trägt, kann nimmer als ein Verlust bezeichnet werden.

Ferner ist es ein großer Irrthum, wenn man meint, eine vielgetheilte Nation könne durch die Freiheit selbst zur Einheit gelangen. Wahr ist es, daß bei einem gewissen Maße von Freiheit und bei einem gewissen Maße von Einheit die Fortschritte beider sich gegenseitig bedingen. Wahr ist es auch, daß selbst bei mangelnder Einheit die Freiheit gewonnen werden kann, aber nur in vorübergehender Weise; behauptet kann sie nur werden, wenn der erste Act ihrer Thätigkeit, das erste Zeichen ihres Daseins die Begründung der Einheit selber ist. Dann geht aber eben diese der Begründung dauernder Freiheit voran, ist die Brücke die zu ihr hinführt, der Grundstein auf dem sie errichtet wird.

Also geschah es in Amerika. Die brittischen Colonien waren durch getrennte Verwaltung, durch Sitten und Gewohnheiten, durch die Zerstreuung über einen ungeheuren Raum, nicht nur von einander geschieden, sondern selbst einander entfremdet. Wer wüßte nun nicht, daß der Freiheitskampf der Nordamerikaner überhaupt erst möglich wurde, nachdem die Einheit gestiftet worden; daß die Bildung des Congresses die erste Regung der Freiheit war; und daß dieses Einheitsband einzig und allein den Kampf aufrecht erhielt und zum dauernden Siege der Freiheit führte. Wer nur einigermaßen mit der Geschichte der Vereinigten Staaten vertraut ist, mit ihrer damaligen gegenseitigen Eifersucht, mit ihrer Unlust zum Kriege, mit der rasch eintretenden Erschlaffung und Gleichgültigkeit, mit den erstaunlichen Mängeln und den äußerst geringen Mitteln der Kriegführung: der wird unbedingt zugeben, daß ohne den Congreß, ohne das Dasein der Einheit, alles Ringen um die Freiheit vergeblich gewesen wäre; nichts, selbst die Persönlichkeit Washingtons nicht, hätte die Keime der Freiheit und Unabhängigkeit, trotz der ungeheuren Entfernung Englands, vor raschem Untergange bewahren können.

Und blicken wir nach Europa: wo wäre die Nation, bei der die Einheit nicht der Freiheit vorangegangen wäre?

In Frankreich brach die Freiheit im modernen Sinne nicht eher an, als nachdem die Territorialmacht sogar gänzlich vernichtet, und die Einheit der Nation in der Form der Einherrschaft hergestellt worden war. Freilich begründete diese zunächst den reinen Absolu-

tismus; aber dennoch wurde durch ihn der Weg zur Freiheit auf
breitester Grundlage ermöglicht, weil er nirgend hervorragende Spi=
ßen duldete, weil er den pyramidalen Bau des Feudalismus voll=
ständig umstürzte, weil er dem Throne gegenüber Alle einander gleich
zu machen beflissen war. Standesprivilegien blieben übrig, aber
keine erblichen Vorrechte, keine angeborenen Antheile an der staat=
lichen Souveränetät, die das Königthum für sich allein in Anspruch
nahm. Frankreich war durch den Absolutismus demokratisirt, noch
ehe es eine Demokratie in Frankreich gab; jener erzog diese.

Englanb nahm einen ähnlichen Anlauf; die Territorialmacht
wurde indessen nicht gänzlich vernichtet, sondern nur gebeugt, von der
Seite des Thrones gleichsam bis zu halber Höhe hinabgestürzt. Die
Territorialfürsten wurden weniger als sie waren, blieben aber mehr
als der Rest des Volkes; nach obenhin Unterthanen, nach unten zu
Herren und Herrscher, nach wie vor. Denn mitten im Fallen be=
hielten sie ein Stückchen erblicher Souveränetät in Händen. In
diesem Stadium trat der Friede ein, noch ehe das Königthum den
aristokratischen Feudalismus gänzlich zu bewältigen, den vollkomme=
nen Absolutismus zu errichten vermocht hätte; während in Frank=
reich der Kampf auf Tod und Leben bis zum Ausgang des 15. Jahr=
hunderts, bis zum vollen Gelingen sich fortspann. Aber auch schon
durch den halben Sturz der Lehnsaristokratie war der Sieg der Ein=
herrschaft vollbracht, und damit die äußere Einheit der Nation ein
für allemal begründet und gesichert. Und nunmehr entwickelte sich
die brittische Freiheit, bei weitem früher als in Frankreich, weil hier
eben der Kampf dynastischer Interessen erst bei weitem später zum
Abschluß kam. Jener nur halbe Sturz hatte aber die Folge, daß das
Volk, als es sich seinerseits regte und nach politischer Freiheit rang,
nicht wie nachmals in Frankreich bloß mit der Monarchie, sondern
zugleich auch mit der Erbaristokratie zu kämpfen und zu pactiren ge=
nöthigt war.

In Deutschland nun wurde die Territorialmacht weder gänzlich
nivellirt wie in Frankreich, noch auch nur bis zu halber Höhe gestürzt
wie in England, sondern wuchs vielmehr ihrerseits dem Königthum
über den Kopf. Wählbar, nicht erblich wie in jenen beiden Ländern,
war das deutsche Königthum von den wählenden Territorialfürsten
in höherem Maße abhängig, als diese von ihm. Mit dem inter=

nationalen römischen Kaiserthum verquickt, blieb es, statt zu einer selbstständigen lebensvollen Gestalt zu erstarken, nur das wesenlose Schattenbild einer nationalen Einheit, das immer schwächer und schwächer ward. Die Territorialfürsten ihrerseits, in gleichem Maße erstarkend als das Kaiserthum sich abschwächte, traten schließlich mit dem Anspruche auf die volle Souveränetät ihrem frühern Oberherrn als gleichberechtigt und ebenbürtig gegenüber. Mit diesem letzten Anspruch der Territorialmacht, dem von Napoleon unterstützt die höchste Reichsgewalt unterlag, ging der längst gelockerte Reichsverband selbst aus den Fugen, und mit ihm erlosch auch der leiseste Schatten einer Einheit der deutschen Nation, die kein Bundestag, kein Dualismus herzustellen vermag. Man kann nicht bedauern was in der Natur der Dinge, im Zuge der Geschichte lag. Aber Thatsache ist es: Deutschland hat an Bürgschaften der Freiheit wie der Sicherheit in eben dem Grade abgenommen, als die Selbstständigkeit d. h. die Isolirung der Territorien fortschritt, und die Spitze der Souveränetät sich zu einer kahlen Hochebene abstumpfte. Und so ist es dahin gekommen, daß noch jetzt die deutschen Völker und Stämme unwillkürlich durch den sie umfachenden Streit der dynastischen Interessen von dem Ringen für die Interessen der Freiheit, deren erstes eben die Einheit ist, fort und fort abgezogen werden. Denn nichts theilt sich dem menschlichen Gemüthe leichter mit, als Haß und Liebe, Widerwille und Zuneigung, die Quelle oder die Anregung dieser Empfindungen sei welche sie wolle, unlauter oder rein.

In Deutschland, wofern dessen Geschichte organisch fortschreitet, ist an ein sicheres Gedeihen der inneren Freiheit — dies spreche ich mit voller Zuversicht aus — nicht eher zu denken, als bis der Widerstreit der dynastischen Interessen im Sinne und zu Gunsten einer wirklichen nationalen Einheit durchgefochten ist. Denn die Folge ihres Mangels ist, daß der Kampf um Freiheit und Einheit zugleich in jedem einzelnen Territorium geführt werden muß. Das aber sind unsägliche und, bei dem natürlichen Wechsel von Anspannung und Erschlaffung, unaushaltbare Mühen, — eine unendlich vervielfachte Sisyphusarbeit. Denn die Freiheit, nur hier oder da, in diesem oder jenem Territorium errungen, führt zu nichts, wenn sie nicht der ganzen Nation sich mittheilen läßt; wenn sie von außen her, von dem ersten besten Nachbarn bedroht und wieder unterdrückt werden kann; wenn nicht von irgend einem Mittelpunkte des Ganzen her das Errungene sich gleichmäßig und eben dadurch unwiderstehlich in alle einzelnen Glieder des Nationallebens ablagert. Darum muß vor allem diese Einheit des Nationallebens gewonnen; darum muß in jedem einzelnen Territorium vor allem und immer wieder vor allem um sie gekämpft werden, bis der Kampf zum Ziel geführt.

So liegen die Dinge. Der Einheit bedarf die Nation; den Kaiser= prunk kann sie entbehren.

8. Die Frage vom Gleichgewicht.

Preußen und das übrige Deutschland bedürfen einander um ihrer selbst willen. Nicht das Gelüste der Feindseligkeit gegen Oester= reich ist der Grund dieses gegenseitigen bewußten oder unbewußten Bedürfnisses, sondern eben die Forderungen, die wir im Bisherigen betrachtet, und die sich alle in dem Begriffe des geschichtlichen Be= dürfnisses, der politischen und völkerrechtlichen Sicherheit zusammen= fassen. Hier allerdings hat die Frage vom Gleichgewicht eine gewisse Berechtigung.

Wohl hat sich zwar in den Jahren 1848—50 von Seiten preu= ßischer Staatsmänner wieder die Meinung kundgegeben, als sei Preußen sich selbst genug, als könne es auch ohne das übrige Deutsch= land fertig werden. Ich kann diese ebenso verkehrte, als anmaßliche und verderbliche Meinung hier keiner Widerlegung würdig erachten. Ich will nur an das ehrlichere und wahrhaftere Urtheil des Herrn v. Radowitz erinnern:

„Preußen, sagt derselbe, ist durch den Lauf der Begebenheiten in die europäische Pentarchie gelangt, und wird diese ihm zugewiesene Stellung behaupten müssen und wollen. Aber wie wehrhaft und kräftig es auch sei, immer kann nicht verkannt werden, daß es in der Vereinzelung nicht gleiches Gewicht bei den großen Welthändeln in die Wagschale zu legen vermag, wie die anderen vier Staaten. Nur in der festesten innigsten Verbindung mit dem übrigen Deutschland kann es die Ergänzung der Kräfte finden, deren es bedarf. Daß

Deutschland mächtig und einträchtig dastehe, dieses ist die Lebensfrage für Preußen, die oberste Bedingung seiner eigenen Existenz."

„Oesterreich befindet sich hierin in einem wesentlich verschiedenen Verhältniß; es ist zu tief in die Welthändel verflochten, zu fremd allen engeren deutschen Interessen, Freuden und Leiden, um sich auf diese Linie zu beschränken."

„Nur eine Macht, die da steht und fällt mit Deutschland, kann hier eine wahre moralische Autorität ausüben; dieses fühlt mehr oder minder dunkel Jedermann; und eine solche Autorität wird nicht eher erstehen, bis Preußen nothgedrungen in dem Bewußtsein, daß es nur allein das Beste des Ganzen sucht, die am Boden schleifenden Zügel aufnimmt."

So schrieb Radowitz im November 1847, als der Bundestag noch ungefährdet bestand, in der Denkschrift an den König.[1]

9. Die Frage der nächsten Zukunft.

Schlußwort im März 1850, als der Dreifürstenbund von 1849 und die Durchführung der deutschen Union in Frage stand.

»Und was für ein Schauspiel soll sich denn nun begeben vor den Augen der Völker Deutschlands, die noch einmal gutmüthig harren oder mißmüthig schweigen? Was werden die noch unschlüssigen oder spröden Fürsten endlich thun, um der Einheit willen, die auch ihre Diplomatie im Munde führt? Werden sie sich an Oesterreich, werden sie an Preußen sich anschließen, oder abwartend in der Isolirung verharren?

»Wenn man, vor zwei Wegen stehend, von dem einen weiß, daß er sicher nicht, von dem zweiten, daß er vielleicht zum Ziele führt: dürfte es da nicht doch am Ende am gerathensten scheinen, den zweiten einzuschlagen?

»Und ist es nicht natürlich, wenn man die Frage aufwirft: Wird die Geschichte und die Nation auf die Entschlüsse der deutschen Fürsten fort und fort harren? Soll des Bedenkens und Unterhan-

---

[1] A. a. O. S. 43 f.

belns, der Schließung neuer Tractate und der Berufungen auf die alten, die schon einmal zerschnitten wurden, kein Ende sein? Soll Deutschland in seiner Zerrissenheit eine Beute des Auslandes werden? Wird über dem ewigen Warten und Zögern nicht schließlich dem deutschen Volke der Faden entweder des Lebens oder der Geduld zerreißen?

»Wir wollen nicht so weit gehen, wie der äußerst gemäßigte Johannes von Müller; wir wollen nicht mit ihm, im Eifer für die deutschen Einheits= und Freiheitsinteressen, „den Fluch“ und die „Schande“ über das „Haupt“ derer herabrufen, welche „dem Säumigen das Wort reden.“ Aber wir sagen mit ihm: ein Fürstenbund vermag den „großen Zweck“ deutscher Einheit und Freiheit nur dann „zu erreichen, wenn er der einige bleibt.“ Wir rufen mit ihm aus: „Etwas muß geschehen! Es muß der deutschen Nation geholfen werden!“ Wo nicht: „so haben wir zum wenigsten gelernt, denen nie mehr zu vertrauen, die bald nicht helfen wollen bald nicht können.“[1] Und wir erinnern noch einmal an das ewig wahre Wort des preußischen Manifestes vom Jahre 1806:

„Vor allen Tractaten haben die Nationen ihre Rechte!“

---

[1] Teutschlands Erwartungen vom Fürstenbunde. VII. Darstellung des Fürstenbundes 5, 18.

IV.

Die selbstständige Action Preußens

ober

der norddeutsche Bund Wilhelms I.

1866.

Umriffe aus dem Januar 1867.

1. Die deutsche Reaction.

Und dennoch zerfiel alles wiederum in Staub!

Vergeblich tagte, seit dem 30. März 1850, der Erfurter Reichstag! Vergebens bemühte er sich, durch beschleunigte Annahme der Unionsverfassung (13—17. April) die Union selbst zu einer vollendeten Thatsache zu erheben!

Oesterreich, längst thatsächlich im Innern zum Absolutismus zurückgekehrt, dann Italiens und, durch russische Hülfe, endlich auch der ungarischen Revolution Herr geworden, hatte sich aufgerafft zur — Vergeltung gegen Preußen.

Denn ein tiefer, mühsam verhaltener Haß hatte sowohl Oesterreichs wie der mittelstaatlichen Regierungen sich bemächtigt, seitdem das deutsche Parlament zu Frankfurt, die Vertretung der deutschen Gesammtnation, es gewagt hatte, im Namen derselben dem Könige von Preußen die deutsche Kaiserkrone anzutragen. Daß er sie abgelehnt, dessen wußte man ihm keinen Dank. Erblickte man doch in dem Unionsprojecte nur einen anderen Weg zu dem gleichen Ziel! Fürst Schwarzenberg, Oesterreichs Staatslenker, ließ daher in jenen Kreisen die Losung ergehen: „Man muß Preußen bemüthigen, und dann zerstören" (Il faut avilir la Prusse, et après la démolir). Er war entschlossen, nunmehr seinerseits die Habsburgischen Weltherrschaftspläne wieder aufzunehmen, die Sehnsucht des deutschnationalen Einheitsgedankens ein für allemal zu ersticken, und den schon im deutschen Parlament lebhaft angepriesenen Gedanken des „europäischen Mittelreichs" oder des „Siebenundsiebzig Millionenreiches", d. h. ein kosmopolitisches Staaten-Gemisch aller Nationalitäten ins Leben zu rufen.

13 *

Zu dem Ende sollte und mußte, vor allem Preußen gedemüthigt, unterworfen und, womöglich, zerstückelt oder vernichtet werden. Daher betrieb er zunächst die Aufstellung jenes deutschen Verfassungs= entwurfs der vier mittelstaatlichen Königreiche im Februar 1850, der, als ein bloßes Gegenmanöver gegen die preußisch=deutsche Union, nur bestimmt war, diese zu lähmen und zu sprengen. Daher stachelte er ferner die Bundesgenossen vertragsmäßigen Preußens zum Abfall auf, und leitete im April die theilweise usurpatorische Wiederher= stellung des Bundestages ein.

Schon waren in der That Sachsen und Hannover, d. h. grade die Mitbegründer des Dreifürstenbundes und des Unionsprojectes, dem österreichischen Einfluß mit freudiger Hast entgegenkommend, kühn und treulos von Preußen abgefallen; und Hessen=Kassel beeilte sich, im Dünkel mittelstaatlicher Bedeutung, trotzig ihrem Beispiel zu folgen.

Vergebens wurde der Fürstentag der Union nach Berlin berufen und am 10. Mai eröffnet. Schon war in ihrem Haupte selbst, in Friedrich Wilhelm IV., wie die Energie des Wollens, so auch der Glaube an die eigene That geschwunden. Bei Eröffnung des Fürsten= tages stellte der König jedem Mitgliede den — Rücktritt frei. Aber noch harrten, aus Rathlosigkeit treu, die Kleinstaaten aus, und ein „provisorischer“ Verwaltungsrath der Union trat wie ein leises schwankendes Schattenspiel ins Leben.

Inzwischen hatte Oesterreich den neuen großen Schachzug gegen Preußen in Frankfurt vollzogen. Mit dem 1. Mai war das duali= stische Interim zu Grabe getragen worden. Scheintodt geboren und alsbald verwes't, lohnte es sich nicht, noch ferner in ihm, durch gal= vanische Experimente, ein Scheinleben zu erkünsteln. Mit seiner Bestattung fielen die letzten Masken der Verstellung zu Boden. Oesterreich und die vier mittelstaatlichen Königreiche ließen ihr Fe= bruarproduct, ihren deutschen Schein=Verfassungsentwurf, seiner Dienste als spaltender Keil nicht mehr bedürftig, förmlich fallen und eröffneten dagegen an demselben Tage, an welchem in Berlin der Fürstentag begann, am 10. Mai, als Gegengewicht gegen denselben, das sogenannte „Bundestagsplenum“ in Frankfurt a. M. So gab es denn nun zwei feindliche Lager, zwei offene Gegenregierungen auf deutschem Boden.

Die Lage der Dinge wurde immer verwickelter, immer ernster. Der Churfürst von Hessen, verscheucht durch die entschlossene unions= treue Haltung seines nationalgesinnten Volkes und durch die Revo= lutionsangst seines bösen dynastischen Gewissens, flüchtete sich unter den Schutz des incompleten und incompetenten Bundesplenums; sein Land stellte sich mit sympathischem Zuge, dauernde Erlösung hoffend, unter den Schutz Preußens und seiner Truppen.

Oesterreich, überfrei in seiner angeerbten und mißbrauchten Machtsphäre, übergewaltig in Italien und in Ungarn, war im Ver= ein mit der mittelstaatlichen Coalition jetzt entschlossen und bereit zum Entscheidungskampf gegen Preußen mit Blut und Eisen. Böhmen hallte von Waffenrüstungen wieder; die Monarchen=Zusam= menkunft in Bregenz besiegelte im October die kriegerische Allianz zunächst mit Baiern und Würtemberg. Wie in den früheren Jahr= hunderten deutscher Geschichte unseligen Gedenkens, wälzten sich fremdzüngige Heerschaaren, aus den verschiedensten Nationalitäten zusammengesetzt, unter den Fahnen Oesterreichs, und im Verein mit der baierschen Armee, von Süden her gegen Norddeutschland, gegen die hessische Grenze, gegen Preußen heran. Habsburg=Lothringen und Wittelsbach scheuten den Bürger= und Bruderkrieg nicht. Und wahrlich schon damals würde die österreichisch=mittelstaatliche Coalition den deutschen Boden mit Blut gedüngt haben, wenn nicht seinerseits Preußen scheu zurückgebebt und schmachvoll zurückgewichen wäre.

Auf den Tag bei Bronzell folgten — im November — die Tage von Olmütz, auf das Vorpostengefecht der Unterwerfungsvertrag. Der erste Theil der Schwarzenbergischen Losung war in Erfüllung gegangen, die „Demüthigung" Preußens war in übervollem Maße erreicht. Der Prinz von Preußen, der heutige König, hat damals diesen Wendepunkt als die schlimmste der Niederlagen, als ein zweites Jena bezeichnet.

Die diplomatische Unterwerfung unter das Machtgebot Oester= reichs, auf Mährischem Boden vollzogen, sargte elendiglich die Unions= politik Preußens in Deutschland ein. Vergebens hatte Radowitz für ihre Durchführung die „Ehre Preußens verpfändet"; vergebens hatte er erklärt: er werde sie durchführen, „gleichviel ob mit Allen, oder mit Vielen, oder mit Wenigen." Manteuffel, nach dem

Befehle Oesterreichs, gab die verpfändete Ehre preis und proclamirte die — Union mit Keinem. Die moralische Niederlage Preußens war der Triumph Manteuffels über Radowitz, der Sieg der deutschen Reaction über den nationalen Fortschritt.

Mit der Unionspolitik gingen auch die eigenthümlichen patrio=tischen Träume Friedrich Wilhelms IV., seine romantischen Ver=fassungsphantasien über das deutsche Zukunfts=Reich zu Grabe. Wie sehr hat man dieselben doch, auf Anlaß seiner jüngst veröffentlichten Correspondenz mit dem Prinzen Albert von Sachsen=Coburg vom April 1848, hier und da mißverstanden. [1]) Allerdings wünschte er „Oesterreich dem deutschen Reiche für immer zu gewinnen" und diesem damit „die schönsten Länder Deutschlands zu sichern"; aber diese Sicherung wollte er mittelst eines Baues erreichen, der, trotz seines mittelalterlichen, buntscheckigen, gothisch=romanischen Styles, doch keine andere Basis hatte, als die natürlich sich darbietende und daher stets wiederkehrende Idee des engeren und des weiteren Bun=des. Deutschland und Preußen mit Oesterreich sollten den weite=ren Bund bilden, und an der Spitze desselben der „österreichische Erb=kaiser" stehen, aber nur „Ehren halber", nur „als Ehren=Haupt". unter dem Titel „Römischer Kaiser". Preußen und Deutsch=land dagegen ohne Oesterreich sollten den engeren Bund, das eigentliche „Königreich der Deutschen" bilden, mit einem „besondern deutschen Reichs=Oberhaupte", unter dem Titel „König der Deut=schen", gewählt „auf Lebenszeit" durch „die Könige des Bundes", unter Zustimmung der „übrigen souveränen Fürsten" sowie des „Römischen Kaisers", und mit „Vollendung der Wahl" durch „Acclamation des Volkes". Der „König der Deutschen" sollte ein wirklicher „Regent" sein und, im Verein mit einem „Fürstentage", sowie mit einem in „Oberhaus" und „Unterhaus" getheilten „Reichs=tage", ganz Deutschland, mit Ausschluß des österreichischen, regieren. Als dieses „besondere deutsche Reichsoberhaupt", gemüthlich=roman=tisch gewählt und anerkannt von allen Königen und Fürsten, von Kaiser und Volk, innerhalb „weniger Stunden", in der herzlichsten Eintracht und Eifersuchtslosigkeit, — hatte er ohne Zweifel sich selbst

---

[1]) Vor allen der erste Herausgeber selbst. S. „Zum Verständniß der deut=schen Frage. Stuttgart 1867, Karl Aue." S. 8. S. 29 f.

sowie jeglichen seiner Nachfolger in Preußen gedacht. Doch alle diese
Träume waren nun, nach mannigfachen Wandlungen im Laufe von
dritthalb Jahren, spurlos zerronnen. Mit richtigem Vorgefühl hatte
der König im April 1848 dem Prinzen Albert geschrieben: „Trägt
Oesterreich nicht die h ö ch st e Krone, so ist an ein Beugen desselben
vor dem deutschen Wahloberhaupte unmöglich zu denken, wenn es
jemals wieder einigermaßen zu sich kommt." Im April 1849 sagte
er, die Kaiserwahl ablehnend, zu der Frankfurter Deputation:
„Eine Kaiserkrone kann nur auf dem Schlachtfeld erobert werden."
Im November 1850 streckte er vor Oesterreich die ungebrauchten
Waffen.

Und nun wälzte sich eine Schmach sonder Gleichen über Deutsch=
land herein.

Die triumphirende österreichische Politik decretirte die Bestra=
fung und Knechtung des churhessischen Volkes durch baiersche Trup=
pen; ein österreichisches Executionsheer, das Preußen durchzog und
dem preußische Ingenieure die Brücken schlagen mußten, vollzog die
Entwaffnung und Auslieferung Holsteins an Dänemark; und durch
die Dresdener Conferenzen, unter Oesterreichs Leitung, wurde der
deutschen Nation, nach dreimonatlicher Berathung, der verhaßte
Bundestag wieder aufgejocht.

Wie hätte man aber auch für Deutschland von Verhandlungen
n a ch der Unterwerfung Preußens Anderes erwarten können! „Sie
werden — schrieb ich am Tage ihrer Eröffnung [1]) — Niemanden ein
Haar krümmen, soweit es auf souveränem Scheitel wächst. Sie wer=
den sich wahrlich nicht bis zu der Kühnheit versteigen, die deutsche
Einheit, die Concentrirung der centrifugalen Interessen durch Zwang,
durch Waffengewalt herzustellen. Sie werden die Befürchtung einer
Reaction nur insofern Lügen strafen als sie keine Mediatisirung der
Vergangenheit rückgängig machen. Es bleibt doch wohl beim Alten!
Oder vielmehr das Alte wird das Neueste werden: man stickt und
flickt den Bundestag wieder zusammen; man behilft sich so gut es
geht und — so lange es geht; die deutsche Nation behält ihre 34 Re=
gierungen und bekommt noch eine mehr, die nicht mehr ist als die
übrigen."

---

[1]) Constitut. Ztg. vom 28. December 1850.

Im Frühjahr 1851 stand der Bundestag, mit allen seinen Gebrechen, wieder als Werkzeug österreichischer Herrschaft und Unterdrückung da. Von allen Regierungen anerkannt, hat er dennoch seitdem im Grunde nur ein ungesetzliches, ein rechtsungültiges, ein
staatsrechtswidriges Dasein gehabt. Durch das deutsche Parlament
1848 mit Zustimmung aller Regierungen aufgehoben, hätte er 1851
von den Regierungen nur mit Zustimmung aller deutschen Landtage
rechtsgültig wieder hergestellt werden können. Diese Zustimmung
ist nie erfolgt. Die deutschen Völker haben ihn nur geduldet, ohne
zu seiner Anerkennung verpflichtet zu sein, der Gewalt in Ohnmacht
sich fügend.

Mit dieser Frucht der Reaction begnügte sich indessen Oesterreich nicht. Ehe man sich dessen versah, wurde der so segensreiche,
für den Wohlstand der Nation unentbehrliche preußisch-deutsche Zollverein zu einem Heerd politischer Umtriebe Oesterreichs und der
Mittelstaaten gemacht. Auch dieses einzige noch bestehende Funda-
ment wahrhafter nationaler Einigung sollte, weil es von Preußen
gelegt worden, wieder gesprengt, und dagegen ein neuer, ein öster-
reichisch-deutscher Zollverein gegründet werden, mit österreichischer
Leitung und auf der Basis verrotteter ökonomischer Grundsätze, wie
sie der elenden österreichischen Finanzwirthschaft eigen waren. Und
wirklich wurde Preußen zu schimpflicher Flucht aus einer Position
in die andere gedrängt und endlich genöthigt, sich zu einem Zollver-
trage mit Oesterreich zu verstehen, der den deutschen Zollverein in
seiner freien Entwickelung bis auf die neueste Zeit herab elendiglich
lähmte, und ihn sowie den wirthschaftlichen Wohlstand Deutschlands
fort und fort mit dem Todesstoß bedrohte. Die preußischen Staatsmänner hatten dergestalt, so schien es, mit den politisch-nationalen
auch die materiellen Interessen Preußens und Deutschlands für alle
Zukunft der absolutistischen und prohibitiven Willkür Oesterreichs
preisgegeben. In jenen Tagen that der kerndeutsch gesinnte von der
Hagen, der gleichstrebende Genosse der Grimm und Arndt, in meiner Gegenwart den freilich herben Ausspruch: „Bisher hab' ich mich
geschämt, ein Deutscher zu sein; jetzt schäm' ich mich auch, ein Preuße
zu sein."

Und doch war das Maß der deutschen und preußischen Schmach
mit dem allen noch nicht erfüllt. Auf Oesterreichs Betrieb wurde

die schleswig=holstein'sche Angelegenheit in Bahnen gelenkt, die schließlich in das verrufene Londoner Protokoll mündeten; in jenen sogenannten völkerrechtlichen Akt, der den Zweck verfolgte, alles wirkliche und angeborene Recht der Völker zu zermalmen und, durch willkürliche Anordnung der schleswig=holstein'schen Thronfolge, diese deutschen Nordmarken auf immer der verlangenden deutschen Nation, auf immer dem erhaltenden preußischen Einfluß zu entziehen und zu entfremden. Lange verweigerte, unter des Königs und Bunsen's Führung, Preußen den Beitritt zu diesem Vertrage. Aber wiederum wurde es, unter den Antrieben und Einflüssen Oesterreichs, von Position zu Position gedrängt, bis schließlich die Manteuffel'sche Sklavenpolitik neuerdings mit der Unterwerfung und der Unter= zeichnung endete.

Die Rückwirkung aller dieser Niederlagen Preußens auf die Ge= sammtheit und die einzelnen Glieder des deutschen Bundes konnte nicht ausbleiben. Denn wo Oesterreich siegte, da siegte auch mit ihm die Reaction im antinationalen und absolutistischen Sinne; und fast überall wuchsen die Wirkungen derselben zu mehr oder minder ein= greifenden Gewaltschlägen heran.

Während Preußen — was man, bei den ringsum so kümmer= lichen oder verkümmerten Erträgen des Jahres 1848, doch nicht ge= nugsam anzuerkennen vermag — seine constitutionelle Verfassung, trotz aller schon erfolgten europäischen Rückschläge, auf dem Wege der Vereinbarung mit einer einheitlichen Volksvertretung zu Stande brachte, und auch, trotz der engherzigen Tendenzen des herrschenden Verwaltungssystems, sie fort und fort unangetastet und frei von Verfassungsbrüchen bewahrte: beeilte sich seinerseits Oesterreich, den entgegengesetzten Weg, den Weg der Staatsstreiche und des unge= schminktesten Absolutismus einzuschlagen. Die am 4. März 1849 octroyirte, sofort aber in ihrer Ausführung suspendirte con= stitutionelle Einheitsverfassung wurde, nachdem sie fast drei Jahre bloß auf dem Papier bestanden, am 30. December 1851 einfach für aufgehoben oder zurückgenommen erklärt. Damit war die thatsächlich bestehende Vollgewalt des Absolutismus für den ge= sammten österreichischen Staatencomplex zum förmlichen Grundsatz erhoben, die letzte ideale und sittliche Schranke desselben zerstört. Es war, wie wenn der lange Schein bestand jener Verfassung eben nur

wiederum dazu hätte dienen sollen, die deutschen Einheitsbestre=
bungen zu paralysiren. Nachdem der Zweck erreicht worden, glaubte
man auch dieses Scheines nicht mehr zu bedürfen.

Seitdem warf sich Oesterreich mit wachsender Rückhaltlosigkeit
in jene unselige ultramontan = jesuitische Strömung, die allerdings
den Traditionen der Habsburgischen Vergangenheit entsprach, zu=
gleich aber auch wiederum an die traurigsten Zeiten der deutschen
Geschichte erinnerte. An die Stelle der ersehnten „modernen Staats=
verfassung" trat dergestalt schließlich, am 18. August 1855, die
„Wiederaufrichtung der mittelalterlichen Priesterherrschaft". Die
Völker Oesterreichs waren gründlich getäuscht, der „politische Fort=
schritt in eine kirchliche Reaction verwandelt." Und so erhielten sie
„statt der Anerkennung ihrer Freiheit und Würde nur eine neue
Zuchtruthe, statt der Constitution ein Concordat, statt des Brodes
einen Stein." Für „Deutschland" aber waren „in jenem extremen
Zurückgehen Oesterreichs auf politischem Gebiete und in diesem
extremen Vorgehen auf kirchlichem — die Hauptsteine des
Anstoßes gegeben, die jedem Versuche der Annäherung hemmend und
warnend entgegenstanden." [1]

Wir wollen nicht alle die einzelnen Verfassungsbrüche, Staats=
streiche und Octroyirungen aufzählen, welche die Bevölkerungen der
deutschen Mittel= und Kleinstaaten, gleichwie diejenigen Italiens,
in der langen Zeit der Reaction, d. h. in der Zeit der Herrschaft
Oesterreichs über Deutschland und Preußen, sowie über die apenni=
nische Halbinsel, erlitten. Wir wollen die Nichtigkeit, oder vielmehr
die Schädlichkeit nicht schildern, in die der Bundestag versank. Wir
wollen ebensowenig das Netz von Einflüssen zeichnen, womit das
österreichische Kabinet alle deutschen Höfe, gleichwie die italienischen,
umstrickte. Nur Eine Erscheinung müssen wir, in Betreff des letzteren
Gesichtspunktes, näher hervorheben.

Am meisten nämlich kam es unverkennbar dem Wiener Kabinet
darauf an, seine Anziehungskraft unausgesetzt auf die Mittelstaaten
spielen und wirken zu lassen, sie in ihrem angebornen Coalitions=
gelüst wach und warm zu erhalten, und dieses Gelüst zu einer Art

[1] Ich entlehne diese Sätze aus meinen „Zeitgenössischen Geschichten" 1859.
S. 712 ff.

von permanentem Verschwörungstriebe zu entwickeln, der seine Spitze
stets unverwandt feindlich gegen Preußen kehre. So reiheten sich
denn, als Knotenpunkte in diesem Gewebe, an die Bregenzer Allianz
zahlreiche mittelstaatliche Coalitionen und Congresse, wie die von
Bamberg, Darmstadt, Würzburg u. s. w. Immer und immer war
es darauf abgesehen, das „avilir la Prusse" in Uebung zu erhalten,
oder die Olmützer Demüthigung durch größere oder kleinere Akte der
Mißachtung zu vervollständigen; überall galt es, der preußischen
Politik unvermuthet ein Bein zu stellen, den preußischen Interessen
im Zollverein durch Anwendung des liberum Veto entgegenzutreten, und am Bundestage die verhaßte und vervehmte deutsche
Großmacht durch künstliche Stimmenmehrheiten zu „majorisiren",
oder vielmehr zu — minorisiren. Denn wie im Zollverein der
Widerstand der kleinsten Glieder die große Mehrheit, und damit die
Interessen der Gesammtheit, an jeglichem Fortschritt zu hindern vermochte: so war es am Bundestage möglich, bei dem seltsamen Mißverhältniß zwischen der Stimmenvertheilung und den wirklichen
Machtverhältnissen, eine Stimmengruppirung hervorzubringen, wodurch formell Preußen überstimmt werden konnte, auch wenn virtuell
die Stimmenmehrheit nur die Bevölkerungsminderheit, und die
Stimmenminderheit umgekehrt die Bevölkerungsmehrheit darstellte.

Gewiß leuchtet es ein, daß unter solchen Umständen eine Fülle
widerwärtiger Reibungen, nach allen Richtungen hin, sich erzeugen
mußte. Und ebenso, daß der Charakter dieser Conflicte, je nach dem
Reibungsstoffe, sich bis zum bedenklichen, ja bis zum unheilvollen
steigern konnte; zumal wenn sie etwa Fragen ergriffen, die als
Uebergriffe und zugleich, von einem gegebenen Standpunkt aus, als
Lebensfragen betrachtet werden durften.

Die Zustände Deutschlands waren unsäglich faul. Nirgend
stieß das Getriebe der Reaction mit ihrem österreichischen Hebel auf
einen äußerlichen Widerstand.

2. Die Stimmung in Preußen.

Konnte nun aber Preußen, oder durfte es, in Anbetracht seiner eigenen und der gesammtdeutschen Interessen, in jener ihm auferlegten mißachteten und einflußlosen Rolle, in jener gedrückten und passiven Stellung, wirklich dauernd verharren?

Das war nirgend die Meinung, noch gar der Wunsch der aufgeklärten deutschen Patrioten; denn das hieß, auf die Zukunft Deutschlands, auf die höchsten Güter und Ziele des nationalen Völkerlebens verzichten. Wie früher in Paul Pfizer, dem edlen und tief sinnigen Vertreter der politischen Strebungen des schwäbischen Volksstammes: so lebte auch während der funfziger Jahre in allen echt deutschen Patrioten des südlichen wie des nördlichen Deutschlands das Bewußtsein der Gemeinsamkeit mit Preußen in allem was dem Deutschen theuer ist und ewig bleiben wird. Es lebte in ihnen die Ueberzeugung, wie sie im Beginn der Krisis des vorigen Jahres Arnold Ruge kurz und bündig ausgesprochen hat: „Oesterreich bedeutet die Fürsten, die Uneinigkeit, die religiöse und politische Sklaverei; Preußen, was man auch sagen mag, bedeutet das Volk, die Einheit, die politische und religiöse Freiheit."

Wenn daher Preußen sich selber und der deutschen Nation nicht völlig untreu werden wollte, so mußte es nothwendig, früher oder später, jener unerträglichen Lage der deutschen Verhältnisse ein Ende zu machen suchen, d. h. die knechtische Stellung mit einer selbstständigen, die passive Rolle mit einer activen vertauschen, und mit äußerster Entschlossenheit auf die Pfade zurückkehren, die es so oft kühn betreten aber scheu verlassen, und die in so unzweideutiger Weise das erste Volksparlament, die Stimme der gesammten deutschen Nation, ihm als die unverrückbare Richtung der deutschen Zukunft vorgezeichnet hatte.

Allerdings, der auf Preußen lastende Alp des Regimentes Manteuffel-Westphalen schnitt, wenigstens für die Zeit der Dauer desselben, jede Aussicht auf eine solche Umkehr ab.

Desto kräftiger, desto erbitterter reagirte die Volksstimmung in Preußen selbst gegen diesen Alp, gegen die schmachvollen Erträge des Jahres 1850, gegen diesen Abfall Preußens von seiner deutschen Mission.

In Ostpreußen zumal, dem anstoßgebenden Ausgangspunkt der deutschen Freiheitskriege gegen das französische Joch, stoben und flogen jäh die Funken preußischen und nationalen Zornes umher. In der Rückerinnerung an jene Freiheitskämpfe schwang sich dort der Widerwille gegen die triumphirende deutsche Reaction, und gegen die nunmehrige österreichische Unterjochung Deutschlands und Preußens, bis zur flammenden Sehnsucht nach neuen Befreiungskämpfen, und bis zu mystisch-prophetischer Begeisterung auf. Den Hauptfeind Preußens und Deutschlands erblickte die „altpreußische" Stimmung in dem „neupreußischen" Regimente, in dem Brandenburgerthum oder „Kurmärkerthum", das — wie 1785, 1806 und 1849 — nichts wissen wollte von „Deutschland", in allem sich selbst genug dünkte, und daher sich in sich selbst verkroch. Um so höher schwoll in den Ostprovinzen, bei dem Bewußtsein, daß man hier die Bestimmung Preußens höher und würdiger auffasse, mit dem deutsch-nationalen auch das „altpreußische" Selbstgefühl.

Eine gewaltige Zornes-Stimme ließ sich damals aus Ostpreußen vernehmen, welche das „alte" Preußen als das wahre Preußen schilderte, als den Inbegriff aller deutschen Volksstämme, als den Mikrokosmos der deutschen Mannigfaltigkeit wie der der deutschen Einheit, und daher als das Prototyp der nationalen Zukunft, als das Gebilde das dem Makrokosmos der deutschen Nation die einstige Befreiung und Einheit verheiße.

„Preußen — hieß es in diesem Mahnruf[1]) — ist von dem deutschen Orden, dessen Stifter der Sohn des Kaisers Rothbart war, mit dem Schwert erobert. Schwarz und Weiß sind nicht Wappenfarben einer Dynastie, sondern deuten auf den weißen Mantel mit dem schwarzen Kreuz, welchen die deutschen Ritter trugen, — und der preußische Adler ist nicht das Wappenthier einer Fürstenfamilie, sondern bedeutet den halben Adler des Reichs, welchen der jedesmalige Hochmeister als deutscher Reichsfürst kraft kaiserlicher Autorität in seinem Schilde führte.

„Preußen ward von deutschen Colonisten angebaut und bevölkert... Ein dreiundfünfzigjähriger Krieg ließ wenige Spuren der alten, wohl eher gothischen, gewiß nicht slavischen, Race übrig...

---

[1]) Constitut. Ztg. vom 18. Januar 1851.

Das Volk im alten Preußen gehörte keinem deutschen Stamme aus=
schließlich an; sämmtliche deutsche Stämme fanden sich hier
beisammen; noch in späterer Zeit, bei den Einwanderungen der Salz=
burger, der am wenigsten bis dahin vertretene baierische Stamm.
Unser Land war wirklich Ostdeutschland.

„Die Hohenzollern entsprachen diesem gesammt=deutschen
Charakter des Landes. Aus Schwaben gebürtig, in Franken
groß geworden, in dem vorwiegend sächsischen Brandenburg
zur Macht gelangt, erwarben sie endlich die Krone dieses Klein=
deutschlands, eines vom Reich unabhängigen Staates.

„In einem solchen dem Reichsverband entfrembeten Staat
mußte das Fürstengeschlecht Fuß fassen, dem vorbehalten war,
Deutschland auf nationalen Grundlagen neu zu er=
bauen......

„Als die Hohenzollern 1806 vor dem fremden Eroberer borthin
zurückgewichen, wo ihr Stern aufgegangen: da brach im Osten der
neue Tag an, und von Altpreußen her datirt die Auferstehung des
Staats und des Vaterlandes. Die Preußen stifteten die Landwehr,
entfesselten den Grundbesitz, und gründeten Gemeindefreiheit. Da
waren sie reif, Deutschland zu befreien vom Joch der Fremden,
und es gelang.“

Dann kommt der Verfasser auf die nächste Vergangenheit, auf
Friedrich Wilhelm IV., „welcher am Tage vor der Völkerschlacht
mündig geworden“.

„Ihn in der Wiege, heißt es, grüßte ein treuer alter Diener
am Tauftage als den künftigen Kaiser. Während er, ein Rei=
sender, zum ersten Mal von einer Höhe auf Rom niederschaute, hat
eine Stunde lang über seinem Haupt ein Adler geschwebt... Bei
dem ersten Sturm einer welterschütternden Bewegung bot ihm das
erste Parlament der wiedergebornen Nation und die überwiegende
Mehrheit der deutschen Fürsten die neue Kaiserkrone.... Unsern
Vorfahren ebenbürtig, forderten wir die neue Krönung. Es versagte
sich aber der deutschen Monarchie der Monarch.

„Da begann die Katastrophe. Die neuen Preußen drängten
Altpreußen Schritt für Schritt zurück..... Ein neupreußischer
Staatsmann empfing sein Gesetz von einem Schwarzenberg.

„Die Oesterreicher überschreiten die Elbe; das Haus Habsburg faßt Fuß im Norden. In der neuen Bundesgewalt wiegt Preußen wiederum als Kurstaat. Werden die Kurmärker zufrieden sein? — Wir Preußen grollen!...

„Wir liehen unsern alten Namen vielen Volksstämmen und Landgebieten.... Doch die Frucht jahrhundertlangen Ringens und Strebens ist, eben da wir ernten wollten, uns entgangen. Wir verzweifeln noch nicht und arbeiten rastlos weiter in dem altpreußischen Handwerk für Deutschland, allen Neupreußen zum Trotz. Aber wir sind es müde, mit Sklaven den Namen zu theilen. Der alte Stolz unserer Provinz erwacht mehr und mehr seit den Tagen von Olmütz.

„Heute feiern wir die Königskrönung von Altpreußen; somit ist es die rechte Zeit, sich in altpreußischem Hochgefühl emporzurichten und die deutsche Nation zu versichern, wessen wir uns getrösten:

„Das Neupreußen, welches sich vor Oesterreich beugt, ist nicht unser Preußen. Der Geist, der diesen Staat erschaffen, ihn nach der Schlacht von Jena wiederhergestellt hat, wird auch den jetzigen Spuk zu bannen wissen. Siegreich durchbringen wird dieser altpreußische Geist, und er wird wieder einlenken in die verlassene Bahn, auf daß mit ihm und durch ihn die deutsche Nation erstarkt, und beide engverknüpft ihr Ziel, Macht und Einheit, die rechte Krone, erringen..... Wir Alt-Preußen haben nichts gemein mit undeutschem Wesen, wenn undeutsches Wesen auch unsern Namen sich anmaßt. Das Neupreußische gilt dem Deutschen als undeutsch, — uns Alt-Preußen obenein als unpreußisch. Preußen aber bedeutet eine deutsche Zukunft. Wer beschränkten Sinnes auf sie verzichtet, der ist unseres alten Namens unwerth.“

Der Wandel der Dinge blieb nicht aus. Aber lange mußte man harren und dulden, ehe die „Umkehr“ eintrat.

3. Die neue Aera.

Am 9. October 1858 trat der Prinz von Preußen die Regent=
schaft an. Und wie mit Einem Schlage schien die gesammte Si=
tuation sich zu ändern. Unter unendlichem Jubel sah man das ver=
haßte Ministerium der Reaction fallen; mit unendlichen Hoffnungen
begrüßte man das liberale Ministerium der „neuen Aera“. In ihm
war auch der Mikrokosmos der deutschen Mannigfaltigkeit und Ein=
heit, das östliche Klein=Deutschland „Altpreußen“, in hervorragend=
ster Weise durch Herrn von Auerswald vertreten.

Die öffentliche Meinung war überzeugt: Nunmehr werde es
gelten, die Schmach, welche Deutschland und Preußen in Olmütz, in
Churhessen, in Schleswig=Holstein und in London erlitten, glänzend
wieder auszuwetzen. Das Programm der neuen Aera verkündete:
„Preußen muß in Deutschland moralische Eroberungen
machen.“

Wohl durfte man interpretiren: daß kraftvolle Thaten die beste
moralische Propaganda seien. Und wenn gleichzeitig die neue Aera
verkündete: „Preußen ist überall bereit das Recht zu schützen:“ so
brauchte man an verfaulte Pergamente, oder an die verrotteten Pa=
ragraphen der Bundesakte, oder gar an verhaßte Tractate wie das
Londoner Protokoll um so weniger zu denken, als Preußens alter
Wahlspruch — „Vor allen Tractaten haben die Nationen ihre
Rechte“ — von jeher dem sittlichen Recht der Völker den Vorzug vor
dem juristischen gab.

Auch verkündete in der That der Prinz=Regent von vornherein:
„ein festes, consequentes und, wenn es sein muß, energisches
Verhalten in der Politik.“ Und das Ministerium erkannte es unver=
holen als eine „Nothwendigkeit für Preußen“ an, eine „natio=
nale Politik zu befolgen“

Da plötzlich zuckte der Krieg in Italien auf. Der König von
Sardinien, der Vorkämpfer der italienischen National=Interessen,
im Bunde mit Napoleon, wollte Italien von den Fesseln
des österreichischen Einflusses und der österreichischen Macht be=
freien.

Es war das für Deutschland eine sehr unglückselige Verkettung
der Umstände, die ein trostloses Dilemma herbeiführte.

Auf der einen Seite war ganz Deutschland, das südliche wie das nördliche, mit Sympathien für Italien erfüllt. Und wie hätte es auch anders sein können! Waren doch beide Nationen, die italienische und die deutsche, durch die Jahrhunderte hindurch bis auf die neuesten Tage herab gleichmäßig von der österreichischen Hauspolitik geknechtet, mißhandelt und zertreten worden. Wie ihre Geschichte eine Gemeinsamkeit des Unglücks und der Leiden geschaffen hatte, so auch eine Gemeinsamkeit ihrer Interessen und ihrer Ziele im Ringen mit Oesterreich. Eine Allianz Deutschlands und Italiens, um in gemeinschaftlichem Kampfe wider Oesterreich sich endlich einmal der unverbesserlichen, religiös und politisch verblendeten Herrschaft desselben zu entledigen, wäre die natürlichste Allianz gewesen, die es je in der Geschichte gegeben hat.

Allein, wenn „mit Italien gegen Oesterreich kämpfen" für Deutschland ohne Zweifel so viel hieß, als „für sich selbst, für seine eigenen nationalen Interessen kämpfen": so wäre doch andererseits ein Bund mit Napoleon zu gemeinsamer Bekämpfung Oesterreichs für Deutschland ein offenbarer Verrath an seinen eigensten Lebensinteressen gewesen. Denn auf alle Fälle doch lieber österreichisch als französisch! lieber den äußersten Despotismus einer deutschen Dynastie auf deutschem Boden ertragen, als auch nur in einem Theile desselben je wieder das schmachvolle Joch des großmächtigen Auslandes, der napoleonischen oder der französischen Habgier, dulden. Und wie damals, so bin ich noch heut durchdrungen von der Ueberzeugung, daß bei einem Angriffskriege Frankreichs gegen Oesterreich — Deutschland und Preußen immer nur als Kämpfende auf der Seite Oesterreichs, sowie bei einem Angriffskriege Frankreichs gegen Deutschland oder Preußen — ebenso Oesterreich immer nur auf der Seite des letzteren gefunden werden sollte. Eine active Allianz Deutschlands und Frankreichs gegen Oesterreich, oder Oesterreichs und Frankreichs gegen Deutschland-Preußen, ist die unnatürlichste und interessenwidrigste die es geben kann, wenigstens so lange Oesterreich bleibt, was es auch heut noch ist, ein Gebilde von theilweis deutschem Gepräge.

Das war das Dilemma, das die Situation zu einer unklaren und widerspruchsvollen machte, und daher die Stimmungen in

Deutschland zugleich theilte und fanatisirte. Bei den Einen überwog die Gemeinsamkeit der nationalen Interessen mit Italien gegen Oesterreich, bei den Anderen die Gemeinsamkeit der Interessen mit Oesterreich gegen Frankreich.

Dazu kam aber ein anderes Hemmniß rascher Entschlüsse. Auf alle Fälle mußte, nicht nur etwa die Gelegenheit wahrgenommen, sondern die für die Wirksamkeit der Action unerläßliche Pflicht erfüllt werden, die faule ränkeschwangere Atmosphäre der deutsch-mittelstaatlichen Politik zu reinigen. Es kam darauf an, die verrotteten Zustände Deutschlands so weit und so rasch als möglich zu bessern, sie kräftiger und widerstandsfähiger zu gestalten, und vor allem deshalb der preußischen Heerführung die unbedingte militärische Oberleitung für ganz Deutschland zu sichern. An dieser natürlichsten und unerläßlichsten Forderung Preußens scheiterten vornehmlich alle Combinationen, welche geeignet gewesen wären, zugleich den Interessen Oesterreichs, Deutschlands und Italiens, bei allseitiger Mäßigung und Selbstbeherrschung, gerecht zu werden.

Und doch mußte Deutschland in den Krieg eintreten, sobald deutsches Bundesgebiet verletzt wurde! Und doch mußte solches verletzt werden, falls Napoleon's Losung „bis zur Adria“ nicht thatsächlich zurückgenommen ward!

Vergebens erklärte der Prinz-Regent in Preußen am 24. Mai 1859: „Es ist Preußens Recht und Pflicht, für die Sicherheit, den Schutz und die nationalen Interessen Deutschlands einzustehen; die Obhut dieser Güter wird es nicht aus der Hand geben.“ Oesterreich wollte nichts von einer solchen nationalen Obhut wissen; mitten in seinen Nöthen, die es tief unterschätzte, überreich an Hochmuth und an Uebermuth, blieb es vor allem sorgsam bedacht, mit Hülfe der mittelstaatlichen Coalition Preußen in seiner bisherigen Erniedrigung, in seiner mißachteten einflußlosen Stellung festzubannen, und ihm nur die Rolle des unterthänigen Sklaven oder des gehorsamen Vasallen zuzuweisen.

Daher rief bereits im Februar eine österreichische Circulardepesche, mit völliger Umgehung und Ausschließung Preußens, einseitig die übrigen deutschen Bundesregierungen zu kriegerischer Hülfsleistung auf. Daher verfolgte Oesterreich den Plan, in dieser wichtigen Lebensfrage Preußen einfach und ungefragt am

Bundestage majorifiren zu laſſen, es durch Bundesmehrheiten auch
wiber Willen mit fortzuſchleifen, ihm durch Bundesbeſchlüſſe be-
bingungsloſe Vaſallendienſte aufzuerlegen. Als aber enblich an-
ſcheinenb bie wachſende Gefahr ben Wiener Hof bewog, ben Erzherzog Albrecht, angeblich zum Zwecke birecter Verſtändigung, nach
Berlin zu ſenden: da geſchah bas Unerhörte, baß einerſeits ber Unter-
hänbler ſein Wort verpfändete, Oeſterreich werde ohne Wiſſen unb
Willen Preußens nicht angreifen, unb baß anbrerſeits ber Voll-
machtgeber, troß bes verpfänbeten Wortes, nicht nur ohne Preußens
Wiſſen unb Wollen, ſondern auch ohne alle Nöthigung zum Angriff ſchritt. Unb ſelbſt als bas Schlachtengeſchick ſchon bei Ma-
genta unb bei Solferino zum Nachtheil Oeſterreichs entſchieden hatte,
warf bieſes ſich lieber im Vertrage von Villafranca, am 11. Juli,
dem Kaiſer Napoleon in bie Arme, als baß es ſich hätte bie Gelegenheit rauben laſſen, ben Antrag Preußens beim Bundestage, auf
Uebertragung ber militäriſchen Oberleitung, burch einen „Gegenan-
trag“ zu paralyſiren.

Unb boch war bamals für Oeſterreich noch keine Nöthigung zum
Friebensſchluß vorhanden! Unb boch hatte es noch ſoeben bie Depeſche von Winbiſchgräß erhalten, welche bie Hülfe Preußens verbürgte! Unb boch war notoriſch bas Berliner Kabinet unenblich
weit entfernt von ben kühnen Gebanken, wie ſie bazumal allerbings
burch bie Preſſe flogen, unb wie ſie namentlich auch auf bas wärmſte
von Karl Vogt unb von Heinrich Simon empfohlen wurden. Preußen, ſo rieth man, ſolle bie Gelegenheit ergreifen, bie zugleich Frankreich unb Oeſterreich in Schach halte, um auf Grunb ber Reichsver-
faſſung unb ber Kaiſerwahl von 1849, ſich an bie Spiße ber beutſchen
Angelegenheiten zu ſchwingen, unb auf immer bas Zepter Deutſchlands in bie Hand nehmen.

Es iſt nicht einmal zu glauben, baß Oeſterreich ſelbſt auch nur
entfernt bas Berliner Kabinet ſo kühner Entwürfe fähig erachtete.
Aber es haßte über alles ben jüngeren Nebenbuhler; es wollte um
keinen Preis ihm auch nur ben Schein einer gewichtigeren Stellung,
geſchweige eines Uebergewichtes, in Deutſchland gönnen; es verhehlte
ſeine Meinung nicht, baß es lieber „brei Lombarbeien opfern“, als
geſtatten würbe, baß „Preußen in Deutſchland zu Anſehn unb Geltung gelange.“ Unb ſo ſchloß es benn Frieden unb ſchleuberte,

14 *

durch das Laxenburger Manifest vom 25. Juli, die ebenso unwürdige
als wahrheitswidrige Anklage in die Welt: Preußen sei an allem
Schmählichen schuld, Preußen habe es trotz der Bundesgenossen=
schaft „im Stich gelassen". [1]

Diese böswillige Anklage hatte den Zweck, Preußens Credit in
Deutschland vollends zu untergraben. Und man kann doch nicht
sagen, daß er völlig mißlang. Wir wissen ja genugsam, welche Er=
folge die schwachen Anwandlungen einer leisen Energie preußischer=
seits fortan davontrugen. Vergebens mühte sich die deutsche Politik
des Berliner Kabinettes ab, auf den Gebieten der churhessischen Ver=
fassungsfrage, der schleswig=holsteinschen Angelegenheit und der
Bundeskriegsverfassung einen Einfluß zu gewinnen, den, jederzeit
und grundsätzlich, die gekräftigte österreichisch=mittelstaatliche Coali=
tion in geschlossener Majorität am Bundestage ihm streitig machte.

Die „freie Hand" der preußischen Politik hatte vor allem, zu
ihrem Nachtheil, sich frei erhalten von jeglicher Action. Ihre libe=
ralen Tendenzen blieben eben so sehr im jenseitigen Lager verpönt,
als sie verhöhnt wurden. Ihre Vertreter waren ohne Zweifel sehr
vortreffliche, sehr gute und liebe Menschen; aber die Ader eines
Märtyrers für große geschichtliche Gedanken floß in keinem. Die
kühnste ihrer nationalen Thaten war vielleicht, daß sie den deutschen
Nationalverein, nicht nur duldeten, sondern schützten. Jener Verein
aber, der theoretische Vorkämpfer des „deutschen Bundesstaats unter
preußischer Führung", pflanzte die Ideen fort, für deren praktische
Durchführung man vergebens, in den weitesten Kreisen, nach einem
„Cavour", nach einem „Friedrich dem Großen" sich sehnte.

Um künftigen europäischen Eventualitäten gewachsen zu sein —
und die Wogen der Erschütterung von 1859 wogten noch lange ge=
fahrdrohend nach — bedurfte es freilich der „Kriegsbereitschaft",
und einer „Militär=Reorganisation", die der „eigenste" Gedanke
Wilhelms I. war. Die Erfahrungen der Jahre 1850 und 1859
hatten diesen Gedanken besonders genährt und gezeitigt. Das libe=
rale Ministerium, mit der verfassungsmäßigen Durchführung der
Reorganisation beauftragt und einverstanden, war doch wohl nicht

[1] Vgl. „Die neue Aera." Sondershausen, 1862; und „Materialien zur
Geschichte der Regentschaft in Preußen." Berlin, 1859.

frei zu sprechen von einem gewissen Ungeschick, das diese Frage zu einem schweren Conflict mit dem, Anfangs so treu ihm ergebenen Abgeordnetenhause erwachsen ließ. Die Perspektiven der deutschen Zukunft auf der einen Seite, und auf der andern Compromisse aller Art, wie sie, wenn irgendwo, auf dem Boden der Politik berechtigt sind, hätten doch wohl über die Frage der Dienstzeit und über die anderen Schwierigkeiten hinweg zu einem allseitig befriedigenden Ausgleich verhelfen können. So viel steht wenigstens unumstößlich fest, daß jeglicher Conflict, der nicht in seinen ersten Stadien beschwichtigt wird, die äußerste Gefahr läuft, zu immer größeren und Allen unerwarteten Dimensionen zu entarten.

Es war in der That ein eigenthümliches Mißgeschick, das über dem liberalen Ministerium der „neuen Aera" waltete. Als es im März 1862 zurücktrat, hinterließ es seinen Nachfolgern kaum mehr, als die Lawine des „innern Conflicts" und den Bankerott der „moralischen Eroberungen".

Nach einigen neuen und raschen Schwankungen gerieth endlich, im Herbst desselben Jahres, das Steuer in die Hände des Herrn von Bismarck-Schönhausen.

Sein Name — daran wird heut Niemand mehr zweifeln — war ein offener Protest gegen den Anspruch Oesterreichs auf die Herrschaft über Preußen und Deutschland; und sein Programm war: der deutsche Befreiungskrieg gegen Oesterreich, nach der Analogie des italienischen. Die Politik der „moralischen Eroberungen" kleidete sich in das Gewand von „Blut und Eisen", das die österreichische Politik bei Bronzell getragen und, nach erreichtem Zweck, in Olmütz hatte fallen lassen.

Wer wäre so verstockten Herzens, um nicht den Frieden der Welt dem Kriege vorzuziehen! Wer aber wüßte nicht auch zugleich aus der Geschichte der langen Menschheit und der Völker, daß alle großen und sittlichen, alle bahnbrechenden und heilbringenden Gedanken, in den verschiedensten Zeitaltern, leider immer und immer nur auf dem Wege der Gewalt und des Blutvergießens sich zur Anerkennung hindurchzuringen vermocht haben!

So lange, in dem unendlichen Processe des geschichtlichen Werdens, die Regierungen und die Nationen, die Völker und die Stämme nicht endlich anfangen, sich gegenseitig eifersuchtslos das Beste zu gönnen und sich in allen ihren Fortschritten gegenseitig hülfreich zu fördern, um gemeinsam zu wetteifern in der Vertiefung und in der Verbreitung der Cultur bis in die entlegensten Theile der Erde —

So lange noch die Einen den Anderen versagen zu müssen glauben, wessen sie selbst theilhaftig sind, und nicht einmal ihnen gestatten mögen, sich daheim, nach ihrem eigenen Beispiel, ein Haus zu bauen wie es ihnen wohlgefällt —

So lange noch irgend eine Nation der Lehre huldigt: „damit ich glücklich sein kann, muß der Nachbar unglücklich sein; damit ich jubeln könne, muß er trauern; damit ich stark sei, muß er schwach sein; damit ich genieße, muß er entbehren; damit ich lebe, muß er sterben" — so lange wahrlich wird der „ewige Friede" nur ein „frommer Wunsch" sein.

4. Graf Bismarck; Urtheilsorientirung; Antecedentien.

Wir stehen einer historisch gewordenen Persönlichkeit gegenüber. Im Interesse ihrer historischen Würdigung dürfte aber zunächst wohl eine Orientirung in den unmittelbaren Auffassungsweisen der Zeitgenossen am Platze sein.

Das Verdammungsurtheil der großen Mehrheit des preußischen Volkes, das auf Herrn von Bismarck noch zu Anfang des Jahres 1866 lastete, wurde auch außerhalb Preußens von der großen Mehrheit des zuschauenden deutschen Volkes, und sehr begreiflicher Weise, getheilt. Denn grade je begabter und bedeutender seine Persönlichkeit dünkte, je unverkennbarer seine Talente an den Tag traten: desto mehr durfte man es beklagen, und desto tieferen Groll mußte es erzeugen, daß diese Persönlichkeit alle ihre Talente, in verschwenderischer Weise, nur in der Hemmung und Unterdrückung jedes politischen, nationalen und menschheitlichen Fortschritts, nur in der brüsken Herausforderung der öffentlichen Meinung verwerthen zu wollen schien. Ja, die progressive Steigerung des Unwillens mußte um so reißender und eindringlicher sich gestalten, als Viele versicherten und Alle ihm zutrauten, daß er sich selbst dieser weithin

erschallenden Verdammungsurtheile, dieses tief anschwellenden Grol=
les, in vollem Maße bewußt war.

Nichtsdestoweniger leuchtet es ein, daß billigerweise die ver=
dammenden Urtheile jederzeit nur die allgemein bekannten
Strecken seines Wirkens treffen konnten, nicht aber die unbekann=
teren Regionen seiner Vergangenheit, und unter keinen Umständen
die noch völlig unbekannte und ungeborne Zukunft.

Ein Theil dieser früher beräthselten Zukunft liegt nun
als neueste Erfahrung vor; und man weiß, daß diese neuesten
Erfahrungen des Jahres 1866 in der That ganz anders geartet
waren als die der Vergangenheit, und daher auch ganz anders gear=
tete Urtheile hervorriefen.

Bei dieser Umwandlung der Urtheile handelte es sich aber,
wenigstens für intelligente, aufgeklärte und politisch geschulte Män=
ner, offenbar nicht um eine sogenannte „Anbetung des Erfolges“,
mit welchem Worte heut ein kläglicher Mißbrauch getrieben wird;
sondern es handelte sich um das Anerkenntniß einer thatsächlichen
„Umkehr“ der deutschen Politik Preußens, um das Anerkenntniß
ihres kraftvollen Einlenkens in die großen Willensrichtungen
der Geschichte.

Sind Männer wie die anerkannt consequentesten Vorkämpfer
der deutsch=nationalen Demokratie: Arnold Ruge, Kinkel, Rüstow,
Hecker, Bamberger, und zahllose andere Männer von der unabhän=
gigsten Denkweise, wie Roggenbach und Bennigsen, darum „Anbeter
des Erfolges“, darum „wetterwendische Windfahnen“, weil sie das
Jahr 1866 als einen großen Fortschritt auf dem Wege der deutschen
Einheit erachten, oder weil sie den Mann der, nach langer ekelhafter
Fäulniß der deutschen Zustände, sich kühn an die Spitze dieses Fort=
schritts zu stellen gewagt, als einen Mann fruchtbarer Energie aner=
kennen? Nein, sie erfreuen sich mit Recht der Thatsache, daß dieser
Mann in Bahnen eingelenkt, die dazu angethan sind, den größten
und den sittlichsten Zielen der deutschen Geschichte zuzuführen. Sie
erfreuen sich mit Recht des Erfolges, nicht auf Grund eines berau=
schenden Kitzels, sondern in der lebendigen Hoffnung, daß er wei=
tere Erfolge und deren Sicherstellung in seinem Schooße trage.

Ich sage „mit Recht“. Und doch bin auch ich wahrlich nicht
ein vom Moment berauschter „Anbeter des Erfolges“ oder eine

„wetterwendische Windfahne". Vielmehr fahre ich nur fort zu ur=
theilen, wie ich geurtheilt, so lange mir eine — wie ich glaube wohl=
begründete — Einsicht in das Wesen der Geschichte zu Gebote steht.
Schon am 2. April 1849 trug ich in das damals veröffentlichte
Frankfurter „Parlaments=Album" folgende Worte ein, woran ich
mein Lebelang nicht Grund haben werde zu rütteln:

„Es giebt nur Eine wahrhafte Souveränetät: die Souveräne=
tät der Geschichte. In ihr findet, nicht die Wankelmüthigkeit der
Charaktere, aber die Wandelbarkeit der Einsichten und der Ansichten
ihre Rechtfertigung. Sind es doch nicht sowohl die Menschen die
die Geschichte machen, als es die Geschichte ist welche die Menschen
zu dem macht was sie sind.

„Unabänderlich in den geschichtlichen Entwickelungen sind die
Ziele; nur in dem Wie ihrer Erreichung stellt sich der Spielraum
menschlicher Freiheit dar. Groß ist nur der Staatsmann, dem es
weder an Scharfblick fehlt um in den Strömungen der Zeit das
Nothwendige zu erkennen, noch an Entschlossenheit um das Erkannte
zu erstreben, noch endlich an Kraft um das Erstrebte zu erreichen."

In der That: So lange es Geschichte giebt, wird, muß und soll,
wie bisher durch alle Jahrtausende, der Erfolg das geschichtliche
Urtheil bedingen. Aber als groß kann in der Geschichte immer nur
bastehen, wer mit Bewußtsein den Willen der Geschichte will und
vollzieht. Und nicht in dem momentanen Erfolge, sondern in
der Dauerhaftgkeit des Erfolges, nicht in dem Erringen an
sich, sondern in dem Erhalten und Fortführen des Errun=
genen besteht die geschichtliche Größe. Darum sagt mit Recht das
Sprichwort, daß man „Niemand vor seinem Ende preisen soll",
und in gleichem Sinne: „an ihren Früchten soll man sie erken=
nen", d. h. an der vollendeten Gesammtheit ihrer Thaten.

Doch nicht bloß die geschichtlichen Thatsachen des Jahres 1866
haben die Urtheile über den Grafen Bismarck modificirt. Es trat
noch ein anderer Factor hinzu. Gleichzeitig wurden die bis dahin
unbekannteren Strecken seiner Vergangenheit, durch die
Veröffentlichung einer Reihe von Aktenstücken, in einer für die Mei=
sten gewiß völlig unerwarteten Weise beleuchtet.

Ist es nun die pflichtmäßige Aufgabe der Geschichte, historische
Persönlichkeiten nicht mit dem Parteimaßstabe des Hasses oder der

Vorliebe zu messen, sondern sie in ihrem Wesen und in ihrer Ent=
wickelung nach Vermögen zu ergründen: so werden grade jene
Aktenstücke, die größtentheils erst im vorigen Monat (December 1866)
zu Tage kamen, besondere Berücksichtigung verdienen. Die darin
enthaltenen Aufschlüsse beweisen: einmal, daß sich in Herrn von Bis=
marck eine innere Metamorphose vollzog, die ihn allmählig zu
einem Andern gemacht als er ursprünglich war; und zweitens, daß
sein äußeres Wirken bisher vier Phasen durchlief (1847—50,
51—62, 62—66, 66—), die sich, ohne den Fortgang der inneren
Wandlung zu durchbrechen, in gesteigerten Antithesen, in
viel schärferen Gegensätzen bewegten, als dies in der Regel die Völ=
ker an ihren historischen Persönlichkeiten zu erleben pflegen.

Wir Deutsche zumal sind nicht gleichwie die Engländer an die
Phänomene auffälliger individueller Metamorphosen gewöhnt. Die=
jenigen Staatsmänner Englands, welche die großartigsten Erträge
auf dem Boden der religiösen, der politischen und der materiellen
Freiheit errungen und zu dauernden Gemeingütern der Nation erhoben
haben, sind großentheils, wie Wellington und Peel, von Auffassungen
und Standpunkten ausgegangen, die aller freien Entwickelung dia=
metral entgegengesetzt waren, und die daher abseiten dieser Männer
alles eher als möglich erscheinen ließen, wie die schließliche Rich=
tung ihres thatsächlichen Wirkens. Namentlich Sir Robert Peel,
der die äußersten Strebungen der liberalen Partei in England
schließlich mit der ganzen Inbrunst frischer Ueberzeugung ergriff und
mit der ganzen Wucht seiner persönlichen Energie stürmisch und rück=
sichtslos zum Siege führte, ist zuvor das Haupt, der Führer, der
geistreichste und rücksichtsloseste Vorkämpfer der conservativen Partei
gewesen und hat dann, als solcher, diese selbst mit fortgerissen und,
trotz alles Murrens, Sperrens und Sträubens, sie zur Dienerin
neuer, nie gewollter und stets bekämpfter Ziele gemacht. Dennoch
sind bekanntlich beide Parteien in England von gleichem Stolze auf
diesen „großen Staatsmann" erfüllt; die eine weil er aus ihrem
Schooße hervorgegangen, die andere weil er in ihre Strebungen
gemündet, und beide endlich weil er eben eine „Größe" war und
weil jede Partei doch am Ende die so seltenen Erscheinungen der
Größe gern anerkennt und zu den Ihrigen zählt.

Ob Bismarck mit Robert Peel zu vergleichen ist, wirklich und

ganz, ober nur scheinbar und entfernt: das soll sich eben erst noch
an der weiteren Zukunft ergeben. Gewiß ist vor der Hand: daß
seine Vergangenheit mit seinen späteren Ueberzeugungen und seinen
gegenwärtigen Strebungen, ähnlich wie bei Peel, in einem fast
diametralen Gegensatze stand.

Es ist notorisch, daß Bismarck in der Zeit seiner parlamen-
tarischen Thätigkeit von 1847 bis 1850, bei hoher und seltener
Geistesbildung, der Führer der conservativen Partei in ihrer schroff-
sten und widerwärtigsten Richtung war, das Haupt der äußersten
Rechten, der Vorkämpfer aller feudalen Vorrechte, Interessen und
Ansprüche, der Verfechter der Patrimonialgerichtsbarkeit und des
Zunftwesens, der energischste Widersacher der Demokratie wie des
Parlamentarismus, und der eifrigste Vergötterer der Solidarität
des autonomen Königthums und der privilegirten Aristokratie.

In Bezug auf die deutsche Politik war er eben so sehr ein schroffer
Gegner des Herrn von Radowitz wie des Herrn von Gagern; als
ein unbedingter Fürsprech der österreichischen Allianz und der Solidarität der conservativen Interessen, verdammte er die Lehre von
dem engern und dem weitern Bunde, bekämpfte mit gleichem Nachdruck das preußische Unionsproject wie zuvor die deutsche Reichsverfassung, und billigte unverholen die äußere wie die innere Reaction,
die Politik des Herrn von Manteuffel, das Jammerwerk der Olmützer Convention. Ein klein-deutscher Bund galt ihm als „Sonderbund“, ein Krieg gegen Oesterreich als „Verbrechen“. In allen
diesen Auffassungen war er vollkommen Eins mit der Kreuzzeitungspartei, ihr eifrigster und keckster Gesinnungsgenosse, ihr hochgeprie-
senes parlamentarisches Organ.

Der Dank des Herrn von Manteuffel blieb nicht aus, und damit begann die zweite Phase. Noch im Jahre 1851 wurde Herr
von Bismarck mit der preußischen Gesandtschaft an dem zur Wonne
Beider wiederhergestellten deutschen Bundestage betraut und belohnt.
Aber der Gegendank sollte sich mit der Zeit in den schwärzesten Un-
dank verwandeln. Nie hat ein Schüler seinem Meister, im Punkte
des Systemes, weniger Ehre gebracht oder mehr Ehre genommen,
wie Herr von Bismarck dem Herrn von Manteuffel.

Denn eben in der thatenlosen Thätigkeit des Bundestages begann für jenen der Proceß der innern Metamorphose. Der Keim

war ein sehr einfacher: hier in Frankfurt lernte Bismarck
Oesterreich kennen. Zu seiner Verwunderung fand er es ganz
anders, als er es sich vorgestellt. Unterredungen, die er mit dem
alten Fürsten Metternich auf Schloß Johannisberg gepflogen, hatten
ihn noch kurz zuvor in seinen romantischen Vorstellungen von einer
gemeinsamen brüderlichen Politik bestärkt; aber den leitenden
Staatsmännern in Wien und dem Grafen Rechberg in Frankfurt
gegenüber sah er sich gar bald mit der Brüderlichkeit am Ende. „Ich
hatte gehofft", berichtete er später selbst (Depesche vom 24. Januar 1863), „Oesterreich werde es als die Aufgabe einer weisen Politik erkennen, uns im deutschen Bunde eine Stellung zu schaffen,
welche es für Preußen der Mühe werth mache, seine gesammte Kraft
für gemeinschaftliche Zwecke einzusetzen." Aber „statt dessen", fährt er
fort, hat „Oesterreich mit Erfolg dahin gestrebt, uns unsere Stellung
im deutschen Bunde zu verleiden und zu erschweren, und uns thatsächlich auf das Bestreben nach anderweiten Anlehnungen hinzuweisen." Vergebens kämpfte er für die Gleichstellung Preußens mit
Oesterreich am Bundestage; vergebens machte er fort und fort auf
das Mißverhältniß aufmerksam, das zwischen den „realen Machtverhältnissen" und den Stimmverhältnissen am Bunde obwalte, und
das bei absichtlich genährter feindseliger Gesinnung gegen Preußen
zu gefahrvollen Versuchen der „Majorisirung" führen könne; vergebens betonte er namentlich, im Hinblick auf die geographische Lage
Preußens, die davon abhängige Thatsache, daß für alle Eventualitäten die Sicherheit und das Sicherheitsgefühl Preußens durch die
freundschaftliche Gesinnung der norddeutschen Höfe bedingt werde,
und daß es daher für Oesterreich eine Pflicht des Wohlwollens sei,
nicht an diesen Höfen die preußischen Einflüsse zu kreuzen, statt sie
zu unterstützen, und eine preußenfeindliche Gesinnung zu erwecken
oder zu nähren.

Auch Manteuffel hatte, in Olmütz und in Dresden, zur Genüge
Oesterreich kennen gelernt; aber, getreu der Märtyrerrolle, hatte er
geschwiegen und geduldet. Bismarck dagegen war weder zum
Schweigen noch zum Dulden angethan. Er überwarf sich mit Rechberg, er trotzte der Wiener Politik, er entpuppte sich rückhaltslos zu
einem Gegner Oesterreichs.

Ueber diesen völligen Umschwung des Standpunktes äußerte sich

Bismarck in der Unterredung mit dem Correspondenten des Siècle, Anfangs Juni 1866, folgendermaßen: „Vor sechzehn Jahren lebte ich ruhig als Land=Edelmann, als mich der Wille des Königs als Bundestags=Gesandten nach Frankfurt rief. Ich war auferzogen in der Bewunderung, ich möchte sagen: in der Verehrung der öster= reichischen Politik. Aber ich brauchte nicht viel Zeit, um meine Jugend=Illusionen über Oesterreich zu verlieren, und ich wurde sein erklärter Gegner. Ich wußte nicht, daß ich einst eine Rolle spielen sollte; aber damals schon faßte ich den Plan, den ich jetzt auszuführen suche, nämlich Deutschland von der öster= reichischen Pression zu befreien, wenigstens denjenigen Theil Deutschlands, der durch Geist, Religion, Sitten und Interessen mit den Geschicken Preußens eng verbunden ist..... Um dieses Ziel zu erreichen (fügte er hinzu), werde ich Allem trotzen, dem Exil und selbst dem Schaffot; und ich habe dem Kronprinzen, der durch Er= ziehung und Tendenzen mehr der Mann der parlamentarischen Re= gierung ist, einmal gesagt: Was liegt daran, wenn man mich auf= hängt, wenn nur mein Strick Ihren Thron fest an das reine Deutschland bindet."

War nun aber erst einmal — um zu dem Proceß seiner innern Wandelung in Frankfurt zurückzukehren — der Keim dazu gelegt, d. h. hatte sich in ihm die Illusion wohlwollender brüderlicher Ge= meinsamkeit mit Oesterreich in das Bewußtsein eines scharfen und feindlichen Gegensatzes zu der österreichischen Politik umgewandelt: so mußte sich auch nothwendig dieser Keim nach allen Richtungen hin mehr und mehr entfalten, d. h. das Bewußtsein des Gegensatzes sich in allmähligem Processe auf alle Ziele und Mittel, selbst auf Nei= gungen und Grundsätze übertragen. Und so geschah es denn wirk= lich, daß er allmählig mit immer Mehrerem sympathisirte was Oester= reich für verwerflich hielt, und immer mehr von dem verwarf was Oesterreich pries. War dieses grade damals wieder die Incarnation des Absolutismus: so wurde Bismarck nunmehr überzeugt, daß die „Volksvertretung" eine „Institution" von „legitimer Geltung" sei, welche „in Preußen die Conservativen selbst nicht entbehren" können, und welche angethan sei für Preußen „das mächtigste Hülfsmittel der auswärtigen Politik zu werden", d. h. eine Waffe gegen Oester= reich in nationaler, commerzieller und politischer Beziehung. Wenn dieses mit dem Bundestage wie mit einem Schooßkinde liebäugelte: so wurde Bismarck mehr und mehr von der Ueberzeugung durchdrungen, daß die „jetzige Bundesverfassung" ein „Unsinn" sei, der durch eine „Volksvertretung am Bunde" oder durch eine „Nationalvertretung" beseitigt werden müsse. Wenn Oesterreich die Zollvereinsverfassung mit ihrem Einstimmigkeitsprincip, durch geheime Einflüsse an den Höfen, als einen Hemmschuh gegen die Fortschritte des deutschen Handelssystems zu verwerthen oder zu mißbrauchen bedacht war: so wurde er seinerseits überzeugt, daß die Basis des Zollvereins sich als eine „verpfuschte" erweise, und daß derselbe der „Einrichtung" eines „Zoll= oder Vereinsparlamentes" bedürfe. Und wenn endlich Oesterreich, auf Grund der Affaire von Bronzell, der Convention von Olmütz, des Executionszuges gegen die Elbherzogthümer und der Dresdener Conferenzen, die „Stellung Preußens im Bunde" als die eines in Hessen, Mähren, Holstein und Sachsen Ueberwundenen und Unterworfenen zu gestalten sich bemühte; wenn es schien, daß die Phrase Schwarzenbergs „il faut avilir la Prusse, et après la démolir" aus dem Witz des Wortspiels immer tiefer in den Ernst der Thatenlosung übergehen solle: dann ward Bismarck wiederum desto fester überzeugt, daß die Stellung Preußens in Deutschland trotz Oesterreich geändert werden müsse, in jeder Beziehung, und zwar mit „Hülfe" der „Kammern und der Presse": der „Landtag" müsse „für Preußen eine Macht in Deutschland werden."

Es kommt hier nicht darauf an zu untersuchen, wie viele dieser flatternden Gedanken unstät verflogen oder in Täuschung zerrannen. So viel aber kann nicht bezweifelt werden, daß sich aus ihnen ein fester Niederschlag bildete, der den Fortgang der innern Metamorphose und die wachsende Entfernung von dem früheren Parteistandpunkt bedingte. Auf alle Fälle dürfte es sich lohnen, die hierauf bezüglichen Momente, so spärlich sie auch sind, nunmehr zeitlich zu überschauen.

Jedenfalls schon zu Anfang April 1858 war Bismarcks Ueberzeugung dahin gediehen, daß Preußen auf das Unionsproject von 1849 zurückkommen und mindestens eine Art Zollparlament errichten müsse, um die Basis des Zollvereins völlig umzugestalten. In seinem Schreiben vom 2. April erklärte er: „Unsere Stellung im Zollverein ist verpfuscht; . . . ich bin fest überzeugt, daß wir ihn kündigen müssen, sobald der Termin dazu gekommen ist." „Die Fortdauer" desselben, führte er aus, sei „sachlich unmöglich, wenn neben den 28 Regierungen noch einige 50 ständische Körperschaften, geleitet von sehr particulären Interessen, ein liberum veto ausüben"; denn „der Gleichheitsschwindel der deutschen Regierungen" dränge dahin, durch Anwendung desselben „sich wichtig zu machen." „Ich glaube, fuhr er fort, daß wir in einem nach 1865 umzubildenden Zollvereine, um diesen Klippen zu entgehen, für die Ausübung des ständischen Zustimmungsrechtes in Zollvereinssachen, den Unionsprojecten von 1849 eine Einrichtung entnehmen, eine Art Zoll=Parlament einrichten müssen. . . Die Regierungen werden schwer daran gehen; aber wenn wir dreist und consequent wären, könnten wir viel durchsetzen. Die . . Idee, die preußischen Kammern, vermöge der Vertretung aller deutschen Steuerzahler durch sie, zur Grundlage hegemonischer Bestrebungen zu machen, steht auf demselben Felde. K a m m e r n u n d P r e s s e k ö n n t e n d a s m ä c h t i g s t e H ü l f s m i t t e l u n s e r e r a u s = w ä r t i g e n P o l i t i k w e r d e n. . . . Kammern und Presse müßten die deutsche Zollpolitik breit und rückhaltlos aus dem preußischen Standpunkte discutiren; dann würde sich ihnen die ermattete Aufmerksamkeit Deutschlands wieder zuwenden und unser L a n d t a g f ü r P r e u ß e n e i n e M a c h t i n D e u t s c h l a n d werden. Ich wünschte den Zollverein und den Bund, nebst Preußens Stellung zu beiden, in unsern Kammern dem Secirmesser der schärfsten Kritik unterzogen zu sehen; davon kann der König, seine Minister und deren Politik, w e n n s i e i h r H a n d w e r k v e r s t e h e n, nur Vortheil haben."

Als der italienische Befreiungskrieg gegen Oesterreich dem Ausbruch entgegenreifte, nahm Bismarck entschieden für Italien und gegen Oesterreich Partei. Er würde es am liebsten gesehen haben, wenn Preußen sofort mit aller Energie die Lage der Dinge benutzt hätte, um seinerseits auch Deutschland von dem Einfluß Oesterreichs zu befreien und den preußischen Thron auf das Engste mit dem „reinen Deutschland" zu verbinden. Da er seine Meinung rückhaltlos kundgab: so wurde dadurch seine Stellung in Frankfurt a. M. sowie diejenige des Berliner Kabinettes, Oesterreich gegenüber, compromittirt. Das Ministerium rief ihn daher von seinem Posten ab, und übertrug ihm die Gesandtschaft in Petersburg.

Am 1. April 1859 trat er bieselbe an. Inzwischen schritt die Krisis in Italien vor. Am 28. April überschritten bie österreichischen Heeresmassen ben Ticino. Der bisher nur brohende Krieg war burch Oesterreichs Initiative zur folgenschweren Thatsache geworden. Da richtete Bismarck an ben Minister von Schleiniz seinen Brief aus Petersburg vom 12. Mai 1859, ber jüngst in ben Zeitungen, zumal in ben französischen, Gegenstand der Besprechung war, unb worin bereits im Wesentlichen bas Programm von 1866 enthalten gewesen sein soll. Der wörtliche Text steht mir nicht zu Gebot. Der Brief blieb folgenlos.

Später tauchte in ber journalistischen Presse mit großer Zuversicht bas Gerücht auf, nicht nur, baß Bismarck für eine Allianz zwischen Preußen, Rußland und Frankreich agitire, wiewohl ohne babei im Einklang mit seinem Hofe zu sein, sondern auch, baß er bas Project begünstige, gegen eine Machtvergrößerung Preußens bie Rheinlanbe als Compensation an Frankreich zu überlassen. Die Kreuzzeitung stand schon so wenig mehr mit ihm auf gleicher Parteigrundlage, baß sie sich nicht veranlaßt fand, ihren früheren Gesinnungsgenossen auch nur mit einer Silbe gegen ben fressenden Verbacht in Schutz zu nehmen. Um so fester unb allgemeiner war der Glaube, ben bas Gerücht in Deutschland fand, unb um so schwerer unb langsamer brang bie Kenntniß von bemselben zu bem in Petersburg von ben meisten beutschen Zeitungen abgeschnittenen Gesanbten. Als bies aber enblich geschehen, ergoß er in seinem Privatbriefe d. d. Petersburg ben 22. August 1860 seinen ganzen Zorn sowohl über bas Gerücht selbst wie über bas feindselige Schweigen ber Kreuzzeitung.

„Gelegentliche Anbeutungen, schrieb er, gelangen hierher, als würde von ber Presse ein systematischer Verläumbungsfeldzug gegen meine Person geführt. Ich sollte russisch-französische Zumuthungen wegen einer Abtretung ber Rheinlande gegen Arronbirung im Innern offen unterstützt haben, ein zweiter Borries unb bergleichen. Ich zahle bemjenigen 1000 Frb'or baar, ber mir nachweisen kann, baß bergleichen russisch-französische Anerbietungen jemals von irgenb Jemand zu meiner Kenntniß gebracht seien. Ich habe in ber ganzen Zeit meines beutschen Aufenthaltes nie etwas Anderes gerathen, als uns auf

bie eigene und auf den Fall des Krieges von uns aufzubie=
tende nationale Kraft Deutschlands zu verlassen. Dieses
einfältige Federvieh der deutschen Presse merkt gar nicht, daß es
gegen das bessere Theil seiner eigenen Bestrebungen arbei=
tet, wenn es mich angreift. Als Quelle dieser Angriffe wird mir
der Koburger Hof und ein Litterat bezeichnet, der persönliche Ran=
cune gegen mich hat. Wenn ich ein österreichischer Staatsmann,
oder ein deutscher Fürst und österreichischer Reaktionär wie der Her=
zog von Meiningen, wäre, so würde unsere Kreuzzeitung mich so gut
in Schutz genommen haben, wie Letzteren; die Lügenhaftigkeit
jener Verdächtigungen ist keinem unserer politischen Freunde
unbekannt. Da ich aber nur ein alter Parteigenosse bin, der obenein
das Unglück hat, über manche ihm genau bekannte Dinge
eigene Ansichten zu haben, so läßt man mich nach Herzenslust
begeifern, und ich erfahre von der ganzen Sache hauptsächlich durch
die officiöse Vertheidigung der „Elberfelder Zeitung", die man mir
einsendet. Es geht nichts über Ketzerrichter im eigenen Lager;
und unter Freunden, die lange aus einem Topfe gegessen haben,
ist man ungerechter, als gegen Feinde. Mir ist's recht; man soll
sich nicht auf Menschen verlassen, und ich bin dankbar für jeden Zug,
der mich nach innen zieht."

In Hinsicht auf die Erwähnung des Herrn von Borries erinnern
wir daran, daß am 1. Mai 1860, in der zweiten Hannoverschen
Kammer, dieser mittelstaatliche Minister unverholen geäußert hatte:
„Der Nationalverein erstrebe eine Centralgewalt, so daß die ganze
Militärhoheit und die diplomatische Vertretung in die
Hand der Krone Preußens gelegt werde. Ein solcher Versuch
müsse (oder könne) zu Bündnissen mit auswärtigen Mäch=
ten (oder nach der officiellen Berichtigung: mit außerdeutschen
Staaten) drängen, die sehr zufrieden sein würden, die Hand in
Deutschlands Angelegenheiten zu bekommen." Herr von Bismarck
wußte also, gleichwie jeder andere Deutsche, zur Genüge, wessen man
sich bei dem Versuche einer bundesstaatlichen Einigung von Seiten
eines selbstständigen Königreichs Hannover zu versehen habe.
Die Heidelberger Erklärung vom 6. Mai antwortete mit dem Aus=
spruch: „Eine solche Regierung würde dem öffentlichen Urtheil und
dem Schicksal verfallen, das Verräthern gebührt." In ganz

Deutschland war der Zorn gegen jene „Drohung mit ehrlosem Landes=
verrath" ein gewaltiger. „Das, hieß es, seien die Früchte des in
unserm Vaterlande wuchernden Unkrauts." Der König von
Hannover aber erhob am 6. Juni den Minister von Borries zur Be=
lohnung in den Grafenstand.

Seine Auffassung über die deutsche Zukunft hielt Bismarck, in
wesentlicher Uebereinstimmung mit dem Nationalverein unerschüttert
fest. Eine kriegerische Entscheidung erschien ihm aber nur für den Fall
geboten, daß Oesterreich nicht freiwillig der preußischen Politik das
Feld in Deutschland räume. Daran glaubte er freilich nicht. Um so
mehr erschien ihm die Teplitzer Zusammenkunft zwischen dem Kaiser
von Oesterreich und dem Prinz=Regenten von Preußen, am 26. Juli
1860, als bedenklich. In den Zeitungen verlautete gerüchtsweise, daß
„nichts unterzeichnet" worden; daß der Prinz=Regent in Betreff
Venetiens „jede Verpflichtung abgelehnt" habe, so lange die italieni=
sche Bewegung sich „auf die Italiener allein" beschränke, aber „Unter=
stützung" verheißen für den Fall der „Betheiligung einer auswärtigen
Macht"; in den deutschen Fragen sei zwar keine „Einigung", aber
eine „Annäherung" erfolgt.

Auch Bismarck hielt sich in Petersburg nicht für genügend
unterrichtet. Seinerseits schrieb er in dem Briefe vom 22. August:
„Der heimischen Politik bin ich gänzlich entrückt, da ich außer
Zeitungen fast nur amtliche Nachrichten erhalte, die den Unter=
grund der Dinge nicht bloslegen. Nach ihnen haben wir in Teplitz
nichts Definitives versprochen, sondern unsere Leistungen für Oester=
reich davon abhängig gemacht, daß letzteres sein Wohlwollen für uns
auf dem Gebiet deutscher Politik zunächst praktisch bewähre; nach=
dem dies geschehen, werde es auf unsere Dankbarkeit rechnen können.
Damit wäre ich sehr zufrieden; eine Hand wäscht die andere, und
sehen wir die Wiener Seife nur erst schäumen, so werden wir gerne
die Wäsche erwidern. Indirecte Nachrichten, die von andern Höfen
hierher gelangen, lauten allerdings anders. Wenn sie richtig sind,
so hätten wir zwar keinen schriftlichen Garantievertrag geschlossen,
uns aber doch vermöge mündlichen Wortes gebunden, Oesterreich
unter allen Umständen dann beizustehen, wenn es von Frankreich in
Italien angegriffen werde; sehe Oesterreich sich zum Angriff ge=
nöthigt, so sei unsere Einwilligung erforderlich, wenn unser Beistand

erwartet werden soll. Diese Version klingt unverfänglicher, als sie in der That sein würde. Hat Oesterreich die Sicherheit, daß wir für Venedig eintreten werden, so wird es den Angriff Frankreichs zu prozociren wissen; wie denn schon jetzt behauptet wird, daß Oester: reich seit Teplitz in Italien dreist und herausfordernd auftrete. Seit der Garibaldi'schen Expedition geht die Wiener Politik dahin, es in Italien so schlimm wie möglich werden zu lassen, damit dann, wenn Napoleon selbst nöthig finden werde, sich gegen die italienische Re- volution zu wahren, allseitig eingeschritten und der frühere Zustand annähernd hergestellt werde. Diese Rechnung mit und auf Napoleon kann sehr trügen; wie es scheint, hat man sie deshalb seit Teplitz aufgegeben und hofft auch gegen Napoleon zum Ziel zu gelangen. Die unruhige, gereizte Leidenschaftlichkeit der österreichischen Politik bringt auf beiden Wegen den Frieden in Gefahr.... Ein wohl- unterrichteter, aber ziemlich bonapartischer Correspondent schreibt mir aus Berlin: „Wir sind in Teplitz mit Wiener Gemüthlichkeit glänzend über den Löffel barbiert, für nichts, nicht einmal ein Linsen- gericht, verkauft." — Gott gebe, daß er irrt!"

Im September 1861 stellte die Kreuzzeitungspartei für den preußischen Volksverein folgendes Programm auf: „Einigkeit unsers deutschen Vaterlandes, doch nicht auf den Wegen des „Königreichs Italien", durch Blut und Brand, sondern in der Einigung seiner Fürsten und Völker und in Festhaltung an Obrigkeit und Recht. Keine Verläugnung unsers preußischen Vaterlandes und seiner ruhm- reichen Geschichte; kein Untergehen in dem Schmutz einer deutschen Republik; kein Kronenraub und Nationalitätenschwindel u. s. w."

Gegen dieses „conservative Programm" ließ Herr v. Bismarck, in seinem Briefe vom 18. September die schärfste Kritik ergehen. Er verurtheilte dessen „negative Fassung". „Mit der bloßen matten Defensive, erklärte er, kann eine politische Partei nicht bestehen. Den Schmutz der deutschen Republik behauptet jede Partei zu verabscheuen, und die jetzt praktisch zur Frage kommenden Gegner sind ehrlich be- müht ihn nicht zu wollen, namentlich den Schmutz nicht. Eine so weit über das Bedürfniß des Momentes hinausgreifende Redeform sagt entweder gar nichts, oder verhüllt was man nicht sagen will. Ich selbst bin zweifelhaft, ob der Verfasser des Programms nicht in der That auf dem reinen Würzburger Standpunkt steht. Wir

haben unter unseren besten Freunden so viele Doctrinäre, welche
von Preußen die ganz gleiche Verpflichtung zum Rechtsschutz
in Betreff fremder Fürsten und Länder, wie in Betreff der eigenen
Unterthanen verlangen. Dies System der Solidarität der
conservativen Interessen aller Länder ist eine gefährliche
Fiction.... Isolirt von Preußen durchgeführt, wird es zur Donquixoterie, welche unsern König und seine Regierung nur abschwächt
für die Durchführung der eigensten Aufgabe.... Wir kommen dahin, den ganz unhistorischen, gott= und rechtlosen Souveränetätsschwindel der deutschen Fürsten, welche unser
Bundesverhältniß als Piedestal benutzen, von dem herab sie europäische Macht spielen, zum Schooßkind der conservativen Partei
Preußens zu machen. Unsere Regierung ist ohnehin in Preußen
liberal, im Auslande legitimistisch; wir schützen fremde Kronrechte
mit mehr Beharrlichkeit als die eigenen, und begeistern uns für die
von Napoleon geschaffenen, von Metternich sanctionirten kleinstaatlichen Souveränetäten bis zur Blindheit gegen alle Gefahren, mit
denen Preußens und Deutschlands Unabhängigkeit für die Zukunft
bedroht ist, so lange der Unsinn der jetzigen Bundesverfassung besteht, die nichts ist als ein Treib= und Conservirhaus gefährlicher und revolutionärer Particular=Bestrebungen. Ich hätte
gewünscht, daß in dem Programm, anstatt des vagen Ausfalles gegen
die deutsche Republik, offen ausgesprochen wäre, was wir in Deutschland geändert und hergestellt wünschen, sei es durch Anstrebung rechtlich zu Stande zu bringender Aenderungen der Bundesverfassung,
sei es auf dem Wege kündbarer Associationen nach Analogie des
Zollvereins und des Koburger Militärvertrages. Wir haben die
doppelte Aufgabe, Zeugniß abzulegen, daß das Bestehende der Bundesverfassung unser Ideal nicht ist, daß wir die nothwendige Aenderung
aber auf rechtmäßigem Wege offen anstreben, und über das zur
Sicherheit und zum Gedeihen Aller erforderliche Maß nicht hinausgehen wollen. Wir brauchen eine straffere Consolidation
der deutschen Wehrkraft so nöthig wie das liebe Brot; wir bedürfen einer neuen und bildsamen Einrichtung auf dem Gebiet des
Zollwesens, und einer Anzahl gemeinsamer Institutionen, um die
materiellen Interessen gegen die Nachtheile zu schützen, die aus der
unnatürlichen Configuration der deutschen inneren

Landesgrenzen erwachsen. Daß wir diese Dinge ehrlich und ernst fördern wollen, darüber sollten wir jeden Zweifel heben. — Ich sehe außerdem nicht ein, warum wir vor der Idee einer Volks= vertretung, sei es am Bunde, sei es in einem Zoll= und Vereinsparlament, so zimperlich zurückschrecken. Eine In= stitution, die in jedem deutschen Staate legitime Geltung hat, die wir Conservative selbst in Preußen nicht entbehren möch= ten, können wir doch nicht als revolutionär bekämpfen! Auf dem nationalen Gebiete würden bisher sehr mäßige Concessionen immer noch als werthvoll erkannt werden. Man könnte eine recht conservative Nationalvertretung schaffen und doch bei den Libe= ralen Dank dafür ernbten."

In Bezug auf die Competenzen des preußischen Abgeordneten= hauses war Bismarck augenfällig ebenfalls, und lange schon, von der Meinung seiner früheren Parteigenossen zurückgekommen, daß die Sorge für die auswärtige Politik und die Militär=Angelegen= heiten ein untheilbares Vorrecht der Krone und daher ein „Noli me tangere" für die Landesvertretung sei. Vielmehr legte er dem Votum der letzteren in beiden Beziehungen, fern von der Theorie der „unbefugten Einmischungen", ein berechtigterweise hohes, wenn auch nicht unbedingt maßgebendes Gewicht bei. Daher fragte er in sei= nem Briefe vom 22. August 1860, nachdem er die Teplitzer Zusam= menkunft bemängelt, mit offenbarer Spannung: „Was wird die Kammer" (er sprach bei solchen Anlässen immer nur von der Kam= mer, d. h. der Abgeordnetenkammer; sie war ihm also, scheint es, an Bedeutung alles, die Herrenkammer nichts) — „Was wird die Kammer zu Teplitz, was zur Armee=Organisation sagen? In letzterer werden natürlich alle Vernünftigen zur Regierung stehen; der Eindruck der auswärtigen Politik wird sich aber erst berechnen lassen, wenn man genauer weiß, was Teplitz be= deutet."

Grade die Armee=Organisation rief nun aber, weil sie im Wi= derspruch stand mit einer stets nachgiebigen und ausweichenden Poli= tik, die dennoch in ebenso kostspieligen als nutzlosen Mobilisirungen sich zu gefallen schien, den innern Conflict hervor, der mit jeder neuen Session an Schärfe zunahm.

Und andrerseits — eine wundersame Fügung — war es grade

dieser gesteigerte innere Conflict, der im Jahre 1862 den nächsten Anlaß zu der Berufung Bismarcks in das Ministerium gab.

Damit begann die dritte Phase seines Wirkens. Sie hatte das Eigenthümliche, daß sie in Bezug auf seine Stellung zur auswärtigen Politik einen thatsächlichen Fortschritt, und in Bezug auf seine Stellung zur inneren einen thatsächlichen Rückgang bezeichnet.

5. Das Ministerium Bismarck.

Von dem ersten Momente an war von Seiten der Krone die Militärfrage mit einer Wärme und einem Eifer sonder Gleichen erfaßt worden. „Es ist nicht die Absicht, hatte die Thronrede vom 12. Januar 1860 erklärt, mit dem Vermächtniß einer großen Zeit zu brechen. Die preußische Armee wird auch in Zukunft das preußische Volk in Waffen sein. Es ist die Aufgabe, innerhalb der durch die Finanzkräfte des Landes gezogenen Grenzen, die überkommene Heeresverfassung durch Verjüngung ihrer Formen mit neuer Lebenskraft zu erfüllen... Der Vertretung des Landes ist eine Maßregel von solcher Bedeutung für den Schutz und Schirm, für die Größe und die Macht des Vaterlandes noch nicht vorgelegt worden. Es gilt, die Geschicke des Vaterlandes gegen die Wechselfälle der Zukunft sicher zu stellen." Und die Thronrede vom 23. Mai, am Schlusse des Landtages, hatte die Hoffnung ausgesprochen, „daß die Nothwendigkeit der Heeresreform endlich richtig gewürdigt, und die Lösung der zurückgestellten Frage in kürzester Frist gelingen werde". Dabei gelobte sie, mit Bezug auf die deutschen Angelegenheiten, „unerschütterliche Treue für das gemeinsame Vaterland", und sprach die „lebendige Ueberzeugung" aus, „daß die Unabhängigkeit der Nation und die Integrität des vaterländischen Bodens Güter seien, vor deren Bedeutung alle inneren Fragen und Gegensätze weit zurücktreten". Allein, statt der „Erledigung" der Frage, schärfte sich der Widerspruch.

In den Augen Bismarcks hatte die Heeresreform, insofern sie eine „Steigerung der Wehrkraft" bedingte, von vornherein nicht sowohl eine allgemeine, als vielmehr eine ganz specielle Bedeutung gehabt. Denn weit davon entfernt, sich in der auswärtigen Politik, nach der Weise der „freien Hand", oder nach dem Hertzbergischen und dem Haugwitzischen Systeme des „Abwartens von Eventualitäten", lediglich auf unbestimmte und unberechenbare Zufälle zu verlassen, dachte er ja fort und fort an bestimmte Combinationen, an unverrückbare Ziele, an eine selbstständige, entschlossene und active Politik. Daher hatte er unwillkürlich die Ueberzeugung von der Nothwendigkeit der Heeresreform von sich auf Andere voraussetzungsweise übertragen; und daher war es ihm als etwas Selbstverständliches erschienen, daß „die Kammer" darauf eingehen, daß in dieser Frage „alle Vernünftigen" zur Regierung stehen würden.

Desto unerwarteter und desto unwillkommener war ihm nun der grade in dieser Angelegenheit erwachsene Conflict, da derselbe ja, allem Anschein nach, grade zu die Mittel einer activen Politik in Frage stellte. Er hätte ihn gern geschlichtet gesehen, ehe er die Führung des Auswärtigen übernahm; denn nach seinen Wünschen sollte ja der Landtag, wie die Presse, das „mächtigste Hülfsmittel" seiner „auswärtigen Politik" und eine „Macht in Deutschland werden". So war dies denn ohne Zweifel ein Grund mehr, der ihn bewog, im Frühling 1862 lieber den Botschafterposten in Paris als den Ministerposten in Berlin zu übernehmen. Aber als im Herbst, nach erneutem Scheitern in der Kammer, von der Heydt seine Entlassung genommen, unterzog er sich der doppelten Aufgabe, gleichzeitig eine gelähmte äußere und eine gebrochene innere Politik wiederherzustellen.

Wir sagen, eine gebrochene innere Politik. Denn die Militär-Reorganisation, obwohl ein Mittel für die Zwecke des Auswärtigen, war doch wesentlich, oder an sich, eine innere Frage. Es gab daher auch für sie in Wahrheit mindestens ein halbes Dutzend der verschiedensten Wege der Verständigung auf dem Boden der innern Politik; nur mußte man ernstlich bedacht sein, dieselben aufzusuchen. Allein entweder fand oder suchte man sie nicht.

Bismarck war dem zweiten Theil der Aufgabe, nicht nur nach

Anderer Ueberzeugung, sondern auch, wie es scheint, nach eigenem Urtheil, nicht gewachsen. Denn er selbst soll ja geäußert haben, daß er sich auf das „Innere" nicht verstehe. Da er aber doch vor allem darauf ausging, an der „Kammer" die „mächtigste" Stütze seiner auswärtigen Politik zu gewinnen: so lag wohl nichts näher als die Erkenntniß, daß sein eigenes Interesse, und damit zugleich dasjenige Preußens und Deutschlands, ihm die bringende Sorge auferlege, Aerzte neben sich zu stellen, die für das Kuriren innerer Brüche ein vorzügliches Verständniß hätten. Dieser Sorge aber entschlug er sich; und so geschah es, daß es der vorzüglichen Aerzte für innere Kuren zwar an sich sehr viele, nur keinen einzigen in seiner Nähe und am Ministertische gab. Das war die unzweifelhafteste Schuld, die auf ihm lastete, und die ihm als dem leitenden Kopfe unabweislich die Fülle der „Unpopularität in Deutschland" zuziehen mußte, deren er sich so vollkommen bewußt war. „Ueberall", sagte er noch kurz vor dem Ausbruch der Krise des vorigen Jahres zu dem Correspondenten des Siècle, „macht man mich verantwortlich für eine Situation, die ich nicht geschaffen, sondern die mir aufgedrängt worden; ich bin für die öffentliche Meinung der Sündenbock . . Mit etwas mehr Unparteilichkeit würde man vielleicht erkennen, daß ich nicht anders gehandelt habe, weil ich nicht anders konnte. Bei der Lage Preußens in Deutschland und Oesterreich gegenüber bedurften wir vor allem einer Armee."

In diesen letzteren Worten war denn in der That auch, wie es scheint, der einzige unwandelbare Gedanke ausgedrückt, der ihn beherrschte, als er am 24. September 1862 in das Ministerium eintrat. Im Uebrigen war er sowohl in seinen Entschließungen wie in seinen Neigungen frei. Ein eigentliches Programm stellte er weder der Krone noch den Kammern gegenüber auf. Dagegen war es notorisch seine Absicht, sich auf die zweite Kammer, auf die liberale Majorität derselben zu stützen. Daher ließ er sich, vor allem anderen, auf vertrauliche Unterhandlungen mit Vertretern der liberalen Parteien ein, um diese für sich zu gewinnen. Allein die Altliberalen setzten ihm, wie er sich ausdrückte, „den Stuhl vor die Thür". Dann wandte er sich an Organe der Fortschrittspartei; er erklärte, in ausführlichen Unterredungen, daß er sich nothwendig auf „Eine Partei stützen müsse" und daß er die Unterstützung der Fort-

schrittspartei „wünsche"; er wies jede Jdentificirung, jede Voraus=
setzung einer Solidarität mit den „Grundsätzen der Kreuzzeitungs=
partei" ab, und „bot die Hand darauf", daß er niemals Männer wie
Kleist=Retzow in das Ministerium ziehen werde; andrerseits verlangte
er die „Anerkennung der Militär=Reorganisation"; gegen die For=
derung der „zweijährigen Dienstzeit" hatte er persönlich nichts ein=
zuwenden, aber sie sei zur Zeit nicht durchführbar; er betonte die
Schwierigkeiten seiner persönlichen Stellung, und vertröstete in man=
cher Beziehung auf eine unbestimmte Zukunft; er eröffnete endlich
eine Fernsicht auf „Thaten der auswärtigen Politik", für die nach
der damaligen Lage der Dinge eine Uebereinstimmung mit der Kam=
mer leichter erreichbar erscheinen durfte, wie eine Uebereinstimmung
mit der Krone; aber er zweifelte nicht, daß es gelingen werde, zur
rechten Zeit auch die rechten Stimmungen oder Umstimmungen her=
beizuführen.

Diese Versuche der Anknüpfung scheiterten in ihren ersten An=
fängen, und mußten scheitern, aus den verschiedensten Gründen.
Theils an dem Odium, das in den Augen des Liberalismus an dem
Auftreten Bismarck's in den Jahren 1847—50 haftete, und an dem
dadurch bedingten Mißtrauen, das um so zäher fortwucherte, je mehr
der Proceß seiner innern Wandelung begreiflicherweise der öffent=
lichen Kenntniß und damit dem öffentlichen Glauben entzogen blieb;
theils aber auch an der Programmlosigkeit, welche die Kammer, statt
auf feste Bürgschaften, nunmehr in der innern Politik auf Even=
tualitäten, auf unberechenbare Wechselfälle des Zufalls und der
Willkür anzuweisen schien. Und selbst auch auf der äußern Politik
ruhte dieser Schein. Wohl hatte man die Energie des Mannes
rühmen hören; aber die Thatkraft war doch eine Eigenschaft, die sich
nicht in bloßen Willensrichtungen, sondern eben nur in Thaten —
sei es in schädlichen oder in heilsamen — bethätigen konnte; und es
schien daher gerathen abzuwarten, sowohl ob, als wie sie sich be=
thätigen werde. Dazu kam, daß der Gesammtbestand des Ministe=
riums nicht den Glauben an eine Wendung des Systemes im Innern
zu nähren vermochte; daß die Stellung der liberalen Opposition zu
der Militärfrage schon eine zu scharf begrenzte war um, ohne ein
wirkliches Entgegenkommen, verlassen werden zu können; daß die
innere Situation, die der Conflict geschaffen, indem sie alle Kräfte

anspannte, alle Geister beschäftigte und Aller Blicke auf sich zog, ganz
dazu angethan war, die Empfänglichkeit für die Außen=Dinge und
das Interesse an den Combinationen der auswärtigen Politik zu
schwächen. Kam doch selbst, im Jahr darauf, die schleswig=holstein'sche
Angelegenheit, obwohl sie sich augenfällig von vornherein als ein
Moment von welthistorischer, für Preußen und Deutschland gleich
folgenschwerer Bedeutung ankündigte, eingestandenermaßen den
ringenden Kräften in Preußen „verqueer."

Es ist eine stets wiederkehrende und auch sehr bezweifelte Er=
scheinung, daß Jeder sich scheut, vorschnell da zu hoffen wo alles
fürchtet, oder vorschnell dem zu trauen, gegen den die Welt ringsum
von Mißtrauen überschwillt. Der Volkswitz hatte gleich bei der Er=
nennung Bismarcks prophezeit: er werde in Preußen „schön hausen".
Er selbst dagegen soll prophezeit haben: er werde „der populärste
Mann in Deutschland" werden. Wolle Gott, die zweite Prophe=
zeiung ginge in viel vollerem Maße in Erfüllung als die erste!

War Bismarck bei jenen Versuchen nur dem Mißtrauen der
Liberalen begegnet: so empfing ihn die Kreuzzeitungspartei mit
offenen Armen; ja sie drängte sich an ihn heran, denn sie hoffte ihn
von seinen „Ketzereien" zu heilen und zum ausschließlichen Werkzeug
ihrer Ideen zu gestalten. Bismarck, da er doch Einer Partei zu be=
dürfen glaubte, gab sich ihr, in Ermangelung einer geeigneteren,
zunächst nur äußerlich hin; er hoffte seinerseits, er werde schließlich
und in Wahrheit, auch ihr gegenüber, nicht der Geschobene, sondern
der Schiebende sein.

So geschah es denn, daß der neue Ministerpräsident wider
Willen mit der Minorität zu regieren begann; daß er, der in seinen
Vorempfindungen nur immer „die Kammer" als seine Stütze gedacht,
mehr und mehr den Schwerpunkt seines Wollens in das „Herren=
haus" verlegte; daß er, fern davon, der Lösung der inneren Diffe=
renzen näher zu kommen, sich vielmehr immer tiefer in die ver=
schlungenen Fäden derselben verwickelte; daß er dabei, mit seinen
Berechnungen scheiternd, den Knäuel nur immer mehr verwirrte und
dergestalt, unter seinen Händen, den ursprünglichen Militärconflict
in fortwährender Steigerung zum schärfsten Budget= und Verfassungs=
conflict sich gestalten sah. Die Preßordnung vom 1. Juni 1863,
die Billigung des Herrenhaus=Votums vom 23. Januar 1864 wo=

durch dieses sich das Budgetrecht der Abgeordnetenkammer anmaßte, sowie die Provocation der Gerichte und namentlich des Obertribunals gegen die Redefreiheit der Landesvertreter seit dem Juni und October 1865, waren offenbare Verletzungen der Verfassung, deren jede für sich bei einem heißblütigen Volke vielleicht hingereicht haben würde, um eine Revolution zu entzünden und zu rechtfertigen. Hatte doch die Dynastie selbst, bei dem ersten Anlaß, durch die Proteste des Kronprinzen, die moralische Berechtigung der Revolution, auf Grund so eclatanter Herausforderungen, gleichsam anerkannt. Im Allgemeinen übrigens schien das Absehen der Regierung dahin gerichtet, die Verfassung nicht sowohl grundsätzlich und unmittelbar anzutasten, als thatsächlich und mittelbar lahm zu legen.

Konnte man schon seiner Zeit nicht zweifeln, daß der Ministerpräsident sich nicht selten durch die Leidenschaftlichkeit des Streites weit über die Grenzen seiner Einsicht und seiner Ueberzeugung fortziehen ließ — wie das namentlich der dritte Anlaß bewies, insofern der Provocation von Verfolgungen der Redefreiheit die Erklärung des Staatsministeriums voranging, daß die Verfassung solche Verfolgungen nicht gestatte —, so kann man heut auch daran nicht mehr zweifeln, daß nicht selten in ihm Gewissensscrupel darüber aufstiegen, ja daß er an sich selber irre ward, und daß es sich auf diese Anlässe mit bezieht, wenn er in seinem Briefe vom 16. Mai 1864 gestand: „Je länger ich in der Politik arbeite, desto geringer wird mein Glauben an menschliches Rechnen"; oder wenn er das „Vertrauen" ausspricht, daß „Gott auch unsere Irrthümer zu unserm Besten zu wenden wisse", was er „täglich zu heilsamer Demüthigung erfahre."

Den Proceß jener inneren Conflicte zu verfolgen, liegt indeß nicht in unserer Aufgabe. Wir wenden uns dem der äußeren zu.

Mit Spannung durfte man, in Preußen wie anderwärts, seit dem Herbst 1862 der Entwickelung der auswärtigen Politik des Berliner Kabinets entgegensehen. Hatte dasselbe doch, nach allgemeinem Dafürhalten, wie dunkel auch die Zielpunkte erscheinen mochten, nunmehr in Herrn von Bismarck eine Willenskraft gewonnen, wie sie den voraufgegangenen schwerwiegenden, aber folgenlosen Kraftverkündungen zu entsprechen schien! Waren doch so oft, um die Heeresreform zu empfehlen, die Gefahren der europäischen und der

deutschen Verhältnisse officiell als thatenschwangere geschildert worden!
Hatte doch König Wilhelm I., gleich nach seiner Thronbesteigung, in
der Proclamation „an mein Volk" vom 7. Januar 1861 verkündet:
„Es ist Preußens Bestimmung nicht, dem Genuß der er=
worbenen Güter zu leben. In der Anspannung seiner
geistigen und sittlichen Kräfte, in dem Ernst und der Aufrichtig=
keit seiner religiösen Gesinnung, in der Vereinigung von Gehorsam
und Freiheit, in der Stärkung seiner Wehrkraft liegen die
Bedingungen seiner Macht... Ich halte an den Tradi=
tionen meines Hauses fest... Möge es mir unter Gottes gnädigem
Beistand gelingen, Preußen zu neuen Ehren zu führen.
Meine Pflichten für Preußen fallen mit meinen Pflichten
für Deutschland zusammen. Als deutschem Fürsten liegt
es mir ob, Preußen in derjenigen Stellung zu kräftigen, welche
es vermöge seiner ruhmvollen Geschichte, seiner entwickelten Heeres=
Organisation unter den deutschen Staaten zum Heile Aller
einnehmen muß. Das Vertrauen auf die Ruhe Europas
ist erschüttert. Ich werde mich bemühen, die Segnungen des
Friedens zu erhalten. Dennoch können Gefahren für Preußen
und Deutschland heraufziehen. Möge dann jener Gott ver=
trauende Muth, welcher Preußen in seinen großen Zeiten be=
seelte, sich an mir und meinem Volke bewähren, und dasselbe mir
auf meinen Wegen in Treue, Gehorsam und Ausdauer fest zur
Seite stehen! Möge Gottes Segen auf den Aufgaben ruhen,
welche sein Rathschluß mir übergeben hat."

Anderthalb Jahre waren seitdem verflossen, als Bismarck ans
Ruder trat. In Paris und Petersburg war er als seltene staats=
männische Capacität geachtet; in Wien als Widersacher gehaßt und
gefürchtet; in Berlin, wie in Preußen und Deutschland überhaupt,
empfing ihn, auch im Hinblick auf die auswärtige Politik, nur die
Hoffnung Weniger, der Zweifel Vieler, das Mißtrauen der Meisten,
und die Spannung Aller. Doch schläferte alsbald der Fortgang des
innern Conflictes die Spannung ein.

6. Bismarcks deutsches Programm vom Jahre 1862.

Längst war Bismarck, wie wir sahen in seiner Anschauung von den Erfordernissen der deutschen Politik Preußens, und im Vergleich mit seinem Standpunkte in den Jahren 1847 — 50, das grade Gegentheil seiner selbst geworden. Lange schon vor seinem Eintritt in das Ministerium hatte er sich in die Denkart hineingelebt, die der traditionellen Auffassung des Berliner Hofes seit dem vorigen Jahr= hundert entsprach. Er hatte sich mit der Grundtendenz der deutschen Reichsverfassung von 1849 sowie der darauf basirten preußischen Unionsprojecte vollständig versöhnt. Er war in Bezug auf die Stellung Preußens und Oesterreichs zu Deutschland ein warmer Vertheidiger der Programme von Gagern und von Radowitz gewor= den. Er hatte sich die Lehre vom engern Bunde Preußens mit Deutschland, und vom weiteren Bunde beider mit Oesterreich im Wesentlichen angeeignet. Er zeigte sich überdies, wie man erzählt, als ein „gläubiger Verehrer" der Lehninschen Weissagung, die den Hohenzollern die deutsche Reichskrone verkündete, und von der das älteste Exemplar, dessen die Ueberlieferung gedenkt, sich 1697 in den Händen eines Herrn von Schönhausen befand.[1]) Die Ueberzeugung von der deutschen Mission Preußens und von der östlichen Mission Oesterreichs erfüllte sein ganzes Wesen und spornte ihn zu thatkräf= tiger Entscheidung an.

Denn eben diese Ueberzeugung, wenn sie nicht wie bisher ein bloßer Ausgangspunkt theoretischer Discussionen für die deutschen Völker und ihre Politiker, für die Kammern und den Nationalverein bleiben sollte, mußte ihm eine klare und unzweideutige Auseinander= setzung mit Oesterreich als nothwendig erscheinen lassen. Es galt demnach, auch das Wiener Kabinet zu überzeugen: daß der Beruf Preußens in Deutschland und derjenige Oesterreichs im Osten zu suchen sei; daß eine bundesstaatliche Einigung Preußens und Deutsch= lands von dem bringendsten Interesse b e i d e r gefordert werde, und daß vor allem deren beiderseitige Sicherheit die Ausbildung einer gemeinsamen, strafferen und widerstandsfähigeren Kriegsverfassung in Deutschland erheische, insbesondere aber einen engeren militäri=

---

[1]) S. oben S. 12.

schen Verband der norddeutschen Staaten mit Preußen; daß demnach Oesterreich, statt den preußischen Einfluß an den deutschen Höfen zu kreuzen und zu bekämpfen, vielmehr wohl thun werde, sich mit seinem eigenen Einfluß ganz aus Deutschland herauszuziehen und dieses dem preußischen zu überlassen; wogegen es seinerseits, von Preußen un= behindert, seine östliche Mission verfolgen und, seinen Schwerpunkt nach Osen verlegend, die unteren Donauländer seinem Einfluß unter= werfen möge.

Bismarck war von vornherein entschlossen, ohne irgend einen Umschweif, durch den rückhaltlosesten Ideenaustausch mit dem Wiener Kabinet, volle Klarheit in diese Angelegenheit zu bringen. Gelinge dann aber, auf diesem einfachsten und gradesten Wege, die Verstän= digung zwischen Preußen und Oesterreich nicht: so bleibe, nach schon allzulanger Verschleppung der Kardinalfrage und nach dem ewigen unfruchtbaren Experimentiren mit provisorischen Zuständen und mit theoretischen Zukunftsprojecten, nichts weiter übrig, als, nach dem Beispiel Friedrichs des Großen, das endlose Gespinnst der Diplomatie, den ganzen gordischen Knoten zu zerhauen, d. h. die endliche Klar= legung des gegenseitigen Verhältnisses der beiden Großmächte bei nächster Gelegenheit durch die Entscheidung der Waffen herbeizu= führen.

Unverweilt, wenige Wochen nach Uebernahme der Geschäfte schritt Bismarck zu dem beschlossenen Ideenaustausch, in mehreren „vertraulichen Unterredungen", die er in der ersten Hälfte des De= cember 1862 mit dem österreichischen Gesandten Grafen Karolyi ver= anstaltete.

Die Circularbepesche des österreichischen Ministers der auswär= tigen Angelegenheiten, Grafen Rechberg, vom 28. Februar 1863 sagt über diese Unterredungen: Bismarck habe das ganze Verhalten der österreichischen Politik gegenüber von Preußen als „Rücksichts= losigkeit" bezeichnet; er habe ihr vorgeworfen, daß sie „in Hannover und Kassel durch ihren Einfluß Preußens Interessen kreuze", daß sie „den berechtigten Anforderungen der Stellung Preußens in den Weg trete", und daß sie „der Politik Preußens nicht zur Befriedi= gung von Ansprüchen verhelfe, die (nach österreichischer Auffassung) auf keinem Rechtstitel beruhen"; er habe verlangt, daß sie ihrerseits „eine Stellung opfere, die, aus der Geschichte der Jahrhunderte her=

vorgegangen, geheiligt durch die Verträge, der Krone des österreichi=
schen Monarchen von Rechts wegen gebührt, und der Macht und
Größe seines Hauses und Reiches entspricht"; er habe endlich, sagt
der österreichische Minister wörtlich, „die Alternative gestellt, entweder
uns aus Deutschland zurückzuziehen, den Schwerpunkt unserer Mo=
narchie nach Osten zu verlegen, oder im nächsten europäischen Con=
flict Preußen auf der Seite unserer Gegner zu finden". „Die Er=
eignisse, fügte er hinzu, werden solche Gesinnung richten, wenn
sie je zur That werden sollte. Uns aber kommt es zu, den Vor=
wand, den man sich in Berlin zurechtlegen zu wollen scheint, recht=
zeitig als einen solchen zu kennzeichnen."

Der letztere Ausspruch des österreichischen Ministers erscheint
mehr als seltsam. Denn jede Ursache ist sich selbst genug und be=
darf daher keines Vorwandes. Der Antagonismus Oesterreichs und
Preußens war eine weltgeschichtliche Thatsache, war seit mehr denn
einem Jahrhundert die innerste Triebkraft der deutschen Geschichte
gewesen, und konnte daher wohl die Ursache für künftige Conflicte,
aber nimmermehr deren Vorwand bilden.

Eines Vorwandes hätte es augenfällig grade nur dann bedurft,
wenn es darauf abgesehen gewesen wäre, die eigentliche Ursache, die
wahre Triebfeder aller Conflicte zu verhüllen. Das aber ist eben
das Merkwürdige in dem Verfahren Bismarcks, daß er sich gar nicht
die Mühe gab, nach Vorwänden für seine Politik zu suchen, sondern
graden Weges auf das punctum saliens losging und, ohne alle Be=
schönigung, mit absoluter Offenheit sein Ziel und seine Mittel be=
zeichnete.

Er selbst hatte über den Inhalt jener Unterredungen, in Folge
indiscreter, von Wien ausgegangener journalistischer Entstellungen,
schon in einer Circularbepesche vom 24. Januar 1863 Auskunft ge=
geben; natürlich ohne die Absicht, jedes einzelne Wort, jede zufällig
oder vertraulich gebrauchte Aeußerung an die Lärmglocke hängen zu
wollen. Seine sachliche Auskunft lautete also:

„Ich hatte zur Herbeiführung besseren Einverständnisses beider
Höfe die Initiative in der Form von Unterredungen mit dem Grafen
Karolyi ergriffen, in welchen ich dem Kaiserlichen Gesandten Nach=
stehendes zu erwägen gab. Nach meiner Ueberzeugung müssen un=

sere Beziehungen zu Oesterreich unvermeiblich entweder besser oder schlechter werden. Es sei der aufrichtige Wunsch der Königlichen Regierung, daß die erstere Alternative eintrete; wenn wir aber das hierzu nöthige Entgegenkommen des Kaiserlichen Kabinets nachhaltig vermißten, so sei es für uns nothwendig, die andere ins Auge zu fassen und uns auf dieselbe vorzubereiten.

„Ich habe den Grafen Karolyi daran erinnert, daß in den Jahrzehnten, die den Ereignissen von 1848 vorhergingen, ein stillschweigendes Abkommen zwischen den beiden Großmächten vorwaltete, kraft dessen Oesterreich der Unterstützung Preußens in europäischen Fragen sicher war und uns dagegen in Deutschland einen durch Oesterreichs Opposition unverkümmerten Einfluß überließ, wie er sich in der Bildung des Zollvereins manifestirt.[1] Unter diesen Verhältnissen erfreute sich der deutsche Bund eines Grades von Einigkeit im Innern und von Ansehen nach außen, wie es seitdem nicht wieder erreicht worden ist. Ich habe unerörtert gelassen, durch wessen Schuld analoge Beziehungen nach der Reconstituirung des Bundestages nicht wieder zu Stande gekommen sind, weil es mir nicht auf Recriminationen für die Vergangenheit, sondern auf eine praktische Gestaltung der Gegenwart ankam. In letzterer finden wir gerade in den Staaten, mit welchen Preußen, der geographischen Lage nach, auf Pflege freundschaftlicher Beziehungen besonderen Werth legen muß, einen zur Opposition gegen uns aufstachelnden Einfluß des Kaiserlichen Kabinets mit Erfolg geltend gemacht. Ich gab dem Grafen Karolyi zu erwägen, daß Oesterreich auf diese Weise zum Nachtheil für die Gesammtverhältnisse im Bunde die Sympathien der Regierungen jener Staaten vielleicht gewinne, sich aber diejenigen Preußens entfremde. Der Kaiserliche Gesandte tröstete sich hierüber mit der Gewißheit, daß in einem für Oesterreich gefährlichen Kriege beide Großstaaten sich dennoch unter allen Umständen als Bundesgenossen wiederfinden würden.

„In dieser Voraussetzung liegt meines Erachtens ein gefährlicher Irrthum, über welchen vielleicht erst im entscheidenden Augenblick eine für beide Kabinette verhängnißvolle Klarheit ge-

---

[1] Vgl. meine „Zeitgenössischen Geschichten" 1859. S. 455.

wonnen werden würde, und habe ich deshalb den Grafen Karolyi
bringend gebeten, demselben nach Kräften in Wien entgegen=
zutreten. Ich habe hervorgehoben, daß schon im letzten italieni=
schen Kriege das Bündniß für Oesterreich nicht in dem Maße wirksam
gewesen sei, wie es hätte der Fall sein können, wenn beide Mächte
sich nicht in den vorhergehenden acht Jahren auf dem Gebiete der
deutschen Politik in einer schließlich nur für Dritte Vortheil bringen=
den Weise bekämpft und das gegenseitige Vertrauen untergraben
hätten. Dennoch seien damals in dem Umstande, daß Preußen die
Verlegenheiten Oesterreichs im Jahre 1859 nicht zum eigenen Vor=
theil ausgebeutet, vielmehr zum Beistande Oesterreichs gerüstet habe,
die Nachwirkungen der früheren intimeren Verhältnisse under=
kennbar gewesen. Sollten aber letztere sich nicht neu anknüpfen und
beleben lassen, so würde unter ähnlichen Verhältnissen ein
Bündniß Preußens mit einem Gegner Oesterreichs
ebenso wenig ausgeschlossen sein, als, im entgegengesetzten Falle,
eine treue und feste Verbindung beider deutschen Großmächte gegen
gemeinschaftliche Feinde. Ich wenigstens würde mich, wie
ich dem Grafen Karolyi nicht verhehlte, unter ähnlichen Um=
ständen niemals dazu entschließen können, meinem aller=
gnädigsten Herrn zur Neutralität zu rathen; Oesterreich habe
die Wahl, seine gegenwärtige antipreußische Politik mit dem Stütz=
punkte einer mittelstaatlichen Coalition fortzusetzen, oder eine ehr=
liche Verbindung mit Preußen zu suchen. Zu letzterer zu gelangen,
sei mein aufrichtigster Wunsch. Dieselbe könne aber nur durch das
Aufgeben der uns feindlichen Thätigkeit Oesterreichs an den deutschen
Höfen gewonnen werden.

„Graf Karolyi erwiederte mir, daß es für das Kaiserhaus nicht
thunlich sei, seinen traditionellen Einflüssen auf die deutschen Re=
gierungen zu entsagen. Ich stellte die Existenz einer solchen Tra=
dition mit dem Hinweis in Abrede, daß Hannover und Hessen
seit hundert Jahren vom Anbeginn des siebenjährigen Kriegs vor=
wiegend den preußischen Einflüssen gefolgt seien, und daß in der
Epoche des Fürsten Metternich die genannten Staaten auch von
Wien aus im Interesse des Einverständnisses zwischen Preußen und
Oesterreich ausdrücklich in jene Richtung gewiesen worden seien, daß
also die vermeintliche Tradition des österreichischen Kaiserhauses erst

seit dem Fürsten Schwarzenberg datire, und das System, welchem sie angehöre, sich bisher der Consolidirung des deutschen Bündnisses nicht förderlich erwiesen habe. Ich hob hervor, daß ich bei meiner Ankunft in Frankfurt im Jahre 1851 nach eingehenden Besprechungen mit dem damals auf dem Johannisberg wohnenden Fürsten Metternich gehofft habe, Oesterreich selbst werde es als die Aufgabe einer weisen Politik erkennen, uns im deutschen Bunde eine Stellung zu schaffen, welche es für Preußen der Mühe werth mache, seine gesammte Kraft für gemeinschaftliche Zwecke einzusetzen. Statt dessen habe Oesterreich mit Erfolg dahin gestrebt, uns unsere Stellung im deutschen Bunde zu verleiben und zu erschweren, und uns thatsächlich auf das Bestreben nach anderweiten Anlehnungen hinzuweisen. Die ganze Behandlungsweise Preußens von Seiten des Wiener Kabinets scheine auf der Voraussetzung zu beruhen, daß wir mehr als irgend ein anderer Staat auswärtigen An= griffen ausgesetzt seien, gegen welche wir fremder Hülfe be= dürfen, und daß wir uns deshalb von Seiten der Staaten, von welchen wir solche Hülfe erwarten könnten, eine rücksichtslose Behandlung gefallen lassen müßten. Die Aufgabe einer Preußi= schen Regierung, welcher die Interessen des Königlichen Hauses und des eigenen Landes am Herzen liegen, werde es daher sein, das Irrthümliche jener Voraussetzung durch die That nachzuweisen, wenn man ihren Worten und Wünschen keine Beachtung schenke.

„Unsere Unzufriedenheit mit der Lage der Dinge im deutschen Bunde erhalte in den letzten Monaten neue Nahrung durch die Ent= schlossenheit, mit welcher die mit Oesterreich näher verbundenen deutschen Regierungen in der Delegirtenfrage angriffsweise gegen Preußen vorgingen. Vor 1848 sei es unerhört gewesen, daß man am Bunde Fragen von irgendwelcher Erheblichkeit einge= bracht habe, ohne sich des Einverständnisses beider Großmächte vor= her zu versichern. Selbst da, wo man auf den Widerspruch minder mächtiger Staaten gestoßen sei, wie in der Angelegenheit der süd= deutschen Bundesfestungen, habe man es vorgezogen, Zwecke von dieser Wichtigkeit und Dringlichkeit viele Jahre unerfüllt zu lassen, anstatt den Widersprechenden mit dem Versuch der Majorisirung entgegenzutreten. Heutzutage werde dagegen der Widerspruch Preußens nicht nur gegen einen Antrag, sondern gegen die Ver=

faffungsmäßigkeit deffelben als ein ber Beachtung un=
werther Zwiſchenfall behandelt, burch welchen man ſich in
entſchloffenem Vorgehen auf ber gewählten Bahn nicht beirren laſſe.
Ich habe ben Grafen Karolyi gebeten, ben Inhalt ber vorſtehend
angebeuteten Unterrebung mit möglichſter Genauigkeit, wenn auch
auf vertraulichem Wege zur Kenntniß des Grafen Rechberg zu
bringen, inbem ich bie Ueberzeugung ausſprach, baß bie Schäben
unſerer gegenſeitigen Beziehungen nur burch rückhaltsloſe
Offenheit zu heilen verſucht werben könnten.

„Die zweite Unterrebung fanb am 13. December v. J., einige
Tage nach ber erſten, aus Veranlaſſung einer Depeſche des König=
lichen Bunbestagsgeſanbten ſtatt. Ich ſuchte ben Grafen Karolyi
auf, um ben Ernſt ber Lage ber Dinge am Bunde ſeiner Be=
achtung zu empfehlen, unb verhehlte ihm nicht, baß das weitere Vor=
ſchreiten ber Majorität auf einer von uns für verfaſſungswibrig
erkannten Bahn uns in eine unannehmbare Stellung bringe,
baß wir in ben Conſequenzen deſſelben ben Bruch des Bundes
vorausſähen, baß Herr v. Uſebom über dieſe unſere Auffaſſung
bem Frhrn. v. Kübeck und bem Frhrn. v. b. Pforbten keinen Zweifel
gelaſſen, auf ſeine Anbeutungen aber Antworten erhalten habe, bie
auf kein Verlangen nach Ausgleichung ſchließen ließen, inbem Frhr.
v. b. Pforbten auf beſchleunigte Abgabe unſeres Minoritätsvotums
bränge.

„Ich bemerkte hiergegen, baß unter ſolchen Umſtänben das Ge=
fühl ber eigenen Würde uns nicht geſtatte, bem von ber anberen
Seite herbeigeführten Conflict ferner auszuweichen, unb baß ich
beshalb ben Königlichen Bunbestagsgeſanbten telegraphiſch zur Ab=
gabe ſeines Minoritätsvotums veranlaßt habe. Ich ſtellte in Aus=
ſicht, baß wir bie Ueberſchreitung ber Competenz burch
Majoritätsbeſchlüſſe als einen Bruch ber Bunbesver=
träge auffaſſen unb bem entſprechenb verfahren würben,
inbem bieſſeit ber Königliche Bunbestagsgeſanbte ohne Subſtitution
abberufen werben würbe, unb beutete bie praktiſchen Conſe=
quenzen an, welche ſich aus einer ſolchen Situation in verhältniß=
mäßig kurzer Zeit ergeben müßten, inbem wir natürlich bie
Wirkſamkeit einer Verſammlung, an welcher wir uns aus
rechtlichen Gründen nicht mehr betheiligten, in Bezug auf ben ganzen

Geschäftskreis des Bundes nicht weiter für zulässig aner=
kennen könnten. Wir würden also auch die preußischen Garni=
sonen in den Bundesfestungen nicht mehr den Beschlüssen der
Bundesversammlung unterstellen können. Unwahr ist, daß ich
für diesen Fall von der Zurückziehung dieser Garnisonen gesprochen
haben soll. Ich habe im Gegentheil auf die Conflicte aufmerksam
gemacht, welche das Verbleiben derselben nach sich ziehen könne,
nachdem ihre Befehlshaber der Autorität der Bundesver=
sammlung die Anerkennung zu versagen haben würden."

Schließlich erklärt die Depesche, daß, gegenüber dem Versuche
„auf dem Wege neuer und dem Inhalt der Bundesverträge Gewalt
anthuender Interpretationen" Maßnahmen durchzusetzen und „auf=
zubrängen", Preußen „lediglich denjenigen Bundesregie=
rungen, welche die Einigkeit im Innern des Bundes durch ihr
aggressives Verfahren in Frage stellen, die Sorge für die
Beilegung oder die Verantwortung für die Folgen der von
ihnen heraufbeschworenen Conflicte überlassen" müsse.

Es handelte sich hier, wie man sich erinnern wird, um das seit
dem 14. August 1862 am Bundestage als „Antrag" eingebrachte
sogenannte Delegirten=Project. [1]) Statt der Herstellung einer wür=
digen und dauernden Nationalvertretung, sollte die deutsche Nation
abgespeist werden mit dem Schauspiel der ausnahmsweisen
oder versuchsweisen Einberufung einer Delegation der deut=
schen Ständekammern, zur bloßen Berathung zweier Gesetz=
entwürfe (über Civilproceß und Obligationenrecht) ohne alle be=
schließende Kraft. Sichtlich verfolgte das Project, vertreten durch
Oesterreich und die antipreußische Coalition d. h. Baiern, Sachsen,
Hannover, Würtemberg, Kurhessen, Hessen=Darmstadt und Nassau,
nur den Zweck, den viel weiter gehenden Forderungen Preußens
feindlich entgegenzutreten.

Das Minoritätsvotum, das Bismarck über diese Angelegenheit
in der Bundestagssitzung vom 18. December 1862 abgeben ließ, so=
wie das Votum des preußischen Bundestagsgesandten in der Sitzung

---

[1]) S. das Staatsarchiv von Aegibi und Klauhold. Bd. VIII. 1865. No.
1749 f.

16*

vom 22. Januar 1863, zeichneten die Umrisse jener Forderungen und dienten damit zugleich zur Vervollständigung des Decemberprogramms. Wir heben aus diesen beiden Aktenstücken, die eine Fülle von zutreffenden Gesichtspunkten enthalten, nur ein paar Momente hervor.

Zunächst verhehlte Bismarck darin keineswegs, daß die gegebene Bundesverfassung weder den „berechtigten Wünschen der Nation" noch den „realen Machtverhältnissen Preußens" entspreche. Denn sie „bringe es mit sich, daß ein geringer Theil Deutschlands den Rest binden könne zum Handeln wie zum Unterlassen". Nach der dermaligen Stimmenvertheilung könnten „9 Stimmen, welche eine Bevölkerungszahl von weniger als 6 Millionen repräsentiren, die Majorität gegen 8 andere bilden, welche innerhalb des Bundesgebietes 30 Millionen beherrschen." Dieses Mißverhältniß sei nur erträglich, insofern dem Bunde eine „beschränkte Competenz" zustehe. Es könne aber Preußen „nicht zugemuthet werden, daß es sich beliebigen Auslegungen der Verträge zum Behufe erweiterter Competenz der Majoritätsbeschlüsse unterordne." Das Delegirtenproject sei entweder bloßer „Schein" und als solcher nichts werth; oder es solle „mehr als ein Schein sein" und dann sei auch hier, bei erweiterter Competenz, „die Gefahr vorhanden, daß eine große Majorität an Volkszahl und staatlicher Kraft einer Combination von Stimmen unterliege, welche thatsächlich eine Minorität an Zahl und an Macht vertritt." Nicht aber die „Vergrößerung", sondern die „Beseitigung der Gebrechen wäre zu erstreben."

Dann wurde, in zweiter Linie, genauer dargethan, daß das Delegirtenproject nicht der rechte Weg zum Ziele sei. „Einrichtungen, hieß es, wie die vorgeschlagenen, entsprechen eben so wenig dem Geist des bisherigen Bundesverhältnisses, als dem Bedürfniß nach einer Reform desselben." Nach dem Zwecke des Antrags „würde die Delegirtenversammlung mit berathender Stimme etwa die Grenze dessen bezeichnen, was, auf Bundesgrundlage, dem Drange der deutschen Stämme nach engerer staatlicher Einigung zu bewilligen wäre. Die letzteren aber werden darin keine Annäherung an die höheren Ziele staatlicher Einheit und Stärkung erblicken, keinen Fortschritt der nationalen Bewegung, sondern eine Ablenkung von derselben. Die beantragte Institution würde mithin nicht einmal als eine Abschlagszahlung betrachtet werden. Sie entspricht der Höhe der Anforderungen so wenig, daß man vorziehen würde, nicht durch Annahme des Gebotenen das Geforderte zu verlieren. Die Regierungen, die Volksvertretungen, die Bevölkerungen sind zu Opfern bereit, um große nationale Ziele zu verwirklichen. Allein darauf kann man gefaßt sein, daß sie, gegenüber einer ungenügenden Lösung, die zugleich weitere Fortentwickelung ausschließen soll, lieber auf dem Boden des Bundesrechts einstweilen stehen bleiben werden." Unter keinen Umständen, erklärt das Votum vom 18. December, sei es rathsam, statt „die berechtigten Wünsche der Nation zu befriedigen, ihrer Erfüllung zu präjudiciren."

Hieran knüpfte, in dritter Linie, das Votum vom 22. Januar, indem es die „materielle Untauglichkeit und Halbheit" der bisherigen Vorschläge bekämpfte, die Darlegung der Grundzüge des deutschen Verfassungsprogramms, wie es Bismarck seinerseits, mit Rücksicht auf die bestehenden Bundesverträge, gleichsam als ein Ultimatum hinzustellen, oder als das unverrückbare Ziel der deutschen Politik Preußens anzukündigen, keinen Anstand nahm.

„Ausschüsse der Landesvertretungen, erklärte er, mit so beschränkten berathenden Befugnissen, wie die beantragten, würden nach Ansicht der Königlichen Regierung eine praktisch ganz bedeutungslose Einrichtung sein, nur geeignet, dem Geschäftsgange der Bundesverhandlungen ein neues Moment der Schwerfälligkeit und Verschleppung zuzuführen.

„Nur in einer Vertretung, welche nach Maßgabe der Bevölkerung jedes Bundesstaates aus letzterer durch unmittelbare Wahl hervorgeht, kann die deutsche Nation das berechtigte Organ ihrer Einwirkung auf die gemeinsamen Angelegenheiten finden.

„Innerhalb der bestehenden Bundesverträge und nach der bisherigen Praxis würde aber einer solchen, der Bundesversammlung beizugebenden Volksvertretung eine praktische Thätigkeit nur auf dem Gebiete der Matricularleistungen an Truppen und Geldbeiträgen zufallen. Um ihr einen befriedigen-

ben Wirkungskreis und zugleich eine erhöhte Bedeutung für
die Einigkeit und Festigkeit des Bundes zu gewähren, würde dem
centralen Organismus, durch Abänderung und Erneue=
rung der Bundesverträge, die dem jetzigen Bundestage fehlende
gesetzgebende Gewalt für das Bundesgebiet beigelegt und be=
ren Umfang in einer der Thätigkeit eines deutschen Par=
laments würdigen Ausdehnung bemessen werden müssen.
Wenn eine solche nach der Volkszahl bemessene Nationalvertre=
tung mit Rechten ausgestattet würde, welche sie befähigten,
der die Bundesregierungen vertretenden Centralbehörde als
Gleichgewicht an die Seite zu treten, so würde die Königliche
Regierung einer so gestalteten Bundesgewalt ausge=
dehntere Befugnisse einräumen können, ohne die In=
teressen Preußens zu gefährden.

„Es fragt sich nur, ob die Schwierigkeiten überwunden werden
können, welche in dem Umstande beruhen, daß erhebliche Theile
des Bundesgebietes zu staatlicher Einheit mit Län=
dern verbunden sind, welche nicht zum Bunde oder zu
Deutschland gehören, und deren Bewohner, nach den Verträ=
gen sowohl als nach ihrer Nationalität, ihrer Sprache und ihrer
Neigung, sich zur Betheiligung an einer deutschen Natio=
nalvertretung nicht eignen, während ihnen eben so wenig
zugemuthet werden kann, ihre Gesetzgebung aus den Händen
einer ihnen fremden Volksvertretung zu empfangen.“

Man sieht, daß dieser Theil des Programms die Nothwen=
digkeit der Ausschließung Oesterreichs aus jeder bundesstaat=
lichen und nationalen Constituirung Deutschlands betonen will.

„Könnten, fuhr das Votum fort, diese Schwierigkeiten gelöst
werden, so würden sich die Bedenken heben, welche die Königliche
Regierung abhalten, für die von ihr erstrebten Reformen das ge=
sammte Bundesgebiet in Aussicht zu nehmen.

„So lange aber diese Lösung nicht gefunden wird, läßt sich
dem gestellten Ziele nicht dadurch näher treten, daß man das vor=
handene Reformbedürfniß für die Gesammtheit des Bundes
scheinbar, sondern nur dadurch, daß man es in engerem Kreise
wirklich zu befriedigen sucht. In diesem Sinne hat die Königliche
Regierung den Weg freier Vereinbarungen und kündbarer

Verträge unter den einzelnen Bundesgliedern als Surrogat all=
gemein umfassender Einrichtungen angedeutet."

Gegen das eingeschlagene Verfahren Oesterreichs und der
Coalition, um die projectirte Maßregel kraft eines „Majoritäts=
zwanges" durchzusetzen, legte Preußen auch in der Bundestagssitzung
vom 18. December, als gegen ein „völlig bundesgesetzwidriges", in=
sofern in dieser Angelegenheit „Stimmeneinhelligkeit" erforderlich
sei, offenen Protest ein. „Sollte der Versuch gemacht werden",
ließ Bismarck erklären, den eingeschlagenen Weg „gegen das Recht
einer Minorität am Bunde zu verfolgen, so möchten dadurch Con=
flicte erzeugt werden", die den „Gefahren, welche die Majorität
auf anderen Wegen zu politischer Einigung erblickt, an Ernst
nicht nachstehen dürften." Leicht „könne die Fortsetzung des Ver=
fahrens zu einem Punkte führen, wo die dissentirende Regierung
außer Stand gesetzt wäre, in einer im Widerspruch mit den
Bundesgrundgesetzen verfahrenden Versammlung noch das
Organ des Bundes anzuerkennen."

Man kann nicht zweifeln, daß Bismarck seine Drohungen even=
tuell zu erfüllen, den Bundestagsgesandten abzuberufen und dem
Bundestage selbst die Anerkennung aufzukündigen entschlossen war.
Es kam indeß diesmal noch nicht zum Aeußersten. Die Majorität
wurde gesprengt, indem namentlich Hannover und Kurhessen
im letzten Augenblick von der Coalition abfielen. Die auf bundes=
widrige Ueberstimmung Preußens abzielenden Anträge wurden ver=
worfen.

Aber diese momentane Niederlage Oesterreichs führte nur zu
einer neuen und viel großartigeren Verschwörung.

7. Der österreichische Fürstentag im Jahre 1863.

Aus dem Decemberprogramm der deutschen Politik Bis=
marcks, wie es in den vorerwähnten Aktenstücken seinen umfassenden
Ausdruck fand, konnte Oesterreich dessen weittragende Entwürfe er=
messen. Danach gestalteten sich die Entschlüsse des Wiener Kabinets
für den Sommer 1863.

Hatte Preußen der österreichischen Politik Schach geboten, so bot diese nun ihrerseits der preußischen Schach. Hatte Oesterreich aus jenem Programme entnehmen können, wessen es sich bei „nächster" Gelegenheit von Preußen zu versehen habe: so sollte nun Preußen gewahren, wessen es sich sofort, für den Herbst 1863 oder für den Beginn des Jahres 1864, von Oesterreich versehen müsse. Die Antwort auf das preußische Decemberprogramm war die österreichische Einberufung des Fürstentages im August 1863. Hatte Preußen dem Wiener Kabinet die Alternative in Aussicht gestellt: entweder allmählige friedliche Ausscheidung Oesterreichs aus Deutschland oder künftige Entscheidung durch die Würfel des Kriegs — so stellte nunmehr Oesterreich mittelst des Fürstentages dem Berliner Kabinet zur sofortigen Entscheidung die Alternative: entweder, in weiterer Consequenz der Schwarzenbergschen Losung und der Politik von Olmütz, vollständige und definitive Unterwerfung Preußens unter das Machtgebot und unter die Suprematie Oesterreichs oder sofortige Isolirung Preußens durch Zertrümmerung des alten deutschen Bundes, und schließliche Vernichtung oder Zerstückelung und Unschädlichmachung des verhaßten Rivalen durch das auf den Trümmern des Bundes sofort neu zu gründende österreichisch-deutsche Reich.

Das war der wahre, der alleinige Sinn des Fürstentagsprojectes und seines Resultates. Wer unter den Eingeweihten diesen Sinn nicht verstand oder noch heut nicht versteht, dem geht überhaupt für das Wesen geschichtlicher Evolutionen und für die erfinderische Zähigkeit der traditionellen Politik das Verständniß ab; oder es fehlt ihm das Vermögen, aus der glatten Rinde des diplomatischen Scheines den rauhen Kern der Wirklichkeit herauszuschälen.

Zunächst darf man nicht übersehen, daß schon die Verhandlungen über das Delegirtenproject von 1862, seit dem Decemberprogramm Bismarcks, sich österreichischerseits zum Ei des Fürstentages gestalteten. Deutlich ließ Oesterreich bei der Abstimmung in Frankfurt am 22. Januar 1863 durchblicken, daß es ihm nicht sowohl auf einen Majoritätszwang gegen Preußen, als vielmehr auf ein Hinausvotiren Preußens aus dem deutschen Bunde ankam. „Es handle sich, erklärte es, nicht um einen durch Mehrheitsbeschlüsse gegen einzelne Mitglieder des Bundes auszuübenden

Zwang, sondern nur um das freiwillige Zusammenwirken Aller. Die Mehrheit erkläre ausdrücklich, daß für diejenigen Mitglieder des Bundes, welche ihrem Antrage nicht zustimmen, keine Verbindlichkeit entstehe, sich an der beantragten Maßregel zu betheiligen." Denn „gewiß, wurde hinzugefügt, könnte die Maßregel außerhalb des Bundes durch ein freies Uebereinkommen der einverstandenen Regierungen rechtmäßig verwirklicht werden." Und damit gab Oesterreich plötzlich indirect zu, was es so beharrlich seit 1849 direct bekämpft hatte, daß nämlich die von Preußen verfolgte Absicht der Verwirklichung eines engeren Bundesstaates auf Grund des im Art. XI der Bundesakte anerkannten Bündniß-Rechtes in der That stets eine rechtmäßige war.

Sofort aber nach erfolgter Ablehnung des Delegirtenprojectes gab der österreichische Bundestagsgesandte die bedeutsame Erklärung ab: „daß die Kaiserliche Regierung sich das Recht wahre," das in Rede stehende Project „durch Vereinbarung mit denjenigen Regierungen in Ausführung zu bringen, welche dies für nützlich halten würden"; und daß sie auch überdies „bereit sei, in eine Berathung der beiden Fragen der Errichtung eines wirksameren executiven Organes und der organischen Einführung einer aus den Volksvertretungen der Einzelstaaten hervorgehenden Gesammtvertretung für ihren Theil einzutreten." Die Coalition, namentlich Sachsen, Hannover, Würtemberg, Darmstadt und Nassau, begleitete unverweilt die Ankündigung des neuen diplomatischen Feldzuges gegen Preußen mit den Ausdrücken unbedingten Beifalls.

In der Zeit vom 22. Januar bis gegen Ende Juli 1863 wurde nun das dergestalt so glücklich gelegte Ei des Fürstentages emsig und wetteifernd von Oesterreich und der antipreußischen Coalition heimlich ausgebrütet; und im August wurde der Vogel flügge.

Bei der Anbahnung und Einberufung des Fürstentages war es in der That augenfällig und förmlich auf eine „Ueberrumpelung" abgesehen, die sogar die Grenzen des hergebrachten diplomatischen Anstandes weit überschritt und die unverkennbaren Zeichen der Mißachtung an sich trug. Denn einmal es steht fest, daß, während Oesterreich von langer Hand her über den bevorstehenden Bundes-Staatsstreich mit den Mittelstaaten geheime Einverständnisse pflog, Preußen seines Theils in völliger Unkenntniß dessen erhalten wurde,

was ein für allemal über Preußens und Deutschlands Zukunft ent=
scheiden sollte. Und während ferner die österreichische Einladung
an die Fürsten und freien Städte auf den 16. August nach Frank=
furt a. M. unterm 31. Juli aus Wien erlassen wurde, erhielt der
König von Preußen erst am 3. August die erste Mittheilung über
das Vorhaben des Kaisers. Gewiß mit vollem Recht hat Bismarck
in dem „Bericht des Staatsministeriums an den König" vom 15. Sep=
tember ausgeführt: wie Oesterreich grade das unterlassen habe, was
einen allseits „befriedigenden Abschluß mit möglichster Sicherheit"
hätte in Aussicht stellen können; wie es vermieden habe, das zu thun,
was „ohne Zweifel am nächsten lag", nämlich den „Versuch einer
Verständigung Preußens und Oesterreichs über die Grundzüge der
zu machenden Vorschläge"; statt dessen sei die in Frankfurt vorzu=
legende Reformacte „von Oesterreich einseitig ausgearbeitet wor=
den". Trotz alledem erklärte sich der König bereit, auf eine Berathung
derselben einzugehen, wenn man entweder zunächst auf eine Minister=
conferenz sich beschränke oder mindestens die „vorgeschlagene Fürsten=
versammlung bis zum 1. October" verschiebe. Aber auch über diese
sehr natürlichen und begründeten Wünsche des Königs ging die sieges=
muthige österreichische Politik mit völliger Nichtbeachtung zur Tages=
ordnung über.

Ein weiteres Mittel der Taktik war handgreiflich der Metter=
nich'schen Methode entlehnt. Wo immer in den Zeiten vor 1848 es
gegolten hatte, im Interesse der österreichischen Politik eine durch=
greifende reactionäre oder polizeiliche Maßregel im deutschen Bunde
durchzusetzen: da hatte Metternich, um den deutschen Fürsten Angst
zu machen, den schauerlichen Lärmruf ertönen lassen: „die Revo=
lution ist vor der Thür! Das Bundesgebäude steht schon in Brand!
Der Boden wankt, alles kracht bereits in den Fugen! rette sich wer
kann! Der Untergang aller Throne ist gewiß — wenn nicht die
Fürsten sich schleunigst unter die Fittiche Oesterreichs flüchten
und seinen Rathschlägen folgen!"[1] Ganz ebenso verfuhr
Oesterreich in seinen Aufrufen zum Besuche des Fürstentages und
zur sofortigen Annahme seiner Reformvorschläge. Es pries sich als
Helfer in der äußersten Gefahr und Noth, seine Medicamente als

---

[1] S. Zeitgenössische Geschichten S. 431 ff.

die einzigen Rettungsmittel an; schon lauere überall die Revolution, schon wanke der Boden unter den Füßen der Großen, um wie viel mehr unter den Füßen der Kleinen und Kleinsten! es klinge „fast wie Ironie", wenn man noch auf das Bestehende vertraue; schon sei der Bund eigentlich so gut wie gar nicht mehr vorhanden, und Heil daher nur bei Oesterreich, nur bei dem neuen Bunde, den es als Rettungsboot opferwillig seinen Lieben und Getreuen biete.

So arteten die Lärmrufe Oesterreichs zu der schneidendsten Kritik aus, die je der Bundestag erfuhr, ungeachtet es doch grade Oesterreich und nur Oesterreich gewesen, das den Bundestag zu dem gemacht hatte, was er war. Wir können es uns nicht versagen, wenigstens einige dieser diplomatisch geglätteten Schreckensrufe wiederzugeben. Die österreichische Denkschrift vom 3. August ließ sich also vernehmen:

„Je unsicherer sich die Lage Europas gestaltet hat, desto unabweislicher tritt an die deutschen Fürsten die Aufgabe heran, Angesichts der inneren und äußeren Gefahren, welche Deutschland bedrohen, sich rechtzeitig einer haltbaren Stellung zu versichern.

„Eine solche Stellung kann unter den Verhältnissen, die sich in den letzten Jahren ausgebildet haben, augenscheinlich nicht mehr einfach auf die bestehende Bundesverfassung gegründet werden. Seit lange sind die Bundesverträge von 1815 und 1820 in ihren Fundamenten erschüttert. Eine Reihe zusammenwirkender Thatsachen hat das Gebäude dieser Verträge allmählig immer tiefer untergraben....

„So hat sich denn in Deutschland unaufhaltsam ein fortschreitender Proceß der Abwendung von dem bestehenden Bunde vollzogen, ein neuer Bund aber ist bis heute nicht geschlossen und das Facit der neuesten deutschen Geschichte ist somit zur Stunde nicht als ein Zustand vollständiger Zerklüftung und allgemeiner Zerfahrenheit. Man denkt in der That nicht zu nachtheilig von diesem Zustande, wenn man sich eingesteht, daß die deutschen Regierungen im Grunde schon jetzt nicht mehr in einem festen gegenseitigen Vertrags=Verhältnisse zusammenstehen, sondern nur noch bis auf Weiteres im Vorgefühle naher Katastrophen neben einander fortleben.

„Die deutsche Revolution aber, im Stillen geschürt, wartet
auf ihre Stunde.

„Diese Wahrheiten, beklagenswerth wie sie sind, würden
doppelt gefährlich sein, wenn man die Augen vor ihnen verschließen
oder sich ihnen wie einem unabänderlichen Verhängnisse ohne einen
entschlossenen Versuch der Abhülfe unterwerfen wollte.

„Weise Regierungen werden allerdings nicht freiwillig einen
Augenblick der Gefahr und Krisis wählen, um an den Resten einer
zwar wankend gewordenen, aber noch nicht durch neue und
vollkommenere Schöpfungen ersetzten Rechtsordnung zu rütteln.
Aber fast wie Ironie müßte es klingen, wollte man diesen an sich
richtigen Satz auf den Status quo der deutschen Bundes=Ver=
hältnisse anwenden. Dieser Status quo ist schlechthin chao=
tisch. Der Boden der Bundes=Verträge schwankt unter
den Füßen dessen, der sich auf ihn stellt, der Bau der ver=
tragsmäßigen Ordnung der Dinge in Deutschland zeigt überall
Risse und Spalten, und der bloße Wunsch, daß die morschen
Wände den nächsten Sturm noch aushalten mögen, kann ihnen
die dazu nöthige Festigkeit nimmermehr zurückgeben.

„Weder Oesterreich, noch Preußen, noch die übrigen deut=
schen Staaten können sich mit irgend einem Grade von
Vertrauen auf den Bund in seinem jetzigen Zustande
stützen. . . .

„Die deutschen Regierungen selbst sind es heute, welche ihr Heil
in der Reorganisation des Bundes erblicken. . . . Es ist Trieb
der Selbsterhaltung, welcher ihnen diese Richtung zeigt.“

Also lautete die geharnischte und zermalmende Kritik des con=
servativen Oesterreichs gegen die bestehende Institution des deut=
schen Bundes. Mit Recht hob Bismarck in seiner Depesche vom
13. August an den preußischen Gesandten in Wien hervor, daß dieses
Verfahren „ganz besonders habe überraschen müssen.“ Mit Recht
findet er, daß Oesterreich dergestalt nicht nur den Fortbestand „des
Bundesverbandes in Frage stelle“, sondern das „bisherige Bundes=
verhältniß schon als gelöst ansehe.“ Mit Recht erklärt er: „Wir
wissen nicht, welchen Ersatz dafür die Kaiserliche Regierung
anstrebt; dieselbe hat keine Verhandlungen mit uns dar=
über gepflogen. Gelingt es aber nicht, anderweite Einrichtungen

herzustellen, so wird die Erschütterung des Vertrauens auf die Bundesverträge das einzige Ergebniß sein."

Doch es galt ja eben von Seiten Oesterreichs, den bestehenden deutschen Bund völlig zu vernichten, und durch die Schreckensrufe die eingeschüchterten Seelen herüberzulocken auf das Brett des fix und fertig gezimmerten „neuen Bundes." Daher folgte denn auch unmittelbar auf jene Kritik des alten Bundes die Empfehlung des neuen, unter dem lockenden Namen einer „organischen Reform."

Um aber die Empfehlung des österreichischen Rettungsbootes zu verstärken, wurde dann zunächst auf das Sorglichste gewarnt vor der preußischen Concurrenz, die zuversichtlich Allen, die sich durch sie verführen ließen, Tod und Verderben bringen müßte.

„Einrichtungen, hieß es, wie eine einheitliche Spitze oder ein aus directen Volkswahlen hervorgehendes Parlament passen nicht für diesen Verein; sie widerstreben seiner Natur, und wer sie verlangt, will nur dem Namen nach den Bund oder das, was man den Bundesstaat genannt hat; in Wahrheit will er das allmählige Erlöschen der Lebenskraft der Einzelstaaten; er will einen Zustand des Ueberganges zu einer künftigen Unification; er will die Spaltung Deutschlands, ohne welche dieser Uebergang sich nicht vollziehen kann."

Es war dies eine unzweifelhafte Irrlehre. Denn ein, gleich dem Zollverein, friedlich erbauter und festgefugter Bundesstaat, mit einheitlicher Centralgewalt und wahrhafter Volksvertretung, würde, weil er die Nation befriedigt hätte, für alle Glieder desselben die sicherste Gewähr dauernden Bestandes gewesen sein. Was in Wahrheit die Existenz der kleineren Staaten in Frage stellen konnte, das war vielmehr lediglich der Weg, den Oesterreich einschlug und empfahl: die Verhinderung des Bundesstaates, die Anhetzung der Kleinen zum Kriege gegen die Macht die allein ihnen Schutz zu bieten vermochte, und schließlich der dadurch heraufbeschworene Krieg selbst, der immer, wie die Geschichte lehrt und alle Welt weiß, eine Fragestellung an das Schicksal über Sein und Nichtsein ist.

Stellt man sich aber einmal auf den Standpunkt der österreichischen Politik, so verfuhr dieselbe im Jahre 1863 offenbar mit einem merkwürdigen Ungeschick. Indem sie, um nur Preußen bekämpfen zu können, auch die bundesstaatliche Idee bekämpfte, machte sie es sich

selbst unmöglich, den Weg zu betreten, der allein angethan ge=
wesen wäre, trotz aller Antipathien gegen die Habsburgische Ver=
gangenheit, in der Mehrheit der deutschen Nation ein gewisses Gefühl
der Befriedigung hervorzurufen. Galt es doch für Oesterreich, wie
bisher, die Aufrichtung des Siebenundsiebzig = Millionen = Reiches!
Warum befolgte es denn nicht die Winke, die der alte Fürst Metter=
nich noch kurz vor seinem Lebensende gegeben? Er hatte, wie mir
in den funfziger Jahren in glaubwürdigster Weise durch einen öster=
reichischen Gewährsmann verbürgt wurde, es der preußenfreundlichen
Mehrheit des Frankfurter Parlamentes, vom Gesichtspunkt ihres
eigenen Interesses aus, als einen großen politischen Fehler ange=
rechnet, daß sie die Uebertragung der erblichen Kaiserkrone an Preu=
ßen auf den Akt einer Wahl basirt habe, statt sie in die Grundbe=
stimmungen der Reichsverfassung selbst aufzunehmen; in Folge
dieses Fehlers sei für Oesterreich die Möglichkeit gegeben, sich ge=
legentlich, in einem kritischen Zeitpunkte, auf den Boden der
vollständigen Anerkennung der Reichsverfassung von
1849 zu stellen, und die darin verheißene erbliche Kaiserkrone von
Deutschland sich selber anzueignen.

Allein zu solcher Kühnheit wagte die österreichische Politik 1863
nicht, sich zu versteigen. Wir wissen, was für ein Werk der Halb=
heit und Unhaltbarkeit, in jeder Beziehung, der Fürstentag —
ohne die Theilnahme Preußens — zu Stande brachte.[1]) Eine kläg=
liche Delegation der Ständekammern, mit wunderlich be=
schnittener Competenz; ein österreichisches Supremat über
Deutschland mit Einschluß Preußens, unter der bescheiden klingenden
Firma eines Präsidiums; ein mittelstaatliches Directorium,
worin Preußen, wenn es Theil nahm, zuversichtlich die Rolle der
Null vor der Eins gespielt hätte — das waren die Hauptgrundzüge
der Verfassung des „neuen Bundes", wie sie Oesterreich bot und der
Fürstentag annahm.

Es lag auf der Hand, daß eine solche Verfassung, die gleicher=
weise die Forderungen der deutschen Nation wie die Bedeutung des
preußischen Staates ignorirte, weder die Zustimmung der ersteren
noch die Hingebung des letzteren zu finden befähigt war.

---

[1]) Staatsarchiv. Bd. VIII No. 1759 ff.

Daher gab denn auch, am 21. August, der Congreß der deutschen Abgeordneten zu Frankfurt a. M. die Erklärung ab: 1) daß er „nur von einer bundesstaatlichen Einheit, wie sie in der deutschen Reichsverfassung vom 28. März 1849 ihren rechtlichen Ausdruck gefunden, die volle Befriedigung der Bedürfnisse erhoffen könne, welche die Freiheit wie die Einheit, die Sicherheit wie die Macht der deutschen Nation gebiete"; 2) daß er „die Bildung einer durch die Nation frei und unmittelbar erwählten Repräsentation als die unerläßliche Vorbedingung jedes Gelingens bezeichnen müsse"; 3) daß er „die Anerkennung vollständiger Gleichberechtigung der beiden Großmächte als ein Gebot der Gerechtigkeit wie der Politik betrachte"; und 4) daß er „von dem einseitigen Vorgehen der deutschen Regierungen eine gedeihliche Lösung der nationalen Reform nicht zu erwarten vermöge, vielmehr die Berufung und Zustimmung einer deutschen Nationalversammlung als unumgängliche Ergänzung bezeichnen müsse."

Eine ganz ähnliche Stellung nahm Bismarck ein. Bereits am 14. August schrieb er an den Freiherrn von Werther, im Hinblick auf das analoge Votum vom 22. Januar: „Ich erkenne nur in einer aus directen Wahlen hervorgehenden Vertretung des deutschen Volkes, mit Befugniß zu beschließender Mitwirkung, die Grundlage von Bundesinstitutionen, zu deren Gunsten die preußische Regierung ihrer Selbstständigkeit in irgend welchem erheblichen Umfange entsagen könnte, ohne die Interessen der eigenen Unterthanen und der politischen Stellung des preußischen Staates wesentlich zu benachtheiligen." Auf diese vorläufige Meinungsäußerung folgten allseitige nähere Erwägungen. Und endlich stellte Bismarck im Namen Preußens, mittelst des Berichtes an den König vom 15. September, und mittest der königlichen Antwort an die Theilnehmer des Fürstentages vom 22., eine positive Reihe von „Vorbedingungen" für die Theilnahme Preußens an ferneren Verhandlungen auf. Er forderte mit vollkommen berechtigtem Nachdruck: 1) das „Veto Preußens und Oesterreichs mindestens gegen jeden Bundeskrieg, welcher nicht zur Abwehr eines Angriffes auf das Bundesgebiet unternommen" werde; 2) die „volle Gleichberechtigung Preußens mit Oesterreich zum Vorsitze und zur Leitung der Bundesangelegenheiten"; und 3) eine „Volksver tretung, welche nicht aus Delegation, sondern aus directen Wah= len nach Maßgabe der Bevölkerung der einzelnen Staaten hervor= gehe, und deren Befugnisse zu beschließender Mitwirkung jedenfalls ausgedehnter zu bemessen sein würden, als in dem Entwurfe" der Frankfurter „Reformacte". Zur Begründung dieser Forderung hob er in dem Bericht an den König besonders hervor: „Die Interessen und Bedürfnisse des preußischen Volkes seien wesent= lich und unzertrennlich identisch mit denen des deutschen Volkes; wo dieses Element zu seiner wahren Bedeutung und Gel= tung komme, da werde Preußen niemals befürchten dürfen, in eine seinen eigenen Interessen widerstrebende Politik hineingezogen zu werden." — Außer den vorstehenden drei Punkten führte er auch in dem Berichte noch aus, daß es den „deutschen Souveränen" ob= liege, entweder „über dasjenige, was sie der Nation darzubieten be= absichtigen, die Aeußerung der Nation selbst durch das Organ gewählter Vertreter zu vernehmen, oder die verfassungs= mäßige Einwilligung der Landtage jedes einzelnen Staates herbeizuführen."

Oesterreich und die mittelstaatliche Coalition waren sich voll= kommen bewußt, daß die Reformacte nicht nur eine Degradirung, sondern eine Nullificirung Preußens in sich schließe, und daß daher ihre Durchführung mit Preußen eine Unmöglichkeit sei. Aber eben dies war es, was man gewollt. Preußen sollte entweder sich unbe= dingt unterwerfen oder zur Selbstausschließung aus dem „neuen Bunde" genöthigt sein. Deshalb wurden denn auch unterm 30. Oc= tober 1863 die preußischen „Bedingungen" österreichischer Seits in schnödester Weise einfach zurückgewiesen, und noch einmal, nach Art einer Sommation, obwohl in gnädigen und herablassen= den Ausdrücken, blinde Unterwerfung begehrt.

Daß Oesterreich entschlossen sei, den „neuen Bund" auch ohne Preußen durchzuführen, hatte es genugsam durchblicken lassen. „Preußens Wille — so hatte es bereits in der Denkschrift vom 3. August sich vernehmen lassen — kann die Reform der Gesammt= verfassung hindern; Preußens Veto hat diese verneinende Kraft; wird es eingelegt, so kann sich der Bund in seiner Gesammtheit nicht aus seinem gegenwärtigen tiefen Verfalle erheben. Aber die Dinge sind in Deutschland so weit gediehen, daß ein abso=

luter Stillstand der Reform-Bewegung nicht mehr möglich ist, und die Regierungen, welche dies erkennen, werden sich zuletzt gezwungen sehen, die Hand an ein Werk der Noth zu legen, indem sie sich zur partiellen Ausführung der beabsichtigten Bundes-Reform im Bereiche der eigenen Staaten entschließen und zu diesem Zwecke unter Wahrung des Bundes-Verhältnisses ihrem freien Bündniß-rechte die möglichst ausgedehnte Anwendung geben. Kann Preußen einer Eventualität entgegenzusehen wünschen, die eine so gänzliche Entfremdung von seinen deutschen Bundesgenossen in sich schließen würde?.. Vielleicht enthält der Gang der Ereignisse für Preußen mehr als einen ernsten Beweggrund, sich entschieden von Richtungen abzuwenden, welche zu keinem glücklichen Ziele geführt haben.“

In noch bemerkenswertherer Form trat die Absicht, auch ohne Preußen mit der „Neugestaltung“ Deutschlands vorzugehen, in der vertraulichen Depesche auf, welche Rechberg am 26. September an die mit dem Wiener Kabinet enger verbündeten Genossen des Fürstentags, gleichsam als Instruction für den weiteren diplomatischen Feldzug, ergehen ließ. Mit sichtlicher Genugthuung erklärte er darin: „die im Voraus lautgewordenen Befürchtungen, daß Preußen sich den Reformbestrebungen keineswegs anschließen werde, seien vollständig gerechtfertigt“; denn die preußische Antwort habe durchaus „unannehmbare Bedingungen“ gestellt. Mit einer Art freudigen Hohnes findet er: die „Minister Preußens“ seien durch die Wucht des Angriffs in „Verwirrung“ gebracht und „in ihrer Verwirrung in schreiende Widersprüche hineingerathen“. Wie soll nun aber im Verein mit den eingeweihten Genossen die weitere Taktik sich gestalten? „Nach meiner Ansicht, sagt er, würde in einem Tone bundesgenössischer Freundschaft eine unbedingte Ablehnung der preußischen Stipulationen zu redigiren und dem Berliner Kabinet mittelst identischer Depeschen aller bei der Reformacte interessirten Regierungen nebst der dringlichen Erklärung zuzustellen sein, daß man hoffe, Preußen werde nicht auf seinen unannehmbaren Bedingungen bestehen, sondern bereitwillig auf der Grundlage der schon von 24 deutschen Regierungen gebilligten Vorschläge unterhandeln.“ Und schließlich for-

bert er offen dazu auf, die Absicht der Durchführung der Reform
ohne Preußen in anständiger diplomatischer Umwickelung kundzu=
geben. „In jenen identischen Depeschen, sagt er, würde vollkommen
gut angebracht sein die Erklärung, daß diese Vorschläge (die
Reformacte) unmöglich ohne praktischen Erfolg bleiben
könnten.“

Endlich trat .die Absicht, in der gleichen Form der Drohung,
auch in der nach Berlin gerichteten Depesche vom 30. October her=
vor. Nachdem sie es kurz abgewiesen, „auf Basis jener drei (von
Preußen aufgestellten) Punkte in eine Unterhandlung einzutreten“,
und dabei die ironische „Hoffnung“ geäußert, daß die „preußische
Regierung selbst“ diese Abweisung „als triftig“ anerkennen werde,
drückt sie zwar den „Wunsch“ nach einer „Verständigung mit Preu=
ßen“ aus, fügt aber sogleich hinzu: „Unseren erhabenen Monarchen
und seine Regierung beseelt ein inniges und nicht freiwillig
aufzugebendes Vertrauen, daß es Deutschland nicht vorbe=
halten sein könne, die endlich eröffnete Aussicht auf eine friedliche
Verbesserung seiner innern Verfassung und äußern
Weltstellung durch Uneinigkeit abermals zu verlieren.“

Bismarck hatte denn auch von vornherein die letzten Absichten
Oesterreichs sehr wohl verstanden und gewürdigt. In dem zur
vollen Oeffentlichkeit bestimmten Bericht an den König, vom 15. Sep=
tember, hatte er unumwunden erklärt: Nach der ganzen auffälligen
Haltung, wie sie Oesterreich in dieser Angelegenheit beobachtet, könne
man sich „des Eindrucks nicht erwehren, als ob dem Kaiserlich=Oester=
reichischen Kabinet von Hause aus nicht die Betheiligung
Preußens an dem gemeinsamen Werke, sondern die Verwirk=
lichung des Separatbündnisses als Ziel vorgeschwebt habe,
welches schon in der ersten Mittheilung vom 3. August für den
Fall in Aussicht genommen wurde, daß Preußen sich den Anträgen
Oesterreichs nicht anschließen werde.“ Das Rechbergsche „Me=
morandum“, welches die Depesche vom 30. October begleitete, gab
sich zwar die Miene, dieser „Voraussetzung“ entgegentreten zu wollen;
aber es geschah nur durch das nichtssagende Argument, daß sie „in
offenem Widerspruch mit der Thatsache“ stehe. Seltsam! mit den
vergangenen doch gewiß nicht! und an die künftigen war ein
Appell unmöglich. Auch sonst ist dies „Memorandum“, neben der=

artigen inhaltslosen Phrasen, reich an offenbaren Verdrehungen und
Sophismen, deren Erörterung sich indeß nicht lohnt. Gewiß ist,
daß Preußen das „Veto", für gewisse Kriegsfälle, nicht bloß im
eigenen, sondern wahrlich im Interesse von ganz Deutschland begehrte.

Wer die Dinge jener Tage ohne alle Leidenschaft wägt, wird
überhaupt zu dem Ergebniß gelangen müssen, daß Bismarck damals,
durch die Stellung die er zu dem Fürstentage und der österreichischen
Reformacte einnahm, in der That nicht nur die Interessen und die
Zukunft Preußens, sondern gleicherweise die Interessen und die Zukunft Deutschlands gerettet hat. Denn die öffentliche Meinung in
Deutschland wehrte sich damals nur schwach; sie war viel zu sehr
zerrissen, erschlafft und niedergeschlagen; man war voll gerechtester
Erbitterung gegen Bismarck in Folge jener Juniordonnanz gegen
die Presse; man sah die preußische Regierung, in Folge der polnischen Angelegenheit, anscheinend isolirt in Europa; man erblickte
den Zollverein in Gefahr, aus den Fugen zu gehen; man war geneigt, vieles hingehen zu lassen oder hin zu nehmen, was von dem
m o m e n t a n constitutionellen Oesterreich kam, ohne peinlich die Bedeutung der Dinge zu wägen oder ihre Tragweite zu messen. Man
hatte keinen rechten Sinn, kein Auge und Ohr dafür, um in dem
schriftlichen und mündlichen Getriebe der Diplomatie das Gras der
Geschichte wachsen zu sehen oder zu hören. Man war apathisch gegen
die möglichen Entscheidungen der nächsten Zukunft. Und doch lag
es gewiß, wie im culturgeschichtlichen, so im wahrhaft deutschen Interesse, daß Preußen n i c h t zu einer Satrapie Oesterreichs wurde,
daß die Fürstentagsakte — sei es mit oder ohne Preußen — n i c h t
zur Ausführung kam, daß über Deutschlands religiöse, politische und
materielle Entwickelung die Hemmnisse der traditionellen österreichischen Strömungen n i c h t neuerdings, und vielleicht verhängnißvoller
denn je, hereinbrachen. .

Aber nicht genug daß Bismarck der Gefahr einen ersten, rasch
improvisirten Wall entgegenstellte, indem er den König vermochte,
die Theilnahme an dem Fürstentage zu versagen, und weder s i c h
s e l b s t noch d e r d e u t s c h e n N a t i o n das klägliche Verfassungswerk desselben o c t r o y i r e n zu lassen. Er war auch, eventuell und
nothgedrungen, zu noch mehrerem, zu dem Aeußersten entschlossen;

nämlich zum bewaffneten Widerstande, falls Oesterreich dazu schreite, seine Drohungen zu erfüllen, seinen „neuen Bund" als „Separatbündniß" ins Leben zu rufen, die Aufrichtung seiner Hegemonie über Deutschland und die Verdrängung Preußens von der ihm unentbehrlichen nationalen Basis zu erzwingen.

Und so war er denn augenfällig bereits für das Frühjahr 1864 auf den Entscheidungskampf mit Oesterreich gefaßt. Daher sagte er, in dem Bericht des Staatsministeriums an den König vom 15. September, über das Verhältniß Preußens zu Oesterreich: „Nicht auf der gezwungenen und doch nicht zu erzwingenden Unterordnung der einen Macht unter die andere beruht die Kraft und Sicherheit Deutschlands. Jeder Versuch, eine große politische Maßregel gegen den Willen der einen oder der anderen durchzusetzen, wird nur sofort die Macht der realen Verhältnisse und Gegensätze zur Wirksamkeit hervorrufen." Und daher begründete er auch, in dem Bericht an den König vom 2. September, die Auflösung des Abgeordnetenhauses durch die kritische Lage Preußens und Deutschlands gegenüber von Oesterreich. „Auf dem Gebiete der deutschen Bundesverfassung, hieß es darin, sind Bestrebungen zu Tage getreten, deren unverkennbare Absicht es ist, dem preußischen Staate diejenige Machtstellung in Deutschland und in Europa zu verkümmern, welche das wohlerworbene Erbtheil der ruhmvollen Geschichte unserer Väter bildet, und welche das preußische Volk sich nicht streitig machen zu lassen jederzeit entschlossen gewesen ist. Unter diesen Umständen wird es für Ew. Majestät Unterthanen zugleich ein Bedürfniß sein, bei den bevorstehenden Wahlen der Thatsache Ausdruck zu geben, daß keine politische Meinungsverschiedenheit in unserm Lande tief genug greift, um, gegenüber einem Versuche zur Beeinträchtigung der Unabhängigkeit und. der Würde Preußens, die Einigkeit des Volkes in sich und die unverbrüchliche Treue zu gefährden, mit welcher dasselbe seinem angestammten Herrscherhause anhängt."

Wir wissen es alle, daß man fast allgemein damals, auf Grund der eingewurzelten und nur zu wohl begründeten Mißstimmung über den innern Gang der Dinge in Preußen, die kritische Lage des österreichisch-preußischen Zerwürfnisses verkannte. Wer aber über diese

Mißstimmung hinweg einen freien Blick auf die allgemeinen deutschen
Angelegenheiten sich bewahrte, konnte doch schwerlich verkennen,
wessen Preußen in allernächster Zeit sich zu versehen habe sowohl
von Oesterreich wie von den Regierungen der deutschen Mittelstaaten.
Alles war, in ununterbrochenem Wachsthum der Bestrebungen, ihrer=
seits wieder darauf abgesehen, eine Situation hervorzurufen, wie sie
im Jahre 1850 geschaffen, aber durch die Nachgiebigkeit und Selbst=
bemüthigung Preußens beseitigt worden war.

Darf man doch vor allen eine ebenso denkwürdige als charakte=
ristische Thatsache nicht übersehen! Während bekanntlich Preußen
fort und fort eine Revision der Bundeskriegsverfassung im „gemein=
samen Interesse Deutschlands“ erstrebte [1]), weil „auf der Lösung
dieser hochwichtigen praktischen Frage Deutschlands Sicherheit
beruhe“ [2]), hatte die Würzburger Coalition sich eine Umgestaltung
derselben ausgeklügelt, welche, trotz aller beschönigenden Vorwände,
augenfällig auf die Eventualität eines Krieges gegen Preu=
ßen berechnet war. Die Truppen der mittleren und kleineren Staa=
ten Norddeutschlands sollten taktisch mit denen Süddeutschlands zu=
sammengeschlossen werden. Es lag auf der Hand, daß man nichts
Unvernünftigeres ersinnen könne, wenn es auf die größere „Sicher=
heit Deutschlands“ ankam; aber ebenso auch, daß allerdings nichts
zweckmäßiger sein konnte, wenn es sich darum handelte, die Sicher=
heit Preußens, seine ganze militärische Stellung in Norddeutschland
in Frage zu stellen. Mit Recht, und mit wunderbarer Mäßigung,
hatte Preußen diesem seltsamen Plane gegenüber erklärt: „das
Mittel der Würzburger Convention, nach militärischen Gesichts=
punkten beurtheilt, könne nicht als zweckentsprechend betrachtet wer=
den. Im Gegentheil seien die Gefahren, welche aus einer
solchen Organisation, die im kritischen Moment leicht zu einer
Desorganisation führen könnte, hervorgehen, in sehr ernst=
liche Erwägung gekommen.“

Es mag sein, daß im Jahre 1863 Oesterreich und die Mittel=
staaten, die Vorkämpfer der „Reformacte“ und des „neuen Bundes“,
auf die gleiche schließliche Nachgiebigkeit und Selbstbemüthigung

---

[1]) Preußische Depesche an die baierische Regierung vom 25. April 1861.

[2]) Bismarcks Depesche vom 22. September 1863 an die kgl. Gesandtschaften
bei den Theilnehmern am Fürstentage.

Preußens rechneten, wie sie im Jahre 1850 eingetreten war. Wie aber, wenn diese Rechnung sich als falsch erwies? wenn Preußen nicht wie damals feig und scheu zurückwich? Dann stand Oesterreich und die Coalition wieder wie damals an der Schwelle der Gefahr, durch ihre kühne aggressive Haltung die Entscheidung durch Blut und Eisen heraufzubeschwören, durch ihre freiwillige Initiative den Bürgerkrieg unvermeidlich zu machen.

Ungemein rasch und schroff hatte sich der Bogen der Zeit, bis zum Reißen, gespannt. Am 1. September war der Fürstentag geschlossen und das „zweite Collectivschreiben", als Ermahnung zur Ergebung, an den König von Preußen erlassen worden. Am 3. wurden die Drohungen Oesterreichs, den neuen Bund auch ohne und trotz Preußen zu gründen, in den preußischen Kammern durch jene kriegerischen Andeutungen Bismarcks beantwortet. Am 12. erklärte der Wahlaufruf der Fortschrittspartei: „Die Existenz und Größe Preußens hängt ab von einer festen Einigung mit Deutschland, die ohne gemeinsame deutsche Volksvertretung nicht gedacht werden kann", und forderte ein „deutsches Parlament aus freier Volkswahl". Am 15. verkündete die ministerielle Partei: Es gelte „die Stellung Preußens in Deutschland zu wahren und zu stärken". Am 16. October ergriff die Generalversammlung des Nationalvereins in Leipzig unbedingt Partei für Preußen; einstimmig erklärte sie: „Die Reformacte genügt in keiner Weise den Ansprüchen der Nation auf Einheit und Freiheit; sie verstärkt den politischen Einfluß Oesterreichs und die particularistische Stellung der Königreiche auf Kosten Preußens; sie garantirt die Souveränetät der Einzelstaaten; sie ist daher mit aller Entschiedenheit zu bekämpfen; das Ziel der Nationalpartei ist und bleibt die Herstellung eines wahren Bundesstaats." Am 23. fanden sich die Vertreter Oesterreichs und der Coalitionsstaaten in Nürnberg zusammen, um die gemeinsamen Operationen gegen Preußen zu berathen.[1] Und am 30. endlich erließ Oesterreich jene Sommation, welche Preußen beschied, daß alle seine „Bedingungen" für „unannehmbar" erkannt seien, und daß es nunmehr sich unbedingt zu fügen habe.

---

[1] Staatsarchiv von Aegibi u. Klauhold. Bd. IX. 1865. No. 1846.

Da schien der überspannte Bogen springen, der Gegensatz Oester=
reichs und Preußens zum Kampf entbrennen zu müssen — als plötz=
lich, am 15. November, ein Stoßwind von Norden her die halbgeöff=
neten Thüren des Janustempels wieder zuschlug. Das Lebenslicht
des Dänenkönigs war erloschen; das Lebenslicht Schleswig=Holsteins
flackerte, ihm unbewußt, stürmisch auf.

8. Die schleswig-holstein'sche Episode.

Nichts liegt mir ferner als die Absicht, eine lange und über=
lange Geschichte zu erzählen. Die Hauptsache war: Schleswig = Hol=
stein mußte deutsch werden, und es wurde deutsch.

Aber welch' ein wunderbares Schauspiel bot doch in ihrem An=
fang und Verlauf diese bedeutsame nationale Episode, die — so
durfte man sich hoffend oder bangend eingestehen — das Vorspiel
zur Lösung der deutschen Frage werden mußte. Mit Einem Schlage
schien die ganze Lage der Dinge verändert.

Weitauf flogen die Thüren des Janustempels, und man er=
blickte schwer gerüstet Preußen und Oesterreich, Bismarck und Rech=
berg. Aber nicht als Feinde begegneten sie sich, sondern als „Waf=
fenbrüder" zogen sie dahin, Arm in Arm, in den Krieg gegen Dä=
nemark.

Oesterreich, das nicht einmal das am 1. October 1863 vom
Bundestage beschlossene Executionsverfahren gegen das treulose Dä=
nemark hatte zur Ausführung kommen lassen wollen, das noch soeben
erklärt hatte: man dürfe das trauernde Königshaus in Kopenhagen
nicht unzart in seinem Leibe stören, man müsse dem neuen Könige
Zeit zu reiflichster Ueberlegung lassen — eben dieses Oesterreich ließ
sich plötzlich im Sturme fortziehen durch die Bismarck'sche Politik,
von Schritt zu Schritt, von That zu That.

Von Frankfurt und Wien führte es Bismarck nach Holstein,
von Holstein nach Schleswig, und von Schleswig nach Jütland.
Von der „Execution" wurde es mittelst des „Ultimatums an Däne=
mark" zur „In=Pfand=Nahme" gedrängt, und von der „In=Pfand=
Nahme" durch den „thatsächlichen Krieg" zur „Eroberung".

Für alle die Vasallendienste, welche bis dahin das Wiener Ka=
binet dem gefügigen Preußen und Deutschland auferlegt oder zuge=
muthet hatte, übte endlich Bismarck die Vergeltung, indem er nun=
mehr Oesterreich, wider Willen, den Interessen Preußens und Deutsch=
lands dienstbar machte. Er zwang es, die Elbherzogthümer, die es
zur Schmach für Deutschland im Jahre 1850 mit Waffengewalt an
Dänemark ausgeliefert hatte, jetzt, wie zur Buße dafür, mit Waf=
fengewalt von Dänemark zurückerobern und befreien zu helfen; und
— zu befreien nicht im österreichischen, sondern im preußischen und
deutschen Interesse. Er nöthigte es, den schimpflichen Londoner
Vertrag, den es seiner Zeit Preußen mit der Feder zu unter=
schreiben gezwungen hatte, nunmehr mit dem eigenen Schwerdte zu
zerfetzen. Und indem er dies alles that, sprengte er die für die
nationale Entwickelung Deutschlands so verderbliche Coalition
Oesterreichs mit den Mittelstaaten. Wohl beschönigte die öster=
reichische Diplomatie ihre Haltung, vor sich selbst und vor Ande=
ren, durch die Behauptung: daß es gelte, mit zuhandeln, um
Preußen überwachen und zügeln zu können. Niemand aber glaubte
ihr, und sie selbst sich nicht. Unumwunden legte endlich, am 12.
Februar 1865, der Staatsminister von Schmerling das Bekenntniß
ab: daß für Oesterreich die schleswig=holsteinische Frage „total ver=
fahren" sei.

Durch den Wiener Frieden vom 30. October 1864 war Schles=
wig=Holstein, durchaus gemäß der ursprünglichen Absicht des Ber=
liner Kabinettes und durchaus wider den ursprünglichen Willen
Oesterreichs, dauernd für Deutschland gewonnen. Was
aber sollte nun aus den Herzogthümern werden? Nach dem Wort=
laut des Friedens hatte Dänemark seine Rechte auf dieselben, sowie
auf Lauenburg, „an Preußen und Oesterreich abgetreten" und jede
künftige Verfügung über sie anzuerkennen sich verpflichtet. Die
Rechtsfrage wogte von allen Seiten wieder auf, jetzt am stärk=
sten durch die Regierungen und durch den specifischen Legitimismus
vertreten, aber lange nicht mehr von derselben Theilnahme des Vol=
kes begleitet, wie zur Zeit der großartigen Agitation, die dem Aus=
bruch des Krieges voranging.

Ich stehe noch heut in Bezug auf die Rechtsanschauung genau
auf demselben Standpunkt, den ich am Schlusse des Jahres 1863,

also vor dem Ausbruch des Krieges, mitvertreten habe.¹) Ich er=
kenne noch heut es an, und werde es immer anerkennen, daß der
Erbprinz von Augustenburg der best berechtigte, ja der alleinbe=
rechtigte Prätendent der Herzogthümer war. Es kam auch mir darauf
an, gleichmäßig das Recht Deutschlands auf die Herzogthümer, das
Recht der Herzogthümer auf ihren Fürsten, und das Recht des Für=
sten auf den Thron gewahrt zu sehen.²) Dennoch erkenne ich voll=
kommen, und ohne mich im Geringsten im Widerspruch mit mir selbst
zu fühlen, den Gang der Geschichte an. Blicken wir näher zu!

Das erste jener Rechte ist gewahrt worden. Die beiden anderen
nicht. Sie wurden thatsächlich gebrochen. Aber — und das ist die
Frage, die der ruhigen Erwägung bedarf — wurden sie gebrochen
durch Preußen, oder durch den Haß und die Leidenschaft gegen
Preußen? Stand das kurzsichtige und engherzige particularistische
Wollen, das den Ausgang bedingte, auf der Seite Preußens, und
das weitblickende, nationale und welthistorische Wollen auf der Seite
seiner Gegner, oder umgekehrt? Denn das wird doch Niemand in
Abrede stellen, daß der nationale Gesichtspunkt, der immer zu=
gleich auch in unserer Zeit der weltgeschichtliche ist, allein der maß=
gebende sein darf. Wir wiederholen es: „Vor allen Tractaten haben
die Nationen ihre Rechte.“ Darum hat, kraft höheren und sittliche=
ren Rechtes, die Geschichte das Recht des Londoner Tracta=
tes gebrochen; und darum kann sie auch, mit gleichem Fug, kraft
höheren und sittlicheren Rechtes, das dynastische Erbrecht der
Fürsten brechen, wenn es sich den nationalen Interessen entge=
genstämmt.

Halten wir uns nun vor allem den Gedanken gegenwärtig, der
bei dem dänischen Kriege für die deutsche Politik Preußens der
leitende war. Als der „oberste und nothwendig“ zu erreichende
Zweck, wie in zweifelloser Weise feststeht, galt von vornherein nicht
die Einverleibung der Herzogthümer in Preußen, sondern die
Begründung des deutschen Bundesstaats mit preußischer
Spitze, wie ihn die Nationalpartei von jeher erstrebt hatte, und
neuerdings seit 1859 wiederum erstrebte. Demnach sollte Schles=

---

¹) Durch die Schrift „Schleswig-Holsteins Geschichte und Recht“ 1864.
²) Daselbst S. 32.

wig-Holstein, nach der Analogie Darmstadts bei Begründung des
deutschen Zollvereins, das erste Beispiel der bundesstaatlichen Einigung oder des bundesstaatlichen Anschlusses an Preußen bilden;
gleichviel mit welchem Fürsten an der Spitze der Herzogthümer,
ob mit Friedrich von Augustenburg oder mit Peter von Oldenburg,
wofern derselbe nur bereit sei, sich in die bundesstaatlichen Anforderungen zu fügen, die Preußen im Interesse der Herstellung einer
starken deutschen Centralgewalt stellen zu müssen glaubte.

Es ist wahr, um das große nationale Ziel zu erreichen, schlug
Bismarck einen ganz anderen Weg ein, als derjenige war, den die
begeisterte nationale Agitation hatte betreten wissen wollen. Diese,
um die Loslösung der Herzogthümer von Dänemark zu erzielen, hatte
kein anderes Mittel, als die sofortige Schilderhebung gegen das
Londoner Protokoll im Namen des dynastischen Erbrechts;
und obwohl der Bettelbrief des Erbprinzen von Augustenburg an
Napoleon III. sie mit gerechtem Unwillen erfüllte, ja mit einem bedenklichen Schauer des Widerwillens überlief, blieb ihr doch nichts
übrig, um der ganzen Welt Trotz bieten zu können, als unentwegt
und einmüthig an dem für sie einzig möglichen Programme festzuhalten.

Für Bismarck dagegen war der Standpunkt der Erwägung ein
der Volksbegeisterung völlig unzugänglicher, ein diplomatisch nüchtern berechnender. Eine sofortige officielle Anerkennung des
Augustenburgischen Erbrechts wäre, vom internationalen Gesichts-
punkte aus, eine völkerrechtswidrige Lossagung von einem
feierlich geschlossenen Vertrage, und damit an und für sich nahezu
eine Kriegserklärung an die sämmtlichen Mitunterzeichner
des Londoner Protokolls gewesen. Nicht nur würde die nächste
Folge gewesen sein, daß Preußen, allein unterstützt von der in der
Ausbildung zurückgebliebenen Wehrkraft der deutschen Kleinstaaten,
den Krieg gleichzeitig mit Dänemark, Schweden, England und
Rußland hätte aufnehmen müssen, sondern alsbald auch mit Frankreich, und dazu schließlich noch unausbleiblicher Weise mit
Oesterreich selbst. Denn, während Preußen nur thatsächlich und
nur vor der Hand an dem von ihm über und über gehaßten Londoner Tractate festhalten zu müssen glaubte, hielt Oesterreich notorisch aus Grundsatz an ihm, als an seinem eigensten und vielge-

liebten Werke fest. Nimmermehr hätte es sich auf der Basis einer sofortigen Lossagung von demselben in den Krieg ziehen lassen, sondern würde sich früher oder später den bewaffneten Fein=den des tractatenbrüchigen Preußens angeschlossen haben; und wenn sich die österreichische Politik hinterher als eine „total verfahrene" be=kannte, so geschah dies ja eben deßhalb, weil sie in schrittweiser Ver=lockung sich hatte verführen lassen, statt für Dänemark, für Preußen und Deutschland zu kämpfen.

Sobald aber auf dem Wege der völkerrechtlich unanfechtbaren Bundesexecution Oesterreich solidarisch in den Conflict hineingezogen und daraus thatsächlich ein Kriegszustand erwachsen war, der na=turgemäß alle früheren völkerrechtlichen Verpflichtungen aufhob, nahm die preußische Regierung, nach einigen durch die Solidarität mit Oesterreich bedingten Verzögerungen, keinen Anstand, sich am 15. Mai 1864 entschieden und feierlich von dem Londoner „Tractate" als einem „für sie nicht mehr bindenden" loszusagen. Vermöge dieses nüchtern berechnenden Verfahrens war freilich die deutsche Begeisterung gedämpft und niedergeschlagen, ohne Zweifel aber der Welt und vor allem Deutschland ein unabsehbares Blutvergießen und ein allgemeiner europäischer Krieg von unberechenbarer Trag=weite erspart worden.

Gleich nach der Aufkündigung des Londoner Vertrages erklärte Bismarck, wie sehr ihm auch die Annexion als ein „angenehmes Resultat" erschien, in seinem Privatschreiben vom 16. Mai 1864: „Zur Beleuchtung der Situation bemerke ich, daß mir die preußische Annexion nicht der oberste und nothwendige Zweck ist." Zu=gleich unterhandelte er mit dem Erbprinzen von Augustenburg, der Anfangs anscheinend ein bereitwilliges Entgegenkommen zeigte. Und schon am 28. Mai empfahl er ohne Bedenken auf der Londoner Con=ferenz „die Vereinigung der Herzogthümer zu einem Staat unter der Souveränetät des Erbprinzen von Augustenburg" und nahm keinen Anstand, ihn als denjenigen zu bezeichnen, „der in den Augen Deutschlands nicht nur die meisten Erbfolgerechte auf die Herzogthümer geltend zu machen vermöge, und dessen Anerkennung von Seiten des deutschen Bundes folgeweise gesichert erscheine, son=dern der auch unzweifelhaft die Stimmen einer ungeheueren Majo=rität der Bevölkerung dieser Herzogthümer in sich vereinigen werde."

Trotz aller annexionistischen Neigungen, die ihn umwogten und in ihm selbst erstarkten, und trotz aller Verbitterungen, von deren Verschuldung kein Theil freizusprechen ist, setzte er, auch nach dem Abschluß des Krieges, namentlich im September und October, jene Unterhandlungen fort, ohne anscheinend auf wesentliche „Schwierig= keiten" zu stoßen. Und endlich stellte er am 22. Februar 1865 in be= finitiver Form die bekannten bundesstaatlichen Bedingungen für die Constituirung des neuen Staates auf, mit der unzwei= deutigen Erklärung: daß „wenigstens" der militärische Theil dieser Forderungen „sicher gestellt sein müsse", wenn man „auf die von einem großen Theil des preußischen Volkes gehegten weiter= gehenden Wünsche verzichten solle."

So war denn — wie man auch über diese Form der Drohung und des Ultimatums urtheilen möge, die immerhin unter den ge= gebenen Umständen als sehr begreiflich erscheint — in der That von Seiten Preußens, mit dem Rechte Deutschlands auf die Herzog= thümer, zugleich auch das Recht der Herzogthümer auf ihren Fürsten und das Recht des Fürsten auf den Thron gewahrt. Und nicht an Preußen lag die Schuld, wenn diese Combinationen scheiterten. Um so weniger, als die Februarforderungen — wie ich wenigstens vom ersten Augenblick ihres Hervortretens an, diese Meinung gehabt und jederzeit überall laut bekannt habe — nicht das Maximum, sondern das „Minimum" dessen enthielten, was im Interesse Deutschlands als unerläßlich zu fordern war. Sie blieben zurück hinter dem, was heut alle Welt für die Centralgewalt des norddeutschen Bundes= staats in Anspruch nimmt. Sie verzichteten namentlich und voll= ständig auf die diplomatische Einheit; und sie machten keinerlei Stipulationen, die angethan gewesen wären, den künftigen Rückfall der Herzogthümer, auf dem Wege des Erbrechts, an die dänische Krone zu verhindern.

Aber was geschah nun von der anderen Seite? Nicht nur Oesterreich lehnte, am 5. März 1865, die Februarforderungen ab, mit der Erklärung: „es schließe eine Phase der Verhandlungen, in der eine definitive Vereinbarung überhaupt nicht möglich scheine." Auch der Erbprinz von Augustenburg, offenbar ermuthigt durch den Vorgang Oesterreichs, mißleitet durch den ihn umgeben= den und vielleicht innewohnenden Preußenhaß, hoffend zugleich —

wie man es ja immer und überall that — auf eine neue Nachgiebig=
keit oder eine neue Demüthigung Preußens, wies vom Standpunkt
des engherzigsten Particularismus die Februarforderungen zurück.
Am 20. März stellte sie Bismarck dem Bevollmächtigten des Erb=
prinzen in Berlin zu, und schon am 31. erfolgte die Antwort. Sie
erklärte, daß man an „wesentlichen Punkten" Anstoß nehme, und
daß nur eine „Basis" mit geringeren Forderungen, als diejenigen
vom 22. Februar, „die äußerste Grenze desjenigen Verhältnisses"
bilde, welches von den Herzogthümern „angenommen und er=
tragen werden könne". Was damit gemeint sei, lag klar zu Tage.
Die Antwort mäkelte an allem; sie rüttelte an den Bestimmungen
über die „Territorialverhältnisse" der „Bundesfestung Rendsburg";
sie that, als verstehe sie nicht, was es heiße, für immer dem preußi=
schen „Zollsystem" beitreten; sie lehnte entschieden die „Verkehrs=
einheit", und noch entschiedener die „Militäreinheit" ab, als ein für
das „Land drückendes Verhältniß", als ein „Maß" von „Ver=
schmelzung", wofür „die Bevölkerung der Herzogthümer nicht
zu gewinnen sein würde".

Damit waren offenbar die Dinge wiederum zu einem Wende=
punkte getrieben, wo die deutsche Politik Preußens vor der verhäng=
nißvollen Frage stand, ob sie kleinlaut zurückweichen oder rücksichts=
los vorwärts gehen solle.

Wahrlich die Verblendung unter den Rathgebern des Erbprin=
zen war groß und unbegreiflich, wofern sie nicht mit kecker Zuver=
sicht auf den glänzendsten Sieg des Particularismus, sei es durch
die Feder oder durch das Schwerdt, vertrauten. Wüßte man es nicht
anders, man sollte denken, sie und der Prinz selbst hätten sich grade
deshalb so verhalten, wie sie es thaten, damit die Herzogthümer
nicht einen eigenen Fürsten erhielten, und damit es dahin komme,
wohin es nunmehr kam — zur Annexion.

***

9. Die Vorwehen der deutschen Katastrophe (1865).

Mit dem März 1865, mit der österreichisch=augustenburgischen
Ablehnung der preußischen Februarbedingungen, endete die schleswig=

holstein'sche Episode; ein Ausläufer der deutschen Frage, trat sie fortan wieder in das Bett derselben zurück und ging vollständig in sie auf.

Seit demselben Zeitpunkt, und seit demselben Ereigniß spitzte sich der wiederbelebte preußisch=österreichische Conflict unaufhaltsam zur deutschen Katastrophe zu.

Die Februarforderungen waren, ihrer diplomatischen wie ihrer historischen und nationalen Bedeutung nach, das Ultimatum Preußens sowohl Oesterreich wie dem Erbprinzen von Augustenburg gegenüber.

Wären sie bewilligt worden — und die Bewilligung des einen Theils hätte nothwendig die des andern zur Folge gehabt —, so wäre der Friede und jegliches Recht gewahrt geblieben. Schleswig=Holstein, unter dem Herzog Friedrich VIII., würde ebenso das erste Bindeglied des preußisch=deutschen Bundesstaats geworden sein, wie Hessen=Darmstadt im Jahre 1828 das erste Bindeglied des preußisch=deutschen Zollvereins wurde. Und die Aufgabe der deut= schen Politik Preußens, im Bunde mit der deutschen Nationalpartei, hätte fortan darin bestanden, auf friedlichem Wege, und auf Grund des Art. XI. der Bundesakte, immer mehrere der deutschen Einzel= staaten auf der gleichen Basis in den deutschen Bundesstaat, in den werdenden nationalen Gesammtstaat, hereinzuziehen. Rechtliche Bedenken und Hindernisse von Seiten des alten Bundes= tags hätten sich diesem Processe nicht mehr entgegenstellen können. Hatte doch inzwischen Oesterreich, und mit ihm die mittelstaatliche Coalition, auf Anlaß des „Delegirtenprojects" und der „Reformacte", das in jenem Artikel verbürgte freie Bündnißrecht als ein unzweifel= haftes, wie wir sahen, mit allem Nachdruck für sich selbst in Anspruch genommen!

Abgelehnt, wie sie es nunmehr waren, mußten dagegen die Februarforderungen unabwendbar entweder, nach der Ana= logie des Jahres 1850, zu einer neuen Demüthigung Preußens, im Schwarzenbergischen Sinne, und zu einer neuen, auf unbestimmte Zeit hinaus maßgebenden Niederlage seiner deutschen Politik führen, oder andererseits zu einem entschlossenen, kühnen, alles einsetzenden Entscheidungskampf.

Die Gegner Preußens hatten, trotz Bismarck, nicht den geringsten

Glauben an einen ernsten Widerstandsmuth des Berliner Kabinetes. Sie waren weit davon entfernt, ihm eine alles einsetzende Wage= halsigkeit zuzutrauen. Sie waren seit 1850 her preußischer Seits so sehr an den bloßen S ch e i n der Kühnheit, so lange es sich nur um diplomatische oder militärische Demonstrationen handelte, gewöhnt worden, daß sie auch jetzt alle demonstrativen Schritte Preußens lediglich für eitles Blendwerk nahmen, für brüske Herausforderungen, aus denen eher das Bewußtsein des Unvermögens als ein ent= schlossener Wille spreche. Dazu kam der Anblick der inneren preu= ßischen Zerwürfnisse; ferner die Verbitterungen, welche die preußische Regierung thörichterweise nach allen Seiten hin auszustreuen be= flissen erschien; und endlich die dadurch bedingten, überall und immer üppiger aufschießenden Antipathien gegen Bismarck, die nun auch unvermeidlich wider den besseren und berechtigten Theil seines Stre= bens sich aufbäumten und es überwucherten. Alle diese Momente trugen dazu bei, in den leitenden Kreisen der Gegner den Zweifel an dem Muthe Preußens bis zum völligen Unglauben, und den Glauben an den eigenen Muth bis zur blindesten Siegeszuversicht zu steigern.

Und doch war es diesmal der deutschen Politik Preußens wirk= licher Ernst! Doch war sie diesmal in der That entschlossen, n i ch t die Tage von Olmütz und Bronzell sich w i e d e r h o l e n zu lassen.

Freilich die nächsten drei Monate waren nicht angethan, einen solchen Eindruck hervorzurufen. Ich gestehe unverholen, daß ich für diese Zeitspanne in der Haltung Bismarck's keinen festen und fertigen Plan zu erkennen vermag. Das diplomatische Getriebe erscheint wie ein Spiel mit Eventualitäten; die einzelnen Schachzüge wie Actionen, die nur als Lückenbüßer dienen sollen um Zeit zu gewinnen, oder die als Kreuz= und Querzüge bestimmt sind, die Aufmerksamkeit der Gegner zu verwirren und von der Hauptrichtung abzulenken. Bald sind es die Experimente mit der Candidatur des gefügigeren Großherzogs von Oldenburg, welche die Blicke der Betheiligten und Zuschauer auf sich ziehen; bald die wechselnden Vor= und Rück=Schritte in Betreff der Einberufung der schleswig-holsteinischen Stände; bald die Oldenburgischen Beschwerden über die „Augusten= burgische Nebenregierung" und die daran sich knüpfenden Auswei= sungsbegehren; bald endlich die ab und zu immer wiederkehrenden

Unterhandlungen auf der Basis der preußischen Forderungen vom 22. Februar.

Der Depeschenwechsel zwischen Oesterreich und Preußen über die letzteren war seit Anfang Juni wieder in Gang gekommen, aber begreiflicherweise ohne allen Erfolg. Denn beide Theile wußten, daß es sich dabei um die Entscheidung der beutschen Frage handelte. Oesterreich wollte und konnte daher keine wahrhaft bundesstaatlichen Bedingungen zugeben, Preußen seinerseits wollte und konnte nichts davon ablassen. Endlich, am 22. Juli, wurden die völlig aussichtslosen Unterhandlungen durch die Erklärung Preußens abgeschlossen: daß es an seinen Forderungen vom 22. Februar unwandelbar festhalte.

Inzwischen waren die Spannungen von Woche zu Woche gewachsen und hatten einen immer bedenklicheren Charakter angenommen. Der offene Bruch zwischen den beiden Großmächten, so schien es, stand vor der Thür. Bismarck nahm die Verhandlungen mit Italien wieder auf, die er schon in der Herbstkrisis des Jahres 1863 durch den italienischen Gesandten in Berlin, Herrn von Launay, eingeleitet hatte, und die damals nur durch das plötzliche Dazwischentreten der schleswig-holstein'schen Frage abgeschnitten worden waren. Es handelte sich um ein „eventuelles gemeinsames Vorgehen" zum Zwecke der gleichzeitigen Lösung der beutschen und der italienischen Frage, um eine eventuelle Allianz auf Grundlage der Nationalitätspolitik. [1])

Preußen zeigte unverholen, daß es auf das Aeußerste, auf den Krieg, gefaßt sei. Kein Einsichtiger in ganz Norddeutschland war darüber im Zweifel, daß unter allen Umständen der volle Werth des Kieler Hafens für das gesammte Deutschland nur in den Händen Preußens gesichert sei. Nichtsdestoweniger legte Oesterreich auch in dieser Beziehung den preußischen Ansprüchen fortwährende Schwierigkeiten in den Weg. Endlich ward eine preußische Marinestation nach Kiel verlegt. Oesterreich protestirte dagegen. Der preußische Kriegsminister erklärte aber unumwunden bei den Kammerverhandlungen am 5. April: daß Preußen nicht nur gegenwärtig im

---

[1]) Mittheilungen der Augsburger „Allg. Zeitung" aus Florenz; auch in der „National-Zeitung" vom 23. Januar 1867.

Befitz des Kieler Hafens sich befinde, sondern auch „entschlossen sei, im Besitz dieses Hafens zu bleiben." Allmählig begannen die militärischen Vorkehrungen. Anfangs Juli gingen starke Geschützsendungen nach Schlesien. Und am 15. erklärte Bismarck gesprächsweise dem Herzog von Grammont, in Karlsbad, ohne allen Rückhalt: daß der „Krieg zwischen Preußen und Oesterreich" zur unvermeidlichen Nothwendigkeit geworden sei, daß er ihn deshalb „wünsche", und daß es Preußens Aufgabe sei, „die Führung in Deutschland zu erlangen, sei es mit Güte oder mit Gewalt".

Ebenso rückhaltlos, und ausführlicher, erging sich Herr von Bismarck, in Salzburg, zu dem bairischen Minister von der Pfordten am 23. Juli. Er erklärte diesem: „Nach seiner festen Ueberzeugung sei der Krieg zwischen Preußen und Oesterreich sehr wahrscheinlich und nahe bevorstehend. Es handle sich, wie er die Sache auffasse, um ein Duell zwischen Oesterreich und Preußen allein. Das übrige Deutschland könne mit voller Beruhigung den passiven Zuschauer dieses Duells abgeben. Preußen habe niemals daran gedacht, und denke auch noch jetzt nicht daran, sein Machtgebiet über die Mainlinie hinaus zu erstrecken. Lange werde übrigens die Entscheidung nicht auf sich warten lassen. Ein einziger Stoß, eine Hauptschlacht — und Preußen werde in der Lage sein, die Bedingungen zu dictiren. Es sei durch das dringendste Interesse der Mittelstaaten geboten, ihrerseits Stellung zu nehmen. Die Neutralität, auch die des sächsischen Bodens, werde Preußen achten. Eine Localisirung des Krieges, und zwar durch einen Stoß von Schlesien her, sei nicht bloß beschlossen, sondern auch, nach dem bereits eingezogenen Gutachten der competentesten militärischen Autoritäten, möglich. Den Mittelstaaten sei zudem in der Proclamirung der bewaffneten Neutralität noch ein Mittel mehr zur Sicherung jener Localisirung gegeben. Baiern aber speciell werde wohl zu erwägen haben, daß es der natürliche Erbe der Stellung Oesterreichs in Süd=Deutschland sei."

Wir wissen, wie es noch einmal zu einer Beschwichtigung kam. Die Gasteiner Convention vom 14. August, welche die seltsame Theilung des Condominats in Schleswig=Holstein feststellte, entsprach aber so wenig den Zielpunkten der deutschen Politik Preußens, wie sie Bismarck bis dahin und noch unmittelbar zuvor verkündet hatte,

daß alle Welt überrascht und in eine eigenthümliche Glaubensalter=
native versetzt wurde. Entweder waren die kriegerischen Drohungen
Bismarcks, die ja zu voller Oeffentlichkeit gelangten, ernstlich ge=
meint gewesen: dann, meinte man, sei nicht zu glauben, daß der
kundgegebene Inhalt der Convention den ganzen Inhalt darstelle;
dann müßten „geheime Artikel“ existiren, die sich erst allmählig ent=
hüllen würden. Oder aber der veröffentlichte Text verheimlichte
nichts: dann begriff man den Kriegslärm nicht; dann fragte man
sich „ist das alles?“ dann dachte man an das Sprichwort: „tant
de bruit pour une omelette“; dann, glaubte man, seien die Bis=
marck'schen Drohungen keine ernst gemeinte gewesen und dann
habe die Welt eventuell auch künftig um so weniger Grund, der=
gleichen Drohungen ernst zu nehmen.

Nun stellte es sich aber immer mehr als unzweifelhaft heraus,
daß Gastein keine Artikel erzeugte, die im Geheimen das Räthsel
der Zukunft lösten. Um so stärker wurde der Glaube, daß Bis=
marck's Politik keine Thatenpolitik, sondern nur eine Einschüch=
terungspolitik sei. Und dieser Glaube hat nicht wenig zu der
ganzen Constellation des Jahres 1866 beigetragen.

Daß dieser Glaube, trotz allem, ein völlig irriger war, ist jetzt
Allen klar. Um so dunkler aber müssen nunmehr die preußischen
Motive der Gasteiner Uebereinkunft erscheinen. Hielt man die
Jahreszeit schon für allzuweit vorgerückt? War Preußen noch nicht
genugsam vorbereitet? Stockten die Bündnißverhandlungen mit
Italien? Fürchtete man anderweitige Interventionen? Waren der
oberste und der zweitoberste Wille nicht in voller Uebereinstimmung?
Oder handelte es sich, so zu sagen, um eine letzte Terminstellung zu
Versuchen friedlicher Lösung?

Wir vermögen diese Fragen nicht zu beantworten, obwohl wir
die letzte für die meist berechtigte erachten. Gewiß aber ist, daß die
Gasteiner Convention in ihrer historischen Bedeutung nur ein
Waffenstillstand war. Man weiß, wie zerwürfnißreich er wäh=
rend seiner Dauer sich gestaltete, und wie er schließlich die gewaltige
Katastrophe des vorigen Jahres gebar.

10. Die Katastrophe von 1866.

Noch zu Anfang des Jahres 1866 stand augenfällig, sowohl für Oesterreich wie für den Erbprinzen von Augustenburg, die Verständigung auf der Grundlage der vorjährigen Februarforderungen offen; nur daß Preußen, allem Anschein nach, schon ausdrücklich die unbehinderte Uebertragung derselben auf sein Verhältniß zu anderen deutschen Staaten, und damit insbesondere eine gründliche Umgestaltung der Bundeskriegsverfassung in Anspruch nahm. Aber nicht nur verharrte die Gegenpart mit Zähigkeit in ihrer absolut abweisenden Haltung, sondern Oesterreich forderte auch die ihm ergebensten deutschen Höfe auf, sich ungesäumt in „Kriegsbereitschaft" gegen Preußen zu setzen — ein Verlangen, das in der berühmten geheimnißvollen Circulardepesche vom 16. März seinen officiellen Ausdruck, und bei dem sächsischen Kabinete leider das bereitwilligste Entgegenkommen fand[1]).

Seinerseits ging Preußen nunmehr auf zwei Weisen vor. Einmal wurde, durch die Circulardepesche vom 24. März, die Frage der nationalen und parlamentarischen Bundesreform wieder aufgenommen und offen in den Vordergrund gerückt. Bismarck that damit durchaus nichts Neues und Ueberraschendes. Er knüpfte vielmehr nur einfach, und sogar mit auffallender Consequenz, an sein Decemberprogramm von 1862 und an seine Kundgebungen vom 22. Januar, 14. August, 15. und 22. September 1863, wie wir sie oben kennen gelernt, wieder an.[2]) „Preußen, erklärte er, ist durch seine Stellung, seinen deutschen Charakter, und durch die deutsche Gesinnung seiner Fürsten vor allem zunächst darauf angewiesen, die Garantien der Sicherheit in Deutschland selbst zu suchen. Auf dem Boden der deutschen Nationalität und in einer Kräftigung der Bande, welche uns mit den übrigen deutschen Staaten verbinden, dürfen wir hoffen und werden wir immer zuerst versuchen, die Sicherheit der nationalen Unabhängigkeit zu finden. Aber so oft wir diesen Gedanken ins Auge fassen, drängt sich auch von Neuem die Erkenntniß auf, daß der Bund in seiner gegenwärtigen Gestalt für jenen

---

[1]) Vgl. National-Zeitung vom 14. u. 15. December 1866.   [2]) S. 245 ff. S. 255 f.

Zweck und für die active Politik, welche große Krisen jeden Augen=
blick fordern können, nicht ausreichend ist." Indem er hierauf die
„Nothwendigkeit" begründet, „eine den realen Verhältnissen Rech=
nung tragende **Reform des Bundes in Anregung zu
bringen**", schließt er also: „Wenn wir Deutschlands nicht sicher sind,
ist unsere Stellung grade wegen unserer geographischen Lage ge=
fährdeter als die der meisten anderen europäischen Staaten; das
Schicksal Preußens aber wird das Schicksal Deutschlands nach sich
ziehen, und wir zweifeln nicht, daß, wenn Preußens Macht einmal
gebrochen wäre, Deutschland an der Politik der europäischen
Nationen nur noch **passiv** betheiligt bleiben würde. Dies zu ver=
hüten, sollten alle deutschen Regierungen als eine **heilige Pflicht
ansehen, und dazu mit Preußen zusammen wirken.**
Wenn der deutsche Bund in seiner jetzigen Gestalt und mit seinen
jetzigen politischen und militärischen Einrichtungen den großen euro=
päischen Krisen, die aus mehr als einer Ursache jeden Augenblick
auftauchen können, entgegengehen soll, so ist nur zu sehr zu befürch=
ten, daß er seiner Aufgabe erliegen und **Deutschland vor dem
Schicksale Polens nicht schützen werde.**"

Gemäß dieser vorläufigen Eröffnung an die einzelnen deutschen
Regierungen, stellte Preußen in der Bundestagssitzung vom 9. April
den angekündigten Reformantrag. Ausgehend von der schon am
22. September 1863 dargelegten „festen Ueberzeugung", daß „eine
Neugestaltung der nationalen Verfassung", eine „neue lebensfähige
Schöpfung" nicht durch „die Regierungen allein", sondern nur durch
ein „Zusammenwirken" mit einer „allgemeinen deutschen Versamm=
lung von gewählten Vertretern erreicht werden könne", forderte es
die Einberufung einer „aus directen Wahlen und allgemeinem
Stimmrecht der ganzen Nation hervorgehenden Versammlung" zum
Zwecke der Vereinbarung über das Verfassungswerk.

Andererseits hatte Bismarck gegen die Mitte des März die Ver=
handlungen mit Italien nachdrücklich wieder aufgenommen. Es
galt, nach dem Ausdruck Lamarmora's vom 9. März, ein „entschie=
denes Eingehen auf eine Politik, welche die Größe Preußens in
Deutschland sichere". Erst am 8. April wurde der italienisch=preu=
ßische Allianzvertrag abgeschlossen, zum Zwecke der „Durchführung
der von Preußen erstrebten deutschen Reform". Er nöthigte

nicht zur Kriegserklärung; aber er verpflichtete, „für den Fall des Krieges", beide Theile zur gemeinsamen Fortführung desselben „bis Oesterreich in die preußischen Bundesreformvorschläge und in die Annexion Venetiens an das Königreich Italien willige".

Des diplomatischen Schachspiels zwischen Oesterreich und Preußen auf dem Boden der Rüstung und Abrüstung gedenke ich nicht. Wer möchte entscheiden, welcher Theil es ernster mit dem einen oder dem andern gemeint! Auf alle Fälle waren die Dinge zu weit vorgerückt, als daß eine Verhinderung des Zusammenstoßes noch möglich gewesen wäre. Dennoch ist es gewiß, daß noch um die Mitte des Mai preußischer Seits, auf außergewöhnlichem nichtdiplomatischem Wege, „vertrauliche Verhandlungen" in Wien angeknüpft wurden, auf Grund bestimmt formulirter Vorschläge, welche namentlich die schleswig-holsteinische und die Bundesmilitär-Reformfrage betrafen. In ersterer Beziehung wurde, wie ausdrücklich versichert wird[1]), auch jetzt noch nicht die Annexion begehrt; in letzterer scheint es sich wesentlich um eine „Theilung der militärischen Führung" Deutschlands zwischen den beiden Großmächten gehandelt zu haben. Indeß auch dieser letzte Versuch Preußens zu einer „Verständigung" wurde in Wien „zurückgewiesen".

Wir wissen, wie hierauf Oesterreich, mitten unter den äußersten beiderseitigen Rüstungen, in Schleswig-Holstein und am Bundestage einseitig vorging (1. Juni); wie dann Preußen, in seinen „Grundzügen einer neuen Bundesverfassung" vom 10. Juni, Oesterreich aus dem künftigen Bunde ausschloß; und wie endlich am 14. Juni die Sprengung des Bundestages erfolgte, auf Grund jenes verhängnißvollen von Oesterreich beantragten Mobilisirungsbeschlusses, der niemals von der Geschichte anders aufgefaßt werden kann und wird, denn im Sinne einer Parteiergreifung für Oesterreich und einer unmittelbaren kriegerischen Bedrohung Preußens. Daß er überdies eine Competenz-Ueberschreitung, eine Verletzung der alten Bundesverfassung enthielt, wird schon heut wohl von keiner Seite mehr bestritten.

Die Kühnheit der mittelstaatlichen Regierungen war leider

---

[1]) In einer anscheinend eingeweihten Correspondenz der Allg. Ztg. aus Berlin. S. Nat. Ztg. a. a. O.

ihm daher auch in der jüngsten Zeit schroff entgegengetreten[1]); seine
Reden machen bei ihnen nicht mehr den Eindruck wie früher. Zwar
erkennen sie ihn gern als einen „großen Staatsmann" an; aber sie
werfen ihm offen vor, daß er „abgefallen" sei von der Partei, die
„ihm so treu beigestanden"; daß er sie „verlassen habe um sich an
die Spitze derer zu stellen, die ihm früher Opposition gemacht"; daß
man „sein Wirken seit der Schlacht bei Königsgrätz, das seitdem
Geschehene, nicht verstehen könne"; der „Kampf gegen die Fort=
schrittspartei, welche die Macht der Krone beuge, sei eingestellt".
Indeß sie getrösten sich, daß er in den Schooß ihrer alleinseligmachen=
den Partei wieder zurückkehren, daß er „in Zukunft wieder der
Schützer aller conservativen Interessen sein", daß er „den Kampf
wieder aufnehmen" werde gegen die „destructiven Mächte im preu=
ßischen Staatsleben".

Graf Bismarck seinerseits hat in öffentlicher Sitzung unum=
wunden zugegeben, daß er „einen andern Weg gehe, als den, wel=
chen seine alten Parteigenossen vorzeichnen". Und er behauptet
zugleich, daß es Pflicht der Regierung sei, mit der Stimme der öffent=
lichen Meinung im Einklang zu sein. „Ein großer Staat, sagt er
nach dem authentischen Text, regiert sich nicht nach Parteiansichten;
man muß die Gesammtheit der Parteien, die im Lande vorhanden
sind, in Abwägung bringen, und aus dem Resultat derselben eine
(Durchschnitts=) Linie ziehen, der die Regierung als solche folgen
kann." Er gesteht jetzt offen ein, daß man vor allem darnach streben
müsse, „das feste Gefüge der Verfassung nicht locker werden, keine
Lücke in den Fugen entstehen zu lassen"; daß es ein „Fehler" sei,
„die historische Entwickelung zu ignoriren und nicht nach den gege=
benen Unterlagen zu handeln". Er rechnet es der Regierung zum
Ruhme an, daß sie, trotz der Verdammungsurtheile seiner alten Par=
teigenossen, den innern Conflict „durch Nachgiebigkeit zum Abschluß
gebracht" habe, im „Gefühle der Verantwortlichkeit für die gesammte
Situation". Er warnt endlich das Herrenhaus dringend davor,
„einen neuen Conflict zwischen den parlamentarischen Gewalten zu
schaffen", oder „wieder einen Verfassungsconflict heraufzube=
schwören". Denn das sei nimmermehr „wohlgethan".

---

[1]) S. die Berichte über die Herrenhaussitzung vom 15. Januar 1867.

Je mehr die öffentliche Meinung Grund hat, diesen Aeußerungen von ganzem Herzen zuzustimmen: um so mehr ist sie berechtigt, mit erwartungsvoller Spannung auf die Dinge zu blicken, die da kommen sollen.

11. Was noth thut.

Wenn wir alle die wir uns Deutsche nennen — Einzelne, Stämme, Völker und Fürsten — uns die Frage vorlegen, was die Gegenwart und die Zukunft Deutschlands von uns fordert: so ist die Antwort, die wir uns zu geben haben, nach meinem Dafürhalten folgende:

Was zuerst noth thut, ist, daß wir männiglich aufhören zu grollen und zu schmollen, oder zu zürnen ob der Katastrophe durch „Blut und Eisen“. Haben wir doch alle gewiß, zumal seit 1849, uns unendlich oft gesagt oder unendlich oft von Männern jeder Parteirichtung und von Vertretern jedes deutschen Stammes und Staates das Wort gehört: Es wird nie besser werden, nie anders vorwärts gehen in Deutschland, als auf dem Wege der „Gewalt“ oder der „Revolution“ oder des „Krieges und Bürgerkrieges“, gleichwie noch neuerdings in der Schweiz und in Italien. Und nun die Prophezeiung eingetreten, sollten wir Grund haben, in sittlicher Entrüstung zurückzuprallen vor der Wirklichkeit dessen, was als unausbleiblich so allgemein und so oft von uns selbst betrachtet worden ist?

Gewiß, keinem Menschen ziemt es, wer es auch sei, die Gewalt, den Krieg oder die Revolution als solche zu preisen. Wohl aber ziemt es Allen, ohne Unterschied, die Wirkungen großer erschütternder Ereignisse leidenschaftslos zu würdigen. Und dazu gehört, daß man nicht bloß dessen eingedenk sei, was die Ereignisse an dem Bau der Vergangenheit erschütterten oder niederrissen, sondern vor allem dessen, was ihre Wirkungen für die Zukunft aufbauen oder anbahnen.

Immer und immer hören wir den Vorwurf wiederkehren: die Macht ist vor Recht ergangen! Das Recht ist gebrochen worden durch die Gewalt! Allerdings, aber in Folge eigener Schuld. Und doch

bebarf es nicht einmal der Schuld, um die Geschichte zu rechtfertigen.
Kehren wir noch einmal auf den durchgreifenden Unterschied von
Recht und Geschichte zurück!. Das Recht ist nur die gewor=
bene, die erstarrte Geschichte; die Geschichte aber ist das ewig
werdende, ewig fließende Recht. Hat etwa die Reformation,
haben die französischen und die englischen Revolutionen, haben die
Kriege und die Freiheitskriege aller Völker etwa je die bestehenden
Rechte als solche geachtet? Wo es sich um den Fortschritt der Ge=
schichte handelt, da hat der Papst und der Kaiser sein Recht verloren.
Jedes Geschlecht, jedes Volk, jedes Zeitalter — wenn das Gefäß von
Rechtszuständen, worin es auferwächst, seiner schwellenden Geistes=,
Lebens= und Spannkraft nicht mehr entspricht und doch nicht nach=
geben will oder kann — hat das geschichtliche Recht, dieses Rechts=
gefäß zu zertrümmern. Wo den allgemeinen nationalen Rechten oder
Ansprüchen, Interessen und Zwecken, die Sonderrechte von Stäm=
men und Fürsten oder von Einzelstaaten und Körperschaften zum
Opfer fallen: da begiebt sich nie und nimmer ein Bruch des Rechts
durch das Unrecht, oder ein Umsturz des Sittlichen durch das
Unsittliche, sondern vielmehr die Verdrängung eines niederen
Rechtes durch ein höheres Recht, und die Verdrängung einer
niederen Sittlichkeit durch eine höhere Sittlichkeit. Wie
„vor allen Tractaten", so haben auch vor allen Rechten und Vor=
rechten der Stämme oder der Fürsten „die Nationen ihre Rechte".
In der That, die sittliche Macht der Geschichte ist so unzweifelhaft
zugleich auch das höchste sittliche Recht, daß eben deshalb überall
der Wahlspruch gilt: „die Weltgeschichte ist das Weltgericht."

Den Thron von Schleswig=Holstein zu gewinnen, hing von
Friedrich von Augustenburg selber ab; denn lange genug, wie wir
sahen, stand ihm der Eintritt in die vom nationalen Standpunkt
unerläßlichen Februarbedingungen offen. Die Throne von Hanno=
ver, von Churhessen und Nassau zu wahren, hing ebenso von deren
Inhabern selber ab; denn bis zum 14. Juni, und noch darüber hin=
aus, stand ihnen die Neutralität und der Bundesstaat offen. Sie
alle wiesen zurück, was ihnen Preußen bot; und sie alle hatten doch
Preußen zugemuthet, sich von ihnen, durch usurpatorische Bundes=
beschlüsse, auf dem Wege der Gewaltdrohung und eventuell der Ge=
waltanwendung Befehle und Bedingungen dictiren zu lassen. Sie

durften sich nicht beschweren, wenn Preußen nun umgekehrt i h n e n
Bedingungen stellte. Und wenn sie das, was sie a u f i h r e n T h r o n e n
u n d i n i h r e n R e c h t e n e r h a l t e n h a b e n w ü r d e, dennoch
hochmüthig zurückstießen, so haben sie eben dadurch Preußen von
jeder rechtlichen und moralischen Verpflichtung dispensirt, und ledig=
lich sich selbst zu Fall gebracht. Hierin liegt ihre tragische Schuld.

Wir erkennen die Rechte an, die da w a r e n v o r d e r verhäng=
nißvollen Entwickelung der F o l g e n d i e s e r S c h u l d; aber nim=
mer dürfen wir anerkennen, daß sie ü b e r d e n S c h i e d s s p r u c h
d e r G e s c h i c h t e h i n a u s n o c h fortbestehen. Erfreuen wir
uns vielmehr der Dinge die da gekommen, und wie sie gekommen sind.
Erfreuen wir uns ihrer im Interesse des gesammten Deutschlands,
und damit im Interesse seiner einzelnen Glieder, der Stämme selbst,
denen das Loos zufiel, eigene Fürsten nicht zu erhalten oder zu ver=
lieren. Erfreuen wir uns der Thatsache, daß die Geschichte, d. h.
Gottes Wille, es besser mit uns gemeint hat wie das Erbrecht und
das Tractatenrecht. Und wahrlich! weitaus das Bedeutsamste war
doch, in dem was wir erlebt haben, nicht daß die Geschichte das Erb=
recht einzelner kleiner Dynastien, sondern daß sie den R e c h t s w i l l e n
a l l e r G r o ß m ä c h t e E u r o p a s brach, wie er in den internatio=
nalen Rechtsverträgen von 1815 und 1852, zum Nachtheil der
deutschen Nation, Ausdruck gewonnen hatte. Man übersehe doch
nicht die Thatsache: Auch jenes Erbrecht, wie jenes Tractatenrecht,
unterlag nicht dem U n r e c h t, sondern einem a n d e r e n Recht, und
zwar einem viel h ö h e r e n, viel s i t t l i c h e r e n, dem Recht der
Nation, dem Recht der Geschichte.

Hadern wir daher nicht länger über vergangene Rechte! Brechen
wir, wie es die geschichtliche und die nationale Pflicht von uns heischt,
mit der zertrümmerten Vergangenheit! Werfen wir uns lebensfrisch
in den Strom der Gegenwart! Wir alle sind ja berufen, uns in ge=
meinsamer Arbeit ein Vaterland zu begründen, das wir Deutsche in
Wahrheit noch niemals besessen haben, außer in Wünschen und
Träumen, in Liedern und Toasten. Denn Deutschland war niemals
ein Ganzes, nie sein eigen.

Und das nun ist es, w a s z w e i t e n s u n d v o r a l l e m n o t h
t h u t: daß endlich werde was nie war, daß nach langen schmerzens=
reichen Geburtswehen endlich ein einiges, freies und mächtiges

Deutschland geboren werde. Die Einheit, was man auch sagen möge, ist die Vorbedingung der Freiheit; und mithin ist sie ein Stück, ja das wichtigste Stück der Freiheit selbst.

Die Mainlinie als ein thatsächlicher erster Fortschritt zur deutschen Einheit ist ein Segen; als das grundsätzliche Endziel wäre sie ein Fluch. Aber hegen wir keine Sorge! Der Nationalwille wird über den Main die Brücken bauen.

Wissen wir doch, daß im deutschen Süden, dem in der Zeit der Krise jene „grellen Mißtöne" entschlüpften, die echt nationale Gesinnung, zwar nicht in höherem, aber in gleich hohem Maße vorhanden ist, wie in unserem Norden! Kann uns doch nicht bange sein um die schließliche Vereinigung aller deutschen Stämme, so lange in den Heimathregionen der List und Pfizer die mächtige Phalanx der nationalen Geisterlegion noch aufrecht steht; so lange deutsche Patrioten wie Hölder, Völk, Römer, Brater, Fetzer und ihre zahlreichen ebenbürtigen Genossen, Männer deren Andenken in dem Ehrentempel der Geschichte deutscher Einheit fortleben wird, als unermüdliche Hüter wachen über dem Kleinod nationalen Bewußtseins, das der Neid des Auslandes nur allzu gern uns rauben oder zerstören möchte.

Durch den scheinbaren Abweg sind wir in Wahrheit um ein Großes dem Ziele näher gerückt. Auf dem Wege des alten lockeren Bundes, mit dem österreichisch=preußischen Dualismus in seinem Schooße, hatte die Erreichung der nationalen Einheit sich sattsam als unausführbar erwiesen. Jener alte Bund war zwar ein sehr großes, aber ein sehr gebrechliches Schiff, mit uneiniger Mannschaft und uneinigem Commando, das trotz aller Segel, Ruder und Steuer nicht einen einzigen Schritt vorwärts gebracht werden konnte; unverrückt blieb es im Sumpfe stecken — wie ein vermoderndes Wrack, das, schon einmal geborsten, bei der ersten gewaltigen Sturmwelle zu zerschellen und spurlos zu verschwinden bestimmt war. Da galt es, rechtzeitig das Wrack zu verlassen und auf einem, wenn auch vorläufig kleineren, aber festgefugten und starkgebauten Schiffe, mit einigem Commando und einiger Mannschaft, frisch, frei und fröhlich demselben Ziele zuzusteuern. Will's Gott, so sind wir nun auf immer an der bösen uralten Klippe des Dualismus, an der schon die Zeit des Hermann und Marbod scheiterte, glücklich vorüber. Den Fluch des Rheinbundes von uns fern zu halten, hängt von uns selber ab.

Wer aber das Ziel der Einheit will, der muß auch die Mittel und den Weg zur Einheit wollen; der muß die deutsche Einheit nicht bloß auf den Lippen oder im Herzen tragen; der darf nicht bloß auf sie toastiren, sondern auch für sie wirken; der muß nicht nur Ernst Moritz Arndt's Vaterlandslieder singen, sondern sie auch vollbringen helfen; der muß den Kaiser Barbarossa nicht mehr im Kyffhäuser oder in seinem Grabe, sondern unter den Lebenden suchen; der muß Sorge tragen, daß der staatlichen Zersplitterung Einhalt geschehe, und daß dynastische Vacanzen, wie die in Braunschweig bevorstehende, zu nichts anderem als zur Verstärkung des unmittelbaren Reichskörpers führen. Vor allem aber ist es erforderlich, daß wir allseits opferwillig sind, und daß namentlich die deutschen Fürsten die Interessen der Nation sich lieber zu Herzen bringen, statt zu Füßen legen lassen; daß sie auf dem heiligen Opferaltare des deutschen Genius wetteifernd mit dem Beispiele freudiger Aufopferung für das gemeinsame Vaterland vorangehen.

Hüten wir uns dagegen, im Angesicht des einzig möglichen und daher nothwendigen Weges zur Einheit, uns von der Lehre umstricken zu lassen, die uns vor dem „Sonderbunde" warnt. Ein Sonderbund ist nur derjenige, der außerhalb des Krystallisationskernes liegt; nie aber ein solcher, der diesen Kern mit umschließt, und der daher immer identisch ist mit dem werdenden Ganzen. Ein Sonderbund war der Rheinbund; nicht aber der projectirte norddeutsche Reichsbund Friedrich Wilhelms III. Ein Sonderbund war der Bund der schweizerischen Südcantone im Jahre 1847; nicht aber die Mehrheitscantone der Nordschweiz. Ein Sonderbund war der mitteldeutsche Zollverein und der hannoversche Steuerverein; nicht aber der preußisch-darmstädtische oder der preußisch-hessische Zollverein, der als Kernbund ebenso zum allgemeinen deutschen Zollverein, d. h. zum Ganzen erwuchs, wie es ohne Zweifel die Bestimmung des gegenwärtigen norddeutschen Bundes ist, zum allgemeinen deutschen, d. h. zum Ganzen zu erwachsen. Lasse man sich nicht durch den Schein, durch gewisse Aehnlichkeiten eines Kernbundes mit einem Sonderbunde täuschen! Nie kann der Vogel da sein vor dem Ei, nie der Mensch vor dem Embryo, nie die Mannesgröße vor dem Jugendbruch. Es giebt nichts Großes und nichts Gewordenes, das nicht ein Kleineres und ein Werdendes war.

Nie ist eine ganze und einheitliche Nation fertig dem Haupte Jupi=
ters oder dem Quellstrom der Geschichte entsprungen. Wer daher
der deutschen Nation die Wiege und das Jugendkleid nicht gönnt, der
braucht freilich auch nicht für die Erziehung oder für — den Sarg
zu sorgen; der hat es überhaupt nicht zu thun mit einer Nation von
Fleisch und Blut, sondern mit einem Gebilde das nur im Traume
lebt; der weiß und ahnt nicht, wie Nationen werden. Nein, nicht
träumen von anderen Wegen, nicht passiv zuschauen dürfen wir, son=
dern alle müssen wir Hand an das Werk legen, auf daß der nord=
deutsche Kernbund nicht im Werden stillstehe oder vorkomme, sondern
wachsend zum Gesammtbund, zum einheitlichen Ganzen werde.

Darum aber thut es ferner noth, daß wir in uns den
Particularismus, den Götzendienst der Vielgötterei, oder der
Vielstaaterei, bis auf die letzte Faser ausrotten, auch wenn die Viel=
staaterei selbst, mehr oder minder schattenhaft, noch fortbesteht. Denn
Einen Gott, auf alle Fälle, giebt es nur, dem wir Deutsche zu dienen
haben, wenn nicht die Verachtung der außerdeutschen Mitwelt und
der Schimpf der eigenen Zukunft uns treffen soll — das ist der Ge=
nius der Einen und untheilbaren deutschen Nation. Alles Andere
ist eben Götzendienst und Selbsttäuschung, oder falsches Propheten=
thum und Lüge.

Und so ist es denn auch Pflicht, daß wir als Stämme unter
einander bis auf das letzte Stäubchen das Pharisäerthum ablegen;
daß wir uns an und in einander fühlen; daß keiner fortan sich für
den auserwählten Stamm Gottes erachte; daß keiner sich der beste,
der weiseste, der tapferste, der echteste dünke; daß jeder aufhöre zu
wähnen, er sei die Axe, um die sich die Geschichte des großen gemein=
samen Vaterlandes, und damit die Weltgeschichte, drehe und drehen
müsse; daß jeder sich selbst erkenne, d. h. eben Eins fühle mit den anderen.

Es thut daher auch noth, daß wir unter uns die letzten
Spuren der Eifersucht und des Hasses fahren lassen, der nur eine
sittliche Verirrung des Urtheils ist, und im Grunde ein widerwilliges
Eingeständniß der Bedeutung des Gehaßten. Denn wer haßt, er=
kennt an. Und doch sollte, wer anerkennt, am wenigsten — hassen.
Wer haßt, stellt nur seinen Mangel an Selbsterkenntniß bloß; und
wer sich selbst erkannt hat, der haßt nicht.

Es ist nothwendig, daß sich, wie auf dem Boden der Kunst, der

Wissenschaft und jeglichen Strebens, so auch im öffentlichen Leben und in der Geschichte, wie unter Einzelnen, so unter Stämmen, menschlicher Ehrgeiz findet, der werkthätig nach der Verwirklichung höherer Ideale ringt, oder im Interesse der Gesammtheit sich zum Vollstrecker geschichtlicher Aufgaben macht. Denn ohne diesen Ehrgeiz würden ja niemals höhere Ideale oder höhere Ziele erreicht werden. Die bloße Erkenntniß thut es nicht; was wir Thatkraft nennen, ist immer auch Ehrgeiz. Fern also davon, dem Ringen Preußens den Ehrgeiz zum gehässigen Vorwurf zu machen, sollten wir ihm vielmehr im Namen der Nation Dank dafür wissen.

Verbannen wir denn aus dem Herzen den Haß, und von unseren Lippen die Worte des Vorwurfs oder der Anklage! Verbannen wir vor allem aus unsern Meinungskämpfen jede Schmähung und die vielmißbrauchten Variationen über die Begriffe Verrath, Treulosig- keit und Wankelmuth. Können sie aber nicht aus dem Gebrauch ver- schwinden, so überlasse man sie — zu unbeneidenswerther Genug- thuung — denen allein, die etwas Anderes wollen, als die Geschichte will; die nicht erkennen, was ihnen selber frommt, so wie uns; die ihre Zeit nicht mehr verstehen, weil der Verstand ihrer Zeit sie über- flügelt hat; die nicht können was sie wollen, und uns verdammen deshalb, weil wir wollen was wir können; die endlich, in angeblicher Consequenz, fortfahren, neben dem Eingang den Eingang zu suchen.

Der Nationalwille, sagten wir, wird über den Main die Brücken bauen. Dieses Werk des Nationalwillens, wer kann es be- zweifeln, würde beflügelt werden durch die Thaten der Freiheit.

Allerdings: das Einkammersystem und das gleiche unmittel- bare Wahlrecht für Alle — sind die höchsten volksthümlichen und freiheitlichen Güter, deren ein repräsentatives Gemeinwesen sich er- freuen kann. Aber alles kommt darauf an, daß sie zu dauernden Institutionen erwachsen, und daß der Strom ihrer Lebenskraft nicht unterbunden, nicht künstlich gehemmt werde durch Biegen und Klemmen, durch Schrauben und Klammern.

Auch ich unterschätze die Freiheit wahrlich nicht. Auch mir ist sie lieber als das Leben; aber werthvoller noch als jeder Genuß einer mo- mentanen Freiheit erscheint mir doch das Bewußtsein, Glied einer gro- ßen nationalen Einheit zu sein. Ich weiß es, zahllose Zeitgenossen lieben mehr als alles die Freiheit, und rufen nach ihr in alle Winde, und wissen oft nicht, daß sie in ihnen und um .sie ist. Nicht einer gewordenen, aber der Vollendung einer werdenden Einheit, würde ich meinerseits, im äußersten Nothfall, nicht anstehen, für den Augenblick sogar das letzte Fünkchen der Freiheit zu opfern. Ist es doch zuversichtlich nur ein Wahn, als ob auf den Höhen der Bildung, wo wir uns bewegen, je wieder der Menschheit auf längere Dauer die Freiheit abhanden kommen könne. Denn es wogt und wallt in der Atmosphäre der Geschichte, worin das Leben der modernen Völker athmet, eine solche Fülle von Freiheitskeimen und Freiheitsimpulsen, ausgehaucht von dem Bildungsodem freier Völker und freier Zeitalter, daß keine Macht der Erde mehr fähig ist, sie wider den Willen der Völker aufzusaugen.

Glücklicherweise wird es indeß nicht nur der Freiheitsopfer nicht bedürfen, um den Fortgang des Einheitswerkes zu bergen; vielmehr dürfen wir hoffen, daß mit diesem zugleich auch die freiheitlichen Güter sich festigen und erweitern werden.

Auch mir, als einem ehemaligen Mitgliede des Frankfurter Parlamentes, würde die Zugrundelegung der Reichsverfassung von 1849 für die Neugestaltung Deutschlands erwünscht gewesen sein. Der norddeutsche Reichstag würde die Revision derselben ebenso leicht haben vollbringen können, wie die Berathung eines neuen Bundesentwurfs. Wichtiger aber als die Verwirklichung jenes Wunsches, ist an und für sich selbst die parlamentarische Action. Nicht mit langwierigen Controversen über eventuelle Grundlagen, nicht mit unfruchtbaren Parteizerwürfnissen, kann der Nation gedient sein, sondern nur mit Thaten, die das Werk der Einheit und der Freiheit möglichst bald zur vollendeten Thatsache erheben. Kurz reden und rasch handeln, möge die Losung des norddeutschen Reichstags sein!

Eine große Frage wird an ihn herantreten — möge er sie durch seine Initiative zu lösen wissen.

Der Reichstag setzt ein Reich voraus, und das Reich etwas Anderes als eine — Bundescommission, etwas Anderes als ein nebelhaftes und namenloses Oberhaupt.

In den Umrissen vom März 1850 schrieb ich [1]): „Der Einheit

---

bedarf die Nation; den Kaiserprunk kann sie entbehren." Heut
füge ich hinzu: Ja, den Kaiserprunk kann sie entbehren, aber den
Kaiser nicht.

Soll der Particularismus leicht, wahrhaft und überall über=
wunden werden, soll der norddeutsche Nationalstaat, wenn nicht
gleich, doch früher oder später zum deutschen Gesammtstaat erwachsen:
so bedarf es eines deutschen Kaisers, der über den deutschen
Königen steht. Das nationale Kaiserthum bildet die sicherste
Brücke über den Main.

Was endlich noth thut, ist, daß wir als Parteien, wie
sehr wir auch im Innern des großen gemeinsamen deutschen Staats=
lebens uns an einander reiben mögen, doch immer und immer gegen
Dritte, nach außen hin, uns einig wissen und einig sind.

Gewiß kann es uns nur erfreuen, wenn wir als Nation im
Frieden leben können mit anderen Nationen; wenn es uns vergönnt
ist, mit ihnen an dem rastlosen Webstuhl der Cultur gemeinsamer
Arbeit zu pflegen; wenn Niemand anlüstert, was unser ist; wenn
das Programm der französischen Nation von 1848, „Verbrüderung
mit Deutschland", das Programm aller unserer Nachbarn wird.

Dennoch dürfen wir uns der Thatsache nicht verschließen: es
giebt im Ausland Viele, die mit Mißgunst auf uns blicken. Sie
mögen nicht, daß wir unser Haus bestellen, daß wir als Eine Familie
unter Einem Dache wohnen. Sie möchten unsere nationale Ent=
wickelung hemmen und der Geschichte Stillstand gebieten. Wir
aber entgegnen ihnen mit der Ruhe der Ueberzeugung: Und die
Geschichte bewegt sich doch!

Anhang.

~~~~~~~

19*

Die Kunde von den Combinationen des Jahres 1806.

Das norddeutsche Kaiserproject vom Jahre 1806 und die daran sich knüpfenden Unterhandlungen, wie wir sie oben dargestellt haben, blieben, soweit ich dies zu übersehen vermag, zur Zeit ihrer Entstehung und bis auf das Jahr 1830 der öffentlichen Kunde gänzlich entrückt.

Ein Hauptgrund war, daß die diplomatischen Hauptacteurs in dieser Angelegenheit weder damals noch später ein Interesse haben konnten, an Dinge zu erinnern, die nun doch einmal gescheitert und durch die unaufhaltsam fortschreitende Veränderung des europäischen Staatensystems in den Hintergrund gedrängt waren. Ich meine namentlich Haugwitz, Lucchesini und Lombard.

Lombard schrieb zwar unmittelbar nach dem Kriege seine „Matériaux pour servir à l'histoire des années 1805, 1806 et 1807" (nouv. édit. Francf. et Leipzig 1808). Er berührte aber nur in wenigen Zeilen den Bundesplan und dessen Erfolglosigkeit. „Unser Project, sagt er, blieb ohne Resultat; denn, während man in Paris Herr der Bedingungen für den Südbund gewesen war, mußten wir in Berlin über die des Nordbundes unterhandeln, und inmitten dieser Discussion überraschte uns die Katastrophe (S. 152 f.). Sehr bemerkenswerth ist die Kritik des preußischen Kriegsmanifestes (S. 175). Lombard macht dasselbe so außerordentlich schlecht, daß man glauben sollte, der Verfasser der Matériaux und des Manifestes könne unmöglich ein und derselbe sein. Da nun auch Gentz 1808 die Autorschaft in dem von mir veröffentlichten Briefe ablehnte (s. Zeitschr. für Geschichtswissensch. Bd. I. S. 289 ff.): so hätte es am Ende Niemanden zum Verfasser gehabt. Es liegt auf

der Hand, daß als solcher zu gelten im Jahre 1808 weder im In=
teresse des Einen noch des Andern lag. Wir wissen, daß der Eine
entwarf und der Andere redigirte. — Die „Bemerkungen über die
Matériaux etc. Frankf. u. Leipzig 1808," die eine sehr gehässige
Richtung gegen Preußen verfolgen, brachten durchaus nichts
Neues bei.

Lucchesini in seiner „Historischen Entwicklung der Ursachen und
Wirkungen des Rheinbundes" (Aus dem Ital. von Halem, Leipzig
1821 ff. 3 Th.) bot in vieler Beziehung Aufklärungen, die von der
historischen Literatur meist nicht genügend beachtet worden sind;
namentlich enthält er schon manches von dem, was erst viel später
durch das Lefebvre'sche Werk als neu in Umlauf gekommen ist.
Allein bei dem hier fraglichen Gegenstand verfährt er äußerst be=
hutsam. Er erwähnt der Anträge Napoleons nur insoweit sie den
Nordbund, nicht insofern sie die Kaiserwürde betrafen (2, 33); ja
er gedenkt nicht einmal seiner eigenen Depeschen in dieser Hinsicht,
die wir oben angeführt haben. Doch läßt er wenigstens in dem Be=
richt über die Unterhaltung zwischen Laforest und Haugwitz eine leise
Andeutung fallen, indem er den Ersteren sagen läßt: „Der König
von Preußen habe freie Macht, in den nördlichen Kreisen Deutsch=
lands mit denjenigen Staaten, die mit ihm gleicher Meinung wären,
eine Separatverbindung zu schließen, worin der König diejenige
Stufe einnehmen und derjenigen Vorzüge genießen würde, welche
seine Bundesgenossen ihm einstimmig beizulegen geneigt sein
möchten" (2, 36). Er berührt dann auch Haugwitzens Zuversicht
auf den Erfolg des Planes der neuen Conföderation, die darüber in
Berlin gepflogenen Conferenzen, die Gegenmanöver Frankreichs und
das schließliche Scheitern sowohl des Bundesplanes als des Allianz=
tractates; es erhellt schon aus ihm, daß Hessen den letztern wenigstens
nicht ratificirte, und daß Sachsen nur factisch mit den preußischen
Waffen sich verband (2, 37 ff. 75 ff. Er erwähnt ferner der von
Napoleon an Sachsen gemachten Anerbietungen, um es von Preußen
abzuziehen (S. 78 f.), der Vorstellungen Finckensteins in Wien:
„künftig in Rath und Waffen gemeinsam zu handeln" (100 ff.), und
endlich des Rundschreibens, wodurch am 6. October das Wiener
Kabinet seine „strengste Neutralität" verkündigte (105). Von dem
Inhalt der diplomatischen Unterhandlungen in Berlin, Dresden

und Cassel und von dem Kaiserproject erfahren wir indessen nichts.

Eine noch weit geringere Ausbeute gewährt das erst im October 1837 in Bran's Minerva mitgetheilte „Fragment des mémoires inédits du Comte de Haugwitz"; es bleibt in den obigen Beziehungen selbst hinter dem Manifest zurück.

Schwiegen dergestalt die Leiter der Unterhandlungen, so kann es nicht Wunder nehmen, wenn wir in den weiteren Kreisen der Diplomatie und der Politik entweder keiner oder nur einer sehr zweifelhaften Kunde begegnen.

Der Oberst von Massenbach, obwohl er stets in den höchsten Kreisen verkehrte, mit den höchsten Personen des Hofes und der Armee auf vertrautem Fuße stand, war weit davon entfernt, auch nur zu ahnen, daß seine Pläne vom Jahre 1801 im Sommer 1806 endlich die Beachtung fanden, auf die er bis dahin vergeblich gedrungen, und daß sie so zu sagen das Vorbild und die Grundlage der officiellen Verhandlungen geworden waren. Diese Nichtkenntniß dessen was im Jahre 1806 im Berliner Kabinet vor sich ging, erhellt sowohl aus seinen „Historischen Denkwürdigkeiten zur Geschichte des Verfalls des preußischen Staates seit dem Jahre 1794. 2. Th. 1809", als aus seinen „Memoiren zur Geschichte des preußischen Staates" (oder: „über meine Verhältnisse zum preuß. St.") 3 Th. 1809; s. z. B. Anmerkung Th. 3. S. 221.

Wußte Massenbach nichts, so wußte der englische Gesandte in Wien, Robert Adair, zwar etwas, aber doch sehr wenig (Historical memoir of a mission to the court of Vienna in 1806. London 1844). Wir finden den Plan der norddeutschen Conföderation bei ihm mehrfach erwähnt (S. 89 f.). Er weiß schon am 4. August, daß Unterhandlungen zwischen Preußen, Sachsen, Hessen und Dänemark im Gange sind über ein Gegenbündniß gegen den Rheinbund (S. 115); er kommt auf diese Versicherung am 16. und 23. August zurück (S. 326, 123 f.). Aber er gesteht noch am 25., daß er weder von dem „Erfolg" noch von dem „Charakter" der „in der Agitation begriffenen Maßregel" irgend etwas Zuverläßiges wisse (S. 327, 329). Am 3. September hat er vom Grafen Stadion die Nachricht erhalten, daß der Churfürst von Hessen-Cassel den Bundesvertrag unterzeichnet habe (S. 125); aber am 7. hat Stadion erklärt: bis zum 2. September habe Sachsen noch nichts unterzeichnet, und was eigentlich der Churfürst von Hessen unterzeichnet habe, sei auch noch unbekannt (S. 127). Man sieht, dem Wiener Kabinet wurde von Dresden her manches zugetragen, aber doch nur wie es scheint das Allgemeine, nicht das Spezielle. Wenigstens ist der englische Gesandte am 3. September sehr neugierig, etwas von dem Inhalt des Bundesvertrages zu erfahren und namentlich, ob es beabsichtigt sei, alle kleineren Staaten Norddeutschlands zu gegenseitiger Verbürgung ihrer Besitzungen darin aufzunehmen (S. 125); und am 7. wünscht er daher, daß Oesterreich von Preußen eine offene und ausführliche Mittheilung des Tractates begehre (S. 127). Unter diesem Datum erwähnt er zugleich, daß Preußen dem Wiener Hofe nunmehr zwar directe, aber so unbestimmte Vorschläge gemacht, daß es unmöglich sei ihnen Folge zu geben; sie beträfen nur die Vertheidigung Böhmens. Das einzig Neue von Interesse ist, daß, wie aus dem Schreiben vom 29. September hervorgeht, Preußen in seinen Forderungen an Frankreich anfangs noch einen vierten Punkt aufzustellen beabsichtigte, nämlich: daß ferner kein Angriff gegen die österreichischen Territorien und Besitzungen oder gegen die Unabhängigkeit Oesterreichs gemacht werde. Das betreffende Aktenstück war dem „Grafen Stadion officiell mitgetheilt" und darin „der Kaiser in der energischsten Ausdrucksweise ermahnt worden, mit dem Könige von Preußen gemeinschaftliche Sache zu machen" (S. 136).

Selbst Gentz, der während der diplomatischen Krisis im preußischen Hauptquartier war, das Manifest redigirte und übersetzte, hatte, wie aus seinem Tagebuch erhellt, nicht die geringste Kenntniß von dem Kaiserproject, wiewohl er glaubte, sowohl „in Dresden, so weit es irgend möglich, in das Geheimniß eingeweiht worden" zu sein (4, 207), als auch in Erfurt genügende „Aufklärung" erhalten zu haben (4, 247. 251). Die diplomatischen Mittheilungen, die er von Haugwitz, Lucchesini und Lombard empfing, gingen nicht über das hinaus, was in Betreff des beabsichtigten norddeutschen Bundes das Manifest selbst enthält.

Nicht mehr erfährt man aus dem „Politischen Journal für 1806", und aus der Winkopp'schen Zeitschrift („der rheinische Bund"), ungeachtet diese gleich nach Mittheilung der Rheinbundsacte versprach: „in der Folge auch vom Schicksal der übrigen deutschen

Reichsstände Nachricht zu geben, damit man ganz wisse, was aus der alten deutschen Eidgenossenschaft geworden sei" (1, 48).

Etwas Anderes freilich als Wissen sind Wünsche und Träume. Daß es an solchen nicht gefehlt, würden wir voraussetzen dürfen, auch wenn wir es nicht wüßten. Abgerissene Brocken, lose Vermuthungen drangen allerdings in das Publicum und in die Zeitungen; Publicisten und Correspondenten bauten darauf ihre eigenen Gedanken.

Zum Theil knüpften sich dieselben an die Gerüchte von der Aufforderung Napoleons zur Gründung eines norddeutschen Bundes. „Dieser Antrag", erzählt Manso, sei „willig aufgenommen" worden; „einige Schriftsteller" hätten „sogleich gutmüthig von einem nordischen Kaiserthume geträumt" (Geschichte des preußischen Staates. 2, 116). Daß aber derartige Träume an das Gebiet der Wirklichkeit streiften, wußte er noch im Jahre 1819, als er diese Worte veröffentlichte, nicht. Sein Wissen beschränkte sich vielmehr darauf, daß in der Bundesfrage „von Berlin aus an die angesehensten Höfe Vorfragen und Werbungen ergingen", daß „Preußen für diesen Zweck arbeitete", und daß „nicht erfreulich war, was von den Verhältnissen zwischen Preußen, Sachsen und Hessen verlautete", endlich daß „ein fester Bund" unter ihnen nicht zu Stande kam (S. 129).

Die Allgemeine Zeitung in der zweiten Hälfte des Jahrgangs 1806 brachte nur ganz flüchtige und kurze Andeutungen über den beabsichtigten norddeutschen Bund, theils unter dem Artikel „Preußen", theils unter dem Artikel „Deutschland". Sie ergingen sich meist in bloßen Vermuthungen. Des lebhaften Courierwechsels zwischen Berlin, Dresden und Cassel, und der Unterhandlungen zwischen den drei Höfen wird mehrfach gedacht; nur einmal heißt es ausdrücklich: daß Preußen „als das Haupt des Bundes auftreten" wolle (S. 956).

Später meldet sie, daß den 29. August die reichsritterschaftliche Grafschaft Schlitz von einem churhessischen Truppendetaschement besetzt worden sei; was für uns jetzt begreiflich ist, da ja nach Artikel 9 der „Vorläufigen Grundzüge" diese Grafschaft mediatisirt, unter die hessische Landeshoheit gestellt werden sollte (S. 1007). Ferner theilt sie das Schreiben des Königs von Preußen an den General Hirschfeld vom 30. August mit, worin es heißt: „Können wir ohne Schwert=

streich unsern Zweck, das heißt, die erforderliche Sicherheit unserer und der benachbarten Staaten erreichen, desto besser" (S. 1128.). Unterm 28. September führt sie aus einer Correspondenz in einem Hessischen Blatte die Worte an: „Glauben Sie, zum zweitenmal ist die preußische Nationalkraft nicht vergeblich aufgeregt. Alles läßt vermuthen, daß Preußen fest entschlossen ist, entweder groß zu enden, oder größer als je, vielleicht — als Kaiser von Norddeutschland aus diesem Kampf hervorzugehen" (S. 1083.). In den ersten Tagen des October gedenkt sie, nach der Vossischen Zeitung, des Handschreibens der Königin Louise an die Verlegerin der Schrift „Deutschland und Preußen" (S. 1120.). Mit den Kriegsberichten reißt sodann der politische Faden ab. (Man vergl. noch S. 916. 924. 928. 972. 988. 1074. 1107. 1132.).

Die letzterwähnte Broschüre enthält übrigens ebenfalls keine positiven Data, sondern nur fromme Wünsche über das Gelingen des im Werke begriffenen Bundes.

So blieb denn die öffentliche Kunde auf das Maß dessen beschränkt, was der Inhalt des Manifestes erschöpfte. Die deutschen Geschichtswerke, archivalische und diplomatische Sammlungen bis zum Jahre 1830 wissen von dem Kaiserproject und dem Inhalt jener Verhandlungen absolut nichts.

Im Jahre 1830 erschien das Werk des Leipziger Professors Pölitz: „Die Regierung Friedrich Augusts, Königs von Sachsen" in 2 Theilen zu Leipzig. Es enthält Thl. I. S. 273—289 über jene beiden Punkte eine Reihe interessanter Aufschlüsse. Woher, fragt es sich zunächst, hat Pölitz diese Nachrichten geschöpft? Alle meine Bemühungen, von ihm aus zu weiter zurückliegenden literarischen Quellen zu gelangen, blieben vergeblich. Das einzige literarische Werk, das er in dem ganzen Abschnitt citirt, ist Manso's Geschichte des preußischen Staates (Thl. 2. S. 129); sie enthält aber nicht die leiseste Spur von dem, was Pölitz selbst beibringt. Man muß also schließen, daß diesem eben die gedruckte Literatur überhaupt keinen Stoff für den fraglichen Abschnitt dargeboten habe, und daß die ausschließliche Quelle desselben in den sächsischen Archiven zu suchen sei. Und dieser Schluß erscheint als untrüglich. Denn, wiewohl Pölitz hier so wenig wie an anderen Stellen derartige Grundlagen ausdrücklich bezeichnet, so bemerkt er doch in der Vorrede ein für

allemal, daß ihm zu seinem Zwecke „die Archive des geheimen Kabi=
nets, des geheimen Rathes und des geheimen Finanzcollegiums"
eröffnet worden (S. XIII), und daß alle seine Studien zur „Wahr=
heit und Vollständigkeit nicht hingereicht haben würden", wenn er
„nicht durch sichere handschriftliche Mittheilungen unterstützt" worden
wäre (XVI).

Das Auffallende ist nun aber, daß jene neuen und wichtigen
Nachrichten bei Pölitz sich nicht in die historische Literatur eine Bahn
zu brechen vermochten, und daß sie in Folge dessen so gut wie völlig
vergessen blieben. Und warum wurde Pölitz so wenig beachtet? Die
Gründe, so weit sie in ihm, und nicht in der Bequemlichkeit späterer
Darsteller liegen, sind wohl: einmal, weil sein Werk der Special=
historie angehört, in der man keinen Inhalt von so allgemeiner
Wichtigkeit voraussetzt; und dann, weil der Name des Verfassers,
wegen seiner Vielschreiberei und seiner Weitläufigkeit, allerdings
nicht eben einen großen Klang hatte.

Es würde zu weit führen, wollte ich alle die seit dem Jahre
1830 erschienenen Forschungen und Sammelwerke anführen, die ich
nachgeschlagen, um immer und immer wieder nur dasselbe Resultat
zu finden, daß sie von Pölitz und den Dingen, die er aktenmäßig er=
zählt, nichts wissen oder nichts sagen. Auch Pfister (Gesch. der
Teutschen Bd. V. 1835. S. 674 ff.) kommt nicht über Manso's
dürftige Brocken, über „die Träumer von einem nordischen Kaiser=
thum" hinaus; und sein Fortsetzer Bülau (Gesch. Deutschlands von
1806—1830) nahm wenigstens die Gelegenheit nicht wahr, auf diese
Dinge zurückzugehen, und ihn zu ergänzen.

Von den diplomatischen Sammlungen ist mir nur eine einzige
bekannt, welche des Kaiserprojectes und des Inhaltes der Verhand=
lungen urkundlich gedenkt, und ein Hauptactenstück darüber mit=
theilt. Dies ist das „Diplomatische Archiv für die deutschen Bundes=
staaten von Miruß. Th. I. Leipzig 1846." Die Nachrichten desselben
(S. 843 ff.) sind offenbar ausschließlich aus Pölitz geschöpft, auf den
mehrfach verwiesen wird, so daß in ihm keine neue Quelle sich eröffnet.

Das Auffallende ist aber wiederum dies: daß auch Miruß, so
wenig wie Pölitz, einen Eingang in die historische Literatur fand.
Im VIII. Bande meiner „Zeitschrift für Geschichte" (1847. S. 367 ff.)
habe ich auf das Werk aufmerksam gemacht.

Erst von Frankreich her, mit dem Erscheinen des Lefebvre'schen Werkes im Jahre 1845 (Histoire des cabinets de l'Europe pendant le Consulat et l'Empire), des einzigen neben Pölitz, das auf eigenem Wege, nämlich durch die französischen „Archive der auswärtigen Angelegenheiten", zur Kenntniß des Kaiserprojects gelangt ist, drang die Kunde davon in die deutsche Literatur hie und da ein; aber in durchaus unzulänglicher, dürftiger, abgerissener und irreleitender Weise. Denn natürlich kannte auch Lefebvre das Buch von Pölitz nicht; und was er selbst anzugeben weiß, beschränkt sich auf die Nachricht, daß Frankreich die Kaiserwürde angetragen, Preußen sie Frankreich gegenüber abgelehnt habe (2, 331 ff.). Von den Unterhandlungen zwischen den deutschen Kabinetten konnte er nichts Näheres wissen.[1]

Demgemäß sehen wir denn nunmehr ein Paar deutsche Geschichtswerke, die den Lefebvre benutzten, allerdings zwar des Kaiserprojectes erwähnen, aber äußerst kurz, als eines augenblicklichen französischen Gaukelspiels, das mit der angeblichen Ablehnung ebenso augenblicklich abgethan gewesen sei.

So Wachsmuth im „Zeitalter der Revolution" Bd. 4. Leipzig 1848. S. 42. Daß dieser, als der Leipziger Historiker, das Werk seines Collegen so gänzlich außer Acht gelassen, darf billig Wunder nehmen. Er meldet nicht das Mindeste von dem, was bei Pölitz steht; er weiß nicht mehr als Lefebvre, und indem er die Aeußerung hinwirft: Sachsen habe die preußischen Anträge auf Bildung eines norddeutschen Bundes „mit großer Willfährigkeit aufgenommen" (S. 43.), behauptet er sogar das gerade Gegentheil von dem, was aus Pölitz urkundlich erhellt.

Etwas anders verhält es sich mit Menzel: „Neuere Geschichte der Deutschen von der Reformation bis zur Bundes-Acte. Bd. XII. Abth. II. Breslau 1848." Er kennt das Pölitz'sche Werk, wie aus dem Citat S. 509 hervorgeht; allein er verschweigt alles, was darin in Betreff des Kaiserprojectes enthalten ist. Er erwähnt nur, dem Lefebvre folgend, des französischen Antrags vom 22. Juli und der darauf erfolgten ablehnenden Antwort, als womit die Sache vorbei

[1] Ich habe das Lefebvre'sche Werk jederzeit nicht nur nach dem französischen Original, sondern zugleich auch in Parenthese nach der sehr verbreiteten deutschen Uebersetzung citirt.

gewesen (S. 497 f.); dann giebt er, ohne seine Quelle zu nennen, einige kurze Data über das Bundesproject vom Monat August, die zuversichtlich aus Pölitz stammen, nur daß sie fälschlich auf den 25. Juli übertragen werden; er meldet namentlich den Inhalt von Artikel 2 des Bundesentwurfs, wonach Sachsen und Hessen den Königstitel bekommen sollten, aber er übergeht die Stipulation des Kaisertitels für Preußen, die, mit jener Notiz auf das engste ver= webt, ebenfalls in Artikel 2 enthalten ist; er beschränkt sich vielmehr darauf zu sagen, was nur irreleiten kann: „das Oberhaupt des Bundes trat an die Stelle des Kaisers." Und warum nun dieses Ausweichen? Etwa weil jene Stipulation sich mit der von ihm be= haupteten absoluten Ablehnung im Monat Juli nicht vertrug? Allein Mißtrauen gegen die aktenmäßigen Nachrichten bei Pölitz kann am Ende um so weniger der Grund sein, da er ihm ja in den vorhergehenden wie in den nachfolgenden Punkten, und zwar ihm ausschließlich und unbedingt folgt, wenn auch ohne ihn zu citiren. Und selbst da, wo er ihn citirt (S. 509), benutzte er ihn nur so, daß dabei gleicherweise jede Berührung des Kaiserprojects vermieden wird, obwohl doch dasselbe bei Pölitz fortwährend im Vordergrund steht. Wollte also vielleicht nur der Verfasser nichts weiter davon laut werden lassen? Nahm er für seine Person Anstand davon zu reden? Glaubte er „Rücksichten" nehmen zu müssen, sei es für Preußen oder für einen andern Staat? Gewiß dürfen wir dies nicht bei einem Ge= schichtschreiber voraussetzen, der sich, und mit Recht, darüber beklagt, daß „so viele Deutsche aus französischen Romanen Geschichte zu lernen glauben" (Vorrede S. XII). Aber warum brachte er denn nicht die Lefebvre'sche Notiz, die er nicht bezweifelt, mit den Pölitz'schen Nachrichten, die er doch nach Maßgabe des Angeführten ebenfalls nicht bezweifelt, in die natürliche Verbindung? Handelte es sich hier wirklich um ein Entweder — Oder, müßte man in Betreff der Glaub= würdigkeit für Pölitz oder für Lefebvre sich entscheiden: dann könnte die Entscheidung nur zu Gunsten der aktenmäßigen Darstellung des Ersteren ausfallen. Aber um eine solche Wahl handelt es sich nicht. Beider Nachrichten stehen nicht im Widerspruch, sondern sie ergänzen einander.

Wir müssen hier einer beiläufigen Thatsache gedenken. Die eben besprochene 2. Abtheilung des 12. Bandes von Menzels „Neuerer

Geschichte der Deutschen" ist mit dem Doppeltitel „Deutsche Ge=
schichte unter Leopold II. und Franz II." in Breslau 1848 bei Graß,
Barth und Comp. erschienen. Es läuft nun auch ein anderes Buch
von Menzel um, unter dem alleinigen Titel „Zwanzig Jahre Preu=
ßischer Geschichte. 1786—1806"; das ist erschienen in Berlin 1849
bei Duncker und Humblot. Man kann wohl denken, daß ich im Ver=
folg meiner Zwecke mit Begier und Spannung auch nach diesem Buche
griff. Allein was fand ich? Wort für Wort dasselbe, was in dem
andern Buche steht (S. 722 ff.). Und bei fernerer Vergleichung ergab
sich, daß es überhaupt nur eine theils erweiterte, theils abgekürzte
Umarbeitung desselben sei, dergestalt, daß nicht etwa bloß Sätze,
sondern vielfach ganze Abschnitte, längere und kürzere, in beiden
gleichlautend sind. Und dies ohne die geringste Angabe ihrer Iden=
tität und Verwandtschaft. Denn die einzigen Worte der Vorrede,
die man als eine dunkle Anspielung auf die „Geschichte der Deutschen"
zu fassen versucht sein könnte, lauten: „Der vorliegende Band
Preußischer Geschichte ist als Fortsetzung eines Werkes verfaßt wor=
den, welches populäre Darstellung des aus anderweiten Forschungen
übernommenen Stoffes bezweckte, und durch geistvolle Lösung dieser
Aufgabe verdiente Anerkennung gefunden hat." Aus diesem Lobe,
das doch kein Selbstlob sein kann, geht hervor, daß hier das Buch
vielmehr nur als Fortsetzung eines fremden Werkes bezeichnet werden
soll, das zwar ebenfalls nicht genannt wird, womit aber ohne Zwei=
fel die in demselben Verlage erschienene und auf dem Umschlag an=
gezeigte populäre „Geschichte des preußischen Staates" von Heinel
und Kugler gemeint ist, deren vierter Band bis 1786 reicht. Ich
glaube, daß die Verwandtschaft und theilweise Identität der beiden
bei verschiedenen Verlegern, unter verschiedenen Titeln und unter
verschiedenen Jahreszahlen erschienenen Bücher auf alle Fälle min=
destens in der Vorrede hätte hervorgehoben werden müssen. Dies
zu unterlassen war sicher nicht wohlgethan. Uebrigens darf man das
Menzel'sche Werk in der einen wie in der andern Bearbeitung als
ein sehr verdienstliches anerkennen.

Wenn wir in irgend einem der neueren Geschichtswerke der
Kunde, die wir überall vermissen, zu begegnen hoffen durften, so war
es das preiswürdige Buch von Pertz: „Das Leben des Ministers
Freiherrn vom Stein. Erster Band. 1757 bis 1807. Berlin 1849."

Leider war auch dies eine Täuschung. Wir finden da, wo es am
Orte gewesen wäre S: 344 f., des Kaiserprojectes überhaupt auch
nicht mit einer Silbe gedacht. Man dürfte demnach voraussetzen,
daß der Verfasser weder Pölitz noch Lefebvre, noch die abgeleiteten
Nachrichten bei Miruß, Menzel und Wachsmuth beachtet habe. Daß
diese letzteren drei, sowie Pölitz, ganz unberücksichtigt geblieben, kann
in der That nicht bezweifelt werden. Aber Lefebvre wird allerdings,
wiewohl in einer weit abliegenden Beziehung citirt (S. 472 An=
merkung 79; der Name ist falsch gedruckt); daß er gelegentlich be=
nutzt worden, steht mithin fest. Warum dann aber nicht bei einem
der bedeutsamsten Punkte, in seinen wirklich neuen und authentischen
Nachrichten über die Anträge Napoleons? Denn Pertz weiß in dieser
Beziehung nichts weiter zu melden, als was von jeher und allgemein
bekannt war: daß Napoleon bei der Notification vom Abschluß des
Rheinbundes an Preußen den Antrag gerichtet, „das nördliche
Deutschland um sich zu einem ähnlichen Bunde zu vereinigen." Aber
abgesehen davon, daß wir hier nicht einmal den Lefebvre'schen Daten
begegnen, müssen wir vielmehr bedauern, auf Behauptungen ge=
stoßen zu sein, die selbst mit dem bekannteren Thatbestande nicht ver=
träglich erscheinen. Denn, wenn es heißt, das Berliner Kabinet sei
auf den „Gedanken" des norddeutschen Bundes „nothgedrungen"
eingegangen, so wird damit dem Berliner Kabinet seine eigenste Po=
litik abgesprochen, eine Politik die es seit hundert Jahren verfolgt,
deren System Friedrich der Große begründet, und die — wie ja
Pertz selbst mittheilt — von den Prinzen und vom Freiherrn vom
Stein 1806 so dringend empfohlen wurde. Und heißt es nicht, anderer
Data zu geschweigen, selbst in dem Manifest vom 9. October: „der
König ergriff die Idee", und zwar nicht weil, sondern obgleich Frank=
reich sie empfahl? Bezeichnet es nicht den Bund als „nützlich für
Preußen"? Ward nicht seiner Ausführung halber der Krieg geführt?
Ganz im Gegentheil und mit weit mehr Recht sagte schon Manso,
lange bevor man von den Aufschlüssen bei Pölitz und Lefebvre etwas
ahnte, Preußen habe den Antrag „willig" aufgenommen (s. oben
S. 297). Pflicht, Ehre, Sicherheit und Selbstinteresse geboten, den
Moment zu ergreifen; aber wider Willen gezwungen war Preußen
nicht. Wenn Pertz ferner sagt: Indessen seien wenigstens mit Sach=
sen und Hessen „feste Bündnisse abgeschlossen" worden, so ist wiederum

das gerade Gegentheil gewiß, wie im Allgemeinen schon aus Manso und Lucchesini bekannt war.

Unserer eigenen Darstellung in den beiden ersten Auflagen der vorliegenden Schrift (1850) lag vornehmlich das aktenmäßige Material bei Pölitz und Lefebvre zu Grunde. Bald darauf ist es mir aber vergönnt gewesen, auch in Bezug auf diesen Gegenstand die Akten des Geh. Staatsarchivs zu Berlin in meiner „Geschichte der preußisch = deutschen Unionsbestrebungen, 1851" zu veröffentlichen. Und dieses neue authentische Material, wonach sich die Mittheilungen von Pölitz und Lefebvre als äußerst lückenhaft und zum Theil als völlig irrthümlich erwiesen, bildet nunmehr in der gegenwärtigen dritten Auflage die Hauptgrundlage der Darstellung.

Die Notizen von Senfft (mémoires 1863), die, trotz ihrer Karg= heit, ein interessantes Streiflicht auf die Motive der sächsischen Po= litik werfen, habe ich im Text verwendet. Die Correspondance de Napoléon I. T. XII. (Paris 1863) war mir nicht zeitig genug zur Hand, um die einschlägigen Momente derselben in den Text verwe= ben zu können. Sie sind, für m e i n e Zwecke, weder zahlreich noch wesentlich. Was ich oben (S. 101 f.) über Hessen = Cassel und gegen Thiers gesagt, findet seine volle Bestätigung durch den Brief Napo= leons an Talleyrand vom 31. Mai 1806 (p. 416 s.), wenn man ihn v o l l s t ä n d i g liest; und doch ist es ohne Zweifel dieser Brief, an den Thiers, freilich ohne Angabe eines Datums, appellirt. Was Na= poleon besonders verdroß, war, daß der Churfürst, „schwach und unschlüssig", fortfahre à être maréchal d'empire de Prusse. Er sagt zwar: ne rien faire pour Hesse - Cassel, fügt aber später hinzu: Vous pourrez t â t e r Hesse-Cassel. La première question est celle- ci: Renonce - t - il à être maréchal d'empire de Prusse? Und am Schlusse heißt es: Tout ce que je dis ici sur Hesse - Cas- sel, c'est dans la supposition que ce prince n'est point disposé à se prononcer aussi fortement. Die Gesammtterträge der Cor- respondance in Betreff des nordischen Bundes hat jüngst Usinger, an der Hand der von mir veröffentlichten Aktenstücke, in den Preuß. Jahrbüchern (Bd. XIV. 1865) beleuchtet.

Leipzig. Druck von Giesecke & Devrient.